Dynamische Makroökonomik

Maik Heinemann

Dynamische
Makroökonomik

 Springer Gabler

Maik Heinemann
Universität Potsdam
Professur für Wachstum, Integration
   und nachhaltige Entwicklung
Potsdam, Deutschland

ISBN 978-3-662-44155-8   ISBN 978-3-662-44156-5 (eBook)
DOI 10.1007/978-3-662-44156-5

Die Deutsche Nationalbibliothek verzeichnet diese Publikation in der Deutschen Nationalbibliografie; detaillierte
bibliografische Daten sind im Internet über http://dnb.d-nb.de abrufbar.

Springer Gabler

Gedruckt auf säurefreiem und chlorfrei gebleichtem Papier

Springer-Verlag Berlin Heidelberg ist Teil der Fachverlagsgruppe Springer Science+Business Media
(www.springer.com)

Vorwort

Ein Lehrbuch zur dynamischen Makroökonomik mag angesichts der Fülle exzellenter englischsprachiger Lehrbücher zu diesem Thema unnötig erscheinen. Allerdings fehlt aus meiner Sicht bisher ein Lehrbuch, das wesentliche Themengebiete und Methoden der dynamischen Makroökonomik in deutscher Sprache abhandelt.

Das vorliegende Lehrbuch stellt einen Versuch dar, diese Lücke zu schließen und präsentiert die dynamische Makroökonomik auf der Grundlage des geschlossenen Modellrahmens des Ramsey-Modells. Es basiert auf Vorlesungen, die ich an den Universitäten Hannover, Frankfurt/Main, Lüneburg und Potsdam gehalten habe. Das Ziel ist es, die in der dynamischen Makroökonomik relevanten Methoden, Modelle und Konzepte so darzustellen, dass der Text für Studierende am Ende des Bachelorstudiums bzw. zu Beginn des Masterstudiums hilfreich ist. Damit verbunden ist die Hoffnung, dass sich so der Zugang zur einschlägigen englischsprachigen Literatur, insbesondere den jeweiligen originären Zeitschriftenartikeln, erleichtern lässt.

Inhalt und Umfang des Buches orientieren sich an einer einsemestrigen Lehrveranstaltung zur dynamischen Makroökonomik, wodurch die Auswahl der zu behandelnden Themen selbstverständlich begrenzt ist. Mit der Wachstums-, Konjunktur- und Geldtheorie sowie mit Darstellungen von Verteilungsimplikationen werden jedoch aus meiner Sicht die wesentlichen, im Rahmen einer solchen Lehrveranstaltung zu behandelnden Themengebiete abgedeckt. Wo immer es möglich ist, wird gezeigt, wie sich dynamische Modelle dazu nutzen lassen, wirtschaftspolitische Fragestellungen quantitativ zu analysieren und zu bearbeiten. Im Rahmen der dynamischen Makrotheorie ist es dabei bisher eher unüblich, der Verteilungsdimension besondere Aufmerksamkeit zu widmen. Insofern stellt dieses Lehrbuch eine Ausnahme von dieser Regel dar, da auch Verteilungsaspekte ausführlich diskutiert werden.

Ich bin meiner Kollegin Frau Prof. Dr. Christiane Clemens, meinen Mitarbeitern am Lehrstuhl, Herrn Diplom-Volkswirt Marius Clemens, Frau Dr. rer. pol. Janna Czernomoriez und Frau Diplom-Volkswirtin Janine Hart, sowie Frau Roza Al für eine kritische Durchsicht des Manuskripts und Herrn Thomas Graf für Hilfe bei der Erstellung des endgültigen Manuskripts zu großen Dank verpflichtet. Viele Fehler und Unklarheiten konnten dadurch eliminiert werden. Gleichwohl wird vermutlich auch die vorliegende Version nicht vollständig fehlerfrei sein, wofür selbstverständlich ich allein verantwortlich bin und mich bereits jetzt entschuldige.

Potsdam, Deutschland   Maik Heinemann
im Juli 2014

Inhaltsverzeichnis

Theorie des Allgemeinen Gleichgewichts

1.1 Einleitung

Makroökonomische Modelle betrachten zwar makroökonomische Aggregate und daher Ökonomien aus der Vogelperspektive, können aber dennoch grundlegende mikroökonomische Zusammenhänge und Gleichgewichtsbedingungen nicht ignorieren. Wie intensiv die Mikrofundierung makroökonomischer Modelle betrieben wird, ist nicht nur eine Frage der formalen Eleganz, sondern letztes Endes auch eine Frage der Zweckmäßigkeit. Unabhängig davon ist es jedoch angebracht, zu Beginn einige grundlegende Aussagen der Theorie des Allgemeinen Gleichgewichts darzustellen, die für den größten Teil mikrofundierter makroökonomischer Modelle von Bedeutung sind.

Diese Darstellung hat dabei nicht den Anspruch, die Theorie des Allgemeinen Gleichgewichts in ihrer ganzen Generalität und formalen Eleganz darzustellen.[1] Sinn und Zweck ist es, die im Zusammenhang mit den nachfolgend zu betrachtenden makroökonomischen Modellen relevanten Begriffe und Konzepte so einfach wie möglich zu präsentieren, wofür einfache Modellstrukturen meist ausreichend sind.

1.2 Ein einfaches Tauschmodell

Zur Wiederholung zentraler Begriffe und Zusammenhänge der Allokationstheorie ist das aus den einführenden Veranstaltungen zur mikroökonomischen Theorie bekannte Tauschmodell mit zwei Gütern und zwei Wirtschaftssubjekten vollkommen ausreichend. Diesem Modell liegen die folgenden Annahmen zugrunde:

- Es existieren zwei Güter X und Y, deren Mengen mit x und y bezeichnet werden.
- Es existieren zwei Wirtschaftssubjekte A und B, deren Anfangsausstattungen mit den Gütern durch e_x^A und e_y^A bzw. e_x^B und e_y^B gegeben sind.

---

[1] Eine ausführliche Darstellung der Theorie des Allgemeinen Gleichgewichts findet sich beispielsweise im Lehrbuch von Mas-Colell et al. (1995).

© Springer-Verlag Berlin Heidelberg 2015
M. Heinemann, *Dynamische Makroökonomik*,
DOI 10.1007/978-3-662-44156-5_1

Abb. 1.1 Tauschbox mit der Menge der zulässigen Allokationen und einer zulässigen Allokation

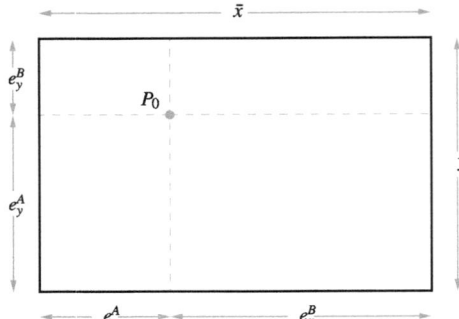

Abb. 1.2 Ausstattungspunkt und Pareto-superiore Allokationen

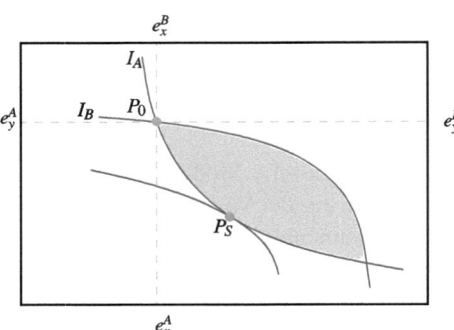

– Die Präferenzen der beiden Wirtschaftssubjekte werden durch Nutzenfunktionen $U^A(x_A, y_A)$ bzw. $U^B(x_B, y_B)$ abgebildet.
– Die Nutzenfunktionen weisen die üblichen Eigenschaften auf, das heißt der Grenznutzen beider Güter ist positiv, sinkt aber mit steigendem Konsum. Die Nutzenfunktion ist zudem streng quasikonkav, so dass die resultierenden Indifferenzkurven streng konvex sind. Darüber hinaus wird grundsätzlich Nichtsättigung unterstellt.

Die Menge der zulässigen Allokationen kann im vorliegenden Fall wie in Abb. 1.1 geschehen mit Hilfe der sogenannten Tauschbox dargestellt werden. Jeder Punkt in der Tauschbox repräsentiert eine zulässige Allokation, denn die den Wirtschaftssubjekten insgesamt zugeordneten Gütermengen entsprechen den verfügbaren Mengen $\bar{x} = e_x^A + e_x^B$ sowie $\bar{y} = e_y^A + e_y^B$. Die Anfangsausstattungen der beiden Wirtschaftssubjekte stellen eine Allokation dar, die als Ausstattungspunkt in die Tauschbox eingezeichnet werden kann (vgl. P_0 in Abb. 1.1).

Die in Abb. 1.2 durch den Ausstattungspunkt verlaufenden Indifferenzkurven zeigen die durch die Anfangsausstattungen erreichten Nutzenniveaus für die Wirtschaftssubjekte A und B. Die Abbildung verdeutlicht, dass durch Gütertausch im Vergleich zum Ausstattungspunkt Pareto-superiore Allokationen erreicht werden können (z. B. P_S). Alle relativ zu P_0 Pareto-superioren Allokationen befinden sich innerhalb der schraffiert dargestellten Linse bzw. auf deren Rand.

Allokationen, zu denen keine Pareto-superioren Allokationen existieren, sind Pareto-effizient (Pareto-optimal). Es folgt unmittelbar, dass eine Allokation nur dann Pareto-effizient ist, wenn die Grenzrate der Substitution zwischen den beiden Gütern für beide Wirtschaftssubjekte identisch ist (vgl. Punkt P_S). Es muss folglich gelten:

$$GRS_A = -\frac{U_x^A}{U_y^A} = -\frac{U_x^B}{U_y^B} = GRS_B$$

Hierbei bezeichnet beispielsweise U_x^A die partielle Ableitung der Nutzenfunktion $U^A(x_A, y_A)$ nach dem Argument x_A, das heißt $U_x^A = \frac{\partial U^A}{\partial x_A}$.

1.3   Markttausch von Gütern und Allokation durch Märkte

Im Folgenden soll nun unterstellt werden, dass die beiden Güter X und Y auf einem vollkommenen, anonymen Markt gegeneinander getauscht werden können. Das Gut X dient hierbei als Numéraire und es bezeichnet p_y den Preis des Gutes Y in Mengeneinheiten des Gutes X. Die beiden Wirtschaftssubjekte A und B verhalten sich als Mengenanpasser, das heißt sie nehmen den jeweils herrschenden Preis als gegeben hin und passen sich mit ihrer Nachfrageplanung an. Zwar ist die Tatsache, dass lediglich zwei Wirtschaftssubjekte existieren, nicht unbedingt mit Mengenanpassungsverhalten und somit vollständiger Konkurrenz vereinbar. Zur Vereinfachung soll im Weiteren dennoch hiervon ausgegangen werden.

Die Nachfragepläne der Wirtschaftssubjekte müssen nun den folgenden Budgetrestriktionen genügen:

$$e_x^A + p_y e_y^A \geq x_A + p_y y_A$$
$$e_x^B + p_y e_y^B \geq x_B + p_y y_B$$

Bei gegebenem Preis p_y plant jedes Wirtschaftssubjekt die Nachfrage nach den Gütern X und Y, die den eigenen Nutzen maximiert, wobei die Nichtsättigungsannahme impliziert, dass die Budgets voll ausgeschöpft werden, so dass die Budgetrestriktionen im Weiteren als Gleichungen formuliert werden können.

Für das Wirtschaftssubjekt A sind die optimalen Nachfragemengen x_A^* und y_A^* die Lösung des Optimierungsproblems:

$$\max_{x_A, y_A} U^A(x_A, y_A)$$
$$\text{u. Nb.} \quad e_x^A + p_y e_y^A = x_A + p_y y_A$$

Als notwendige Bedingung für ein Nutzenmaximum (vgl. Abb. 1.3) ergibt sich:

$$-GRS_A = \frac{U_x^A}{U_y^A} = \frac{1}{p_y}$$

Abb. 1.3 Haushaltsoptimum

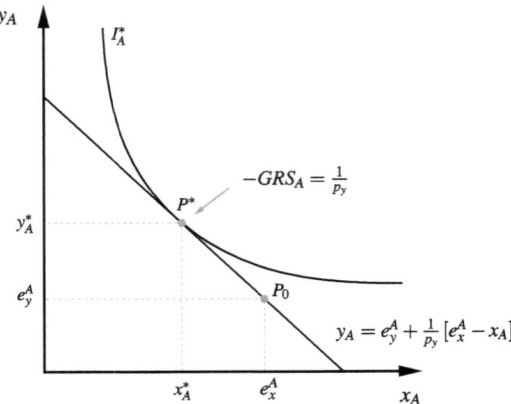

Der optimale Nachfrageplan hat demzufolge die Eigenschaft, dass die Grenzrate der Substitution zwischen den Gütern X und Y, das heißt das Verhältnis der Grenznutzen der beiden Güter, dem negativen Preisverhältnis der Güter entspricht. Da das Gut X als Numéraire dient, ist dieses Preisverhältnis gleich $1/p_y$.

1.3.1 Marktgleichgewicht

Die bei der Betrachtung marktlicher Allokationen grundlegende Annahme ist, dass sich die Preise auf Konkurrenzmärkten, hier also der einzige Preis p_y, so einstellen, dass Markträumung erfolgt. Der Markt für ein Gut ist geräumt, wenn die beim herrschenden Preis nachgefragten Mengen mit den entsprechenden angebotenen Mengen übereinstimmen. Dieser Zustand wird dann auch als Marktgleichgewicht bezeichnet und der Preis, der dieses Gleichgewicht herbeiführt, ist ein Gleichgewichtspreis.

Wie oben gezeigt wurde, hängen die optimalen Nachfragemengen unter anderem vom Preis p_y ab. Ein Gleichgewicht liegt folglich vor, wenn ein Preis p_y^* existiert, für den die jeweils individuell optimalen Nachfragemengen mit Markträumung vereinbar sind. Für einen solchen Gleichgewichtspreis gilt demnach:[2]

$$e_x^A + e_x^B = x_A\left(p_y^*\right) + x_B\left(p_y^*\right)$$

$$e_y^A + e_y^B = y_A\left(p_y^*\right) + y_B\left(p_y^*\right)$$

Dies sind zwar zwei Gleichungen mit lediglich einer unbekannten Größe p_y, jedoch sind die beiden Gleichungen nicht unabhängig voneinander. Das ist letztlich die Aussage des Walrasschen Gesetzes: In einem System von n Märkten impliziert ein Marktgleichge-

---

[2]Die Funktionen $x_i\left(p_y^*\right)$ und $y_i\left(p_y^*\right)$ für $i = A$, B repräsentieren hierbei die aus der individuellen Optimierung resultierenden Nachfragefunktionen, bei denen hier lediglich die Preisabhängigkeit dieser Nachfragen explizit berücksichtigt wird.

Abb. 1.4 Marktgleichgewicht und I. Wohlfahrtstheorem

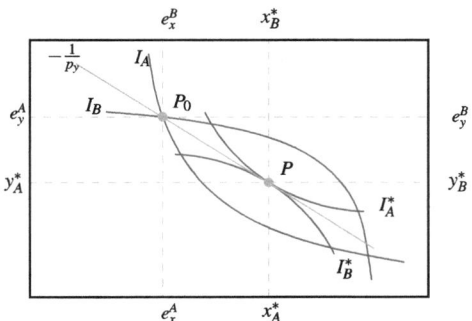

wicht auf beliebigen $n - 1$ Märkten, dass sich auch der n-te Markt im Gleichgewicht befindet. Ausgehend von diesem Gleichungssystem kann nun beispielsweise der Frage nach dessen Lösungseigenschaften nachgegangen werden. Von Interesse ist hierbei insbesondere der Nachweis der Existenz und der Eindeutigkeit eines Gleichgewichts bzw. Gleichgewichtspreises. Dieser nicht unwichtige Bereich der Gleichgewichtstheorie wird im Folgenden nicht eingehender betrachtet.[3]

Stattdessen sollen hier lediglich noch die Wohlfahrtseigenschaften eines Marktgleichgewichts betrachtet werden. Da die individuelle Optimalität der Nachfragepläne verlangt, dass $GRS_A = -1/p_y$ sowie $GRS_B = -1/p_y$ gilt, folgt das sogenannte I. Wohlfahrtstheorem (vgl. Abb. 1.4):

Theorem 1.1 (I. Wohlfahrtstheorem) *Jedes Marktgleichgewicht impliziert eine Pareto-effiziente Allokation.*

Das I. Wohlfahrtstheorem gilt nicht uneingeschränkt. So sind Marktgleichgewichte in Fällen von Marktversagen – unvollständiger Konkurrenz, Existenz externer Effekte, Vorliegen unvollständiger oder asymmetrischer Informationen – nicht Pareto-effizient. Solches Marktversagen soll hier jedoch nicht weiter analysiert werden. Auch ist die Existenz und Eindeutigkeit eines Marktgleichgewichts nicht a priori sichergestellt. Hierfür sind im Allgemeinen weitergehende Annahmen erforderlich. Es dürfte aber deutlich geworden sein, dass sich die hier angestellten Überlegungen problemlos für den Fall beliebig vieler Güter und/oder beliebig vieler Wirtschaftssubjekte verallgemeinern lassen.

1.4 Sequentielle Gleichgewichte, endogene Unsicherheit und Erwartungsbildung

Zwar ist es relativ naheliegend, das Modell des allgemeinen Gleichgewichts auf intertemporale Fragestellungen anzuwenden, jedoch ergeben sich hierbei eine Reihe von besonderen Aspekten, die eine eingehendere Betrachtung erfordern. Zu diesem Zweck wird

---

[3]Bei Interesse an solchen Fragestellungen sei wieder auf Mas-Colell et al. (1995) verwiesen.

nunmehr ein einfaches 2-Perioden-Modell mit drei Gütern und weiterhin zwei Wirtschaftssubjekten A und B betrachtet. Diesem Modell liegen die folgenden Annahmen zugrunde:

- Es existieren zwei Perioden t und $t+1$ (z. B. Gegenwart und Zukunft).
- In Periode t empfangen die Wirtschaftssubjekte die Anfangsausstattungen e_x^A und e_x^B
  mit dem Gut X.
- In Periode $t+1$ empfangen die Wirtschaftssubjekte die Anfangsausstattungen e_y^A und
  e_y^B mit dem Gut Y sowie e_z^A und e_z^B mit dem Gut Z.
- Die über die drei Güter X, Y und Z definierten Nutzenfunktionen der Wirtschaftssubjekte sind durch die Funktionen $U^A(x_A, y_A, z_A)$ bzw. $U^B(x_B, y_B, z_B)$ gegeben.

Wird unterstellt, dass bereits in Periode t sämtliche Güter – also X, Y und Z – gegeneinander getauscht werden können, liegt eine *vollständige Marktstruktur* vor. In einer
solchen Ökonomie spielt der Zeitpunkt, an dem die verschiedenen Güter tatsächlich verfügbar sind, keine Rolle. Es ist also völlig unerheblich, dass die Güter Y und Z erst in der
nächsten Periode tatsächlich physisch vorhanden sind. Da die Wirtschaftssubjekte exakt
wissen, in welchen Mengen diese Güter in $t+1$ verfügbar sein werden, können sie bereits
in Periode t zum Gegenstand von Tauschhandlungen werden.

Mit dem Gut X als Numéraire und den relativen Preisen p_y und p_z ergeben sich dann
die folgenden Budgetrestriktionen für die Wirtschaftssubjekte A und B (es wird weiterhin
Nichtsättigung unterstellt):

$$e_x^A + p_y e_y^A + p_z e_z^A = x_A + p_y y_A + p_z z_A$$

$$e_x^B + p_y e_y^B + p_z e_z^B = x_B + p_y y_B + p_z z_B$$

Wie sich zeigt, ist diese Ökonomie mit vollständiger Marktstruktur nichts anderes als
eine Verallgemeinerung des bisher betrachteten 2-Güter-Modells. Es kann daher ohne
weiteres geschlossen werden, dass das I. Wohlfahrtstheorem gilt. Folglich impliziert ein
Marktgleichgewicht in einer solchen Ökonomie mit nutzenmaximierenden Haushalten
eine Pareto-effiziente Allokation.

1.4.1 Unvollständige Marktstruktur

Eine unvollständige Marktstruktur liegt vor, wenn nicht alle Güter zu einem einzigen Zeitpunkt gegeneinander getauscht werden können. Im Folgenden wird unterstellt, dass eine
unvollständige, sequentielle Marktstruktur vorliegt: In Periode t öffnet kein Markt, da in
Periode t lediglich das Gut X verfügbar ist und ein Tauschgegenstand fehlt. In Periode
$t+1$ dagegen öffnet ein Markt, auf dem die Güter Y und Z gegeneinander getauscht werden können. In Periode $t+1$ wird das Gut Y als Numéraire verwendet und $\tilde{p}_z$ ist der Preis
des Gutes Z in Mengeneinheiten des Gutes Y.

Für beide Wirtschaftssubjekte ergibt sich nunmehr eine Sequenz von Budgetrestriktionen für die Perioden t und $t + 1$, die hier nur für das Wirtschaftssubjekt A wiedergegeben werden:

$$e_x^A = x_A$$

$$e_y^A + \tilde{p}_z e_z^A = y_A + \tilde{p}_z z_A$$

Beide Wirtschaftssubjekte können folglich in Periode t nur ihre Anfangsausstattung mit dem Gut X konsumieren. Die hier unterstellte sequentielle Marktstruktur ist somit unvollständig. Dies impliziert allerdings, dass sich die Allokation, die sich bei dieser unvollständigen Marktstruktur einstellt, von derjenigen unterscheidet, die sich bei einer vollständigen Marktstruktur einstellt.

Durch die Einführung eines zusätzlichen, periodenübergreifenden Marktes kann die unvollständige Marktstruktur jedoch in eine zumindest transaktionsvollständige Marktstruktur umgewandelt werden. Eine Marktstruktur wird dann als transaktionsvollständig bezeichnet, wenn sie prinzipiell die gleichen Tauschhandlungen wie eine vollständige Marktstruktur erlaubt.

1.4.2   Transaktionsvollständige Marktstruktur

Es wird nun die zusätzliche Annahme getroffen, dass in der betrachteten Ökonomie ein Kreditmarkt existiert. Auf diesem Kreditmarkt werden Urkunden gehandelt, die einen Anspruch auf zukünftige Güter verbriefen. Diese Urkunden bzw. die damit verbrieften Ansprüche haben konkret die Gestalt, dass in Periode t ein Wirtschaftssubjekt einem anderen eine Mengeneinheit des Gutes X zum Preis von R Mengeneinheiten des Gutes Y in Periode $t + 1$ überlässt.

Im Weiteren bezeichnet b_A das Kreditangebot von Wirtschaftssubjekt A und entsprechend ist b_B das Kreditangebot von Wirtschaftssubjekt B. Negative Werte von b_A bzw. b_B bedeuten somit Kreditnachfrage.

Es ergeben sich damit die folgenden Budgetrestriktionen, die hier wiederum nur für Wirtschaftssubjekt A dargestellt werden:

$$e_x^A - b_A = x_A$$

$$e_y^A + \tilde{p}_z e_z^A + R b_A = y_A + \tilde{p}_z z_A$$

Durch Einsetzen können diese beiden Budgetrestriktionen in eine einzige Budgetrestriktion transformiert werden:

$$e_y^A + \tilde{p}_z e_z^A + R\left(e_x^A - x_A\right) = y_A + \tilde{p}_z z_A$$

$$\Leftrightarrow \quad e_x^A + \frac{1}{R} e_y^A + \frac{\tilde{p}_z}{R} e_z^A = x_A + \frac{1}{R} y_A \frac{\tilde{p}_z}{R} z_A$$

Es wird deutlich, dass Preise R und $\tilde{p}_z$ existieren, die eine zur vollständigen Markt-struktur identische Allokation ermöglichen. Der wesentliche Unterschied zur vollständi-gen Marktstruktur ist jedoch, dass die Wirtschaftssubjekte in Periode t ihre Nachfrage nach dem Gut X und ihr Kreditangebot planen müssen, ohne den Preis $\tilde{p}_z$ zu kennen. Der Preis $\tilde{p}_z$ bildet sich schließlich erst in Periode $t + 1$.

Obwohl das hier betrachtete Modell also keine *exogene Unsicherheit* enthält (unsichere Ausstattungen o.ä.), existiert für die Wirtschaftssubjekte A und B dennoch Unsicherheit, da sie über planungsrelevante Daten (den Preis $\tilde{p}_z$) nicht informiert sind. Diese Unsicher-heit wird als *endogene Unsicherheit* bezeichnet. Letztendlich bedeutet dies, dass die Wirt-schaftssubjekte in Periode t Erwartungen bezüglich des Preises $\tilde{p}_z$ bilden müssen, wobei diese Erwartungen die Grundlage der Nachfrageplanung in Periode t sind.

Um diesen Aspekt etwas eingehender analysieren zu können, werden die Erwartungen der Wirtschaftssubjekte A und B bezüglich des Preises $\tilde{p}_z$ im Weiteren mit $\tilde{p}_z^{e,A}$ bzw. $\tilde{p}_z^{e,B}$ bezeichnet. Dabei soll zunächst nicht weiter ergründet werden, wie diese Erwartungen zustande kommen.

In Periode t wird nun auf der Grundlage dieser Erwartungen explizit über die Nach-frage nach dem Gut X und das Kreditangebot entschieden. Implizit wird dabei allerdings auch die Nachfrage nach den Gütern Y und Z geplant. Das Optimierungsproblem für das Wirtschaftssubjekt A lautet:[4]

$$\max_{x_A, y_A, z_A} U^A(x_A, y_A, z_A)$$

$$\text{u. Nb.} \quad e_x^A + \frac{1}{R}e_y^A + \frac{\tilde{p}_z^{e,A}}{R}e_z^A = x_A + \frac{1}{R}y_A + \frac{\tilde{p}_z^{e,A}}{R}z_A$$

Hierbei ist R der in Periode t auf dem Kreditmarkt herrschende Preis, den das Wirt-schaftssubjekt als gegeben hinnimmt. Aus den Lösungen x_A^*, y_A^* sowie z_A^* dieses Op-timierungsproblems ergibt sich das optimale Kreditangebot dann als $b_A^* = e_x^A - x_A^*$. Die optimale Menge x_A^* kann durch eine allgemeine Nachfragefunktion $f_{x,A}$ ausgedrückt wer-den. Sie ergibt sich aus den Preisen bzw. Preiserwartungen und den Präferenzen des Wirt-schaftssubjekts:

$$x_A^* = f_{x,A}\big(R, \tilde{p}_z^{e,A}, e_x^A, e_y^A, e_z^A\big)$$

Ein Marktgleichgewicht in Periode t erfordert, dass die beiden folgenden Bedingungen erfüllt sind:

$$e_x^A + e_x^B = x_A^* + x_B^*$$

$$b_A^* + b_B^* = 0$$

---

[4]Zur Vereinfachung wird davon ausgegangen, dass die Individuen Punkterwartungen bezüglich des Preises p_z bilden. y_i und z_i sind damit für $i = A, B$ sichere Größen und es ist im Gegen-satz zu Abschn. 1.6 unten nicht erforderlich, Präferenzen über unsichere Konsumbündel zu formu-lieren.

Die erste Bedingung verlangt, dass die Gesamtnachfrage nach dem Gut X der gesamten verfügbaren Gütermenge entspricht, die zweite Bedingung verlangt, dass die Summe aller Kreditangebote gleich Null ist, was im hier betrachteten Fall nichts anderes bedeutet, als dass ein Wirtschaftssubjekt der Gläubiger des anderen Wirtschaftssubjektes ist. Jeweils eine der beiden Bedingungen ist hierbei aufgrund des Walrasschen Gesetzes redundant.

Für den Gleichgewichtspreis R^*, der ein solches Gleichgewicht herbeiführt, muss gelten, dass:

$$e_x^A + e_x^B = f_{x,A}(R^*, \ldots) + f_{x,B}(R^*, \ldots)$$

Für den Fall, dass ein solcher Gleichgewichtspreis existiert, lässt sich dieser dann folgendermaßen ausdrücken:

$$R^* = f\big(\tilde{p}_z^{e,A}, \tilde{p}_z^{e,B}, E\big), \tag{1.1}$$

wobei E als Abkürzung für sämtliche Anfangsausstattungen mit den Gütern X, Y und Z verwendet wird, das heißt $E = \{e_x^A, e_x^B, e_y^A, e_y^B, e_z^A, e_z^B\}$. Die in Gl. (1.1) ausgedrückte Beziehung zwischen dem Gleichgewichtspreis R^* und den Erwartungen der Wirtschaftssubjekte bezüglich p_z begründet sich darauf, dass die optimalen Nachfragemengen x_A^* und x_B^* der Wirtschaftssubjekte A und B von ihren jeweiligen Ausstattungen, den jeweiligen Preiserwartungen und dem Preis R selbst abhängen. Folglich muss auch der Gleichgewichtspreis selbst eine Funktion dieser Größen sein.

Bei dem hier betrachteten Marktgleichgewicht in Periode t handelt es sich um ein sogenanntes temporäres Marktgleichgewicht, denn der Preis R^* räumt nur den in t geöffneten Markt; die Märkte, die in Periode $t + 1$ öffnen, bleiben unberücksichtigt. Es ist wichtig zu beachten, dass die einem solchen temporären Marktgleichgewicht in Periode t zugrundeliegenden Erwartungen keineswegs korrekt sein müssen: Der Preis $\tilde{p}_z$ stellt sich in Periode $t + 1$ so ein, dass die Märkte für die Güter Y und Z geräumt werden. Es ist daher keineswegs sichergestellt (und bei unterschiedlichen Erwartungen von A und B, so dass $\tilde{p}_z^{e,A} \neq \tilde{p}_z^{e,B}$, gar unmöglich), dass die oben ermittelten optimalen Nachfragemengen y_A^* und z_A^* mit einem Gleichgewicht in Periode $t + 1$ vereinbar sind. Wenn dies der Fall ist, werden die Wirtschaftssubjekte allerdings feststellen, dass ihre in t gebildeten Preiserwartungen inkorrekt waren und nach Maßgabe des jeweils herrschenden Preises $\tilde{p}_z$ ihre in t formulierten Nachfragepläne revidieren. Falsche Erwartungen bezüglich des Preises $\tilde{p}_z$ gehen folglich mit Nutzeneinbußen einher und haben zur Folge, dass die Allokation von derjenigen einer Ökonomie mit vollständiger Marktstruktur abweicht.

Die tatsächlichen Nachfragemengen der Güter Y und Z ergeben sich dann als Lösung des Optimierungsproblems (wiederum nur für Wirtschaftssubjekt A dargestellt):

$$\max_{y_A, z_A} U^A\big(x_A^*, y_A, z_A\big)$$

$$\text{u. Nb.} \quad e_y^A + \tilde{p}_z e_z^A + R^* b_A^* = y_A + \tilde{p}_z z_A,$$

wobei R^* und x_A^* sowie $b_A^* = e_x^A - x_A^*$ bereits in Periode t determiniert worden sind. Die Lösungen y_A^* und z_A^* lassen sich durch die folgenden allgemeinen Nachfragefunktionen darstellen:

$$y_A^* = f_{y,A}\big(\tilde{p}_z, R^*, \tilde{p}_z^{e,A}, e_x^A, e_y^A, e_z^A\big)$$

$$z_A^* = f_{z,A}\big(\tilde{p}_z, R^*, \tilde{p}_z^{e,A}, e_x^A, e_y^A, e_z^A\big)$$

Ein temporäres Marktgleichgewicht in Periode $t+1$ erfordert nun, dass gilt:

$$y_A^* + y_B^* = f_{y,A}(\tilde{p}_z, \ldots) + f_{y,B}(\tilde{p}_z, \ldots) = e_y^A + e_y^B$$

$$z_A^* + z_B^* = f_{z,A}(\tilde{p}_z, \ldots) + f_{z,B}(\tilde{p}_z, \ldots) = e_z^A + e_z^B$$

Der entsprechende Gleichgewichtspreis $\tilde{p}_z^*$ ergibt sich daraufhin als Funktion des Gleichgewichtspreises R^* aus Periode t, der Ausstattungen E sowie der Preiserwartungen $\tilde{p}_z^{e,A}$ und $\tilde{p}_z^{e,B}$, denn diese dienten zur Bestimmung von x_A^* und x_B^* sowie b_A^* und b_B^* in Periode t. Es folgt also:

$$\tilde{p}_z^* = g\big(\tilde{p}_z^{e,A}, \tilde{p}_z^{e,B}, R^*, E\big) \tag{1.2}$$

Aus den beiden Funktionen (1.1) und (1.2) für die Preise im temporären Gleichgewicht der Perioden t und $t+1$ ergibt sich dann:

$$\tilde{p}_z^* = g\big(\tilde{p}_z^{e,A}, \tilde{p}_z^{e,B}, R^*, E\big)$$

$$= g\big(\tilde{p}_z^{e,A}, \tilde{p}_z^{e,B}, f\big(\tilde{p}_z^{e,A}, \tilde{p}_z^{e,B}, E\big), E\big)$$

$$= h\big(\tilde{p}_z^{e,A}, \tilde{p}_z^{e,B}, E\big) \tag{1.3}$$

Gleichung (1.3) verdeutlicht, dass die Erwartungen der Wirtschaftssubjekte bezüglich $\tilde{p}_z$ den sich tatsächlich in Periode $t+1$ einstellenden Preis beeinflussen.

Unmittelbar einsichtig ist, dass im Fall korrekter Erwartungen der Wirtschaftssubjekte A und B – $\tilde{p}_z^{e,A} = \tilde{p}_z^{e,B} = \tilde{p}_z^*$ gilt – exakt die gleiche Allokation wie in einer entsprechenden Ökonomie mit vollständiger Marktstruktur resultiert. In einem solchen Fall korrekter Preiserwartungen impliziert demnach die Sequenz temporärer Marktgleichgewichte eine Pareto-effiziente Allokation.

1.5   Rationale Erwartungen

Wenn Erwartungen über zukünftige Preise die Güterallokation in der Gegenwart beeinflussen, kommt der Frage, wie Wirtschaftssubjekte ihre Erwartungen bilden, besondere Bedeutung zu. Plausibel wäre es beispielsweise, anzunehmen, dass die Wirtschaftssubjekte ihre Erwartungen auf der Basis von in der Vergangenheit erfolgten Beobachtungen und anderer relevanter Informationen bilden. Hierzu müssen sie dann Hypothesen über das Verhalten anderer Wirtschaftssubjekte und damit auch über deren Erwartungen bilden.

Ein Ansatz, der die kognitiven Fähigkeiten der im Modell betrachteten Wirtschaftssubjekte in besonderem Maße beansprucht, ist die Hypothese rationaler Erwartungen. Hierbei wird unterstellt, dass den Wirtschaftssubjekten bei der Erwartungsbildung keine systematischen Fehler unterlaufen. Letztere könnten schließlich aufgedeckt und eliminiert werden. Darüber hinaus nutzen sie die ihnen zur Verfügung stehenden Informationen effizient. Da rationale Erwartungsbildung eine Standardannahme in modernen makroökonomischen Modellen ist, lohnt sich an dieser Stelle ein etwas genauerer Blick auf dieses Konzept.

Unter der Annahme, dass alle Wirtschaftssubjekte über die Struktur des Modells informiert sind, was im hier betrachteten Modell bedeutet, dass sie zumindest die Funktion $h(\tilde{p}_z^{e,A}, \tilde{p}_z^{e,B}, E)$ sowie die in E enthaltenen Anfangsausstattungen kennen, und unter der Voraussetzung, dass keine exogene Unsicherheit existiert, sind rationale Erwartungen gleichbedeutend mit korrekten Erwartungen bzw. perfekter Voraussicht: Die Kenntnis des Modells bzw. der Funktion h erlaubt schließlich das Berechnen der Gleichgewichtspreise.

Es ist offensichtlich, dass korrekte Erwartungen im hier betrachteten Modell nur vorliegen können, wenn $\tilde{p}_z^{e,A} = \tilde{p}_z^{e,B} = \tilde{p}_z^{e}$ gilt. Mit identischen Erwartungen für beide Wirtschaftssubjekte folgt nun aus den oben ermittelten Gleichungen, dass:

$$\tilde{p}_z^* = h\left(\tilde{p}_z^{e,A}, \tilde{p}_z^{e,B}, E\right)$$
$$= \tilde{h}\left(\tilde{p}_z^{e}, E\right)$$

Rationale bzw. korrekte Erwartungen ergeben sich dann als Fixpunkt dieser Abbildung von Preiserwartungen auf tatsächliche Preise. Ist den Wirtschaftssubjekten das Modell bekannt, kennen sie die Funktion $\tilde{h}$ und können folglich rationale Erwartungen als Fixpunkt dieser Funktion ermitteln (vgl. hierzu Abb. 1.5).

Die Frage, die sich im Zusammenhang mit rationalen Erwartungen stellt, ist allerdings, warum ein Wirtschaftssubjekt davon ausgehen soll, dass alle anderen Wirtschaftssubjekte rationale Erwartungen bilden. Denn nur dann, wenn dies der Fall ist, ist es auch für ein einzelnes Wirtschaftssubjekt selbst vernünftig, die beschriebene rationale Preiserwartung zu bilden. Ein Gleichgewicht mit rationalen Erwartungen ist demzufolge davon abhängig, dass alle Wirtschaftssubjekte rational agieren und alle Wirtschaftssubjekte wissen, dass alle Wirtschaftssubjekte rational agieren.[5]

Die hier dargestellte Analyse lässt sich problemlos auf den Fall vieler bzw. unendlich vieler Perioden ausweiten. In komplexeren Modellen ist es jedoch keineswegs ausgeschlossen, dass ein Modell mehrere Lösungen unter rationalen bzw. korrekten Erwartungen besitzt (vgl. hierzu Abb. 1.6). Bei derartigen multiplen Gleichgewichten besteht das Problem darin, dass ohne weitere Annahmen nicht zu erschließen ist, welches Gleichgewicht ausgewählt wird. In einem solchen Fall müssen die Erwartungen der Wirtschaftssubjekte folglich in irgendeiner Weise koordiniert werden, damit sich eines der Gleich-

---

[5]In der Spieltheorie, in der das Nash-Gleichgewichtskonzept eine gewisse Ähnlichkeit mit dem hier betrachteten Konzept der rationalen Erwartungen besitzt, wird hierfür der Begriff „Common Knowledge" verwendet.

Abb. 1.5 Rationale
Erwartungen als Fixpunkt

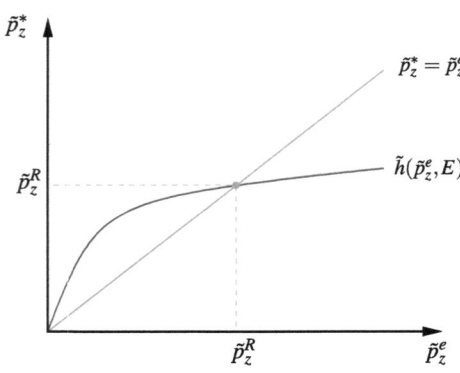

Abb. 1.6 Multiple rationale
Erwartungsgleichgewichte

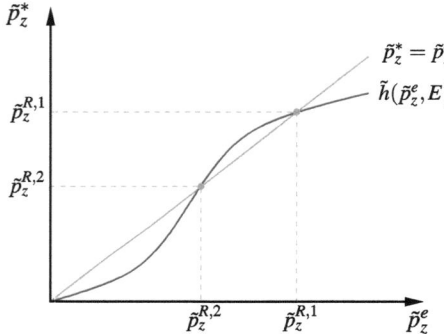

gewichte einstellt. Multiple rationale Erwartungsgleichgewichte sind keineswegs patho-
logische Fälle. Es existiert eine Vielzahl makroökonomischer Modelle, die kein eindeutiges Gleichgewicht unter rationalen Erwartungen besitzen. Solche Modelle können unter anderem herangezogen werden, um Ineffizienzen marktlicher Allokationen und damit
staatliche Eingriffe zu begründen. Modelle mit multiplen Gleichgewichten unter rationalen Erwartungen können aber auch verwendet werden, um Fluktuationen ökonomischer
Größen zu begründen, die nicht auf entsprechende Änderungen von Fundamentalvariablen
zurückzuführen sind. Auf Derartiges wird an späterer Stelle noch detaillierter eingegangen
werden.

1.5.1   Das Cobweb-Modell als Beispiel eines Modells mit rationalen Erwartungen

Zur Illustration des Konzepts der rationalen Erwartungen wird im Folgenden ein Partial-
marktmodell betrachtet. Das Modell, das in ähnlicher Form auch von Muth (1961) in seiner
klassischen Arbeit zur Theorie rationaler Erwartungen untersucht wurde, wird durch die
folgenden Annahme charakterisiert:

– Die Nachfragefunktion für das betrachtete Gut lautet $D_t = m_0 - m_1 p_t + v_t$, wobei v_t eine seriell unkorrelierte Zufallsgröße mit $E[v_t] = 0$ ist.

– Es existieren n Firmen, die das Gut mit der Kostenfunktion $C_{i,t}(S_{i,t}) = \frac{1}{2m_2} S_{i,t}^2$, $i = 1, \ldots, n$ produzieren. Hierbei bezeichnet $S_{i,t}$ die Angebotsmenge einer Firma i.

– Die Angebotsmenge $S_{i,t}$ wird festgelegt, bevor der markträumende Preis in t bekannt ist. Es bezeichnet $p_{i,t}^e$ die entsprechende Preiserwartung von Firma i.

Mit der Preiserwartung $p_{i,t}^e$ ist das gewinnmaximale Angebot von Firma i gegeben durch:

$$S_{i,t} = m_2 p_{i,t}^e$$

Das Gesamtangebot resultiert daher als

$$S_t = \sum_{i=1}^{n} m_2 p_{i,t}^e = n m_2 p_t^e,$$

wobei $p_t^e = \frac{1}{n} \sum_{i=1}^{n} p_{i,t}^e$ die durchschnittliche Preiserwartung bezeichnet. Ein Marktgleichgewicht in Periode t erfordert $D_t = S_t$. Es muss daher gelten:

$$m_0 - m_1 p_t + v_t = n m_2 p_t^e$$

$$\Leftrightarrow \quad p_t = \frac{m_0}{m_1} - \frac{m_2}{m_1} n p_t^e + \frac{v_t}{m_1}$$

$$= \beta + \alpha n p_t^e + \tilde{v}_t$$

Die letzte Gleichung wird als reduzierte Form des Modells bezeichnet. Diese reduzierte Form zeigt, wie sich der tatsächliche Preis p_t in Abhängigkeit von der durchschnittlichen Preiserwartung p_t^e bildet. Je nachdem, ob nun eine deterministische oder aber stochastische Version dieses Modells betrachtet wird, stellt sich die Lösung unter rationalen Erwartungen dann wie folgt dar:

(1)   Der deterministische Fall: $v_t = 0$ für alle t: Rationale bzw. korrekte Erwartungen liegen vor, wenn die durchschnittliche Preiserwartung bestätigt wird, so dass $p_t = p_{i,t}^e = \bar{p}_t^e$ gilt. Aus der reduzierten Form folgt:

$$\bar{p}_t^e = \frac{\beta}{1 - \alpha n}$$

(2)   Der stochastische Fall: Rationale Erwartungen sind gleichbedeutend mit der korrekten bedingten mathematischen Erwartung der entsprechenden Variablen auf der Grundlage des Modells und der vorhandenen Informationen Ω. In Periode $t - 1$ bestehen diese Informationen Ω_{t-1} aus den bis dahin resultierenden Preisen, das heißt $\Omega_{t-1} = \{p_{t-1}, p_{t-2}, \ldots\}$. Es gilt somit $\bar{p}_t^e = E_{t-1}[p_t \mid \Omega_{t-1}]$. Damit folgt:

$$p_t = \beta + \alpha n E_{t-1}[p_t \mid \Omega_{t-1}] + \tilde{v}_t$$

Wegen $E_{t-1}[E_{t-1}[p_t \mid \Omega_{t-1}] \mid \Omega_{t-1}] = E_{t-1}[p_t \mid \Omega_{t-1}]$ und $E[v_t] = 0$ ist nun die bedingte Erwartung beider Seiten gegeben durch:

$$E_{t-1}[p_t \mid \Omega_{t-1}] = \beta + n\alpha\, E_{t-1}[p_t \mid \Omega_{t-1}]$$

und es folgt:

$$E_{t-1}[p_t \mid \Omega_{t-1}] = \bar{p}_t^e = \frac{\beta}{1 - \alpha n}$$

Mit der Preiserwartung $\bar{p}_t^e = \frac{\beta}{1-\alpha n}$ wird der sich in Periode t einstellende Preis p_t in der Regel nicht korrekt erwartet, da dieser auch durch die zufälligen Schocks v_t beeinflusst wird. Jedoch sind diese Erwartungen „im Mittel" korrekt und es erfolgen keine systematischen Erwartungsfehler.

Wie sich zeigen lässt, konvergieren adaptive Erwartungen unter bestimmten Umständen gegen diese rationalen Erwartungen. Rationale Erwartungen können daher auch als das Ergebnis von Lernprozessen angesehen werden.[6]

1.6 Exogene Unsicherheit

Bei der bisherigen Darstellung von Marktgleichgewichten wurde davon ausgegangen, dass keinerlei exogene Unsicherheit vorliegt, den Wirtschaftssubjekten also ihre zukünftigen Ausstattungen bereits zum Zeitpunkt t bekannt sind. Diese Annahme ist selbstverständlich restriktiv, jedoch lässt sich das oben dargestellte Modell mit vollständiger Marktstruktur problemlos um den Fall der Unsicherheit erweitern. Der oben betrachtete Aspekt der Erwartungsbildung wird dabei aufgrund einer entsprechenden Modellformulierung keine Rolle spielen.

Es wird im Weiteren die folgende Ökonomie betrachtet:

- Es existieren zwei Perioden t und $t + 1$ (z. B. Gegenwart und Zukunft).
- In Periode t empfangen die Wirtschaftssubjekte die Anfangsausstattungen e_x^A und e_x^B mit dem Gut X.
- Der Zustand der Welt s in Periode $t + 1$ ist eine Zufallsgröße. Es existieren zwei mögliche Zustände ($s = 0$ und $s = 1$), die mit Wahrscheinlichkeit π bzw. $1 - \pi$ eintreten.
- Die Ausstattung der beiden Wirtschaftssubjekte mit dem Gut Y in Periode $t + 1$ hängt von s ab und ist daher möglicherweise unsicher. Es gilt $e_y^A = e_y^A(s)$ und $e_y^B = e_y^B(s)$.
- Es existiert kein aggregiertes Ausstattungsrisiko in Periode $t + 1$. Dies bedeutet, dass $e_y^A(s) + e_y^B(s) = e_y$ für $s = 0, 1$. Das hier vorliegende Risiko ist daher ein rein individuelles Ausstattungsrisiko. Die Verteilung der Ausstattungen in Periode $t + 1$ über die beiden Wirtschaftssubjekte ist zufallsabhängig – die insgesamt vom Gut Y verfügbare Menge in $t + 1$ dagegen nicht.

---

[6]Vgl. dazu etwa Bray (1983), Evans und Honkapohja (2001) oder Sargent (1993).

Das oben betrachte Konzept der vollständigen Marktstruktur kann auf diese Ökonomie problemlos übertragen werden, wenn nicht nur zeitpunktbezogene, sondern auch zustandsbezogene Preise eingeführt werden. Im Weiteren bezeichnet $p(0)$ den in Einheiten des Gutes X ausgedrückten Preis des Gutes Y im Zustand $s = 0$. Entsprechend bezeichnet $p(1)$ den in Einheiten des Gutes X ausgedrückten Preis des Gutes Y im Zustand $s = 1$. Mit $y_i(0)$ bzw. $y_i(1)$ als Konsum der Wirtschaftssubjekte $i = A, B$ in den beiden Zuständen ergeben sich dann die Budgetrestriktionen:

$$e_x^A + p(0)e_y^A(0) + p(1)e_y^A(1) \geq x_A + p(0)y_A(0) + p(1)y_A(1)$$

$$e_x^B + p(0)e_y^B(0) + p(1)e_y^B(1) \geq x_B + p(0)y_B(0) + p(1)y_B(1)$$

Eine solche Ökonomie mit vollständiger Marktstruktur – zum Zeitpunkt t existieren Märkte für alle zeitpunkt- und zustandsbezogenen Güter – wird auch als Arrow-Debreu Ökonomie bezeichnet.

Hinsichtlich der Präferenzen der beiden Wirtschaftssubjekte über unsichere Konsumbündel wird unterstellt, dass diese den Axiomen der Erwartungsnutzentheorie genügen. Dies bedeutet, dass die Wirtschaftssubjekte Präferenzen über unsichere Konsumbündel haben, die sich durch eine Erwartungsnutzenfunktion (von Neumann–Morgenstern Nutzenfunktion) abbilden lassen. Im Weiteren soll angenommen werden, dass der erwartete Nutzen $\mathrm{E}[U^i]$ für das Individuum $i = A, B$ folgendermaßen gegeben ist:

$$\mathrm{E}[U^i] = u(x_i) + \beta\big[\pi u\big(y_i(0)\big) + (1 - \pi)u\big(y_i(1)\big)\big]$$

Hierbei ist $u(\cdot)$ eine Funktion, für die $u' > 0$ und $u'' < 0$ gilt und $0 < \beta < 1$ ist ein Diskontierungsfaktor für zukünftigen Nutzen.

Für die sich im Marktgleichgewicht mit einer vollständigen Marktstruktur einstellende Allokation gilt dann das, was bereits oben für den Fall der Sicherheit ausgesagt wurde. Insbesondere gelten die beiden Wohlfahrtstheoreme und die Marktallokation ist folglich Pareto-effizient. Für den hier betrachteten speziellen Fall einer Ökonomie mit lediglich individuellem, jedoch keinem aggregierten Risiko können relativ einfach einige weitere Eigenschaften der sich einstellenden Marktallokation ermittelt werden, die mit Aufteilung des individuellen Ausstattungsrisikos verbunden sind.

Ausgangspunkt ist das folgende Optimierungsproblem, das sich für $i = A, B$ im Fall einer vollständigen Marktstruktur unter Verwendung der Erwartungsnutzenhypothese ergibt:

$$\max_{x_i, y_i(0), y_i(1)} \mathrm{E}[U^i] = u(x_i) + \beta\big[\pi u\big(y_i(0)\big) + (1 - \pi)u\big(y_i(1)\big)\big]$$

u. Nb. $e_x^i + p(0)e_y^i(0) + p(1)e_y^i(1) \geq x_i + p(0)y_i(0) + p(1)y_i(1)$

Mit λ^i als dem Lagrangemultiplikator der Restriktion ergeben sich die folgenden notwendigen Bedingungen – wobei angenommen wird, dass die Restriktion tatsächlich bindet:

$$u'(x_i) = \lambda^i$$

$$\beta \pi u'\big(y_i(0)\big) = p(0)\lambda^i$$

$$\beta(1 - \pi)u'\big(y_i(1)\big) = p(1)\lambda^i$$

Aus diesen Bedingungen ergibt sich zunächst, dass für $i = A, B$ gilt:

$$\frac{u'(y_i(0))}{u'(y_i(1))} = \frac{1 - \pi}{\pi}\frac{p(0)}{p(1)} \tag{1.4}$$

Da die rechte Seite von Gl. (1.4) unabhängig von i ist, ist folglich das Verhältnis des Grenznutzens zukünftigen Konsums für alle Individuen identisch.

Aus den notwendigen Bedingungen folgt des Weiteren:

$$\frac{u'(x_A)}{u'(x_B)} = \frac{u'(y_A(0))}{u'(y_B(0))} = \frac{u'(y_A(1))}{u'(y_B(1))} = \frac{\lambda^A}{\lambda^B}$$

Diese Gleichung impliziert für jeden Umweltzustand $s = 0, 1$ in $t + 1$, dass:

$$u'\big((y_A(s)\big) = u'\big((y_B(s)\big)\frac{\lambda^A}{\lambda^B}$$

$$\Leftrightarrow \quad y_A(s) = u'^{-1}\big(u'\big((y_B(s))\frac{\lambda^A}{\lambda^B}\big)\big)$$

Wegen $e_y^A(s) + e_y^B(s) = e_y$ für $s = 0, 1$ ergibt sich damit im Marktgleichgewicht:

$$y_A(s) + y_B(s) = e_y$$

$$u'^{-1}\big(u'\big((y_B(s))\frac{\lambda^A}{\lambda^B}\big)\big) + y_B(s) = e_y \tag{1.5}$$

Da die rechte Seite von (1.5) unabhängig vom Umweltzustand s ist, muss auch die linke Seite von s unabhängig sein. Im Marktgleichgewicht ergibt sich demnach, dass $y_B(s) = y_B$ und folglich auch $y_A(s) = y_A$. Beide Individuen konsumieren im Marktgleichgewicht unabhängig vom Umweltzustand in der zweiten Periode identische Mengen des Gutes Y und sind folglich vollständig gegen das individuelle Ausstattungsrisiko versichert. Aus (1.4) kann sodann das Preisverhältnis $p(0)/p(1)$ ermittelt werden, das sich im Marktgleichgewicht einstellt. Wegen $y_i(s) = y_i$ für $i = A, B$ resultiert:

$$\frac{u'(y_i(0))}{u'(y_i(1))} = \frac{1 - \pi}{\pi}\frac{p(0)}{p(1)} = 1$$

$$\Leftrightarrow \quad p(1) = \frac{1 - \pi}{\pi}p(0)$$

Während in der Arrow-Debreu Ökonomie bereits zum Zeitpunkt t Märkte für sämtliche zeitpunkt- und zustandsbezogenen Güter existieren, ist es auch möglich, ein entsprechendes Gleichgewicht mit einer sequentiellen Marktstruktur zu implementieren. Die einfachste Möglichkeit besteht darin, sogenannte Arrow-Zertifikate einzuführen. Dies sind Wertpapiere, die eine Laufzeit von einer Periode besitzen, und in nur einem Umweltzustand der Folgeperiode eine Einheit des dann relevanten Gutes auszahlen. Im Fall der hier betrachteten Ökonomie seien nun $z^i(s)$ für $i = A, B$ die Nachfragen nach solchen Zertifikaten für den Zustand $s = 0, 1$. Mit $p(0)$ und $p(1)$ als den Preisen dieser Zertifikate, ergeben sich für t bzw. $t + 1$ die folgenden Budgetrestriktionen:

$$e_x^i = x^i + p(0)z^i(0) + p(1)z^i(1)$$
$$y^i(s) = e_y^i(s) + z^i(s), \quad s = 0, 1$$

Einsetzen der zweiten Budgetrestriktion in die erste Restriktion führt wieder zu der Budgetrestriktion, die in einer Arrow-Debreu Ökonomie resultiert. Diese sequentielle Marktstruktur ermöglicht demnach dieselben Tauschvorgänge, die auch in einer Arrow-Debreu Ökonomie möglich sind.

Das hier betrachtete Modell ist relativ simpel, so dass die Eleganz des Arrow-Debreu Modells bzw. der entsprechenden sequentiellen Formulierung mit Arrow-Zertifikaten nicht so deutlich zu Tage tritt. Es dürfte aber deutlich geworden sein, dass sich die hier dargestellten Konzepte ohne Weiteres auch auf komplexere Modellstrukturen anwenden lassen. Im Fall vieler Perioden und vieler Umweltzustände ist bei sequentiellen Formulierungen dann jedoch auch wieder das Problem der Erwartungsbildung relevant.[7] Die Äquivalenz zwischen der Allokation in einer Arrow-Debreu Ökonomie und einer entsprechenden Ökonomie mit sequentieller Marktstruktur setzt dann rationale Erwartungsbildung voraus.[8]

1.6.1 Unvollständige Märkte

In intertemporalen Modellen mit exogener Unsicherheit sind prinzipiell verschiedenste Formen unvollständiger Marktstrukturen vorstellbar. Von besonderem Interesse ist allerdings der Fall, in dem die oben beschriebene Möglichkeit der impliziten Versicherung gegen individuelle Risiken beschränkt ist. Im Rahmen des hier betrachteten Modells ist dieser Fall gegeben, wenn keine zustandsbezogenen Märkte und damit auch keine zustandsbezogenen Preise existieren. Wie in Abschn. 1.4 existiert dann lediglich ein Markt, auf dem das Gut X gegen das Gut Y zum (intertemporalen) Preis R getauscht werden kann. Es existiert also in Periode t lediglich ein Wertpapier mit zustandsunabhängiger Auszahlung in Periode $t + 1$.

---

[7]Im Fall unendlich vieler Perioden ergeben sich Besonderheiten, die in Kap. 2 eingehender diskutiert werden.

[8]Zum dann relevanten Konzept des sogenannten Radner-Gleichgewichts vgl. z. B. Mas-Colell et al. (1995) und Radner (1982).

Das Optimierungsproblem eines Individuums $i = A, B$ lautet dann:

$$\max_{x_i, y_i(0), y_i(1)} \mathrm{E}\big[U^i\big] = u(x_i) + \beta\big[\pi u\big(y_i(0)\big) + (1 - \pi)u\big(y_i(1)\big)\big]$$

u. Nb. $e_x^i - b_i = x_i$

$e_y^i(s) + Rb_i = y_i(s)$

Die Allokation, die sich bei einer solchen unvollständigen Marktstruktur einstellt, wird naheliegenderweise nicht mit derjenigen der Arrow-Debreu Ökonomie übereinstimmen. Insbesondere ist diese Allokation nicht Pareto-effizient. Der Aspekt, der hier eingehender betrachtet werden soll – und der an späterer Stelle nochmals aufgegriffen wird – ist jedoch ein anderer: Sofern sich ein Individuum in Periode t verschuldet – sofern also $b_i < 0$ gilt – muss diese Schuld zuzüglich einer Verzinsung in Periode $t + 1$ zurückgezahlt werden. Der in Einheiten des Gutes Y zurückzuzahlende Betrag ist Rb_i. Nichtnegativität des Konsums $y_i(s)$ für alle s voraussetzend, bedeutet dies, dass jedes Individuum für die Periode $t + 1$ die Solvenzbedingung $b_i \geq -\min_s e^i(s)/R$ zu berücksichtigen hat. Es existiert in dieser Modellökonomie mit unvollständiger Marktstruktur demzufolge eine implizite Kreditrestriktion für die Individuen.[9] Kreditaufnahmen in t, die dieser Restriktion nicht genügen, können in bestimmten Umweltzuständen in $t + 1$ dazu führen, dass der Kredit mitsamt Verzinsung nicht zurückgezahlt werden kann. Sofern unterstellt wird, dass die individuellen Periodennutzenfunktionen die Inada-Bedingung $\lim_{c \to 0} u'(c) = \infty$ erfüllen, wird diese Restriktion von den Individuen bei ihrer Konsumplanung immer eingehalten werden. Es gilt dann $b_i > -\min_s e^i(s)/R$.

1.7   Die Struktur dynamischer makroökonomischer Modelle

Gegenstand der makroökonomischen Theorie ist die Beschreibung der zeitlichen Entwicklung makroökonomischer Aggregatgrößen und die Analyse der Beziehungen, die zwischen diesen Aggregatgrößen bestehen. Da die fraglichen Aggregatgrößen immer als Summe individueller, mikroökonomischer Entscheidungen abgebildet werden können, stellt sich selbstverständlich die Frage, inwieweit der mächtige Apparat der Theorie des Allgemeinen Gleichgewichts als Grundlage der makroökonomischen Theorie genutzt werden kann.

Ausgangspunkt der modernen makroökonomischen Theorie ist dabei zunächst, dass die fraglichen Zusammenhänge zwischen makroökonomischen Aggregatgrößen im Rahmen dynamischer Modelle analysiert werden. Dies bedeutet zum einen, dass Wirtschaftssub-

---

[9]Eine solche Restriktion existiert auch im Fall der oben betrachteten sequentiellen Marktstruktur mit Arrow-Zertifikaten. Auch dort sind Leerverkäufe eines Zertifikates für einen Zustand s aufgrund der Nichtnegativitätsbedingung für den Konsum durch die Ausstattung $e^i(s)$ in diesem Zustand nach oben beschränkt. Allerdings gilt die im Fall einer unvollständigen Marktstruktur zu beachtende Kreditrestriktion über die Zustände hinweg.

jekte betrachtet werden, die periodenübergreifende Entscheidungen zu treffen haben und zum anderen, dass die Konsequenzen heutiger Entscheidungen für zukünftige Perioden (beispielsweise der Kapazitätseffekt von Investitionen) berücksichtigt werden.

Um die in den vorausgegangenen Abschnitten dargestellten Aussagen der Theorie des Allgemeinen Gleichgewichts hierbei zu nutzen, könnten nun zwei grundlegende Annahmen getroffen werden:

– Es existieren keine Marktunvollkommenheiten. Auf allen Märkten der zu betrachtenden Volkswirtschaft herrscht vollständige Konkurrenz. Flexible Preise gewährleisten ständige Markträumung.
– Die Marktstruktur ist zwar möglicherweise unvollständig, jedoch transaktionsvollständig. Die Wirtschaftssubjekte müssen demzufolge Erwartungen über zukünftige Größen bilden, wobei unterstellt wird, dass rationale Erwartungen gebildet werden.

Insbesondere die erste dieser Annahmen ist sicherlich kritikwürdig und es soll hier auch keineswegs behauptet werden, dass sie realistisch ist. Der wesentliche Vorteil dieser Annahme besteht allerdings darin, dass sie die formale Analyse erheblich vereinfacht. Darüber hinaus ist es – wenn auch möglicherweise mit größerem Aufwand – durchaus möglich, Marktunvollkommenheiten zu berücksichtigen.[10] Von daher soll die Möglichkeit von Marktversagen hier keineswegs verneint werden, sondern aus Vereinfachungsgründen zunächst eine Volkswirtschaft mit perfekt funktionierenden Märkten zu betrachten werden.

Vor dem Hintergrund dessen, was in den vorangegangenen Abschnitten dargestellt wurde, ergibt sich aus den oben getroffenen beiden Annahmen, dass die Allokation, die sich in dieser Volkswirtschaft einstellt, Pareto-effizient ist.[11] Die Gültigkeit des ersten Wohlfahrtstheorems erlaubt darüber hinaus jedoch noch eine weitere, für die makroökonomische Theorie äußerst nützliche Feststellung: Wenn eine Pareto-effiziente Allokation vorliegt, dann maximiert diese Allokation eine wohldefinierte soziale Wohlfahrtsfunktion, in die der Nutzen aller Wirtschaftssubjekte mit genau spezifizierter Gewichtung eingeht (die sog. utilitaristische Nutzenfunktion). Diese soziale Wohlfahrtsfunktion stellt einen alternativen Weg zur Verfügung, die im Marktgleichgewicht resultierende Pareto-effiziente Allokation zu bestimmen. Werden sämtliche individuellen Budgetrestriktionen zu einer einzigen aggregierten Budgetrestriktion zusammengefasst und die soziale Wohlfahrtsfunktion unter dieser Restriktion maximiert, so ergibt sich die gleiche Allokation wie im dezentralen Marktgleichgewicht. Es genügt also lediglich die Kenntnis dieser Wohlfahrtsfunktion, um auch ohne Kenntnis der möglicherweise vorliegenden Heterogenitäten bei Präferenzen und Ausstattungen die auf der makroökonomischen Ebene resultierende Allokation zu beschreiben. Man kann sich demnach vorstellen, dass ein repräsentativer Haushalt existiert, dessen Präferenzen sich durch die soziale Wohlfahrtsfunktion abbilden lassen. Es

---

[10]Dies wird beispielsweise in den Kap. 5 und 8 der Fall sein.

[11]Zur Vereinfachung wird unterstellt, dass ein eindeutiges Gleichgewicht existiert, ohne hier auf die dafür notwendigen Bedingungen explizit einzugehen.

genügt dann, die intertemporalen Entscheidungen dieses repräsentativen Haushalts zu betrachten.

Genau dies wird der Ansatz sein, der den im Weiteren betrachteten dynamischen makroökonomischen Modellen zugrunde liegt. Es soll an dieser Stelle allerdings nicht verschwiegen werden, dass das in der modernen makroökonomischen Theorie üblicherweise verwendete Konzept des repräsentativen Haushalts keineswegs unproblematisch ist. Entgegen dem, was die gerade erfolgte Darstellung suggeriert, wird das Aggregationsproblem durch das Unterstellen eines repräsentativen Haushalts nicht gelöst. Es existiert unter den oben getroffenen Annahmen zwar immer ein repräsentativer Haushalt, dessen Entscheidungen auf die Allokation führen, die in einer aus heterogenen Wirtschaftssubjekten bestehenden Ökonomie resultiert, jedoch sind die Präferenzen dieses repräsentativen Haushalts im Allgemeinen von den Parametern abhängig, die die betrachtete Ökonomie charakterisieren. Konkret bedeutet dies, dass sich die Allokation, die sich beispielsweise nach einem wirtschaftspolitischen Eingriff einstellt, im Allgemeinen nicht mehr durch denselben repräsentativen Haushalt darstellen lässt. Lediglich unter recht restriktiven Annahmen bezüglich der Nutzenfunktionen der Wirtschaftssubjekte und der zugrundeliegenden Verteilung der Anfangsausstattungen existiert ein in diesem Sinne umfassend repräsentatives Wirtschaftssubjekt.[12]

Ein möglicher Ausweg besteht darin, homogene Wirtschaftssubjekte zu unterstellen, also anzunehmen, dass alle Wirtschaftssubjekte hinsichtlich ihrer Ausstattungen und Präferenzen völlig identisch sind. Allerdings impliziert eine solche Annahme für die betrachtete Ökonomie, dass Märkte eigentlich überflüssig sind, denn aufgrund der fehlenden Heterogenität fehlt auch jeglicher Anreiz zum Gütertausch. Dies ist auch der Grund dafür, dass Modelle dieser Art häufig als Robinson-Crusoe Ökonomien bezeichnet werden.

1.8   Literaturhinweise

Darstellungen der Theorie des Allgemeinen Gleichgewichts finden sich auf unterschiedlichem Niveau in jedem Lehrbuch zur Mikroökonomik. Als Beispiel sei hier das Lehrbuch von Varian (2009) genannt. Eine anspruchsvolle Darstellung bietet das bereits im Text zitierte Lehrbuch von Mas-Colell et al. (1995).

Das klassische Papier zum Konzept rationaler Erwartungen ist Muth (1961). Eine gute, wenn auch anspruchsvolle Darstellung des Allgemeinen Gleichgewichts unter Unsicherheit und des damit verbundenen Konzepts rationalen Erwartungsgleichgewichts bietet Radner (1982). Wer sich aus makroökonomischer Perspektive für multiple rationale Erwartungsgleichgewichte und die damit verbundenen Probleme interessiert, findet bei Farmer (1993, insb. Kap. 4) eine gut lesbare Einführung nicht nur in diese Thematik, sondern auch in andere hier in späteren Kapiteln behandelte Themengebiete.

---

[12]Dieses Problem wird in Abschn. 4.2 noch eingehender thematisiert.

Literatur

Bray, M. M. 1983. Convergence to rational expectations equilibrium. In *Individual forecasting and aggregate outcomes*, Hrsg. R. Frydman und E. S. Phelps, 123–132. Cambridge: Cambridge University Press.

Evans, G. W., und S. Honkapohja. 2001. *Learning and expectations in macroeconomics*. Princeton: Princeton University Press.

Farmer, R. E. A. 1993. *Macroeconomics of self-fulfilling prophecies*. Cambridge: MIT Press.

Mas-Colell, A., M. Whinston, und J. Green. 1995. *Microeconomic theory*. Oxford: Oxford University Press.

Muth, J. F. 1961. Rational expectations and the theory of price movements. *Econometrica* 29: 315–335.

Radner, R. 1982. Equilibrium under uncertainty. In *Handbook of mathematical economics, Bd. II*, Hrsg. K. J. Arrow und M. D. Intrilligator. 923–1006. Amsterdam: North-Holland.

Sargent, T. J. 1993. Bounded rationality. In *Macroeconomics*, Oxford: Oxford University Press.

Varian, H. 2009. *Intermediate microeconomics*, 8. Aufl. New York: Norton.

Intertemporale Konsumnachfrage

2

2.1 Einleitung

In diesem Kapitel wird das Problem der intertemporalen Konsumwahl eines Haushaltes zunächst aus der partialanalytischen Perspektive betrachtet. Die hierbei behandelten Zusammenhänge und auch die verwendeten Methoden bilden eine wichtige Grundlage für die nachfolgend zu analysierenden dynamischen makroökonomischen Modelle, die jeweils eine optimale intertemporale Konsumplanung der Haushalte unterstellen.

Obwohl in diesem Abschnitt ausschließlich intertemporale Konsumentscheidungen betrachtet werden, bildet auch die formale Analyse intertemporaler Entscheidungsprobleme einen Schwerpunkt der folgenden Darstellungen. Die hierbei angewendeten Verfahren der dynamischen Optimierung können selbstverständlich auch auf andere intertemporale Entscheidungsprobleme (z. B. Investitionsentscheidungen oder Arbeitsnachfrageentscheidungen) angewendet werden. Da die Implikationen der intertemporalen Planungsperspektive für Konsumentscheidungen jedoch eine zentrale Rolle in dynamischen makroökonomischen Modellen spielen, ist eine Beschränkung auf derartige Probleme – zumindest anfänglich – durchaus sinnvoll.

2.2 Konsumnachfrage bei Sicherheit und endlichem Zeithorizont

2.2.1 Annahmen

Es wird ein Haushalt betrachtet, dessen Zeithorizont endlich ist und der seinen Konsum c_t für die Perioden $t = 0, 1, \ldots, T$ plant. Der Haushalt verfügt über ein Anfangsvermögen a_0 in Periode 0 und bezieht in jeder Periode seines Lebens ein sicheres Einkommen y_t. Die Existenz eines vollkommenen Kreditmarktes ermöglicht es dem Haushalt, Einkommen und Konsum intertemporal zu separieren. Der Kreditmarktzins ist durch r gegeben und wird zur Vereinfachung als im Zeitablauf konstant unterstellt. Für eine beliebige Periode $t = 0, 1, \ldots, T$ ergibt sich damit die folgende sequentielle Budgetrestriktion für den

© Springer-Verlag Berlin Heidelberg 2015
M. Heinemann, *Dynamische Makroökonomik*,
DOI 10.1007/978-3-662-44156-5_2

Haushalt:

$$a_t + y_t = c_t + \frac{a_{t+1}}{1+r} \tag{2.1}$$

Hinsichtlich der Präferenzen des repräsentativen Haushaltes wird angenommen, dass diese über seinen Konsum c_t in allen seiner Lebensperioden $t = 0, 1, \ldots, T$ definiert sind. Es existiert somit eine Nutzenfunktion $U(c_0, c_1, \ldots, c_T)$, deren Argumente $c_0, c_1, \ldots, c_T$ insgesamt jeweils ein Konsumprofil bzw. einen Konsumpfad über den Lebenshorizont des Haushaltes bestimmen, und die den Lebensnutzen des Haushaltes beschreibt.

Um die weitere Analyse zu vereinfachen, wird bezüglich der Nutzenfunktion U angenommen, dass diese additiv separabel in der Zeit ist, so dass sich der Lebensnutzen als Summe von Periodennutzen formulieren lässt:

$$U(c_0, c_1, \ldots, c_t, c_{t+1}, \ldots) = \sum_{t=0}^{T} u_t(c_t)$$

Abgesehen davon, dass die additive Separabilität der Nutzenfunktion formale Analysen erheblich vereinfacht, lässt sich diese Annahme inhaltlich folgendermaßen begründen: Es wird damit erstens angenommen, dass die Einschätzung eines Konsumpfades $c_t, c_{t+1}, \ldots$, der in der Periode t beginnt, unabhängig davon ist, welcher Konsumpfad $\ldots, c_{t-2}, c_{t-1}$ diesem vorgelagert ist. Zweitens wird mit dieser Annahme unterstellt, dass die Einschätzung eines Konsumpfades $c_0, c_1, \ldots, c_t$ unabhängig von dem darauf folgenden Pfad $c_{t+1}, c_{t+2}, \ldots$ ist. Wann immer diese beiden Annahmen über die Präferenzen eines Haushaltes getroffen werden, muss die Nutzenfunktion $U(c_0, c_1, \ldots, c_T)$ über Konsumströme additiv separabel sein.[1]

Zusätzlich wird hinsichtlich der Periodennutzenfunktionen $u_t(c_t)$ angenommen, dass $u_t(c_t) = \beta^t u(c_t)$ gilt, wobei $0 < \beta < 1$ ein Diskontierungsfaktor ist, der bestimmt, wie stark zukünftiger Nutzen im Vergleich zu gegenwärtigem Nutzen gewichtet wird. Hinter dieser Annahme steckt die plausible Vorstellung, dass eine zusätzliche Konsumeinheit um so weniger zum Lebensnutzen des Haushaltes beiträgt, je weiter entfernt in der Zukunft sie erhältlich ist. Der Haushalt präferiert demzufolge gegenwärtigen gegenüber zukünftigem Konsum. Der Lebensnutzen lässt sich unter dieser Annahme folgendermaßen ausdrücken:

$$\sum_{t=0}^{T} u_t(c_t) = \sum_{t=0}^{T} \beta^t u(c_t), \quad 0 < \beta < 1$$

Schließlich werden noch die folgenden beiden Annahmen über die Eigenschaften der Periodennutzenfunktion $u(c)$ getroffen: Zum einen gilt für alle $c \geq 0$, dass $u'(c) > 0$, das heißt der Grenznutzen des Konsums in jeder Periode ist positiv, zum anderen gilt für alle $c \geq 0$, dass $u''(c) < 0$, das heißt der Grenznutzen des Konsums sinkt mit steigendem Konsum. Die Periodennutzenfunktion $u(c)$ ist demnach eine streng monoton ansteigende, konkave Funktion.

---

[1] Vgl. hierzu Mas-Colell et al. (1995, Chap. 20).

2.2.2 Das Optimierungsproblem des Haushaltes

Das Problem des Haushaltes besteht nun darin, in jeder Periode t auf der Grundlage des jeweils gegebenen Einkommens y_t sowie auf der Grundlage des gegebenen Zinssatzes r, den optimalen Konsumplan (und damit uno actu auch den optimalen Ersparnis- bzw. Vermögensbildungsplan) zu bestimmen. Formal ergibt sich demnach das folgende Optimierungsproblem:

$$\max_{\{c_t\}_{t=0}^T, \{a_{t+1}\}_{t=0}^T} \sum_{t=0}^T \beta^t u(c_t) \tag{2.2}$$

$$\text{u. Nb.} \quad a_t + y_t = c_t + a_{t+1}/(1+r) \quad \text{für } t = 0, 1, \ldots, T,$$

$$a_0 \gtrless 0$$

Dieses Optimierungsproblem kann vereinfacht werden, indem die Budgetrestriktionen für $t = 0, 1, \ldots, T$ gemäß (2.1) wiederholt ineinander eingesetzt werden. Es folgt dann:

$$\underbrace{a_0 + \sum_{t=0}^T \frac{y_t}{(1+r)^t}}_{\substack{\text{Anfangsvermögen+Gegenwartswert} \\ \text{des Lebenseinkommens}}} = \frac{a_{T+1}}{(1+r)^{T+1}} + \underbrace{\sum_{t=0}^T \frac{c_t}{(1+r)^t}}_{\substack{\text{Gegenwartswert der} \\ \text{Konsumausgaben}}} \tag{2.3}$$

a_{T+1} ist das Vermögen, das der Haushalt nach dem Ende des Planungszeitraums zu halten plant. $\frac{a_{T+1}}{(1+r)^{T+1}}$ ist der entsprechende Gegenwartswert. Wird unterstellt, dass keine Schulden hinterlassen werden dürfen – mithin $a_{T+1} \geq 0$ gelten muss, impliziert Nichtsättigung $a_{T+1} = 0$ und es folgt die intertemporale Budgetrestriktion des Haushaltes:[2]

$$a_0 + \sum_{t=0}^T \frac{y_t}{(1+r)^t} = \sum_{t=0}^T \frac{c_t}{(1+r)^t} \tag{2.4}$$

Gemäß (2.4) muss der Gegenwartswert der Konsumausgaben dem Gegenwartswert des Lebenseinkommens zuzüglich dem Anfangsvermögen des Haushaltes entsprechen. Mit Hilfe von (2.4) kann das Optimierungsproblem des Haushaltes wie üblich mit Hilfe der Lagrangemethode gelöst werden. Im Folgenden bezeichnet λ den Lagrangemultiplikator für die intertemporale Budgetrestriktion. Mit $\mathscr{L}$ als Lagrangefunktion ergibt sich dann das Optimierungsproblem:

---

[2]Es könnte alternativ auch unterstellt werden, dass ein beschränkter Schuldenstand $a_{T+1} \geq -A$ hinterlassen werden darf. In diesem Fall impliziert die Nichtsättigungsannahme dann, dass $a_{T+1} = -A$ gilt. Hier soll ausschließlich der ökonomisch nicht unplausible Fall betrachtet werden, in dem keine Schulden hinterlassen werden dürfen.

$$\max_{\{c_t\}_{t=0}^{T},\lambda} \mathscr{L} = \sum_{t=0}^{T} \beta^t u(c_t)$$

$$- \lambda \left(a_0 + \sum_{t=0}^{T} \frac{y_t}{(1+r)^t} - \sum_{t=0}^{T} \frac{c_t}{(1+r)^t} \right)$$

Im Fall einer inneren Lösung, die aufgrund der bisher getroffenen – und der noch folgenden – Annahmen vorausgesetzt werden kann, ergeben sich die folgenden notwendigen Bedingungen für ein Nutzenmaximum:

$$\frac{\partial \mathscr{L}}{\partial c_t} = \beta^t u'(c_t) - \frac{\lambda}{(1+r)^t} = 0, \quad t = 0, 1, \ldots, T \tag{2.5a}$$

$$\frac{\partial \mathscr{L}}{\partial \lambda} = a_0 + \sum_{t=0}^{T} \frac{y_t}{(1+r)^t} - \sum_{t=0}^{T} \frac{c_t}{(1+r)^t} = 0 \tag{2.5b}$$

Aus Gl. (2.5a) folgt für t und $t+1$ die sogenannte Euler-Gleichung, die häufig auch als Keynes-Ramsey-Bedingung bezeichnet wird.[3] Gleichung (2.5a) erfordert, dass $\lambda = \beta^t u(c_t)(1+r)^t$ und mithin auch $\lambda = \beta^{t+1} u(c_{t+1})(1+r)^{t+1}$ gilt. Gleichsetzen ergibt dann:

$$\Leftrightarrow \quad \beta^t u'(c_t)(1+r)^t = \beta^{t+1} u'(c_{t+1})(1+r)^{t+1}$$

$$\Leftrightarrow \quad u'(c_t) = \underbrace{\beta u'(c_{t+1})}_{\substack{\text{diskontierter} \\ \text{Grenznutzen}}} \underbrace{(1+r)}_{\substack{\text{erwarteter Grenzertrag} \\ \text{der Ersparnis}}}$$

Die Euler-Gleichung beschreibt die grundlegenden Eigenschaften eines optimalen Konsumpfades in der Zeit. Es handelt sich hierbei um eine notwendige Bedingung für einen intertemporal optimalen Konsumpfad. Ist diese Bedingung nicht erfüllt, kann der Lebensnutzen erhöht werden, indem Einkommen (durch Ersparnis) intertemporal umverteilt wird. Dieser Vorgang wird als intertemporale Substitution – in diesem Fall des Konsums – bezeichnet.

2.2.3 Eigenschaften des optimalen Konsumprofils

Aus der Euler-Gleichung können nun die wesentlichen Eigenschaften des optimalen Konsumprofils abgeleitet werden.

Wenn $\beta(1+r) = 1$ gilt, erfordert die Euler-Gleichung für den Grenznutzen des Konsums in den Perioden t und $t+1$, dass $u'(c_{t+1}) = u'(c_t)$ und folglich $c_{t+1} = c_t$ gilt. Sofern also $\beta(1+r) = 1$ für alle t gilt, resultiert ein im Zeitablauf konstanter Konsumpfad. Dies

---

[3]Die Keynes-Ramsey-Bedingung wird in Abschn. 3.2 eingehender diskutiert.

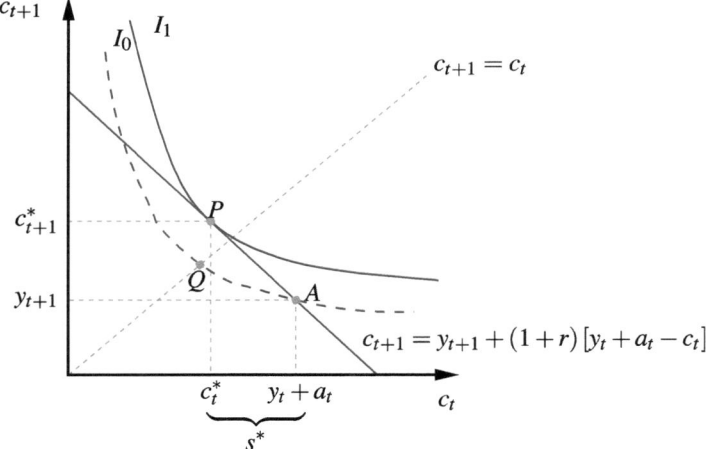

Abb. 2.1 Die Euler-Gleichung im 2-Perioden-Fall

ist ein insofern wichtiger Spezialfall, als dieser konstante Konsumpfad weitergehende formale Analysen mitunter sehr erleichtert. Der Zinssatz, der einen solchen konstanten Konsumpfad generiert, ist $r = \frac{1-\beta}{\beta}$, wobei der Ausdruck $\frac{1-\beta}{\beta}$ auch als Zeitpräferenzrate des Haushaltes bezeichnet wird. Diese Zeitpräferenzrate ergibt sich demnach aus dem Diskontierungsfaktor für zukünftigen Nutzen β und kann als interner Zinssatz des Haushaltes aufgefasst werden: Er gibt diejenige Verzinsung an, die mindestens erzielt werden muss, um einen Haushalt ausgehend von einem konstanten Konsumpfad zu mehr Ersparnis zu veranlassen. Wenn der Zins kleiner als die Zeitpräferenzrate ist, das heißt wenn $r < \frac{1-\beta}{\beta}$ gilt, ist die Verzinsung der Ersparnis geringer als dieser interne Zins, so dass der Konsum im Zeitablauf sinkt. Gilt dagegen $r > \frac{1-\beta}{\beta}$, ist die Verzinsung der Ersparnis größer als dieser interne Zins, so dass der Konsum wächst.

Abbildung 2.1 veranschaulicht die bisher dargestellten Zusammenhänge für den analytisch einfachen 2-Perioden-Fall. Der Punkt A gibt den Ausstattungspunkt eines Haushaltes wieder. Konsumiert der Haushalt in jeder Periode das gesamte ihm zufließende Einkommen, gilt $c_t = y_t + a_t$ sowie $c_{t+1} = y_{t+1}$ und der Haushalt erreicht das der Indifferenzkurve I_0 zugeordnete Nutzenniveau. Beim gegebenen Zins r erreicht der Haushalt das Nutzenmaximum, wenn er in Periode t eine Ersparnis in Höhe von s^* bildet. Im resultierenden Konsumpunkt P ist $c_{t+1}^* = y_{t+1} + s^*(1+r)$ und $c_t^* = y_t - s^*$. Die entsprechende Indifferenzkurve I_1 tangiert die Budgetrestriktion in diesem Punkt P, so dass $1 + r = \frac{u'(c_t)}{\beta u'(c_{t+1})}$ gilt.

Die ebenfalls in das Diagramm eingezeichnete Winkelhalbierende kann herangezogen werden, um die Eigenschaften des so ermittelten optimalen Konsumpfades näher zu beschreiben. So gilt beispielsweise im Punkt Q, dass $c_{t+1} = c_t$ und mithin $\frac{u'(c_t)}{\beta u'(c_{t+1})} = \frac{1}{\beta}$. Zudem wird deutlich, dass die Steigung der Indifferenzkurve I_0 in diesem Punkt betragsmäßig kleiner ist als die Steigung der Budgetrestriktion. Es gilt also $r > \frac{1-\beta}{\beta}$. Der op-

Abb. 2.2 Intertemporale
Substitutionselastizität

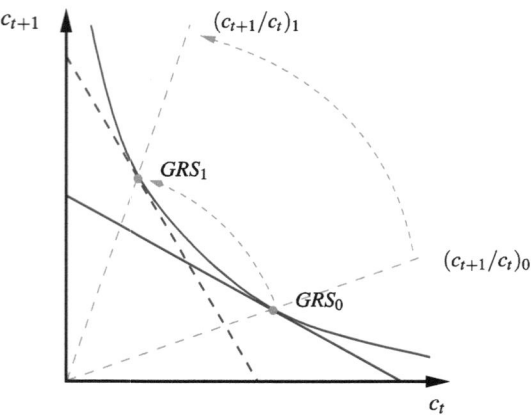

timale Konsumpfad muss demzufolge durch einen wachsenden Konsum gekennzeichnet
sein. Der optimale Konsumpunkt P zeigt, dass dies auch tatsächlich der Fall ist.

2.2.4 Die intertemporale Substitutionselastizität

Abbildung 2.1 verdeutlicht, dass der Zinsfaktor bzw. der Zinssatz eine entscheidende Rolle
bei der Bestimmung des optimalen Konsumpfades spielt. Änderungen von $R = (1+r)$ verändern die Steigung der Budgetgeraden und werden daher Änderungen bei der optimalen
intertemporalen Konsumallokation und auch der Ersparnis herbeiführen. Die Abbildung
verdeutlicht darüber hinaus, dass Änderungen des erwarteten Zinssatzes und somit Änderungen von R zu um so größeren Änderungen des Konsumverhältnisses c_{t+1}^*/c_t^* führen, je
weniger stark die Indifferenzkurven gekrümmt sind. Das entsprechende Maß für die Krüm-
mung der Indifferenzkurven wird als intertemporale Substitutionselastizität bezeichnet.

Die intertemporale Substitutionselastizität σ ist ein Maß dafür, wie stark sich die Grenzrate der Substitution zwischen gegenwärtigem und zukünftigen Konsum $GRS(c_{t+1}, c_t) =
-\frac{\partial U/\partial c_{t+1}}{\partial U/\partial c_t} = -\frac{u'(c_t)}{\beta u'(c_{t+1})}$ ändert, wenn sich das Konsumverhältnis c_{t+1}/c_t ändert (vgl.
hierzu Abb. 2.2):

$$\sigma = \frac{\mathrm{d}(c_{t+1}/c_t)}{\mathrm{d}GRS(c_{t+1}, c_t)} \frac{GRS(c_{t+1}, c_t)}{c_{t+1}/c_t}$$

Wenn die Nutzenfunktion $u(c)$ dergestalt ist, dass die Grenznutzenelastizität $\rho =
-\frac{u''(c)c}{u'(c)}$ für alle c eine Konstante ist, ist die intertemporale Substitutionselastizität σ eben-
falls konstant. Da ρ im Fall von Entscheidungen unter Unsicherheit die relative Risikoaversion misst, werden Nutzenfunktionen mit dieser Eigenschaft auch als Nutzenfunktionen
vom CRRA-Typ bezeichnet (*C*onstant *R*elative *R*isk *A*version). Für alle Nutzenfunktion
vom CRRA-Typ gilt somit:

$$\sigma = \frac{1}{\rho} = -\frac{u'(c)}{u''(c)c}$$

Nutzenfunktionen, die der oben genannten Restriktion genügen, das heißt Nutzenfunktionen vom CRRA-Typ, können nur die folgenden funktionalen Formen annehmen:[4]

$$u(c) = \begin{cases} \frac{1}{1-\rho} c^{1-\rho} & \text{für: } \sigma = \frac{1}{\rho} > 0, \quad \sigma \neq 1 \\ \ln(c) & \text{für: } \sigma = \frac{1}{\rho} = 1 \end{cases} \qquad (2.6)$$

Solche Nutzenfunktionen werden im Weiteren häufig herangezogen, da sie die formale Analyse erheblich vereinfachen. So erlauben es solche Nutzenfunktionen beispielsweise, genauere Aussagen über den optimalen intertemporalen Konsumpfad und damit die Konsumentscheidungen des Haushaltes herzuleiten.

2.2.5 Die Konsumfunktion im CRRA-Fall

Oben ist gezeigt worden, dass der optimale intertemporale Konsumplan des Haushaltes für alle t die Euler-Gleichung und die Budgetrestriktion erfüllen muss. Wird nun eine CRRA-Nutzenfunktion unterstellt, folgt aus der Euler-Gleichung, dass:

$$\frac{u'(c_t)}{u'(c_{t+1})} = \left(\frac{c_{t+1}}{c_t} \right)^{\rho} = \beta(1+r)$$

Entlang eines optimalen Konsumpfades muss demnach für alle t gelten, dass $c_{t+1} = [\beta R]^{1/\rho} c_t$. Dies ist eine lineare Differenzengleichung mit konstanten Koeffizienten für c_t, die folgendermaßen rekursiv für c_t gelöst werden kann:

$$c_t = \left[\beta(1+r) \right]^{1/\rho} c_{t-1}$$
$$= \left[\beta(1+r) \right]^{1/\rho} \left[\beta(1+r) \right]^{1/\rho} c_{t-2} = \left[\beta(1+r) \right]^{2/\rho} c_{t-2}$$
$$\vdots$$
$$= \left[\beta(1+r) \right]^{t/\rho} c_0 \qquad (2.7)$$

---

[4]Die Bedingung $\frac{u''(c)c}{u'(c)} = -\rho$ ist eine gewöhnliche Differentialgleichung mit konstanten Koeffizienten. Mit $g(c) = u'(c)$ lässt sich diese folgendermaßen schreiben:

$$g'(c) = -\rho \frac{g(c)}{c}$$

Die Lösungen dieser Differentialgleichung, das heißt die Menge aller Funktionen $g(c)$, die dieser Gleichung genügen, sind gegeben durch $g(c) = c^{-\rho} K$, wobei K eine beliebige Konstante ist. Sofern $\rho \neq 1$ gilt, liefert nochmalige Integration die Funktion $G(c) = K \frac{1}{1-\rho} c^{1-\rho}$. Gilt dagegen $\rho = 1$, liefert die Integration von $g(c)$ die Funktion $G(c) = K \ln(c)$. Da die Konstante K bei Marginalbetrachtungen keine Rolle spielt, kann ohne Beschränkung der Allgemeinheit $K = 1$ gesetzt werden.

Wird dieser Zusammenhang genutzt, um $c_1, \ldots, c_T$ in der intertemporalen Budgetrestriktion (2.4) zu ersetzen, resultiert:

$$c_0 \underbrace{\left(\sum_{t=0}^{T} \beta^{t/\rho} (1+r)^{\frac{t(1-\rho)}{\rho}} \right)}_{\mu(\beta, r, T)} = a_0 + \sum_{t=0}^{T} \frac{y_t}{(1+r)^t} \qquad (2.8)$$

Der auf der linken Seite in der Klammer stehende Term wird mit $\mu(\beta, r, T)$ bezeichnet um die Abhängigkeit von den exogenen Größen β, r und T zu verdeutlichen. Damit wird (2.8) zu:

$$c_0 = \frac{1}{\mu(\beta, r, T)} \underbrace{\left(a_0 + \sum_{t=0}^{T} \frac{y_t}{(1+r)^t} \right)}_{y^p} \qquad (2.9)$$

Der Haushalt konsumiert demnach in der ersten Periode $t = 0$ einen Bruchteil $1/\mu(\beta, r, T)$ des Gegenwartswertes seines Einkommens bzw. Vermögens y^p. Gleichung (2.9) ist – sofern wir am Konsum in $t = 0$ interessiert sind – die Konsumfunktion des Haushaltes. Diese Konsumfunktion verdeutlicht, dass der Konsum c_0 nicht nur vom in dieser Periode erzielten Einkommen y_0, sondern auch von allen für die Zukunft erwarteten Einkommen (bzw. deren Gegenwartswert) abhängt. Darüber hinaus ist der Konsum zinsabhängig, da der Gegenwartswert des Einkommens mit Hilfe des Zinssatzes r ermittelt wird.

Diese Konsumfunktion entspricht daher nicht der im keynesianischen Makromodell häufig unterstellten absoluten Einkommenshypothese, wonach allein das laufende Einkommen den Konsum determiniert. Vielmehr vereint diese Konsumfunktion Elemente der Lebenszyklushypothese nach Modigliani und Brumberg (1954) und der permanenten Einkommenshypothese nach Friedman (1957): Ersteres ist klar, da der Haushalt annahmegemäß über seinen Lebenshorizont plant. Letztgenanntes wird deutlich, wenn die Reaktionen des Konsums c_0 auf Einkommensänderungen analysiert werden. Steigt das Einkommen des Haushaltes dauerhaft, weil zum Beispiel das sichere Einkommen in *allen* Perioden $t = 0, 1, \ldots, T$ um eine Einheit ansteigt, so folgt:

$$\Delta y^p = 1 + \frac{1}{1+r} + \cdots + \frac{1}{(1+r)^T}$$

$$= 1 + \sum_{i=1}^{T} \frac{1}{(1+r)^i} \qquad (2.10)$$

Die daraufhin resultierende Änderung des Konsums ergibt sich aus (2.9) als:

$$\Delta c_0 = \frac{1}{\mu(\beta, r, T)} \Delta y^p$$

$$= \frac{1}{\mu(\beta, r, T)} \left(1 + \sum_{i=1}^{T} \frac{1}{(1+r)^i} \right)$$

Der erste Term auf der rechten Seite dieser Gleichung gibt die resultierende Änderung der Konsumausgaben wieder, wäre der Einkommensanstieg rein transitorisch und auf die Periode $t = 0$ beschränkt. Die durch eine permanente Änderung des Einkommens herbeigeführte Konsumänderung ist somit größer als die einer transitorischen Einkommensänderung. Die Konsumausgaben reagieren auf Einkommensänderungen um so stärker, für je dauerhafter der Haushalt diesen Einkommensanstieg erachtet. Dies ist letztlich die Kernaussage der von Friedman formulierten permanenten Einkommenshypothese.

2.2.6 Konsumglättung

Eine wichtige Eigenschaft der oben abgeleiteten Konsumfunktion ist die im Zuge der optimalen intertemporalen Konsumwahl erfolgende Konsumglättung. Die Gleichungen (2.7) und (2.9) implizieren, dass der Konsumpfad des Haushaltes unabhängig davon ist, welchem Zeitpfad das Einkommen y_t des Haushaltes folgt. Relevant für die Konsumwahl in den einzelnen Perioden ist lediglich der Gegenwartswert der zukünftigen Einkommen, nicht jedoch wie sich dieser auf die einzelnen Perioden verteilt. Dies ist – wie das oben formulierte Optimierungsproblem zeigt – selbstverständlich eine generelle Eigenschaft des hier betrachteten intertemporalen Konsumwahlproblems. Im Fall einer CRRA-Nutzenfunktion tritt diese Eigenschaft lediglich noch deutlicher hervor. So ist der Konsum im Fall $\beta = 1/(1 + r)$ im Zeitablauf konstant und es folgt:

$$c_0 = c_t = \frac{1}{\mu(\beta r, T)} \left(a_0 + \sum_{t=0}^{T} \frac{y_t}{(1 + r)^t} \right)$$

Es wird in diesem Fall folglich unabhängig von eventuellen Einkommensschwankungen in jeder Periode ein konstanter Bruchteil des Lebenseinkommens konsumiert. Die Tatsache, dass sich eventuelle Einkommensschwankungen nicht in Konsumschwankungen niederschlagen, ist hierbei darauf zurückzuführen, dass bisher keinerlei Unsicherheit bezüglich der zukünftigen Einkommen unterstellt wurde.

Im Fall unvorhergesehener Einkommensschwankungen – bei Einkommensunsicherheit – stellt sich dies anders dar. An späterer Stelle wird sich zeigen, dass sich Einkommensschwankungen im Fall der Unsicherheit im Allgemeinen auch in Schwankungen des Konsums niederschlagen. Dennoch wird der intertemporale Konsumpfad auch weiterhin durch Konsumglättung charakterisiert sein, die resultierenden Konsumschwankungen fallen also geringer aus als die zugrundeliegenden Einkommensschwankungen.

2.3 Konsumnachfrage bei Sicherheit und unendlichem Zeithorizont

2.3.1 Infiniter Zeithorizont

Das bisher betrachtete intertemporale Konsumwahlproblem bei Sicherheit soll nun auf den Fall eines unendlichen Planungszeitraums erweitert werden. Ein unendlicher Zeithorizont ist zwar auf den ersten Blick nicht unbedingt plausibel, jedoch aus diversen Gründen zweckmäßig. So hat die oben erfolgte Darstellung gezeigt, dass die Konsumfunktion eines Haushaltes unter anderem auch von der Länge des Planungszeitraumes T abhängt. Von daher ist es selbstverständlich von Interesse zu erfahren, wie sich eine Änderung des Planungszeitraumes auf die intertemporale Konsumwahl auswirkt. Wird nun der Planungszeitraum T sukzessive verlängert, zeigt sich, dass der Einfluss von T auf die Konsumwahl des Haushaltes immer geringer wird und asymptotisch gänzlich verschwindet. Die Lösungen optimaler intertemporaler Konsumwahlprobleme für große bzw. sehr große T und für den Fall $T \to \infty$ unterscheiden sich demzufolge kaum voneinander. Da jedoch der Fall $T \to \infty$ letztlich formal leichter handhabbar ist als der Fall endlicher aber sehr langer Planungszeiträume, ist es naheliegend die Analyse a priori auf den Fall $T \to \infty$ zu beschränken. Dieses Argument gilt in ähnlicher Form auch für die meisten dynamischen makroökonomischen Modelle, die einen infiniten Zeithorizont unterstellen.

Betrachten wir daher also das in Abschn. 2.2 formulierte Konsumwahlproblem unter der Annahme eines infiniten Planungshorizontes. Es erscheint naheliegend nunmehr die folgende für $T \to \infty$ formulierte Version der oben betrachteten Budgetrestriktion (2.4) zu unterstellen:

$$a_0 + \sum_{t=0}^{\infty} \frac{y_t}{(1+r)^t} = \sum_{t=0}^{\infty} \frac{c_t}{(1+r)^t} \qquad (2.11)$$

Es wird deutlich, dass diese Budgetrestriktion nur dann endliche Gegenwartswerte für Konsum und Einkommen ergibt, wenn $R > 1$ bzw. $r > 0$ gilt und die Einkommen y_t mit geringerer Rate als r wachsen. Im Weiteren soll daher grundsätzlich angenommen werden, dass diese Bedingungen erfüllt sind. Der Fall $r \leq 0$ wird weiter unten eingehender betrachtet. Zu beachten ist, dass die in Gegenwartswerten formulierte Budgetrestriktion (2.11) per Konstruktion sicherstellt, dass der betrachtete Haushalt keine sogenannten Ponzi-Spiele spielen kann, also nicht in der Lage ist, Konsum durch fortwährende Verschuldung zu finanzieren.

Ausgehend von einer sequentiellen Budgetrestriktion, wie sie im Optimierungsproblem (2.2) unterstellt wurde, ergibt sich die Budgetrestriktion (2.11) nach wiederholtem Einsetzen, wenn die Verschuldungsmöglichkeiten für den Haushalt explizit eingeschränkt werden, jedoch gleichzeitig sichergestellt wird, dass diese Restriktionen niemals binden. Um dies zu zeigen, soll angenommen werden, dass eine Verschuldungsgrenze A existiert, so dass $a_{t+1} \geq -A$ für alle t gelten muss. Wiederholtes Einsetzen der sequentiellen Budgetrestriktion $a_{t+1}/R = a_t + y_t - c_t$ ergibt dann für $T \to \infty$:

$$\lim_{T \to \infty} \frac{a_{T+1}}{(1+r)^{T+1}} = \lim_{T \to \infty} \left(a_0 + \sum_{t=0}^{T} \frac{y_t}{(1+r)^t} - \sum_{t=0}^{T} \frac{c_t}{(1+r)^t} \right) \geq \lim_{T \to \infty} \frac{-A}{(1+r)^{T+1}} = 0$$

Das letzte Gleichheitszeichen ergibt sich hierbei aufgrund der Annahme, dass $R > 1$ gilt. Nichtsättigung impliziert dann wieder, dass der Gegenwartswert der Konsumausgaben dem Gegenwartswert aller künftigen Einkommen zuzüglich des Anfangsvermögens entspricht. Mithin gilt $\lim_{T \to \infty} \frac{a_{T+1}}{(1+r)^{T+1}} = 0$ und die Folge sequentieller Budgetrestriktionen ist unter der Annahme einer Verschuldungsgrenze äquivalent zur Budgetrestrikion (2.11).

Wie niedrig darf nun die Verschuldungsgrenze A sein, damit diese den Haushalt bei seinen Konsumentscheidungen effektiv niemals beschränkt? Diese Frage kann ohne Weiteres nicht beantwortet werden. Es ist aber möglich eine Verschuldungsgrenze zu ermitteln, die in jedem Fall den genannten Ansprüchen genügt. Hierzu kann wiederum die intertemporale Budgetrestriktion (2.11) herangezogen werden. Aus dieser resultiert für alle t:

$$a_t = - \sum_{i=0}^{\infty} \frac{y_{t+i}}{(1+r)^i} + \sum_{i=0}^{\infty} \frac{c_{t+i}}{(1+r)^i}$$

Nichtnegativität des Konsums impliziert dann, dass (mit strikter Ungleichheit, sofern die Nutzenfunktion des Haushaltes die Inada-Bedingung erfüllt):

$$a_t \geq - \sum_{i=0}^{\infty} \frac{y_{t+i}}{(1+r)^i}$$

Eine Verschuldungsgrenze $A = \sup_t (\sum_{i=0}^{\infty} \frac{y_{t+i}}{(1+r)^i})$ wird daher niemals binden. Eine solchermaßen spezifizierte Obergrenze für die Verschuldung des Haushaltes wird mitunter auch als *natürliche Verschuldungsgrenze* („natural debt limit") bezeichnet.

Das in Entsprechung zum Optimierungsproblem (2.2) für einen infiniten Zeithorizont zu formulierende intertemporale Konsumwahlproblem lautet daher:

$$\max_{\{c_t\}_{t=0}^{\infty}, \{a_{t+1}\}_{t=0}^{\infty}} \sum_{t=0}^{\infty} \beta^t u(c_t) \qquad (2.12)$$

u. Nb. $a_t + y_t = c_t + a_{t+1}/(1+r)$ für $t = 0, 1, \ldots,$

$a_0 \gtrless 0$

$a_{t+1} \geq -A$ für $t = 0, 1, \ldots$

Im Fall eines im Zeitablauf konstanten Einkommens $y_t = y$ für alle t ergibt sich die soeben diskutierte natürliche Verschuldungsgrenze beispielsweise als $A = -\frac{1+r}{r} y$. Wird des Weiteren angenommen, dass $u(c_t) = \ln c_t$ sowie $\beta = 1/R$ und $a_0 = 0$ gilt, ist der optimale Konsumpfad des Haushaltes gemäß der Euler-Gleichung konstant. Mit $c_t = c_0$ für alle t resultiert aus der Budgetrestrikion sodann, dass $c_0 = c_t = y$ für $t = 0, 1, \ldots$. Daraus ergibt sich schließlich, dass $a_t = 0$ für alle $t = 0, 1, \ldots$. Die Verschuldungsgrenze $-A = -\frac{1+r}{r} y$ wird also niemals erreicht und in der Tat hätte auch eine strengere Verschuldungsgrenze formuliert werden können, ohne die Lösung des intertemporalen Konsumwahlproblems zu beeinflussen.

Das Optimierungsproblem (2.12) führt dann wieder auf die bereits diskutierte Euler-Gleichung als notwendige Bedingung für einen intertemporal optimalen Konsumpfad. Die Eigenschaften des optimalen Konsumpfads – ein ansteigendes, sinkendes oder konstantes Konsumprofil – hängen dann wie im Fall des finiten Zeithorizonts von βR ab. Zusätzlich zur Euler-Gleichung muss die Sequenz von Budgetrestriktionen erfüllt sein, wobei die unterstellte Verschuldungsgrenze sicherstellt, dass der Gegenwartswert der Konsumausgaben dem Gegenwartswert aller zukünftigen Einkommen zuzüglich des Anfangsvermögens entspricht.

Wird eine CRRA-Nutzenfunktion unterstellt, ergibt sich daraus, dass die formale Darstellung der Konsumfunktion durch den unendlichen Planungszeitraum tatsächlich einfacher wird. Im Fall $\rho = 1$ – also dem Fall einer logarithmischen Nutzenfunktion $u(c_t) = \ln(c_t)$ – ergibt sich beispielsweise aus der Euler-Gleichung:

$$c_t = \big(\beta(1+r)\big)^t c_0 \quad \text{für } t = 1, 2, \ldots$$

Die intertemporale Budgetrestrikion wird damit zu:

$$a_0 + \sum_{t=0}^{\infty} \frac{y_t}{(1+r)^t} = c_0 \frac{1}{1-\beta}$$

Daher gilt für alle $t = 0, 1, \ldots$:[5]

$$c_t = (1-\beta)\left(a_t + \sum_{i=0}^{\infty} \frac{y_{t+i}}{(1+r)^i}\right)$$

In jeder Periode wird folglich ein konstanter Bruchteil $(1-\beta)$ des Gegenwartswerts aller zukünftigen Einkommen zuzüglich des Anfangsvermögens konsumiert. $(1-\beta)$ kann somit als Konsumneigung bezüglich des Lebenseinkommens interpretiert werden.

Im allgemeinen Fall einer CRRA-Nutzenfunktion $u(c_t) = \frac{c_t^{1-\rho}}{1-\rho}$ ist die Lösung des intertemporalen Konsumwahlproblems ebenfalls möglich, jedoch muss hier noch eine weitere Restriktion beachtet werden. Die Euler-Gleichung impliziert in diesem Fall $c_{t+1} = (\beta(1+r))^{\frac{1}{\rho}} c_t$ bzw. $c_t = (\beta(1-r))^{\frac{t}{\rho}} c_0$. Eingesetzt in die Lebensnutzenfunktion $\sum_{t=0}^{\infty} \beta^t u(c_t)$ ergibt sich nur dann ein endlicher Lebensnutzen, wenn die Bedingung $\beta(1+r)^{1-\rho} < 1$ erfüllt ist. Im Fall eines ansteigenden Konsumpfades darf das Konsumwachstum demnach nicht so groß werden, dass bei Diskontierung mit dem Faktor β kein endlicher Lebensnutzen mehr resultiert.

Sofern das Einkommen im Zeitablauf konstant ist, also $y_t = y$ für alle t gilt, ist die intertemporale Budgetrestriktion für alle t folgendermaßen gegeben:

$$a_t + y \frac{1+r}{r} = c_t \sum_{i=0}^{\infty} \big(\beta^{\frac{1}{\rho}}(1+r)^{\frac{1-\rho}{\rho}}\big)^i$$

---

[5] Alternativ kann dieses Resultat hergeleitet werden, indem beachtet wird, dass für $\mu(\beta, r, T)$ aus (2.8) gilt:

$$\lim_{T \to \infty} \mu(\beta, r, T) = \frac{1}{1-\beta}$$

Abb. 2.3 Intertemporale
Konsumwahl mit $r = 0{,}05$

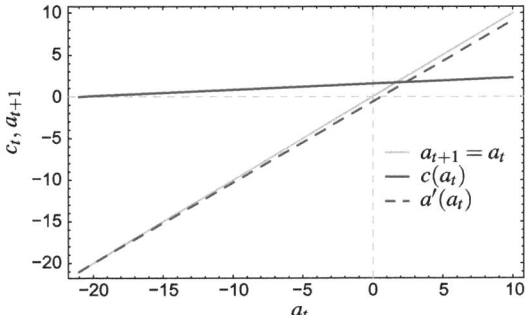

Abb. 2.4 Intertemporale
Konsumwahl mit $r = 0{,}25$

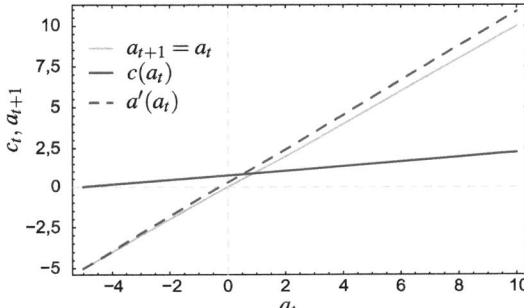

Die infinite Summe auf der rechten Seite dieser Gleichung konvergiert aufgrund der oben getroffenen Annahme $\beta R^{1-\rho} < 1$ und es ergibt sich für alle t:

$$a_t + y \frac{1+r}{r} = c_t \frac{1}{1 - \beta^{\frac{1}{\rho}}(1+r)^{\frac{1-\rho}{\rho}}}$$

$$\Leftrightarrow \quad c_t = \left(1 - \beta^{\frac{1}{\rho}}(1+r)^{\frac{1-\rho}{\rho}}\right)\left(a_t + y \frac{1+r}{r}\right)$$

$$\Rightarrow \quad a_{t+1} = \left(\beta(1+r)\right)^{\frac{1}{\rho}} a_t + y \frac{1+r}{r}\left(\left(\beta(1+r)\right)^{\frac{1}{\rho}} - 1\right) \tag{2.13}$$

Der stationäre Punkt der Differenzengleichung (2.13) für das Vermögen des Haushaltes ist $a^* = -\frac{1+r}{r} y$. Dieser stationäre Punkt entspricht daher der oben diskutieren natürlichen Verschuldungsgrenze. Aus der Differenzengleichung (2.13) für das Vermögen des Haushaltes folgt, dass das Vermögen im Fall $\beta(1+r) > 1$ für alle $a_t > -A = a^*$ im Zeitablauf ansteigt und im Fall $\beta(1+r) < 1$ für alle $a_t > -A = a^*$ im Zeitablauf gegen $a^* = -A$ konvergiert. Im Fall $\beta(1+r) = 1$ bleibt das Vermögen im Zeitablauf konstant.

Die Abbildungen 2.3 und 2.4 veranschaulichen die Lösung des intertemporalen Konsumwahlproblems für den Fall $y_t = y = 1$ mit $\beta = 0{,}9$ und $\rho = 2$ für zwei verschiedene Zinssätze r. Abbildung 2.3 zeigt den Fall $r = 0{,}05$, in dem $\beta(1+r) < 1$ gilt und folglich ein im Zeitablauf sinkender Konsumpfad resultiert. Die optimale intertemporale Konsumwahl impliziert, dass das Vermögen des Haushaltes stetig sinkt und für $t \to \infty$ gegen die natürliche Verschuldungsgrenze, die in diesem Fall durch $-A = -21$ gegeben ist, konvergiert. In Abb. 2.4 ist der mit $r = 0,25$ resultierende Fall eines wegen $\beta(1 + r) > 1$ ansteigenden Konsumpfades dargestellt. Hier ist die natürliche Verschuldungsgrenze durch $-A = -5$ gegeben und die optimale intertemporale Konsumwahl impliziert ein stetig ansteigendes Vermögen – und somit $\lim_{t \to \infty} a_t = \infty$ – für alle $a_t > -A$.

2.3.2 Dynamische Programmierung

Das Problem der Konsumwahl über einen infiniten Zeithorizont bei Sicherheit eignet sich insbesondere, um eine zum Lagrangeansatz alternative Methode zur Lösung dynamischer Optimierungsprobleme – die dynamische Programmierung – zu erläutern. Neben der Nutzung der dynamischen Programmierung zur numerischen Lösung dynamischer Optimierungsprobleme besteht ein weiterer Vorteil dieser Methode darin, dass sie eine relativ einfache Formulierung des Konsumwahlproblems bei Unsicherheit ermöglicht. Unsicherheit über zukünftige Einkommen führt zu einigen interessanten Erweiterungen des intertemporalen Konsumwahlproblems, die im folgenden Abschnitt diskutiert werden.

Zur Darstellung dieser Methode wird im Weiteren vereinfachend ein Haushalt betrachtet, dessen laufendes Einkommen im Zeitablauf konstant ist, so dass $y_t = y$ für alle $t = 0, 1, \ldots$ gilt. Das Optimierungsproblem des Haushaltes lautet somit:

$$\max_{\{c_t\}_{t=0}^{\infty}, \{a_{t+1}\}_{t=0}^{\infty}} \sum_{t=0}^{\infty} \beta^t u(c_t) \tag{2.14}$$

u. Nb. $a_t + y = c_t + a_{t+1}/(1 + r)$ für $t = 0, 1, \ldots,$

$a_0 \gtrless 0$

$a_{t+1} \geq -A$ für $t = 0, 1, \ldots$

Nehmen wir an, dass die Folgen $\{c_t^*\}_{t=0}^{\infty}$ bzw. $\{a_t^*\}_{t=0}^{\infty}$ mit $a_0^* = a_0$ dieses Problem lösen. Dann ist $J^*(a_0) = \sum_{t=0}^{\infty} \beta^t u(a_t^* + y - a_{t+1}^*/(1 + r))$ der mit dieser Lösung einhergehende maximale Lebensnutzen. Es gilt dann aber auch:

$$J^*(a_0) = u\big(a_0 + y - a_1^*/(1 + r)\big) + \sum_{t=1}^{\infty} \beta^t u\big(a_t^* + y - a_{t+1}^*/(1 + r)\big)$$

$$= u\big(a_0 + y - a_1^*/(1 + r)\big) + \beta J^*\big(a_1^*\big)$$

$$= \max_{-A \leq a_1 \leq (1+r)(y+a_0)} \big\{ u\big(a_0 + y - (1 + r)a_1\big) + \beta J^*(a_1) \big\} \tag{2.15}$$

Die Funktionalgleichung (2.15) wird auch als Bellman-Gleichung bezeichnet – ihre Lösung ist eine Funktion $J^*(a_0)$. Diese Funktion wird auch als Wertefunktion („Value function") bezeichnet. Sie beschreibt den über einen unendlichen Zeithorizont *maximalen* Lebensnutzen, der für einen Haushalt erreichbar ist, dessen Vermögen durch a_0 gegeben ist. Zu klären ist, unter welchen Umständen eine Funktionalgleichung wie (2.15) tatsächlich eine eindeutige Lösung besitzt, die dann die Lösung des Optimierungsproblems charakterisiert. Die hierfür erforderlichen Bedingungen werden im Anhang zu diesem Kapitel etwas detaillierter beschrieben. Hier soll zunächst davon ausgegangen werden, dass diese Bedingungen erfüllt sind.

Dann ist aber noch immer zu klären, wie die Lösung dieser Funktionalgleichung ermittelt werden kann. Das Problem hierbei ist, dass die Wertefunktion J^* im Allgemeinen unbekannt ist und häufig auch keine geschlossene analytische Lösung für die Funktionalgleichung (2.15) ermittelt werden kann. Dennoch ist die dynamische Optimierung insbesondere bei numerischen Anwendungen ein wertvolles Instrument. Um dies zu verdeutlichen, soll die folgende Funktionalgleichung betrachtet werden:

$$J_{t+1}(a) = \max_{a'}\left\{u\big(a + y - a'/(1+r)\big) + \beta J_t\big(a'\big)\right\} \tag{2.16}$$

Hierbei bezeichnet a' jeweils den Wert des Vermögens in der Folgeperiode und J_t ist eine beliebige stetige Funktion. Als Lösung von (2.16) ergibt sich ausgehend von J_t dann eine Funktion J_{t+1}, die ebenfalls stetig ist. Die in (2.16) formulierte Funktionalgleichung ist – unter bestimmten Annahmen, die hier als erfüllt angesehen werden sollen – eine kontrahierende Abbildung im Funktionenraum mit dem Fixpunkt J^* gemäß (2.15). Dies bedeutet, dass die Folge von Funktionen $J_t(a)$ gemäß (2.16) ausgehend von einer beliebigen Funktion $J_0(a)$ für $t \to \infty$ gegen $J^*(a)$ konvergiert. Iterationen wie die in Gl. (2.16) beschriebene können daher genutzt werden, um die Wertefunktion eines dynamischen Optimierungsproblems numerisch mit Hilfe des Computers zu ermitteln.

2.3.3   Ein Beispiel

Zur Veranschaulichung der vorangegangenen Darstellungen wird im Weiteren angenommen, dass die Nutzenfunktion vom CRRA-Typ mit $\rho = 1$ ist und, dass $y = 0$ gilt. Ausgangspunkt ist eine Lösungsvermutung für die Funktionalgleichung (2.15) der Form:

$$J^*(a) = A + B\ln(a),$$

wobei A und B zu bestimmende Konstanten sind. Auf der Grundlage dieser Lösungsvermutung hat das Optimierungsproblem:

$$\max_{a'}\left\{\ln\big(a - a'/(1+r)\big) + \beta J^*\big(a'\big)\right\}$$

dann mit $R = 1 + r$ die Lösung:

$$aR - a' = \frac{1}{\beta B}a' \quad \Leftrightarrow \quad a' = \frac{\beta B R}{1 + \beta B}a$$

Für $J^*(a)$ ergibt sich daraus:

$$J^*(a) = \ln\left(a - a'/R\right) + \beta A + \beta B \ln\left(a'\right)$$

$$= \ln(a) + \ln \frac{1}{1+\beta B} + \beta A + \beta B \ln(a) + \beta B \ln \frac{\beta B R}{1+\beta B}$$

$$= \ln \frac{1}{1+\beta B} + \beta B \ln \frac{\beta B R}{1+\beta B} + \beta A + (1+\beta B) \ln(a)$$

Die Lösungsvermutung erweist sich damit als korrekt, sofern:

$$1 + \beta B = B$$

$$\ln \frac{1}{1+\beta B} + \beta B \ln \frac{\beta B R}{1+\beta B} + \beta A = A$$

gilt. Die erste Gleichung impliziert, dass $B = \frac{1}{1-\beta}$. Aus der zweiten Gleichung ergibt sich damit:

$$A = \frac{1}{1-\beta} \ln(1-\beta) + \frac{\beta}{(1-\beta)^2} \ln(\beta R)$$

Die Wertefunktion für das intertemporale Optimierungsproblem lautet demnach:

$$J^*(a) = \frac{1}{1-\beta} \ln(1-\beta) + \frac{\beta}{(1-\beta)^2} \ln(\beta R) + \frac{1}{1-\beta} \ln(a) \qquad (2.17)$$

Selbstverständlich ist die hier verwendete Methode der unbestimmten Koeffizienten auch davon abhängig, dass die zugrundeliegende Lösungsvermutung zutrifft und daher mitunter nicht einfach anwendbar. Allerdings kann auch das oben anhand von (2.16) geschilderte Konvergenzresultat verwendet werden, um iterativ J^* zu bestimmen.

Auf die Darstellung dieses iterativen Lösungsverfahrens soll hier jedoch verzichtet werden, da das Verfahren analytisch doch mühsam ist. Wie bereits erwähnt, wird es allerdings häufig verwendet, um die Wertefunktion dynamischer Optimierungsprobleme numerisch mit Hilfe des Computers zu bestimmen bzw. zu approximieren.[6]

Aus der oben ermittelten Wertefunktion ergibt sich für das Optimierungsproblem des Haushaltes dann die Lösung:

$$a' = \beta R a$$

Für den Konsum folgt daraus:

$$c = a - \frac{1}{R} \beta R a = (1 - \beta) a$$

---

[6]Heer und Maussner (2005) diskutieren dieses und andere Verfahren zur numerischen Lösung dynamischer Optimierungsmodelle ausführlich. In Anhang A.2 wird kurz skizziert, wie dieses iterative Verfahren zur approximativen numerischen Lösung eines dynamischen Optimierungsproblems verwendet werden kann.

Im Fall $\beta R > 1$ wachsen Konsum und Vermögen demnach unbegrenzt mit der Rate $\beta R - 1$. Der Lebensnutzen ist, wie (2.17) zeigt, aber auch in diesem Fall beschränkt.

2.3.4 Der Fall $r \leq 0$

Bisher wurde das intertemporale Konsumwahlproblem unter der Restriktion $r > 0$ betrachtet. Da der Gegenwartswert zukünftiger Einkommen in diesem Fall – unter entsprechenden Annahmen bezüglich y_t – beschränkt ist, kann ein beschränkter optimaler Konsumpfad ermittelt werden, wobei fortwährende Verschuldung im Fall einer sequenziellen Budgetrestriktion durch eine niemals bindende Verschuldungsgrenze ausgeschlossen wird.

Mit $r \leq 0$ ist der Gegenwartswert künftiger Einkommen unbeschränkt und die optimale intertemporale Konsumwahl resultiert nur dann in einem beschränkten Konsumpfad, wenn die Verschuldungsmöglichkeiten des Haushaltes explizit beschränkt werden, wobei die entsprechende Verschuldungsgrenze in diesem Fall auch tatsächlich bindet. Um dies zu veranschaulichen soll angenommen werden, dass $y_t = y > 0$ für alle $t = 0, 1, \ldots$ gilt. Der Haushalt bezieht also einen im Zeitablauf konstanten Einkommensstrom. Zudem wird angenommen, dass die Periodennutzenfunktion des Haushaltes vom CRRA-Typ ist.

$r \leq 0$ impliziert dann, dass der Haushalt – sofern die Verschuldungsgrenze nicht bindet – gemäß der Euler-Gleichung einen fallenden Konsumpfad wählt. Es kann nun gezeigt werden, dass der optimale Konsumpfad des Haushaltes die folgende Eigenschaft besitzt: Solange die Verschuldungsgrenze nicht bindet, fällt der Konsum im Zeitablauf gemäß der Euler-Gleichung. Das Vermögen des Haushaltes sinkt ebenfalls. Die damit einhergehende Verschuldung dient dabei der Finanzierung des Konsums. Es existiert dann eine Periode $T \geq 0$, in der die Verschuldungsgrenze bindet, folglich $a_{T+1} = -A$ gilt. Für alle folgenden Perioden $i = 1, 2, \ldots$ resultiert dann $c_{T+i} = A(\frac{-r}{1+r}) + y$ und $a_{T+i} = -A$. Dieses formal zu zeigen ist mit einigem Aufwand verbunden. Von daher sollen an dieser Stelle lediglich zwei numerische Beispiele präsentiert werden, die dies veranschaulichen.

Im ersten in Abb. 2.5 dargestellten Beispiel gilt $\beta = 0,5$, $R = 0,9$ und $y = 1$. Die Periodennutzenfunktion ist vom CRRA-Typ mit $\rho = 2$. Als Verschuldungsgrenze wird $A = 2$ – folglich $a_{t+1} \geq -A = -2$ für alle t – unterstellt. Solange die Verschuldungsgrenze nicht

Abb. 2.5 Intertemporale Konsumwahl mit $r < 0$ und $A = 2$

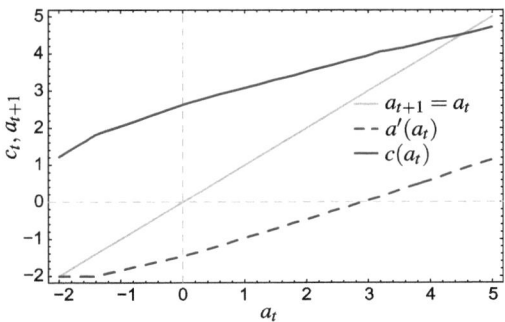

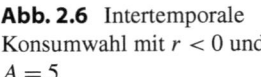

Abb. 2.6 Intertemporale Konsumwahl mit $r < 0$ und $A = 5$

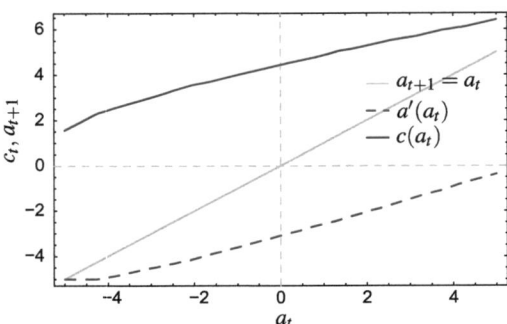

bindet, gilt damit $c_t = 0{,}45^t c_0$ und für den im Fall einer bindenden Verschuldungsgrenze resultierenden zeitkonstanten Konsum ergibt sich $\bar{c} = 1{,}2222$. Es wird deutlich, dass das Vermögen des Haushaltes stetig sinkt. Sobald das Vermögen im Zuge dieses Prozess auf einen Wert $a_t \approx -1{,}41129$ abgesunken ist, bindet die Verschuldungsgrenze. Das Vermögen in $t + 1$ – und allen Folgeperioden – nimmt dann den Wert $a_{t+1} = -2$ an.

Abbildung 2.6 zeigt schließlich, wie sich eine höhere Verschuldungsgrenze – in diesem Fall $A = 5$ – auf das ansonsten unveränderte Konsumwahlproblem auswirkt. Die großzügigeren Verschuldungsmöglichkeiten führen dazu, dass das Konsumniveau steigt. Der im Fall einer bindenden Verschuldungsgrenze resultierende zeitkonstante Konsum ergibt sich nunmehr als $\bar{c} = 1{,}55556$.

2.4 Konsumnachfrage bei Unsicherheit

Ein wesentliches Resultat der bisher betrachteten intertemporalen Konsumwahlentscheidung bei Sicherheit ist, dass der Haushalt versucht, seinen Konsum im Zeitablauf zu glätten. Die entsprechende Aufteilung des Gegenwartswertes des künftigen Einkommens auf die einzelnen Planungsperioden setzt dabei voraus, dass künftige Einkommen auch bekannt und sicher sind. Sofern Unsicherheit über künftige Einkommen vorliegt, ist dies aber nicht mehr der Fall. Die Konsequenzen von Einkommensunsicherheit für die intertemporale Konsumwahl werden im Weiteren zunächst anhand eines einfachen 2-Perioden-Modells illustriert, bevor im Anschluss daran der allgemeine Fall eines infiniten Zeithorizonts betrachtet wird.

2.4.1 Vorsichtsersparnis im 2-Perioden-Modell

Es wird ein Haushalt betrachtet, der seinen Konsum c_t für zwei Perioden $t = 0, 1$ plant. Der Zinssatz r ist gegeben und bekannt. Ebensolches gilt für das Einkommen y_0 des Haushaltes in der ersten Periode $t = 0$. Das Einkommen y_1 in der zweiten Periode ist dagegen unsicher und Realisation einer Zufallsvariablen $\tilde{y}_1$. Die Realisation dieser Zufallsvariablen erfolgt zu Beginn der zweiten Periode. Das künftige Einkommen ist daher nicht bekannt, wenn über c_0 entschieden wird. Die Periodennutzenfunktion des Haushaltes ist durch $u(c)$ mit $u'(c) > 0$ und $u''(c) < 0$ gegeben.

Sofern der Haushalt über kein Anfangsvermögen verfügt, lautet sein intertemporales Optimierungsproblem:

$$\max_{c_0, c_1, a_1} u(c_0) + \beta \, \mathrm{E}\big[u(c_1)\big] \tag{2.18}$$

$$\text{u. Nb.} \quad y_0 = c_0 + a_1/R$$

$$c_1 = \tilde{y}_1 + a_1$$

Zu beachten ist, dass aufgrund der sequentiellen Budgetrestrikion ein Anstieg der Ersparnis a_1/R in der ersten Periode gleichbedeutend mit einem Sinken des Konsums c_0 ist.

Wird zur Vereinfachung – und ohne Verlust an Allgemeinheit – unterstellt, dass $\beta = 1/R$ gilt, resultiert aus (2.18) die Euler-Gleichung:

$$u'(y_0 - a_1/R) = \mathrm{E}\big[u'(a_1 + \tilde{y}_1)\big] \tag{2.19}$$

Nun soll angenommen werden, dass sich $\tilde{y}_1$ aus einer deterministischen Komponente y_1 und einer Zufallskomponente ε mit $\mathrm{E}[\varepsilon] = 0$ und $\mathrm{Var}[\varepsilon] = \sigma^2$ zusammensetzt, so dass $\tilde{y}_1 = y_1 + \varepsilon$. Die Euler-Gleichung (2.19) wird damit zu:

$$u'(y_0 - a_1/R) = \mathrm{E}\big[u'(a_1 + y_1 + \varepsilon)\big] \tag{2.20}$$

Mit Hilfe von (2.20) können nunmehr die Konsequenzen einer Änderung des Einkommensrisikos – ausgedrückt durch eine Änderung von σ^2, also einen „mean preserving spread" der Einkommensverteilung für die zweite Periode – ermittelt werden. Aus der Jensenschen Ungleichung ergibt sich:

$$u'\big(a_1 + \mathrm{E}[\tilde{y}_1]\big) = u'(a_1 + y_1) \gtrless \mathrm{E}\big[u'(a_1 + y_1 + \varepsilon)\big] \quad \Leftrightarrow \quad u''' \lesseqgtr 0$$

Daraus folgt, dass die Ersparnis bei steigendem Risiko ansteigt und damit der Konsum c_0 sinkt, wenn $u''' > 0$ gilt. In diesem Fall ist der Grenznutzen des Konsums eine konvexe Funktion des Konsums. Eine mit steigendem Risiko zunehmende Ersparnis wird auch als Vorsichtsersparnis bezeichnet. Diese Vorsichtsersparnis ist auch durchaus plausibel, denn der wegen $u'' < 0$ risikoaverse Haushalt sichert damit sein Konsumniveau c_1 in Periode $t = 1$ gegen allzu schlechte Einkommensrealisationen ab.

Das soeben abgeleitete Resultat zeigt aber, dass eine solchermaßen plausibilisierte Vorsichtsersparnis nicht zwangsläufig resultiert. Risikoaversion selbst ist hierfür nicht ausreichend. Die dritte Ableitung der Nutzenfunktion muss positiv – also die Grenznutzenfunktion konvex – sein, damit dieses Resultat eintritt. Dies ist beispielsweise bei einer CRRA-Nutzenfunktion immer der Fall.

2.4.2   Einkommensunsicherheit und infiniter Zeithorizont

Es gibt verschiedenen Möglichkeiten, den Fall unsicherer zukünftiger Einkommen zu modellieren. Eine Möglichkeit besteht darin, zu unterstellen, dass y_t einem diskreten Markov-
prozess folgt. Im einfachsten Fall eines solchen Prozesses mit zwei möglichen Zuständen
kann das Einkommen in t einen von zwei möglichen Werten y_1, y_2, mit $0 < y_1 < y_2$,
annehmen. Der Übergang von einem Zustand zum anderen wird dann durch eine stochastische Matrix P beschrieben:

$$P = \begin{pmatrix} \pi_{11} & \pi_{12} \\ \pi_{21} & \pi_{22} \end{pmatrix}$$

Hierbei bezeichnet $0 < \pi_{ij} < 1$ die Wahrscheinlichkeit dafür, dass in $t + 1$ für das
Einkommen $y_{t+1} = y_j$ gilt, sofern heute in t gilt, dass $y_t = y_i$. Zu beachten ist, dass sich je
nach Spezifikation der stochastischen Matrix P eine serielle Korrelation der Einkommen
über die Perioden hinweg modellieren lässt.

Alternativ kann unterstellt werden, dass die Einkommen dem folgenden autoregressiven
Prozess 1. Ordnung (AR(1)-Prozess) folgen:

$$y_{t+1} = \mu + \varrho y_t + \varepsilon_t \quad \text{mit } E[\varepsilon_t] = 0, E[\varepsilon_t^2] = \sigma^2 \quad \forall t$$

Auch in diesem Fall ergibt sich – sofern $\varrho \neq 0$ gilt – eine serielle Korrelation der Einkommen, jedoch sind nunmehr nicht nur diskrete Einkommenswerte möglich. Um die
weiteren Darstellungen übersichtlich zu halten wird im weiteren Verlauf die oben beschriebene Formulierung eines diskreten Markovprozesses mit zwei Zuständen verwendet.

Zur weiteren Vereinfachung soll zudem unterstellt werden, dass die stochastische Matrix P folgende Gestalt hat:

$$P = \begin{pmatrix} \frac{1}{2} & \frac{1}{2} \\ \frac{1}{2} & \frac{1}{2} \end{pmatrix}$$

Unabhängig davon, welches Einkommen der Haushalt in t bezieht, ist seine bedingte
Erwartung über das Einkommen in $t + 1$ damit immer gleich $\frac{y_1 + y_2}{2}$. Es liegt keine serielle
Korrelation der Einkommen in verschiedenen Perioden vor.

Bevor das intertemporale Konsumwahlproblem eines Haushaltes unter Einkommensunsicherheit bei infinitem Zeithorizont analysiert werden kann, ist zunächst aber noch zu klären, welcher Art dieses Risiko ist und unter welchen intertemporalen Restriktionen diese
Konsumwahlentscheidung stattfindet. Im weiteren Verlauf wird das soeben spezifizierte
Einkommensrisiko als idiosynkratisches Risiko interpretiert.[7] Dies bedeutet, dass es prinzipiell möglich ist – beispielsweise in der Marktstruktur einer Arrow-Debreu Welt – dieses
Risiko komplett zu diversifizieren. Faktisch liefe eine solche vollständige Diversifikation

---

[7]Aggregiertes Risiko ist im Allgemeinen nicht mit der unten zu treffenden Annahme konstanter intertemporaler Preise vereinbar, kann aber prinzipiell in ähnlicher Form analysiert werden. In späteren
Kapiteln wird aggregiertes Risiko explizit behandelt.

des Risikos darauf hinaus, dass die Konsumwahlentscheidung derjenigen entspricht, die bei Sicherheit erfolgt. Sofern die Marktstruktur sequentiell und transaktionsunvollständig ist, ist diese Diversifikation nicht möglich. Dies genau ist der Fall, der im Folgenden unterstellt werden soll. Das hier betrachtete Konsumwahlproblem beschreibt demzufolge das Entscheidungsproblem eines Haushaltes, der einem idiosynkratischen Einkommensrisiko ausgesetzt ist und in einer Ökonomie mit unvollständigen Märkten agiert.

Wie im Fall des sicheren Einkommens wird daher eine sequentielle Budgetrestriktion der folgenden Form unterstellt:

$$a_t + y_t = c_t + a_{t+1}/(1+r)$$

Die linke Seite dieser Gleichung beschreibt die in t insgesamt für Konsum und Ersparnis zur Verfügung stehenden Ressourcen, die im weiteren Verlauf mit $x_t = a_t + y_t$ bezeichnet werden. Hinzu kommt wie im Fall der Sicherheit eine Verschuldungsgrenze:

$$a_{t+1} \geq -A, \quad \text{mit } A \geq 0$$

Damit kann das Optimierungsproblem mit Hilfe der Bellman-Gleichung in der folgenden Form notiert werden:

$$V(x_t) = \max_{a_{t+1}} \left\{ u\big(x_t - a_{t+1}/(1+r)\big) + \beta \, \mathrm{E}_{y_{t+1}}\big[V(x_{t+1})\big] \right\} \tag{2.21}$$

u. Nb. $\quad x_t = a_t + y_t$

$\qquad\quad a_{t+1} \geq -A$

Das mit (2.21) formulierte Optimierungsproblem besitzt im CRRA-Fall nur dann eine beschränkte Lösung, wenn $\beta(1+r) < 1$ gilt. Dies zu zeigen ist allerdings mühsam, weswegen hier auf den Beweis verzichtet werden soll.[8] Diese Bedingung impliziert, dass der Konsumpfad des Haushaltes immer fallend verläuft, sofern die Verschuldungsrestriktion nicht bindet.

Was diese Verschuldungsrestriktion betrifft, so kann diese im Fall $r \leq 0$ wie im Fall bei Sicherheit ad-hoc formuliert werden – das heißt, $A \geq 0$. Mit $r > 0$ kann auch eine natürliche Verschuldungsgrenze A_n unterstellt werden. Mit Einkommensunsicherheit ergibt sich diese natürliche Verschuldungsgrenze als:

$$A_n = \frac{1+r}{r} y_1$$

Da y_1 die geringste Realisation ist, die das Einkommen des Haushaltes annehmen kann, kann jede Verschuldung $a_{t+1} \geq -A_n = -\frac{1+r}{r} y_1$ mit Wahrscheinlichkeit Eins in Zukunft zurückgezahlt werden, ohne dass die Nichtnegativitätsbedingung für den Konsum verletzt

---

[8]Eine eingehende Diskussion dieser Bedingung findet sich bei Ljungqvist und Sargent (2004, Chap. 14).

Abb. 2.7 Politikfunktionen
mit $A = A_n$

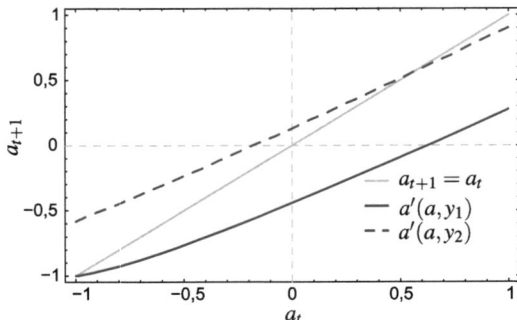

Abb. 2.8 Konsumfunktionen
mit $A = A_n$

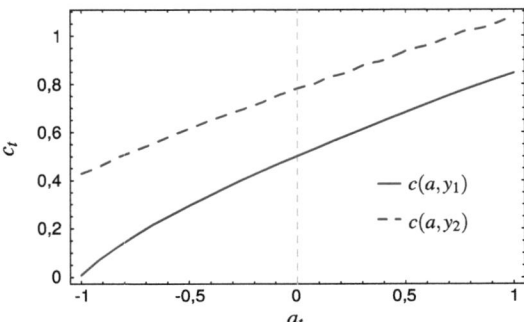

wird. Sofern die Periodennutzenfunktion des Haushaltes wie im CRRA-Fall die Inada-Bedingung erfüllt, ergibt sich dann, dass diese Restriktion – im Gegensatz zu einer eventuell strengeren ad-hoc Restriktion – niemals binden wird.

Selbst wenn aber diese Verschuldungsgrenze nicht bindet, bedeutet dies nicht, dass der Haushalt in seinen intertemporalen Entscheidungen unbeschränkt ist. Aufgrund der unvollständigen Marktstruktur sind die individuellen Einkommensrisiken nicht diversifizierbar, was wie im oben betrachteten 2-Perioden-Modell zu Vorsichtsersparnis führt. Liegt zudem eine strengere und daher eventuell bindende ad-hoc Restriktion vor, wird dieses Motiv der Vorsichtsersparnis noch dadurch verstärkt, dass der Haushalt durch Ersparnis die Wahrscheinlichkeit, dass Verschuldungsgrenzen in der Zukunft binden, verringern kann.

Optimierungsprobleme wie (2.21) sind analytisch nicht lösbar, weshalb zur Veranschaulichung der soeben beschriebenen Lösungseigenschaften auf numerische Lösungsverfahren zurückgegriffen werden muss.

Im Folgenden wird unterstellt, dass die Periodennutzenfunktion des Haushaltes vom CRRA-Typ mit $\rho = 0{,}8$ ist. Für den Diskontierungsfaktor künftigen Nutzens gilt $\beta = 0{,}8$. Die Einkommenswerte sind durch $y_1 = 0{,}1$ sowie $y_2 = 0{,}9$ gegeben und für den Zinssatz gilt $r = 0{,}1$. Als natürliche Verschuldungsgrenze ergibt sich in diesem Fall $A_n = 1{,}1$. Die Abbildungen 2.7–2.14 zeigen numerisch ermittelte Lösungen des Optimierungsproblems und resultierende Zeitpfade von Modellvariablen, jeweils für den Fall $A = A_n$ und einer ad-hoc Verschuldungsgrenze $A = 0$.

Abb. 2.9 Einkommens- und
Konsumdynamik mit $A = A_n$

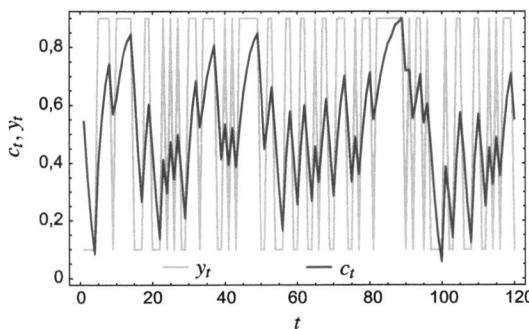

Abb. 2.10
Vermögensdynamik mit
$A = A_n$

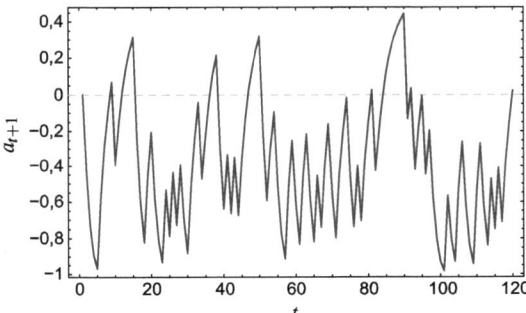

Abbildung 2.7 zeigt die optimalen Politikfunktionen, das heißt, die optimale Wahl von a_{t+1} in Abhängigkeit von a_t und y_t. Es wird deutlich, dass der Haushalt bei gegebenem Vermögen a_t ein um so höheres Vermögen a_{t+1} für die Folgeperiode wählt, je größer sein laufendes Einkommen y_t ist. Außerdem zeigt sich, dass das Vermögen im Fall ausschließlich günstiger Einkommensrealisationen ($y_t = y_2$) stetig ansteigt und gegen einen stationären Wert $a^* \approx 0{,}558$ konvergiert. Im Fall ausschließlich ungünstiger Einkommensrealisationen ($y_t = y_1$) dagegen sinkt das Vermögen stetig und konvergiert gegen die Verschuldungsgrenze $-A_n$. Insgesamt bedeutet dies, dass das Vermögen des Haushaltes einem stationären stochastischen Prozess folgt und langfristig unabhängig vom Anfangswert im Intervall $[A_n, a^*]$ liegt. Abbildung 2.8 zeigt die aus dieser optimalen Politik resultierenden Kosumfunktionen in Abhängigkeit von a_t und y_t. Die Konsumfunktionen sind für gegebene Werte des laufenden Einkommens y_t jeweils streng konkav in a_t. Zudem ist der Konsum für ein gegebenes a_t um so größer, je größer das laufende Einkommen ist. Stationärität des Einkommensprozesses und des stochastischen Prozesses für das Vermögen impliziert dann, dass auch der Konsum einem stationären stochastischen Prozess folgt.

Die Abbildungen 2.9 und 2.10 zeigen schließlich simulierte Zeitpfade für den Konsum und das Vermögen, die sich auf der Grundlage dieser Politikfunktion ergeben. Der dieser Simulation zugrundeliegende Einkommensprozess ist ebenfalls in Abb. 2.9 darge-

Abb. 2.11 Politikfunktionen
mit $A = 0$

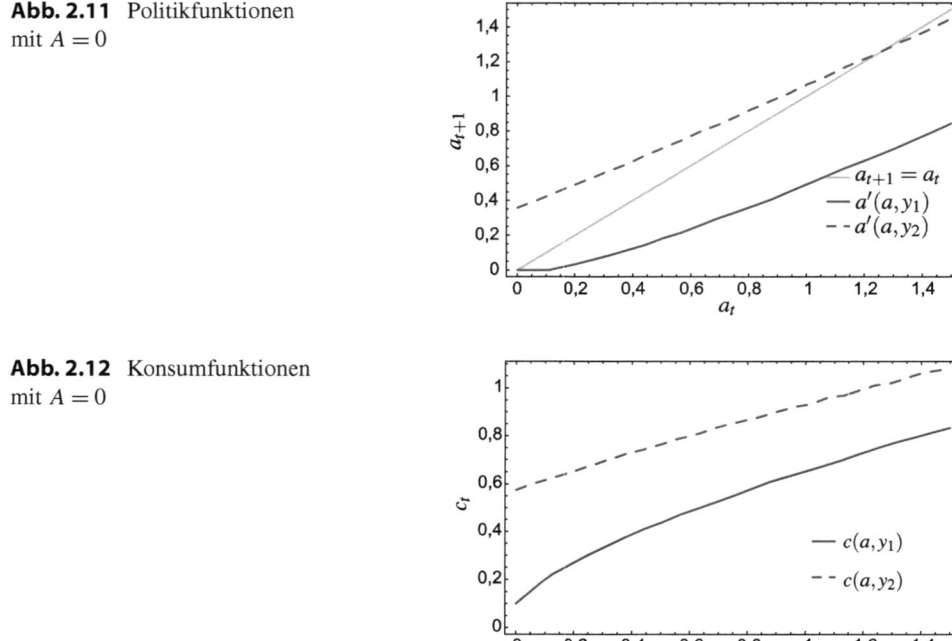

Abb. 2.12 Konsumfunktionen
mit $A = 0$

stellt. Es wird deutlich, dass die Konsumdynamik weniger erratisch ist als der zugrundeliegende Einkommensprozess, der annahmegemäß keine serielle Korrelation aufweist. Dies
ist letztlich wieder ein Resultat der bereits diskutierten Konsumglättung. Aus Abb. 2.10
wird ersichtlich, dass der entsprechende Zeitpfad für das Vermögen, wie oben erläutert,
zwischen den beiden Grenzen A_n und a^* schwankt, wobei die natürliche Verschuldungsgrenze niemals bindet. Mit diesen Vermögensschwankungen – hervorgerufen durch Sparen
im Fall günstiger und Entsparen im Fall ungünstiger Einkommensrealisationen – entkop-
pelt der Haushalt seinen Konsum von den Einkommensschwankungen. Er versichert sich
so implizit gegen das Einkommensrisiko, das annahmegemäß explizit nicht versicherbar
ist.

Die Abbildungen 2.11, 2.12, 2.13 und 2.14 zeigen, wie sich die soeben beschriebene
Lösung des Konsumwahlproblems ändert, wenn eine strengere Verschuldungsgrenze – in
diesem Fall $A = 0$ – unterstellt wird. Abbildung 2.11 zeigt zunächst, dass diese ad-hoc
Verschuldungsgrenze tatsächlich auch erreicht wird. Zudem resultiert nun eine vergleichsweise größere Obergrenze für das Vermögen – als oberer stationärer Punkt der Vermögensdynamik ergibt sich $a^* \approx 1{,}28605$. Abermals resultiert demnach ein stationärer Prozess für
das Vermögen und Entsprechendes ergibt sich auch für den Konsum.

Die Abbildungen 2.13 und 2.14 zeigen wieder simulierte Zeitpfade für Konsum und
Vermögen bei einer zum oben beschriebenen Fall unveränderten Realisation der Einkommen. Der hier wesentliche Punkt ist, dass die Verschuldungsgrenze in einigen Perioden
tatsächlich eine bindende Restriktion darstellt.

Abb. 2.13 Einkommens- und
Konsumdynamik mit $A = 0$

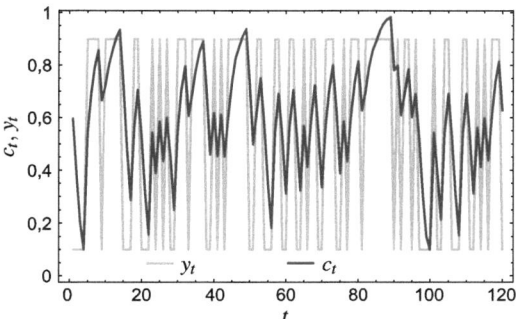

Abb. 2.14
Vermögensdynamik mit $A = 0$

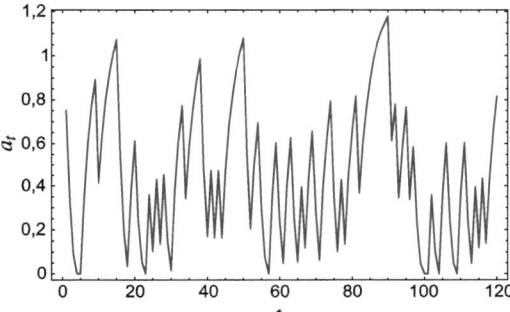

Tab. 2.1 Eigenschaften der
Lösungen

	$\mathrm{Var}[c_t]$	$\mathrm{Var}[y_t]$	$\mathrm{E}[a_t]$
$A = A_n$	0,0430	0,160	$-0,451$
$A = 0$	0,0497	0,160	$0,397$

Tabelle 2.1 zeigt die statistischen Eigenschaften der Lösung des Konsumwahlproblems für die beiden hier betrachteten Verschuldungsgrenzen. Der Konsumglättungseffekt bzw. die implizite Versicherung gegen das Einkommensrisiko zeigt sich daran, dass die Konsumvarianz jeweils geringer als die Einkommensvarianz ausfällt. Der Tabelle kann auch entnommen werden, dass eine strengere Verschuldungsgrenze die Konsumglättung durch Sparen und Entsparen erschwert. Bei unveränderter Varianz des Einkommens ergibt sich eine größere Varianz des Konsums. Die letzte Spalte der Tabelle zeigt auch, dass die Vorsichtsersparnis aufgrund der strengeren Verschuldungsgrenze zunimmt. Im Erwartungswert hält der Haushalt ein um so größeres Vermögen, je strenger die Verschuldungsrestriktion ist. Das Vorsichtssparmotiv wird demnach – bei gegebener relativer Risikoaversion ρ – verstärkt, wenn strengere Verschuldungsrestriktionen die implizite Versicherung gegen die zugrundeliegenden Einkommensrisiken erschweren.

Die Abbildungen 2.15(a) und 2.15(b) zeigen schließlich, wie sich die Lösung des Konsumwahlproblems ändert, wenn im Fall einer ad-hoc Verschuldungsgrenze $A = 0$ – bei ansonsten unveränderter Spezifikation – seriell korrelierte Einkommen unterstellt werden.

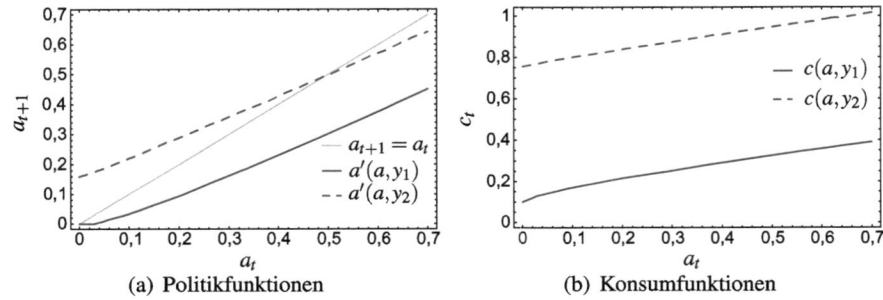

(a) Politikfunktionen   (b) Konsumfunktionen

Abb. 2.15 Politik- und Konsumfunktionen mit korrelierten Einkommen und $A = 0$

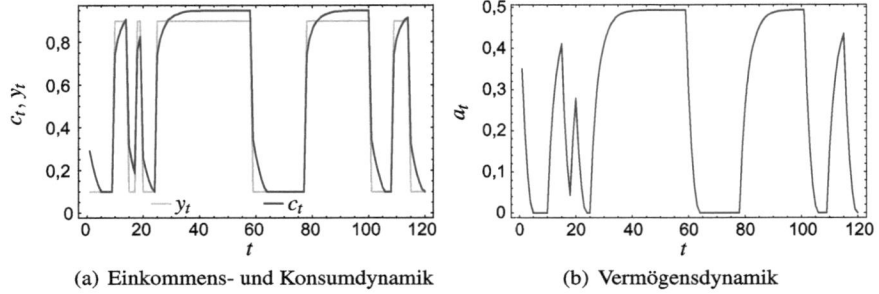

(a) Einkommens- und Konsumdynamik   (b) Vermögensdynamik

Abb. 2.16 Einkommens-, Konsum- und Vermögensdynamik mit korrelierten Einkommen und $A = 0$

Die stochastische Matrix P ist hier gegeben durch:

$$P = \begin{pmatrix} 0,9 & 0,1 \\ 0,1 & 0,9 \end{pmatrix}$$

Im Wesentlichen ergibt sich kein Unterschied zu dem bereits diskutierten Fall mit seriell unkorrelierten Einkommen. Allerdings wird im Fall seriell korrelierter Schocks – wie die Abb. 2.16(a) und 2.16(b) zeigen – deutlich, dass eine ad-hoc Verschuldungsgrenze je nach Einkommensrealisation tatsächlich eine bindende Restriktion darstellt.

2.5   Literaturhinweise

Umfassende Darstellungen zur Theorie und Empirie der Kosumnachfrage finden sich bei Deaton und Muellbauer (1980) und Deaton (1993). Die klassischen Arbeiten zur intertemporalen Konsumnachfrage sind Friedman (1957) und Modigliani und Brumberg (1954). Mittlerweile finden sich mehr oder weniger anspruchsvolle Darstellungen des intertemporalen Konsumnachfrageproblems unter Sicherheit und Unsicherheit in jedem Lehrbuch zur dynamischen makroökonomischen Theorie.

Die formalen Methoden der dynamischen Optimierung und Programmierung werden beispielsweise von Sydsaeter et al. (2005) behandelt. Eine gelungene Darstellung, wie dynamische Optimierungsprobleme mit Hilfe der Bellman-Gleichung gelöst werden können, findet sich auch bei Sargent (1987). Wie sich dynamische Optimierungsprobleme numerisch mit Hilfe des Computers lösen lassen, zeigen schließlich Heer und Maussner (2005) und Judd (1998).

Anhang: Dynamische Programmierung

A.1 Dynamische Optimierungsprobleme

Die dynamischen Optimierungsprobleme, die in diesem und anderen Kapiteln analysiert werden, haben die folgende Struktur:

$$J(x_0) = \max_{x_1, x_2, \ldots} \sum_{t=0}^{\infty} \beta^t v(x_t, x_{+1}) \tag{2.22}$$

$$\text{u. Nb.} \quad x_{t+1} \in \Gamma(x_t) \in X, \quad t = 0, 1, \ldots$$

$$x_0 \in X \quad \text{gegeben}$$

Hierbei ist v eine gegebene Funktion und $0 \leq \beta < 1$ ist ein Diskontierungsfaktor. Die Variable x_t wird als Zustandsvariable bezeichnet – sie beschreibt den relevanten Zustand eines ökonomischen Systems zum Zeitpunkt t, wobei die Menge $X \subseteq R$ den Zustandsraum dieses Systems darstellt.[9] Die zu treffenden ökonomischen Entscheidungen beeinflussen den künftigen Zustand des Systems, wobei die Korrespondenz $\Gamma(x_t) \subseteq X$ – für alle $x_t \in X$ ist die Menge $\Gamma(x_t)$ künftiger Zustände erreichbar – die Restriktionen dieser Entscheidung beschreibt. Schließlich ist der anfängliche Zustand durch $x_0 \in X$ gegeben. Das Optimierungsproblem besteht darin, die Folge der Zustände $\{x_t\}_{t=0}^{\infty}$ so zu bestimmen, dass die Zielfunktion maximiert wird.

Das in Abschn. 2.3.1 betrachtete Konsumwahlproblem kann mit $a_t = x_t$ und mit $y_t = y$ für alle t folgendermaßen in einer zu (2.22) äquivalenten Form notiert werden:

$$J(x_0) = \max_{x_1, x_2, \ldots} \sum_{t=0}^{\infty} \beta^t u\big(x_t + y - x_{t+1}/(1+r)\big) \tag{2.23}$$

$$\text{u. Nb.} \quad -A \leq x_{t+1} \leq (1+r)(x_t + y), \quad t = 0, 1, \ldots$$

$$x_0 > -A \quad \text{gegeben}$$

Damit (2.22) ein wohlformuliertes Problem darstellt muss zunächst sichergestellt sein, dass das unterstellte Maximum auch tatsächlich existiert. Die hierfür erforderlichen An-

---

[9]Damit wird angenommen, dass der Zustandsraum eindimensional ist. Die Verallgemeinerung auf mehrdimensionale Zustandsräume ist aber ohne Weiteres möglich.

nahmen werden von Stokey und Lucas (1989, Chap. 4) eingehend diskutiert. Ohne darauf hier näher einzugehen, soll im Weiteren folgendes angenommen werden:

(1) Die Funktion $v(x_t, x_{t+1})$ ist für alle $x_t \in X$ und $x_{t+1} \in \Gamma(x_t)$ stetig und beschränkt.
(2) X ist konvex und die Korrespondenz $\Gamma(x)$ ist nichtleer, stetig und kompakt.

Unter diesen Annahmen existiert eine Folge $\{x_t^*\}_{t=0}^{\infty}$, die die Zielfunktion unter den zu beachtenden Restriktionen maximiert und $J(x_0)$ ist der für alle $x_0 \in X$ maximal erreichbare Lebensnutzen bzw. die Wertefunktion. Für diese optimale Folge gilt dann (wobei $x_0^* = x_0$):

$$J\left(x_0^*\right) = \sum_{t=0}^{\infty} \beta^t v\left(x_t^*, x_{t+1}^*\right)$$

$$= v\left(x_0^*, x_1^*\right) + \sum_{s=1}^{\infty} \beta^s v\left(x_s^*, x_{s+1}^*\right)$$

$$= v\left(x_0^*, x_1^*\right) + \beta J\left(x_1^*\right)$$

Da $J(x_0^*)$ den Lebensnutzen maximiert, erfüllt die Wertefunktion $J(x)$ die Funktionalgleichung

$$J\left(x_0^*\right) = \max_{x_1 \in \Gamma(x)} \left\{ v\left(x_0^*, x_1\right) + \beta J(x_1) \right\}$$

Da dieser Zusammenhang für alle Anfangswerte $x_0 \in X$ gilt, kann diese Funktionalgleichung auch folgendermaßen notiert werden:

$$J(x) = \max_{x' \in \Gamma(x)} \left\{ v\left(x, x'\right) + \beta J\left(x'\right) \right\} \tag{2.24}$$

Gleichung (2.24) ist die Bellman-Gleichung des dynamischen Optimierungsproblems (2.22). Unter den oben getroffenen Annahmen hat diese Bellman-Gleichung eine eindeutige Lösung. Die Lösung des in (2.24) formulierten Optimierungsproblems kann für alle $x \in X$ dann durch eine Funktion $x' = g(x)$ ausgedrückt werden. Diese Funktion $g(x)$ wird auch als Politikfunktion bezeichnet, weil sie den ausgehend vom Zustand x für die nächste Periode anzustrebenden Zustand $x' = g(x)$ beschreibt, der durch eine entsprechende Politik (z. B. Konsum) herbeizuführen ist. Für diese Politikfunktion gilt demnach:

$$J(x) = v\left(x, g(x)\right) + \beta J\left(g(x)\right)$$

Die hier zu betrachtenden dynamischen Optimierungsprobleme lassen sich daher auf die Suche nach der Wertefunktion bzw. der Politikfunktion reduzieren, sofern sie eine geeignete Struktur aufweisen.[10] Problematischer ist dagegen das Finden einer Wertefunktion bzw. Politikfunktion, da bisher ja lediglich deren Existenz sichergestellt wurde.

Zunächst kann die Lösung eines dynamischen Optimierungsproblems das mit Hilfe einer Bellman-Gleichung formuliert wird, wie üblich auch durch Euler-Gleichungen charakterisiert werden. Dazu wird zunächst notwendige Bedingung für das in (2.24) formulierte Optimierungsproblem betrachtet:

$$v_2(x, x') + \beta J'(x') = 0 \tag{2.25}$$

Aus dem Umhüllendentheorem folgt zudem, dass:

$$J'(x) = v_1(x, x')$$

Einsetzen in die notwendige Bedingung (2.25) liefert dann die Euler-Gleichung:

$$v_2(x, x') + \beta v_1(x', x'') = 0$$

Betrachten wir zur Illustration wieder das Konsumwahlproblem aus Abschn. 2.3.1. Die Bellman-Gleichung lautet in diesem Fall:

$$J(x) = \max_{-A \leq x' < (1+r)(x+y)} \left\{ u(x + y - x'/(1 + r)) + \beta J(x') \right\}$$

Die sich daraus ergebende Euler-Gleichung lautet:

$$-u'(x + y - x'/(1 + r)) \frac{1}{1 + r} + \beta u'(x' + y - x''/(1 + r)) = 0$$

und ist äquivalent zu der oben im Text betrachteten Euler-Gleichung.

Lösungen der Bellman-Gleichung können manchmal, wie in Abschn. 2.3.3 dargestellt, durch Probieren (Methode der unbestimmten Koeffizienten) gefunden werden. Im Allgemeinen lassen sich geschlossene analytische Lösungen der Bellman-Gleichung jedoch nicht ermitteln. Allerdings kann gezeigt werden, dass sich die Lösung $J(x)$ der Bellman-Gleichung (2.24) ausgehend von einer beliebigen Funktion $J_0(x)$ für $n \to \infty$ aus der folgenden Iteration ergibt:

$$J_n(x) = \max_{x' \in \Gamma(x)} \left\{ v(x, x') + \beta J_{n-1}(x') \right\}, \quad n = 0, 1, \ldots$$

Dieses Resultat kann genutzt werden, um konkret spezifizierte dynamisch Optimierungsprobleme numerisch mit Hilfe des Computers zu lösen. Im nachfolgenden Abschnitt wird kurz dargestellt, wie dabei vorgegangen werden kann. Neben dieser Nutzung bei der numerischen Lösung von Optimierungsproblemen ist die Bellman-Gleichung auch hilf-

---

[10]In der Tat weisen nahezu alle üblicherweise im ökonomischen Kontext betrachteten dynamischen Optimierungsprobleme eine Struktur wie (2.22) auf – oder lassen sich zumindest in eine solche transformieren –, so dass der letztgenannte Aspekt nicht bedeutsam ist.

reich, wenn stochastische dynamische Optimierungsprobleme analysiert werden sollen, da sich durch deren rekursive Struktur – wie in Abschn. 2.4.2 gezeigt – der formale Aufwand erheblich reduziert.

A.2 Numerische Lösung eines dynamischen Optimierungsproblems

Das oben betrachtete deterministische Optimierungsproblem (2.22) kann numerisch durch die folgende iterative Prozedur gelöst werden:

1. Es wird eine diskrete Menge möglicher Vermögenswerte $X = [x_0, x_1, \ldots, x_n]$ unterstellt. Hierbei gilt $x_0 = -A$ und x_n wird (möglicherweise iterativ) so bestimmt, dass diese Obergrenze niemals erreicht wird.
2. Es wird eine anfängliche Wertefunktion $J_0(x)$ spezifiziert (eine mögliche Wahl ist $J_0(x) = u(x)$).
3. Ausgehend von $J_0(x)$ wird das Optimierungsproblem

$$\max_{-A \leq x' \leq (1+r)(x+y)} u\big(x - x'/(1+r)\big) + \beta J_0\big(x'\big)$$

   für alle $x \in X$ gelöst. Hierzu können existierende numerische Optimierungsroutinen genutzt werden. Die Lösung wird mit $x' = \tilde{g}(x)$ bezeichnet. Als Ergebnis erhält man für alle $x \in A$ die Werte $u(x - \tilde{g}(x)/(1+r)) + \beta J(\tilde{g}(x))$.
4. Aus diesen Werten kann eine für beliebige $-A \leq x \leq x_n$ definierte Funktion z. B. durch lineare Interpolation gewonnen werden. Auch hierfür können existierende Routinen genutzt werden. Die daraus resultierende Funktion wird mit $J_1(x)$ bezeichnet.
5. Üblicherweise wird $J_0(x) \neq J_1(x)$ gelten (als Abstandsmaß zwischen den Funktionen kann z. B. $|J_0(x) - J_1(x)|$ verwendet werden). In diesem Fall wird $J_0(x) = J_1(x)$ gesetzt und die Prozedur ausgehend von Schritt 3 wiederholt, bis die Konvergenz der Wertefunktion hinreichend gut (d. h. bis $|J_0(x) - J_1(x)| < \varepsilon$, wobei ε ein vorgegebenes Konvergenzkriterium ist) ist.
6. Aus der letzten Iteration folgen dann eine Wertefunktion $J(x)$ und eine (ebenfalls durch lineare Interpolation aus den Werten $\tilde{g}(x)$ gewonnene) Politikfunktion $g(x)$, die die approximative Lösung des Optimierungsproblems darstellen.

Übungsaufgaben

2.1 Zeigen Sie, dass bei additiv separabler Nutzenfunktion $V = \sum_{t=0}^{\infty} \beta^t u(c_t)$ die intertemporale Substitutionselastizität des Konsums durch $\sigma = -\frac{u'(c_{t+1})}{c_{t+1}u''(c_{t+1})}$ gegeben ist.

2.2 Erläutern Sie die Keynes-Ramsey-Regel für den optimalen Konsumpfad. Inwiefern werden die Eigenschaften des optimalen Konsumpfades durch den Realzins und die Zeitpräferenzrate der Wirtschaftssubjekte beeinflusst?

2.3 Erläutern Sie die Bedeutung der permanenten Einkommenshypothese für die Größenordnung des Ihnen aus dem keynesianischen Makromodell bekannten Einkommensmultiplikators.

2.4 Wie begründet die permanente Einkommenshypothese, dass der Konsum auf dauerhafte Einkommensänderungen stärker reagiert als auf transitorische Einkommensänderungen?

2.5 Ein Haushalt plant sein Konsumprofil über die Perioden $t = 0, 1, \ldots, T$. In den Perioden $t = 0, 1, \ldots, T_R$ mit $T_R < T$ bezieht er jeweils das Einkommen $y > 0$. Für $t = T_{R+1}, \ldots, T$ wird kein Einkommen bezogen. Es gilt $\beta = 1/R$ und die Periodennutzenfunktion des Haushalts ist $u(c_t) = \ln c_t$.

(a) Formulieren Sie das intertemporale Optimierungsproblem des Haushalts und ermitteln Sie das optimale Konsumprofil.
(b) Skizzieren Sie den Zeitpfad des Vermögens des Haushalts, der sich bei diesem optimalen Konsumprofil ausgehend von $a_0 = 0$ ergibt.

2.6 Betrachten Sie das folgende intertemporale Konsumwahlproblem:

$$\max_{\{c_t\}_{t=0}^{\infty}} \sum_{t=0}^{\infty} \beta^t u(c_t)$$

$$\text{u. Nb.:} \quad a_{t+1} = Ra_t - c_t, \quad a_0 > 0$$

(a) Formulieren Sie die Bellman-Gleichung für das hier dargestellte Optimierungsproblem, indem Sie das Vermögen a als Zustandsvariable verwenden.
(b) Unterstellen Sie, dass $u(c) = \ln(c)$ gilt. Zeigen Sie, dass die Wertefunktion $V(a) = \gamma \ln(a) + \delta$ – mit zu bestimmenden Koeffizienten γ und δ – die durch die Bellman-Gleichung gegebene Funktionalgleichung löst. Zeigen Sie auch, dass die resultierende Konsumfunktion die Form $c = \kappa a$ hat.

2.7 Betrachten Sie ein Individuum mit dem Anfangsvermögen $a_0 = 0{,}5$, das seinen intertemporalen Konsum über 5 Perioden ($t = 0, 1, \ldots, 4$) plant. Die Periodennutzenfunktion hat die Form $u(c_t) = \ln c_t$ und es gilt $\beta = 0{,}9$ sowie $R = 1{,}05$. Der Haushalt bezieht in jeder Periode ein identisches Arbeitseinkommen $y_t = 5$.

(a) Bestimmen Sie den optimalen Konsumplan des Individuums und leiten Sie daraus den Zeitpfad des Vermögen a_t für $t = 1, \ldots, 4$ her.
(b) Unterstellen nun, dass das Einkommen des Individuums folgendermaßen gegeben ist:

$$y_t = \begin{cases} 2, & t = 1, 3 \\ 6{,}99604, & t = 0, 2, 4 \end{cases}$$

Bestimmen Sie wiederum den optimalen Konsumplan des Individuums und leiten Sie daraus den Zeitpfad des Vermögen a_t für $t = 1, \ldots, 4$ her. Vergleichen Sie diesen Zeitpfad mit dem unter a) ermittelten Pfad für a_t

(c) Welche maximale anfängliche Verschuldung des Individuums ist zulässig? In welcher Relation steht diese Verschuldungsgrenze zum laufenden Einkommen des Haushalts?

2.8 Betrachten Sie ein Wirtschaftssubjekt mit der Periodennutzenfunktion $u(c_t) = 1 - e^{-\rho c_t}$, wobei $\rho > 0$ (CARA-Nutzenfunktion)

(a) Zeigen Sie, dass diese Periodennutzenfunktion für $\rho > 0$ die „üblichen" neoklassischen Eigenschaften besitzt. Was gilt für den Grenznutzen des Konsum im Fall $c_t \to 0$?

(b) Unterstellen Sie $\beta = 0{,}9$, $R = 1{,}15$ und $\rho = 0{,}2$. Nehmen Sie des weiteren an, das Individuum plane seinen intertemporal optimalen Konsum über 5 Perioden $t = 0, 1, \ldots, 4$, beziehe in jeder Periode ein identisches Einkommen $y_t = 2$ und verfüge über ein Anfangsvermögen $A_0 = -7$. Bestimmen Sie den optimalen intertemporalen Konsumplan (Hinweis: Beachten Sie die Nichtnegativitätsbedingung).

(c) Welches Anfangsvermögen muss mindestens gegeben sein, damit der Haushalt einen Konsumpfad wählt, für den tatsächlich $c_t > 0$ für alle t gilt?

2.9 Die Präferenzen eines Haushalts werden durch die Periodennutzenfunktion $u(c_t) = \ln(c_t)$ beschrieben. Der Haushalt verfügt in $t = 0$ über keinerlei Anfangsvermögen ($a_0 = 0$) und bezieht in den Perioden $t = 0, 1, \ldots$ ein zyklisch schwankendes Einkommen:

$$y_t = \begin{cases} y > 0 & \text{für } t = 0, 2, 4, \ldots \\ ay \text{ mit } 0 < a < 1 & \text{für } t = 1, 3, 5, \ldots \end{cases}$$

Für den Zinssatz r gilt, dass $(1 + r) = 1/\beta$. Bestimmen Sie den optimalen intertemporalen Konsumplan des Haushalt für den Fall $y = 10$ und $a = 0{,}5$ sowie $\beta = 0{,}9$. Welcher Zeitpfad des Vermögens a_{t+1} ergibt sich für $t = 1, 2, \ldots$?

Literatur

Deaton, A. 1993. *Understanding consumption.* Oxford: Oxford University Press.

Deaton, A., und J. Muellbauer. 1980. *Economics and consumer behavior.* New York: Cambridge University Press.

Friedman, M. 1957. *A theory of the consumption function.* Princeton: Princeton University Press.

Heer, B., und A. Maussner. 2005. *Dynamic general equilibrium modelling: Computational methods and applications.* Berlin: Springer.

Judd, K. 1998. *Numerical methods in economics.* Cambridge: MIT Press.

Ljungqvist, L., und T. Sargent. 2004. *Recursive macroeconomic theory,* 2. Aufl. Cambridge: MIT Press.

Mas-Colell, A., M. Whinston, und J. Green. 1995. *Microeconomic theory*. Oxford: Oxford University Press.

Modigliani, F., und R. Brumberg. 1954. Utility analysis and the consumption function: An interpretation of cross-section data. In *Post-Keynesian economics*, Hrsg. K. Kurihara, 388–436. New Brunswick: Rutgers University Press.

Sargent, T. J. 1987. *Dynamic macroeconomic theory*. Cambridge: Harvard University Press.

Stokey, N. L., und R. E. Lucas. 1989. *Recursive methods in economic dynamics*. Cambridge: Harvard University Press.

Sydsaeter, K., P. Hammond, A. Seierstad, und A. Strøm. 2005. *Further mathematics for economic analysis*. New York: Prentice Hall.

Das Ramsey-Modell

3

3.1 Einleitung

In diesem Kapitel wird das Ramsey-Modell behandelt, das auch für alle folgenden Kapitel grundlegend sein wird. Mitunter wird dieses Modell auch als „Modell optimalen Wachstums" bezeichnet. Unabhängig von der Bezeichnung des Modells handelt es sich hierbei auf jeden Fall um *das* Ausgangsmodell der modernen dynamischen Makroökonomik. Das Modell wurde bereits Ende der 20er Jahre von Ramsey (1928) formuliert, jedoch von den Ökonomen dieser Zeit aufgrund seiner formalen Komplexität größtenteils nicht verstanden. Erst in den 60er Jahren wurde es durch die Arbeiten von Cass (1965) und Koopmans (1965) unter Ökonomen bekannter gemacht. Während das Modell ursprünglich die Frage nach der optimalen Ersparnis aus normativer Perspektive – aus der Sicht eines zentralen Planers – zu beantworten suchte, ist es seit den 70er Jahren aufgrund der mittlerweile erreichten Fortschritte in der Theorie des Allgemeinen Gleichgewichts auch möglich, das Modell als das Modell einer Marktwirtschaft zu interpretieren.

In der dynamischen makroökonomischen Theorie wird das Ramsey-Modell seither als das Modell einer Ökonomie verwendet, in der viele Haushalte leben, deren Zeithorizont jeweils unendlich ist. Der unendliche Zeithorizont ist hierbei nicht unbedingt wörtlich zu nehmen: Es genügt, sich vorzustellen, dass die Anzahl der einzelnen Zeitperioden, in die sich der Zeithorizont eines Haushalts unterteilt, sehr groß ist. Durch die Wahl entsprechend kurzer Teilperioden lässt sich dies immer erreichen. Alles was im Weiteren auf der Grundlage eines infiniten Zeithorizontes der Haushalte ausgesagt wird, behält – wie bereits bei der individuellen Konsumwahl im vorangegangenen Abschnitt dargestellt – im Wesentlichen auch dann seine Gültigkeit, wenn der Zeithorizont zwar endlich, jedoch hinreichend groß ist.

In der Ökonomie existiert ein einziges Gut, das von unendlich vielen Firmen unter den Bedingungen vollständiger Konkurrenz produziert wird. Dieses Gut kann sowohl konsumiert als auch investiert werden. Jeder Haushalt verfügt über bestimmte Mengen der Produktionsfaktoren Arbeit und Kapital, die auf Faktormärkten angeboten werden.

© Springer-Verlag Berlin Heidelberg 2015
M. Heinemann, *Dynamische Makroökonomik*,
DOI 10.1007/978-3-662-44156-5_3

Das hieraus resultierende Einkommen wird auf Konsum und Ersparnis aufgeteilt, wobei letztere als Investition das Vermögen bzw. den Kapitalstock eines Haushalts erhöht. Das Modell unterstellt, dass ein repräsentativer Haushalt existiert, dessen intertemporale Entscheidungen die Entscheidungen aller Individuen widerspiegeln. Die Aggregation der individuellen Entscheidungen muss dergestalt möglich sein, dass der über die aggregierten Ressourcenbestände verfügende repräsentative Haushalt bei jeweils identischen Preisen auch die gleichen Entscheidungen trifft, wie die möglicherweise heterogenen Haushalte der betrachteten Ökonomie. Die Bedingungen für die Existenz eines solchen repräsentativer Haushalt werden in Abschn. 4.2 genauer diskutiert.

3.2   Modellstruktur

3.2.1   Annahmen

Im Weiteren wird angenommen, dass der repräsentative Haushalt jeweils über die durchschnittlichen in der Ökonomie verfügbaren Bestände an Ressourcen verfügt. Aggregierte Größen können daher durch Multiplikation dieser Durchschnittsgrößen mit der als konstant unterstellen Anzahl an Haushalten ermittelt werden. Das Vermögen des repräsentativen Haushalts in jeder Periode t besteht aus seinen bis zu dieser Periode akkumulierten Kapitalgütern. Der Kapitalstock des repräsentativen Haushalts in Periode t wird mit a_t bezeichnet. Kapital kann als Produktionsfaktor angeboten werden und es bezeichnet z_t den entsprechenden Faktorpreis des Kapitals. Wird Kapital in der Güterproduktion eingesetzt, so gehen pro Einheit Kapital δ Einheiten als Abschreibungen verloren. Es ist also δ die Abschreibungsrate des Kapitals, wobei $0 < \delta \leq 1$ gilt.

Zusätzlich verfügt der repräsentative Haushalt in jeder Periode über die konstante Menge $l = 1$ an Arbeitszeit, die unelastisch auf dem Arbeitsmarkt angeboten wird, sofern dafür ein positiver Reallohn erzielt werden kann.[1] Der Reallohn in Periode t wird im Weiteren mit w_t bezeichnet.

Aufgrund der oben getroffenen Annahmen ist das Einkommen des repräsentativen Haushalts in einer beliebigen Periode t durch $w_t + z_t a_t$ gegeben. Dieses Einkommen kann für Konsum in Periode t, bezeichnet mit c_t, oder zur Vermögensbildung verwendet werden. Da $w_t + z_t a_t$ das Bruttoeinkommen eines Haushalts ohne Berücksichtigung der Abschreibungen des Kapitalstocks bezeichnet, ergibt sich nach Abzug des Konsums vom Bruttoeinkommen die Bruttoinvestition i_t^b des Haushalts. Für die Periode t resultiert somit die folgende Budgetrestriktion für den repräsentativen Haushalt:

$$w_t + z_t a_t = c_t + i_t^b$$

---

[1] Freizeit wird im Folgenden nicht als nutzenstiftendes Gut betrachtet. Von daher ergibt sich ein lohnunelastisches Arbeitsangebot. Die Erweiterung des hier betrachteten Modells um eine entsprechende Arbeitszeit-Freizeit Entscheidung ist allerdings problemlos möglich und wird in Abschn. 4.3 behandelt.

Die Bruttoinvestitionen setzen sich aus den Nettoinvestitionen des Haushalts i_t^n, also der tatsächlichen Änderung seines Kapitalstocks $i_t^n = a_{t+1} - a_t$, und den Abschreibungen des in der Produktion verwendeten Kapitals δa_t zusammen. Damit kann die Budgetrestriktion auch folgendermaßen formuliert werden:

$$w_t + z_t a_t = c_t + a_{t+1} - (1 - \delta) a_t$$

Die bisherige Modellformulierung und die beiden soeben dargestellten Budgetrestriktionen unterstellen, dass in der betrachteten Ökonomie keine Kreditmärkte existieren. Aus Sicht des repräsentativen Haushalts stellt dies kein Problem dar: Zum einen erfordert ein Gleichgewicht auf den Kreditmärkten, dass die aggregierte Überschussnachfrage auf diesen Märkten immer gleich Null ist, was impliziert, dass die Überschussnachfrage des repräsentativen Haushalts ebenfalls gleich Null ist. Zum anderen besteht das Vermögen des repräsentativen Haushalts ohnehin nur aus physischem Kapital. Sind die Haushalte heterogen, stellt die Abwesenheit von Kreditmärkten dagegen durchaus ein Problem dar und beeinflusst die Allokation. Obwohl somit kein Kreditmarkt und damit auch keine Gleichgewichtsbedingung für den Kreditmarkt analysiert werden muss, wird die Gleichgewichtsbedingung für den Kreditmarkt an späterer Stelle noch von Bedeutung sein.

Hinsichtlich der Präferenzen des repräsentativen Haushalts wird wie schon im vorangegangenen Kapitel angenommen, dass diese über dessen Konsum c_t in allen seinen Lebensperioden $t = 0, 1, \ldots$ definiert sind. Es existiert somit eine Nutzenfunktion $U(c_0, c_1, c_2, \ldots)$, deren Argumente insgesamt jeweils ein Konsumprofil bzw. einen Konsumpfad über den Lebenshorizont des Haushalts bestimmen, und aus der sich der Lebensnutzen des Haushalts ergibt. Die Nutzenfunktion U wird wie zuvor wieder als additivseparabel in der Zeit angenommen. Der Lebensnutzen kann somit wieder als Summe von Periodennutzen formuliert werden:

$$U(c_0, c_1, c_2, \ldots) = \sum_{t=0}^{\infty} \beta^t u(c_t)$$

Für die Periodennutzenfunktion gilt wie im vorangegangenen Kapitel $u'(c) > 0$, das heißt der Grenznutzen des Konsums ist in jeder Periode. Des Weiteren gilt $u''(c) < 0$ für alle $c \geq 0$, das heißt der Grenznutzen des Konsums sinkt mit steigendem Konsum. Die Periodennutzenfunktion $u(c)$ ist demnach eine streng monoton ansteigende konkave Funktion.

3.2.2 Das Optimierungsproblem des Haushalts

Das Problem des Haushalts besteht nun darin, in jeder Periode t auf der Grundlage der jeweils herrschenden Faktorpreise w_t und z_t sowie auf der Grundlage von Erwartungen über die zukünftigen Faktorpreise den optimalen Konsumplan (und damit uno actu auch den optimalen Investitionsplan) zu bestimmen:

$$\max_{\{c_t\}_{t=0}^{\infty}, \{a_{t+1}\}_{t=0}^{\infty}} \sum_{t=0}^{\infty} \beta^t u(c_t)$$

u. Nb. $w_t + z_t a_t = c_t + a_{t+1} - (1-\delta)a_t$ für $t = 0, 1, \ldots,$

$a_0 > 0$

Zu beachten ist, dass es sich bei den Faktorpreisen w_t und z_t für $t \geq 1$ um erwartete Größen handelt, obwohl diese hier und im Weiteren nicht explizit als solche gekennzeichnet werden. Der Haushalt plant demnach seinen optimalen Konsumpfad auf der Grundlage erwarteter, zukünftiger Faktorpreise. Bisher ist auch keine Aussage über die Art und Weise, wie der Haushalt diese entsprechenden Erwartungen bildet, getroffen worden. Wir wollen diese Erwartungen zunächst als gegeben unterstellen und dabei durchaus die Möglichkeit einschließen, dass diese Erwartungen nicht korrekt sind.

Das oben formulierte Optimierungsproblem des repräsentativen Haushalts ist ein Problem der Optimierung unter Nebenbedingungen und kann – abgesehen von einer Besonderheit, die darauf beruht, dass hier unendlich viele Perioden und damit Nebenbedingungen vorliegen – wie üblich mit Hilfe der Lagrangemethode gelöst werden. Im Folgenden bezeichnet λ_t den Lagrangemultiplikator für die Budgetrestriktion des Haushalts in Periode t. Mit $\mathscr{L}$ als Lagrangefunktion ergibt sich dann das Optimierungsproblem:

$$\max_{\{c_t\}_{t=0}^{\infty}, \{a_{t+1}\}_{t=0}^{\infty}, \{\lambda_t\}_{t=0}^{\infty}} \mathscr{L} = \sum_{t=0}^{\infty} \beta^t u(c_t)$$

$$- \sum_{t=0}^{\infty} \lambda_t \left(c_t + a_{t+1} - (1-\delta)a_t - w_t - z_t a_t \right)$$

Im Fall einer inneren Lösung, die aufgrund der bisher getroffenen und der noch folgenden Annahmen vorausgesetzt werden kann, ergeben sich die notwendigen Bedingungen für ein Nutzenmaximum als:

$$\frac{\partial \mathscr{L}}{\partial c_t} = \beta^t u'(c_t) - \lambda_t = 0, \quad t = 0, 1, \ldots \tag{3.1a}$$

$$\frac{\partial \mathscr{L}}{\partial a_{t+1}} = -\lambda_t + \lambda_{t+1}\left[z_{t+1} + (1-\delta) \right] = 0, \quad t = 0, 1, \ldots \tag{3.1b}$$

$$\frac{\partial \mathscr{L}}{\partial \lambda_t} = c_t + a_{t+1} - (1-\delta)a_t - w_t - z_t a_t = 0, \quad t = 0, 1, \ldots \tag{3.1c}$$

Aus den ersten beiden Gleichungen folgt wieder die Euler-Gleichung: Gl. (3.1a) erfordert, dass $\lambda_t = \beta^t u(c_t)$ und mithin auch $\lambda_{t+1} = \beta^{t+1} u(c_{t+1})$ gilt. Einsetzen in (3.1b) ergibt dann:

$$\lambda_t = \lambda_{t+1}\left[z_{t+1} + (1-\delta) \right]$$

$$\Leftrightarrow \quad \beta^t u'(c_t) = \beta^{t+1} u'(c_{t+1})\left[z_{t+1} + (1-\delta) \right]$$

$$\Leftrightarrow \quad u'(c_t) = \underbrace{\beta u'(c_{t+1})}_{\substack{\text{diskontierter} \\ \text{Grenznutzen}}} \underbrace{\left[z_{t+1} + (1-\delta) \right]}_{\substack{\text{erwarteter Grenzertrag} \\ \text{der Ersparnis}}}$$

Der in der Euler-Gleichung auftretende erwartete Grenzertrag der Ersparnis $z_{t+1} + (1-\delta)$ ist nichts anderes als der erwartete Realzinsfaktor R_{t+1}. Für den erwarteten Realzins r_{t+1} gilt somit $r_{t+1} = R_{t+1} - 1 = z_{t+1} - \delta$, denn der in Periode t erwartete Nettoertrag der Investition einer Gütereinheit ist gleich dem erwarteten Faktorentgelt z_{t+1} abzüglich der Abschreibung δ pro Kapitaleinheit.

3.2.3 Der Produktionssektor

Bisher ist lediglich die Konsum- bzw. Sparentscheidung des repräsentativen Haushalts bei gegebenen Erwartungen für die zukünftigen Faktorpreise diskutiert worden. Im Weiteren sollen nun die Produktionsentscheidungen der Unternehmen betrachtet werden, um die im Gleichgewicht auf den Faktormärkten resultierenden Faktorpreise bestimmen zu können.

Es wird angenommen, dass in der betrachteten Ökonomie unendlich viele Firmen existieren, die unter den Bedingungen vollständiger Konkurrenz ein einziges Gut mit Hilfe der Produktionsfaktoren Arbeit und Kapital produzieren. Die für alle Firmen identische Produktionsfunktion weist konstante Skalenerträge auf, so dass im Weiteren eine einzige Firma betrachtet werden kann, die mit den im Aggregat vorhandenen Mengen der Produktionsfaktoren Arbeit L und Kapital K produziert. Werden die Mengen K_t und L_t an Kapital und Arbeit in Periode t einsetzt, ist der Output Y_t der repräsentativen Firma, gegeben durch:

$$Y_t = F(K_t, L_t)$$

Die Produktionsfunktion F besitzt die üblichen Eigenschaften einer neoklassischen Produktionsfunktion, das heißt, sie weist für beide Faktoren positive, aber sinkende Grenzprodukte auf. Zusätzlich wird unterstellt, dass F die Inada-Bedingungen erfüllt, die unten noch formuliert werden.

Im Weiteren ist es häufig zweckmäßig, Pro-Kopf-Größen zu betrachten bzw. die Produktionsfunktion in der sogenannten intensiven Form zu formulieren. Aufgrund der Tatsache, dass die Produktionsfunktion homogen vom Grad Eins ist, gilt:

$$Y_t = F(K_t, L_t) = L_t F(K_t/L_t, 1)$$
$$\equiv L_t f(k_t) \tag{3.2}$$

Hierbei bezeichnet k_t die Kapitalintensität, mit der die Firma produziert und $f(k_t)$ ist die sogenannte intensive Form der Produktionsfunktion $F(K_t, L_t)$.

Da die Akkumulationsentscheidungen und damit die Investitionsentscheidungen von den Haushalten getroffen werden, haben die Firmen in dieser Ökonomie kein intertemporales Optimierungsproblem zu lösen. Gewinnmaximierung unter den Bedingungen vollständiger Konkurrenz impliziert dann, dass die Firmen die Faktorpreise, die sich in den einzelnen Perioden einstellen, als Daten betrachten und sich mit ihren Produktions- bzw. Faktornachfrageentscheidungen anpassen. Für die optimale Faktornachfrage muss dann bekanntlich gelten, dass das Grenzprodukt der Faktoren in allen Firmen ihrem realen Faktorpreis entspricht. Aufgrund der Tatsache, dass die Produktionsfunktion homogen vom Grad Eins ist, gilt nun bezüglich der Grenzprodukte folgendes:[2]

$$F_K = \frac{\partial F(K, L)}{\partial K} = f'(k) \tag{3.3a}$$

$$F_L = \frac{\partial F(K, L)}{\partial L} = f(k) - f'(k)k \tag{3.3b}$$

Die optimale Kapitalintensität k_t wird über die Faktorpreise bzw. das Faktorpreisverhältnis eindeutig bestimmt. Bei gegebenen Faktorpreisen w_t und z_t ergibt sich aus (3.3a) und (3.3b):

$$\frac{w_t}{z_t} = \frac{F_{L,t}}{F_{K,t}} = \frac{f(k_t) - f'(k_t)k_t}{f'(k_t)}$$

Die Annahme konstanter Skalenerträge führt dazu, dass jede Firma gewinnlos produziert. Die Erlöse einer jeden Firma entsprechen den Kosten für die Produktionsfaktoren. Dies ist eine Implikation des Eulerschen Theorems und lässt sich recht einfach zeigen. Der Gewinn π_t der aggregierten Firma in Periode t ergibt sich als:

$$\pi_t = Y_t - z_t K_t - w_t L_t$$
$$= Y_t - F_{K,t} K_t - F_{L,t} L_t$$
$$= 0$$

Die oben erwähnten Inada-Bedingungen sind weitergehende Bedingungen, die an die Funktion $f(k)$ geknüpft werden. Sie werden üblicherweise formuliert, um die Existenz eines eindeutigen Gleichgewichts sicherzustellen. Diese Bedingungen lauten:

$$\lim_{k \to 0} f(0) = 0, \qquad \lim_{k \to 0} f'(k) = \infty$$
$$\lim_{k \to \infty} f(k) = \infty, \qquad \lim_{k \to \infty} f'(k) = 0$$

Für die Produktionsfunktion $y_t = Y_t/L_t = f(k_t)$ in intensiver Form ergibt sich demnach ein Verlauf, wie er in Abb. 3.1 dargestellt ist.

---

[2]Der Zeitindex t und der Index j für die einzelne Firma wird hierbei aus Gründen der Übersichtlichkeit weggelassen. Zunächst gilt für linear-homogene Produktionsfunktionen das Eulersche Theorem, so dass $Y = F_K k + F_L L$. Ist die Produktionsfunktion homogen vom Grad Eins, so sind die Grenzprodukte der Faktoren homogen vom Grad Null. Das heißt, es gilt $F_K(K, L) = F_K(K/L, 1) = f'(k)$. Aus dem Eulerschen Theorem folgt $F_L = \frac{F(K,L)}{L} - F_K \frac{K}{L}$, so dass $F_L(K, L) = f(k) - f'(k)k$.

Abb. 3.1 Die
Produktionsfunktion in
intensiver Form und die
Inada-Bedingungen

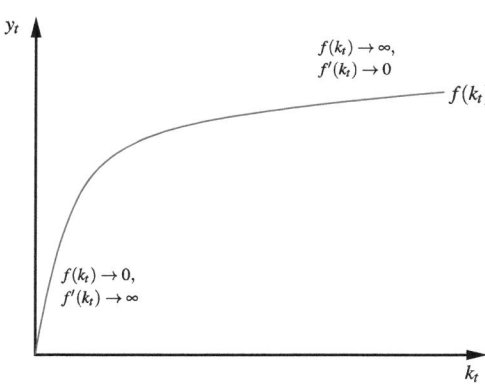

3.3   Das Marktgleichgewicht

Im vorangegangenen Abschnitt ist erläutert worden, dass sich in jeder Periode t auf den Faktormärkten für Arbeit und Kapital ein Gleichgewicht einstellt, so dass die jeweiligen gleichgewichtigen Faktorpreise durch die Grenzprodukte der Faktoren bestimmt werden. Damit ist allerdings die Dynamik des Modells noch nicht vollständig beschrieben, denn die Konsum- bzw. Sparentscheidungen der Haushalte werden durch deren Erwartungen über ihr zukünftiges Einkommen bestimmt. Daher lassen sich nur dann, wenn diese Erwartungen genauer spezifiziert werden, Aussagen über die zeitliche Entwicklung der Wirtschaft ableiten.

Im Weiteren wird nun das Konzept eines Gleichgewichts bei vollkommener Voraussicht verwendet, um diese Lücke zu schließen. Zu beachten ist hierbei, dass sich der hier verwendete Gleichgewichtsbegriff nicht nur auf die in der Gegenwart (in der Periode $t = 0$) relevanten Märkte bezieht, sondern auf die Märkte für alle Güter, also beispielsweise auch auf den Markt für den Faktor Arbeit in einer weit in der Zukunft liegenden Periode. Ein solches Gleichgewicht bestimmt somit die gesamte Güterallokation sowohl für die Gegenwart als auch für die Zukunft. Vollkommene Voraussicht bedeutet, dass alle Wirtschaftssubjekte die zukünftigen Preise korrekt antizipieren und ist somit im Fall eines Modells ohne Unsicherheit gleichzusetzen mit rationaler Erwartungsbildung.

3.3.1   Die Gleichgewichtsbedingungen

Ein Gleichgewicht bei vollkommener Voraussicht für die Perioden $t = 0, 1, \ldots$ liegt vor, wenn für alle t folgendes gilt:

(i) Der aufgrund von gegenwärtiger Faktorpreise und aufgrund von Erwartungen über zukünftige Faktorpreise $\{w_t\}_{t=0}^{\infty}$, $\{z_t\}_{t=0}^{\infty}$ formulierte Konsum- und Akkumulationsplan $\{c_t\}_{t=0}^{\infty}$, $\{a_{t+1}\}_{t=0}^{\infty}$ des repräsentativen Haushalts ist optimal.

(ii) Die Faktoreinsatzentscheidungen der Firmen sind optimal, so dass gilt:

$$\frac{w_t}{z_t} = \frac{F_{L,t}}{F_{K,t}} = \frac{f(k_t) - f'(k_t)k_t}{f'(k_t)}$$

(iii) Es herrscht Gleichgewicht auf den Faktormärkten:

$$k_t = a_t$$

(iv) Die den Planungen der Haushalte zugrundeliegenden Erwartungen zukünftiger Faktorpreise sind korrekt.

(v) Die resultierenden Zeitpfade für den Zinsfaktor und den Kapitalstock erfüllen die Transversalitätsbedingung (TVB):

$$\lim_{T \to \infty} \left(\prod_{t=0}^{T} R_t \right)^{-1} k_{T+1} = 0$$

Hierbei ist R_t der Realzinsfaktor in Periode t, das heißt $R_t = z_t + 1 - \delta$.

Die ersten vier Gleichgewichtsbedingungen dürften nach den bisherigen Ausführungen keinerlei Probleme bereiten. Werden zunächst lediglich diese ersten vier Gleichgewichtsbedingungen berücksichtigt, ergibt sich aus der Euler-Gleichung und der Budgetrestriktion ein zweidimensionales, nichtlineares Differenzengleichungssystem in den Variablen Konsum c_t und Kapital k_t, das die Dynamik der betrachteten Ökonomie vollständig beschreibt. Werden weiterhin Pro-Kopf-Größen betrachtet und die oben ermittelten Gleichgewichtswerte für w_t und z_t in die Euler-Gleichung und die Budgetrestriktion eingesetzt, gilt im Gleichgewicht für alle $t = 0, 1, \ldots$:

$$u'(c_t) = \beta u'(c_{t+1}) \big[f'(k_{t+1}) + (1 - \delta) \big] \tag{3.4a}$$

$$f(k_t) = c_t + k_{t+1} - (1 - \delta)k_t \tag{3.4b}$$

Ausgehend von diesem Differenzengleichungssystems lässt sich nun die Bedeutung der verbleibenden Gleichgewichtsbedingung, der Transversalitätsbedingung, diskutieren.

3.3.2 Die Transversalitätsbedingung

Im Allgemeinen besitzt ein zweidimensionales Differenzengleichungssystem wie (3.4a), (3.4b) unendlich viele Lösungspfade, das heißt es existieren unendlich viele Folgen $\{c_t\}_{t=0}^{\infty}$ sowie $\{k_t\}_{t=0}^{\infty}$, die dieses System lösen. Um aus dieser Lösungsmenge einen eindeutigen Lösungspfad zu bestimmen, sind zwei Anfangswerte erforderlich – durch die Anfangsausstattung $a_0 = k_0$ des repräsentativen Haushalts ist allerdings nur ein solcher Anfangswert gegeben. Dies bedeutet letztlich, dass unendlich viele Lösungspfade für (3.4a), (3.4b) existieren, welche die oben genannten Gleichgewichtsbedingungen (i)–(iv) erfüllen.

Diese Gleichgewichtsbedingungen genügen demzufolge nicht, um ein eindeutiges Gleichgewicht zu bestimmen.

Die unter (v) spezifizierten Transversalitätsbedingung (TVB) ist es nun, die genau diesen fehlenden weiteren Anfangswert liefert und es damit ermöglicht, ein eindeutiges Gleichgewicht zu bestimmen. Es gibt letztlich verschiedene Wege, die Transversalitätsbedingung herzuleiten bzw. zu begründen. Zum einen kann gezeigt werden, dass die Transversalitätsbedingung neben den üblichen Bedingungen 1. Ordnung eine notwendige Bedingung ist, die eine Lösung des Optimierungsproblems der Haushalte erfüllen muss. Während dies ein eher technisches Argument ist, kann allerdings zum anderen auch inhaltlich-ökonomisch argumentiert werden. So kann gezeigt werden, dass die TVB im Grunde eine Gleichgewichtsbedingung für den Kreditmarkt ist, die ebenso wie die Gleichgewichtsbedingungen für die anderen Märkte des Modells erfüllt sein muss. Letztendlich liefert die TVB damit Restriktionen über die Zinssätze in den Perioden $t = 0, 1, \ldots$, so dass diese mit einem rationalen Erwartungsgleichgewicht bzw. einem Gleichgewicht bei vollkommener Voraussicht vereinbar sind. Unter Berücksichtigung dieser Bedingung verbleibt lediglich ein Lösungspfad des Systems (3.4a), (3.4b), der mit korrekten bzw. rationalen Erwartungen seitens der Haushalte vereinbar ist.

Um diese Gleichgewichtsbedingung herleiten zu können, soll angenommen werden, dass im vorliegenden Modell ein Kreditmarkt existiert auf dem sich Haushalte entweder verschulden können oder als Gläubiger auftreten. Da im Gleichgewicht sämtliche Arbitragemöglichkeiten ausgeschöpft werden, muss der Kreditmarktzins in jeder Periode t gleich r_t sein. Wenn sich nun ein Haushalt in Periode $t = 0$ auf dem Kreditmarkt in Höhe von a_0 verschuldet, so ist sein Schuldenstand inklusive der zu zahlenden Zinsen in Periode $t = 1$ durch $a_1 = R_1 a_0$ gegeben. Entsprechend folgt für eine beliebige Periode t, dass $a_t = (\prod_{i=1}^{t} R_i) a_0$. Gilt nun $\lim_{t \to \infty} \prod_{i=1}^{t} R_i = 0$, so bedeutet dies, dass der Schuldenstand des Haushalts asymptotisch (für $t \to \infty$) gegen Null konvergiert: Ein Haushalt, der sich in Periode $t = 0$ verschuldet ist asymptotisch schuldenfrei. Da jedoch eine Kreditaufnahme in Periode $t = 0$ einen höheren Konsum in dieser Periode sowie in allen Folgeperioden erlaubt und dieses den Lebensnutzen des Haushalts erhöht, impliziert dies, dass für den Haushalt eine unendliche Kreditnachfrage in Periode $t = 0$ optimal ist. Letzteres ist allerdings nicht mit einem Gleichgewicht auf dem Kreditmarkt vereinbar, denn was für den hier betrachteten Haushalt optimal ist, ist für alle anderen ebenfalls optimal. Daher kann eine Zinsfolge, die zu $\lim_{t \to \infty} \prod_{i=1}^{t} R_i = 0$ führt, keine gleichgewichtige Zinsfolge sein. Wenn jedoch der Grenzwert $\lim_{t \to \infty} \prod_{i=1}^{t} R_i$ nicht gleich Null sein darf, verbleibt letztlich nur die Möglichkeit, dass $\lim_{t \to \infty} \prod_{i=1}^{t} R_i = \infty$ und folglich $\lim_{t \to \infty} \prod_{i=1}^{t} R_i^{-1} = 0$ gilt (sofern der Fall $R_t = 1$ für alle t und andere Fälle alternierender Zinsfolgen nicht weiter beachtet werden.).

Zu beachten ist, dass diese Restriktion über die Zinsfolge nur dann hinreichend für die Erfüllung der TVB ist, wenn der Zeitpfad für den Kapitalstock weder gegen Null konvergiert – denn dann könnte die TVB prinzipiell auch mit $\lim_{t \to \infty} \prod_{i=1}^{t} R_i^{-1} > 0$ erfüllt sein –, noch mit zu großer Rate wächst – denn dann könnte der Fall eintreten, dass die Bedingung $\lim_{t \to \infty} \prod_{i=1}^{t} R_i^{-1} = 0$ nicht genügt, um die TVB zu erfüllen. Im hier betrachteten

Modell ist dies allerdings nicht der Fall, so dass $\lim_{t \to \infty} \prod_{i=1}^{t} R_i^{-1} = 0$ die aus der TVB resultierende Bedingung ist.

Wird unterstellt, dass die Haushalte rationale bzw. korrekte Erwartungen bilden, so erfordert dies, dass die Haushalte eine Zinsfolge erwarten, die mit einem Kreditmarktgleichgewicht in den Perioden $t = 0, 1, \ldots$ vereinbar ist. Wie gezeigt wurde, impliziert dies, dass die Transversalitätsbedingung erfüllt sein muss. Aus den unendlich vielen Lösungspfaden des Differenzengleichungssystems (3.4a), (3.4b) sind somit diejenigen auszuwählen, die sowohl der Restriktion $k_0 > 0$ als auch der TVB

$$\lim_{T \to \infty} \prod_{i=1}^{t} R_i^{-1} = 0$$

genügen. Im Weiteren wird gezeigt, dass damit ein eindeutiger Lösungspfad bestimmt ist, so dass im hier betrachteten Ramsey-Modell ein eindeutiges rationales Erwartungsgleichgewicht vorliegt.

3.4 Dynamik des Ramsey-Modells

3.4.1 Das Richtungsfeld

Die qualitativen Eigenschaften des Differenzengleichungssystems (3.4a) und (3.4b) können graphisch mit Hilfe des Richtungsfeldes analysiert werden. Aus (3.4b) folgt zunächst für k_t, dass:

$$\Delta k_{t+1} \equiv k_{t+1} - k_t = f(k_t) - \delta k_t - c_t$$

Demnach gilt $\Delta k_{t+1} = 0$, das heißt der Kapitalstock ändert sich von t auf $t + 1$ nicht, wenn für den Konsum c_t folgendes gilt:

$$c_t = f(k_t) - \delta k_t \tag{3.5}$$

Es wird in diesem Fall gerade soviel konsumiert, dass die vom Output verbleibende Gütermenge den Ersatzinvestitionen entspricht, die erforderlich sind, um die ursprüngliche Kapitalintensität aufrecht zu erhalten.

Entsprechend folgt aus (3.4a) für c_t, dass $\Delta c_{t+1} \equiv c_{t+1} - c_t = 0$ gilt, wenn $u'(c_{t+1}) - u'(c_t) = 0$ gilt. Wie bereits oben ausführlich diskutiert wurde, ist der Konsum in zwei Perioden t und $t + 1$ nur dann gleich, wenn $\beta R_{t+1} = 1$ gilt. Da im Gleichgewicht bei korrekten Erwartungen $R_{t+1} = f'(k_{t+1}) + 1 - \delta$ gilt, ergibt sich also $\Delta c_{t+1} = 0$, wenn gilt, dass:

$$1/\beta - (1 - \delta) = f'(k_{t+1})$$

Unter Verwendung von (3.4b) ergibt sich daraus:

$$f'^{-1}\big(1/\beta - (1 - \delta)\big) = f(k_t) + (1 - \delta)k_t - c_t \tag{3.6}$$

Abb. 3.2 Richtungsfeld für das Ramsey-Modell

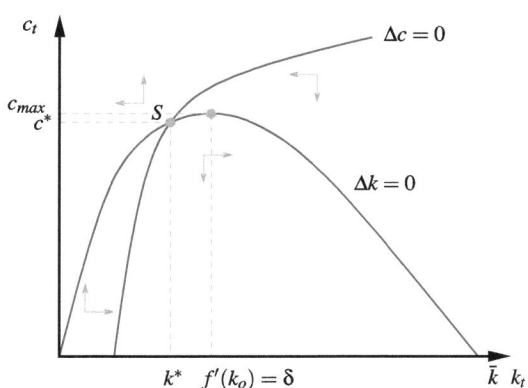

Mit (3.5) und (3.6) sind zwei Funktionen ermittelt worden, die Kombinationen von Konsum und Kapitalstock beschreiben, für die jeweils Δk_{t+1} bzw. $\Delta c_{t+1} = 0$ gilt. Diese Funktionen bilden die Grundlage des Richtungsfeldes für die Variablen Konsum und Kapitalstock.

Betrachten wird zunächst Gl. (3.5): Die Inada-Bedingungen implizieren, dass $\lim_{k\to\infty} f'(k) = 0$ gilt. Daraus ergibt sich zwangsläufig, dass ein $\bar{k} > 0$ existiert, für das $f(\bar{k}) = \delta\bar{k}$ gilt: Die Kurve im Richtungsfeld, die $\Delta k_{t+1} = 0$ impliziert, schneidet demnach – wie auch Abb. 3.2 zeigt – sowohl für $k = 0$ als auch für $k = \bar{k}$ die Abszisse. Zudem besitzt diese Kurve genau ein Maximum und zwar für die Kapitalintensität $k_o < \tilde{k}$, für die $f'(k_o) = \delta$ gilt.

Nun zur Gl. (3.6): Es sei k^* die Kapitalintensität, für die $f'(k^*) = (1/\beta - (1 - \delta))$ gilt. Aufgrund der über die Produktionsfunktion getroffenen Annahmen lässt sich dann feststellen, dass diese Lösung zum einen eindeutig ist und zum anderen, dass $k^* < k_o$ gilt. Mithin gilt $\Delta c_{t+1} = 0$, wenn $c_t = f(k_t) + (1 - \delta)k_t - k^*$, wobei die daraus resultierende Kurve aufgrund der bezüglich der Produktionsfunktion getroffenen Annahmen den in Abb. 3.2 gezeigten Verlauf hat.

Aus (3.5) und (3.6) folgt daher, dass für das Differenzengleichungssystem (3.4a), (3.4b) ein eindeutiger stationärer Punkt $S = (c^*, k^*)$ existiert, so dass $\Delta k_{t+1} = \Delta c_{t+1} = 0$ für alle t gilt. Für diesen stationären Punkt gilt:

$$f'(k^*) = \frac{1}{\beta} - (1 - \delta)$$

$$c^* = f(k^*) - \delta k^*$$

Die Existenz eines solchen stationären Punktes ist ebenfalls durch die Inada-Bedingungen sichergestellt. Ein solcher stationärer Punkt wird auch als Steady-State oder langfristiges Gleichgewicht bezeichnet.

Die in Abb. 3.2 eingezeichneten Richtungspfeile geben die tendenzielle Änderungsrichtung für die Modellvariablen c und k an, die sich in den vier durch die Kurven einstehenden Bereichen der Abbildung ergeben. Diese Richtungspfeile resultieren aus den

Abb. 3.3 Richtungsfeld für
ein numerisch spezifiziertes
Ramsey-Modell
(Ramsey-Modell mit
$f(k) = k^{0,4}$,
$u(c) = (c^{1-\rho})/(1-\rho)$ mit
$\rho = 2$ sowie $\delta = 1$ und
$\beta = 0,9$.)

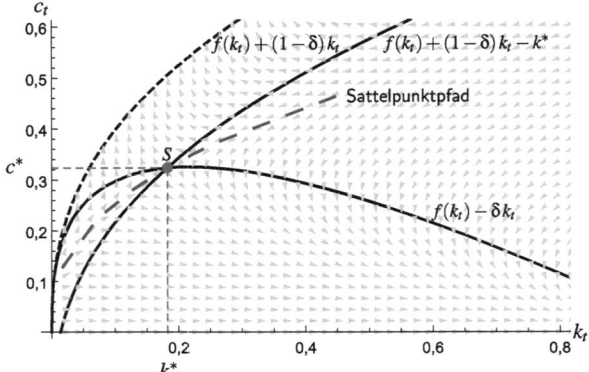

folgenden beiden Ungleichungen:[3]

$$c_t \lesseqgtr f(k_t) - \delta k_t \quad \Rightarrow \quad \Delta k_{t+1} \gtreqless 0$$

$$c_t \lesseqgtr f(k_t) + (1-\delta)k_t - k^* \quad \Rightarrow \quad \Delta c_{t+1} \lesseqgtr 0$$

Abbildung 3.2 zeigt die Dynamik des Ramsey-Modells in qualitativer Form. In Abb. 3.3 ist dagegen das Richtungsfeld für eine numerisch spezifizierte Version des Ramsey-Modells dargestellt. Die in der Abbildung dargestellten Pfeile geben jeweils die aus den Modellgleichungen berechnete Bewegungsrichtungen der Modellvariablen k und c wieder, die für die entsprechenden Punkte in der (k, c)-Ebene resultieren. Die Modelldynamik entspricht somit der oben in Abb. 3.2 erfolgten qualitativen Darstellung. Der in Abb. 3.3 gekennzeichnete Sattelpunktpfad stellt, wie weiter unten noch näher erläutert wird, die Lösung des Modells dar.

Häufig wird für die grafische Analyse der Dynamik des Ramsey-Modells allerdings eine Darstellung verwendet, die von der bisherigen abweicht, da sie auf einer zeitstetigen Version des Ramsey-Modells beruht. Während das hier betrachtete Ramsey-Modell in diskreter Zeit formuliert ist (es existieren diskrete Zeitperioden $t = 1, 2, \ldots$), ist es auch möglich, das Modell in stetiger Zeit (t ist dann eine kontinuierliche Variable) zu formulieren. In einer solchen zeitstetigen Version des Ramsey-Modells wird die in Abb. 3.2 dargestellte Kurve entlang der $\Delta c = 0$ gilt, durch eine Senkrechte durch den Punkt S repräsentiert. Für die mittels der grafischen Analyse zu erzielenden Resultate ist es völlig unerheblich, welche Darstellung der Dynamik gewählt wird. Im weiteren Verlauf wird der gängigen Konvention gefolgt und grundsätzlich die auf der zeitstetigen Version des Ramsey-Modells basierende Darstellung der Dynamik gewählt, in der die Lösungspfade des Modells qualitativ dem in Abb. 3.4 dargestellten Verlauf folgen.[4]

---

[3] Aus $c_t \lesseqgtr f(k_t) + (1-\delta)k_t - k^*$ folgt $k_{t+1} \gtreqless k^*$ und folglich (wegen $f'' < 0$) $R_{t+1} \lesseqgtr 1/\beta$. Letzteres impliziert $\Delta c_{t+1} \lesseqgtr 0$.

[4] Im zeitstetigen Kontext wird die dem Richtungsfeld entsprechende Darstellung der Dynamik auch als Phasendiagramm bezeichnet.

Abb. 3.4 Sattelpunktpfad

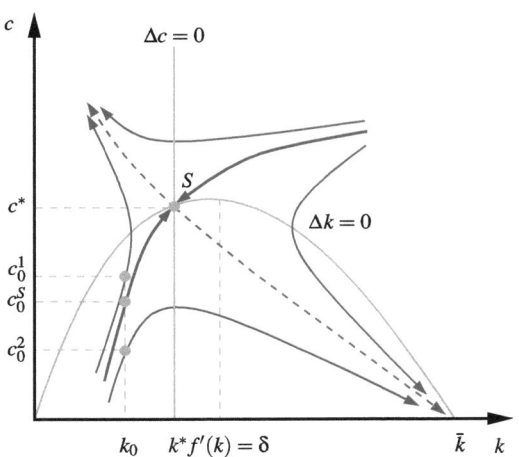

Aus dem dargestellten Richtungsfeld lässt sich schlussfolgern, dass der stationäre Punkt S ein Sattelpunkt ist.[5] Für die Lösungseigenschaften des Ramsey-Modells ist dies bedeutsam, denn mit dem Anfangswert k_0 für die Kapitalintensität ist lediglich zumindest ein Anfangswert für das Differenzengleichungssystem (3.4a), (3.4b) gegeben. Das genügt jedoch offensichtlich nicht, um einen eindeutigen Lösungspfad zu bestimmen. Es lässt sich allerdings zeigen, dass der in den Sattelpunkt S mündende Sattelpunktpfad der einzige Lösungspfad des Differenzengleichungssystems ist, der die TVB erfüllt und nicht in endlicher Zeit die Restriktion (3.4b) bzw. die Euler-Gleichung (3.4a) verletzt:

– Alle Pfade, die unterhalb des Sattelpunktpfades beginnen (vgl. z. B. (c_0^2, k_0)) konvergieren gegen $\bar{k}$. Für diese Pfade gilt, dass ein endlicher Zeitpunkt t' existiert, für den $f'(k_{t'}) < \delta$ gilt. Von dieser Periode an ergibt sich daher $R_t = f'(k_t) + (1 - \delta) < 1$ für alle $t \geq t'$. Daher kann die Transversalitätsbedingung nicht erfüllt sein kann, denn es gilt $\lim_{T \to \infty} \prod_{t=t'}^{T} R_t = 0$ und $\lim_{T \to \infty} k_T = \bar{k}$.
– Für alle Pfade, die oberhalb des Sattelpunktpfades beginnen (vgl. z. B. (c_0^1, k_0)) existiert ein endlicher Zeitpunkt t' für den $c_{t'} \geq f(k_{t'}) + (1 - \delta)k_{t'}$ gilt. Nun ist ein Konsumniveau $c_{t'} > f(k_{t'}) + (1 - \delta)k_{t'}$ nicht möglich, so dass die Euler-Gleichung in diesem Fall bereits in t' verletzt wird. Demgegenüber ist das Konsumniveau $c_{t'} = f(k_{t'}) + (1 - \delta)k_{t'}$ zwar möglich, bedeutet aber, dass $k_{t'+1} = 0$ gilt, so dass die Euler-Gleichung in Periode $t' + 1$ verletzt wird. Insgesamt bedeutet dies, dass alle Pfade, die oberhalb des Sattelpunktpfades beginnen, in endlicher Zeit die Euler-Gleichung verletzen und somit keine Lösungspfade des Modells sein können.

---

[5]Exakt lässt sich die Sattelpunkteigenschaft des Fixpunktes S freilich nur mit Hilfe einer formalen Analyse des Differenzengleichungssystems (3.4a), (3.4b) zeigen, worauf hier allerdings verzichtet wird. Die detaillierte Berechnung erfolgt im Anhang zu diesem Kapitel.

– Lediglich der Sattelpunktpfad (vgl. (c_0^S, k_0)) verletzt für alle t weder die Optimalitätsbedingung, da $c_t < f(k_t) + (1 - \delta)k_t$ für alle t gilt, noch die Transversalitätsbedingung,
da für jeden beliebigen Anfangswert $k_0 > 0$ ein endlicher Zeitpunkt t' existiert, von dem
an der Zinsfaktor kleiner als Eins ist, also $R_t = f'(k_t) + (1 - \delta) > 1$ für alle $t \geq t'$ gilt.
Letzteres tritt immer dann ein, wenn eine Kapitalintensität k vorliegt, für die $f'(k) < \delta$
gilt. Wenn dies einmal der Fall ist, kann in keiner jemals folgenden Periode mehr ein
Zinsfaktor resultieren, der größer oder gleich Eins ist.

Somit ist der Sattelpunktpfad die einzige Lösung des Modells, die mit rationalen Erwartungen bzw. vollkommener Voraussicht vereinbar ist. Für einen beliebigen anfänglichen
Kapitalstock $k_0 > 0$ existiert nur ein einziger Anfangswert c_0 für den Konsum und damit
nur ein einziger Zeitpfad – der Sattelpunktpfad – für die Variablen c_t und k_t, der das langfristige Gleichgewicht (den stationären Punkt) c^*, k^* erreicht. Die mit diesem Zeitpfad für
die Variablen c_t und k_t verbundenen Preise bzw. Preiserwartungen sind die einzigen, die
mit rationaler Erwartungsbildung vereinbar sind.

3.4.2 Das Ramsey-Modell aus der Perspektive normativer Theorie

Im vorangegangenen Kapitel wurde das Ramsey-Modell als das Modell einer Marktwirtschaft vorgestellt, in dem Haushalte und Firmen intertemporal optimale Entscheidungen
treffen, bezüglich zukünftiger Größen rationale Erwartungen bilden (bzw. vollkommene
Voraussicht besitzen) und der Marktmechanismus ein Gleichgewicht auf allen Märkten
herbeiführt. In diesem Sinne handelt es sich bei diesem Erklärungsansatz um eine positive
Theorie: Gesellschaftliche Phänomene werden auf der Grundlage individueller Wahlhand-
lungen erklärt. Aus den über die Marktstruktur getroffenen Annahmen ergibt sich zudem,
dass das Marktgleichgewicht im Ramsey-Modell Pareto-effizient ist. Bevor dieses Modell
in den folgenden Abschnitten und in den nachfolgenden Kapiteln um einige Aspekte erweitert wird, die für die Anwendung des Modells auf makroökonomische Fragestellungen
bedeutsam sind, soll nochmals auf den Aspekt der Pareto-Effizienz des Marktgleichgewichts eingegangen werden.

Ausgangspunkt ist die von Ramsey vorgenommene Analyse des Modells im Sinne einer
normativen Theorie. Die ursprünglich von Ramsey verfolgte Fragestellung bestand darin,
den gesellschaftlichen Konsumpfad zu bestimmen, der unter den zugrundeliegenden technischen Restriktionen die gesellschaftliche Wohlfahrt maximiert. Die Antwort auf eine
solche Fragestellung hängt selbstverständlich davon ab, welche gesellschaftliche Wohlfahrtsfunktion zur Beurteilung alternativer Konsumpfade zur Anwendung kommt. Wird
eine gesellschaftliche Wohlfahrtsfunktion unterstellt, die identisch mit der im vorangegangenen Abschnitt betrachteten Nutzenfunktion ist, lässt sich das Problem der Maximierung
der gesellschaftlichen Wohlfahrt folgendermaßen darstellen:

$$\max_{\{c_t\}_{t=0}^{\infty}, \{k_{t+1}\}_{t=0}^{\infty}} \sum_{t=0}^{\infty} \beta^t u(c_t)$$

u. Nb. $\quad f(k_t) = c_t + k_{t+1} - (1-\delta)k_t \quad$ für $t = 0, 1, \ldots,$

$$k_0 > 0$$

Hierbei wird – um die Notation des vorangegangenen Kapitels beibehalten zu können – unterstellt, dass die gesellschaftliche Wohlfahrt vom Durchschnittskonsum abhängt.[6] Die – neben der Transversalitätsbedingung – notwendigen Bedingungen für dieses Optimierungsproblem lauten:

$$u'(c_t) = \beta u'(c_{t+1})\big[f'(k_{t+1}) + (1-\delta)\big] \tag{3.7a}$$

$$f(k_t) + (1-\delta)k_t = c_t + k_{t+1} \tag{3.7b}$$

Selbstverständlich sind diese Bedingungen formal äquivalent zu denen, die im vorangegangenen Abschnitt abgeleitet wurden. Lediglich die Interpretation dieser Bedingungen ist nun eine andere: Die in (3.7a) dargestellte Keynes-Ramsey-Regel ist wie üblich eine Bedingung, die eine – nunmehr gesellschaftlich optimale – intertemporale Konsumallokation erfüllen muss. Bei gegebener gesellschaftlicher Wohlfahrtsfunktion lässt sich anhand der Euler-Gleichung dann überprüfen, inwieweit eine gegebene Allokation diese Norm erfüllt.

3.5 Die Anpassungsdynamik und komparativ statische Analyse

3.5.1 Modelldynamik

Das Ramsey-Modell erlaubt es, die Zeitpfade makroökonomischer Variablen zu beschreiben, die sich unter spezifischen Voraussetzungen – dem Anfangsvermögen, den Annahmen über das Verhalten der Wirtschaftssubjekte und den Annahmen über die Funktionsweise von Märkten – ergeben. Dieses Modell kann daher für makroökonomische Fragestellungen verwendet werden, bei denen nicht nur statische Gleichgewichte, sondern auch Bewegungen makroökonomischer Größen von Interesse sind. Fragestellungen dieser Art sind Gegenstand der dynamischen Analyse. Bevor in den folgenden Abschnitten Anwendungen des Modells auf wachstumstheoretische, konjunkturtheoretische und monetäre Fragestellungen detailliert beschrieben werden, soll im Folgenden zunächst dargestellt werden, wie dieses Modell für solche dynamische Analysen verwendet werden kann.

Die Analyse des Richtungsfeldes hat ergeben, dass immer dann, wenn $k_t \neq k^*$ und somit $c_t \neq c^*$ gilt, ein Anpassungsprozess stattfindet, der durch die Konvergenz der Sattelpunkttrajektorie gegen den stationären Punkt $S = (c^*, k^*)$ determiniert wird. Der Sattelpunktpfad erlaubt daher die Beschreibung der Anpassungsdynamik. Diese Anpassungsdynamik bzw. den Sattelpunktpfad analytisch exakt zu beschreiben, ist in aller Regel nicht möglich. Allerdings kann die Anpassungsdynamik zumindest qualitativ zu beschrieben werden.

---

[6] Sofern die Bevölkerung konstant ist, ist diese Formulierung offenkundig äquivalent zu einer Formulierung des Problems in aggregierten Größen. Im Fall einer wachsenden Bevölkerung ergeben sich Änderungen, die später bei der Betrachtung von Wachstumsprozessen diskutiert werden.

Sofern beispielsweise $k_t < k^*$ in eine Periode t gilt, ergibt sich damit, dass der Pro-Kopf-Konsum ausgehend von $c_t < c^*$ im Zeitablauf gegen c^* konvergiert. Entsprechend konvergiert die Kapitalintensität ausgehend von $k_t < k^*$ im Zeitablauf gegen k^*. Daraus folgt, dass auch der Pro-Kopf-Output ausgehend von $y_t = f(k_t) < y^* = f(k^*)$ im Zeitablauf gegen den entsprechenden langfristigen Gleichgewichtswert y^* konvergiert.

Die Tatsache, dass der Pro-Kopf-Kapitalstock ausgehend von $k_t < k^*$ gegen den langfristigen Gleichgewichtswert k^* konvergiert, impliziert nun, dass die Nettoinvestitionen ausgehend von $i_t^n = i_t^b - \delta k_t = f(k_t) - c_t - \delta k_t$ sinken, bis im langfristigen Gleichgewicht $i^{n*} = 0$ gilt. Da asymptotisch folglich keine Nettoinvestitionen erfolgen, bestehen die Bruttoinvestitionen langfristig ausschließlich aus Ersatzinvestitionen, so dass $i^{b*} = \delta k^*$ gilt. Über den genauen Zeitpfad der Bruttoinvestitionen lassen sich ohne Weiteres jedoch keine weitergehenden Aussagen ableiten: Für $k_t < k^*$ ergibt sich zwar, dass die Nettoinvestitionen asymptotisch gegen Null konvergieren, jedoch nehmen die Ersatzinvestitionen zu, wenn die Kapitalintensität von k_t auf k^* steigt. Demzufolge ist es insbesondere von der Höhe der Abschreibungsrate δ abhängig, ob $i_t^b > i^{b*}$ oder $i_t^b < i^{b*}$ gilt.

Sofern dagegen $k_t > k^*$ gilt, ist der anfängliche Kapitalbestand pro Haushalt zu hoch. Hinsichtlich der Anpassungsdynamik ist es in einem solchen Fall außerordentlich bedeutsam, ob wie hier unterstellt wird, dass negative Nettoinvestitionen auch über das Ausmaß der Abschreibungen hinaus vorgenommen werden können. Ist dies nicht der Fall, sind Investitionen nicht reversibel, das heißt, ein einmal installierter Kapitalstock kann nicht einfach konsumiert werden. Der Kapitalstock kann dann nur durch Abschreibungen im Zeitablauf vermindert werden.

3.5.2 Konsequenzen transitorischer Produktivitätsschocks

Im Folgenden wird dargestellt, welche Anpassungsprozesse ein einmaliger Einkommenseffekt durch einen transitorischen Produktivitätsschock im Ramsey-Modells auslöst. Dazu wird unterstellt, dass sich die Ökonomie in einem langfristigen Gleichgewicht mit der Kapitalintensität k^* und dem Konsum c^* befindet. Sodann kommt es ausgehend von diesem Gleichgewicht in Periode t zu einem transitorischen (vorübergehenden) Anstieg der Produktivität. Dies bedeutet, dass der Output in Periode t durch $y_t = f(k_t) + \varepsilon$ mit $\varepsilon > 0$ gegeben ist, während für alle Folgeperioden weiterhin $y_{t+i} = f(k_{t+i})$ gilt.

In Periode t steht folglich zusätzlicher Output in Höhe von ε zur Verfügung. Würde dieser vollständig konsumiert, so wäre in allen Folgeperioden die Kapitalintensität weiterhin durch k^* und der Konsum durch c^* gegeben. Lediglich für Periode t resultierte ein höherer Konsum $c_t = c^* + \varepsilon$.

Dies jedoch kann nicht optimal sein, denn in diesem Fall ist die Euler-Gleichung nicht erfüllt. Weil die Haushalte Präferenzen für einen glatten Konsumpfad haben, werden sie versuchen, einen Teil dieses Einkommenszuwachses in die Folgeperioden zu transferieren, um dort den Konsum zu erhöhen. Genau dies impliziert die bereits im vorangegangenen Kapitel beschriebene intertemporale Substitution von Konsum. Ein Transfer von Einkom-

Abb. 3.5 Ein transitorischer
Produktivitätsschock im
Ramsey-Modell

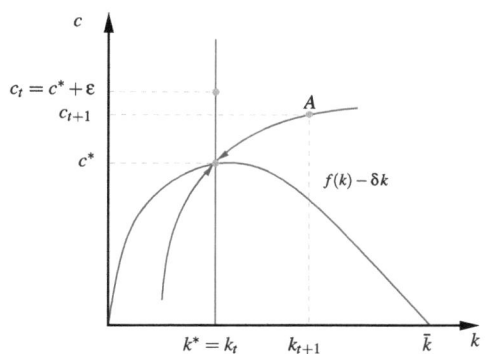

men in die Zukunft ist aber nur durch Investitionen und folglich einer Erhöhung des Kapitalstocks möglich. Die Konsequenz eines solchen transitorischen Schocks ist demnach, dass der Kapitalstock für die Periode $t+1$ auf ein Niveau $k_{t+1} > k^*$ ansteigt (z. B. Punkt A in Abb. 3.5). Von dort aus bewegt sich die Ökonomie anschließend entlang des Sattelpunktpfades in das unveränderte langfristige Gleichgewicht zurück.

3.5.3 Konsequenzen eines permanenten Produktivitätsschock

Welche Änderungen ergeben sich nun, wenn der Produktivitätsschock nicht wie oben transitorischer Natur ist, sondern die Produktivität permanent (dauerhaft) verändert? Es wird abermals unterstellt, dass sich die Ökonomie in einem langfristigen Gleichgewicht mit der Kapitalintensität k^* und dem Konsum c^* befindet. Ausgehend von diesem Gleichgewicht kommt es nun in Periode t zu einem permanenten Anstieg der Produktivität. Dies bedeutet, dass die Produktionsfunktion von Periode t an nicht mehr durch die Funktion $f(k)$, sondern durch die Funktion $\tilde{f}(k)$ gegeben ist, wobei $\tilde{f}(k) > f(k)$ für alle $k > 0$ gilt.

Für alle k_t ist der Gleichgewichtspfad des Modells durch den Sattelpunktpfad, der sich auf der Basis der Produktionsfunktion $\tilde{f}(k)$ ergibt, bestimmt. Ausgehend von $k_t = k^*$ konvergiert der Kapitalstock gegen sein neues Steady-State Niveau k_1^*. Der Konsum steigt zunächst in Periode t auf das Niveau $c_t > c^*$ (vgl. Punkt A in Abb. 3.6) und konvergiert

Abb. 3.6 Ein permanenter
Produktivitätsschock im
Ramsey-Modell

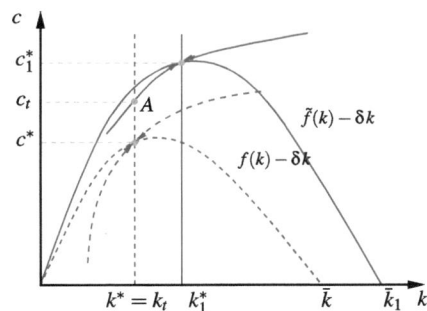

von dort aus gegen das neue Steady-State Niveau c_1^*. Die Anpassungspfade für die übrigen Variablen können mit Hilfe dieser Ergebnisse nun relativ leicht ermittelt werden: In Periode t steigt y_t auf das Niveau $\tilde{f}(k^*) > f(k^*)$ und konvergiert von dort aus gegen $y_1^* = \tilde{f}(k_1^*)$. Die Nettoinvestitionen steigen in Periode t auf das Niveau $i_t^n = y_t - \delta k_t - c_t$ und konvergieren von dort aus wieder gegen das Steady-State-Niveau $i_1^{n*} = 0$.

3.6   Ein spezifiziertes Modell

Der Sattelpunktpfad als Lösung des Modells determiniert für einen beliebigen Kapitalstock k_t einen eindeutigen Wert für die Konsumnachfrage c_t. Es existiert demnach eine Funktion $c_t = \psi(k_t)$, die den Sattelpunktpfad beschreibt.[7] Daraus folgt jedoch, dass der Kapitalstock in der Folgeperiode k_{t+1} ebenfalls eine Funktion der gegenwärtigen Kapitalintensität ist, denn es gilt:

$$k_{t+1} = f(k_t) + (1 - \delta)k_t - c_t$$
$$= f(k_t) + (1 - \delta)k_t - \psi(k_t)$$
$$\equiv \phi(k_t)$$

Die Funktion $\phi(k_t)$ beschreibt die Dynamik der Kapitalintensität, die als Lösung des Ramsey-Modells unter rationalen Erwartungen resultiert. Ausgehend von dieser Funktion können die Zeitpfade für alle weiteren relevanten Modellvariablen ermittelt werden, denn diese hängen sämtlichst von der Kapitalintensität k_t ab.[8]

Ein Problem ist allerdings, dass sich für ein parametrisch spezifiziertes Ramsey-Modell für die Funktion $\phi(k_t)$ – und ebenso selbstverständlich für die Funktion $\psi(k_t)$ – im Allgemeinen keine geschlossene Lösung finden lässt. Dies bedeutet, dass Lösungen im Allgemeinen nur im Fall der numerischen Spezifikation des Modells und auch dann nur mit Hilfe mehr oder weniger aufwendiger numerischer Verfahren gefunden werden können. In der Regel kommen hierbei Techniken wie das im Anhang beschriebene Linearisierungsverfahren oder Iterationen der Bellman-Gleichung, die bereits in Kap. 2 beschrieben wurden, zum Einsatz. Quantitative Analysen auf der Grundlage des Ramsey-Modells sind somit in aller Regel nur mit Hilfe numerischer Simulationen möglich.

Allerdings existiert zumindest eine spezielle Parametrisierung des Modells, für die eine geschlossene Lösung des Ramsey-Modells gefunden werden kann und die im weiteren vorgestellt werden soll. Hierzu wird angenommen, dass die Nutzenfunktion vom CRRA-Typ ist und die intertemporale Substitutionselastizität σ des Konsums gleich Eins ist. Somit gilt $u(c) = \ln(c)$. Darüber hinaus wird angenommen, dass die Produktionsfunktion

---

[7]Bei einer rekursiven Darstellung des zugrundeliegenden Optimierungsproblems ergibt sich diese Funktion als Lösung der Bellman-Gleichung.

[8]Die Funktion $\phi(k_t)$ ist nicht anderes als die Politikfunktion, die bei der Lösung des dynamischen Optimierungsproblems mit Hilfe der Bellman-Gleichung resultiert.

vom Cobb-Douglas-Typ ist, so dass $y_t = f(k_t) = k_t^\alpha$ gilt, wobei $0 < \alpha < 1$ unterstellt wird. Wird ferner angenommen, dass vollständige Abschreibungen vorliegen, mithin $\delta = 1$ gilt, wird die Euler-Gleichung (3.4a) zu:

$$\frac{c_{t+1}}{c_t} = \beta \alpha k_t^{\alpha-1}$$

und die in jeder Periode zu beachtenden Restriktion gemäß (3.4b) lautet:

$$c_t = k_t^\alpha - k_{t+1}$$

Für das so spezifizierte Modell ergibt sich als Lösung dieser beiden Gleichungen, dass $k_{t+1} = \phi(k_t) = \beta \alpha k_t^\alpha$ für alle t gelten muss. Demzufolge ist $c_t = \psi(k_t) = (1 - \beta\alpha)k_t^\alpha$ die Gleichung für den Sattelpunktpfad. Durch Einsetzen in die obigen Gleichungen lässt sich leicht nachprüfen, dass es sich hierbei tatsächlich um eine Lösung des Differenzengleichungssystems handelt.

Da das Pro-Kopf-Einkommen y_t durch $y_t = k_t^\alpha$ gegeben ist, ergibt sich der Konsum in jeder Periode als $c_t = (1 - \beta\alpha)y_t$. Die Haushalte konsumieren folglich in jeder Periode einen konstanten Bruchteil $1 - \beta\alpha$ ihres laufenden Einkommens. Aufgrund vollständiger Abschreibungen entsprechen die Bruttoinvestitionen dem Kapitalstock der Folgeperiode, das heißt es ist $i_t^b = k_{t+1}$ und die Nettoinvestitionen sind gleich $i_t^n = \Delta k_{t+1} = \beta \alpha k_t^\alpha - k_t$. Das langfristige Gleichgewicht kann daraufhin folgendermaßen ermittelt werden: Aus $k_{t+1} = \phi(k_t)$ ergibt sich, dass $k^* = (\beta\alpha)^{1/(1-\alpha)}$. Somit gilt $y^* = k^{*\alpha}$ und $c^* = (1 - \beta\alpha)y^*$. Des Weiteren gilt im langfristigen Gleichgewicht $i^{n*} = 0$ sowie $i^{b*} = k^*$.

Mit Hilfe dieses Modells und seiner Lösung, ist es zum einen möglich, die Anpassungsdynamik im Ramsey-Modell zu veranschaulichen. Zum anderen können nun auch relativ einfach Aussagen über die Dauer der Anpassung an das langfristige Gleichgewicht abgeleitet werden. Abbildung 3.7 zeigt zunächst das Ergebnis zweier numerischer Simulationen des Modells. Die betrachteten Modellversionen unterscheiden sich jeweils nur im Hinblick auf den Parameter α, der die partielle Produktionselastizität des Kapitals bestimmt. Dargestellt werden die Zeitpfade für die Variablen k, y, c und i^n, wobei als Anfangswert für die Kapitalintensität jeweils $k^*/2$ gewählt wurde. In beiden betrachteten Modellversionen ist der anfängliche Kapitalstock also nur halb so hoch wie derjenige im langfristigen Gleichgewicht. Um die resultierenden Zeitpfade der Modellvariablen vergleichen zu können, sind jeweils relative Abweichungen vom entsprechenden langfristigen Gleichgewichtswert dargestellt.

Zunächst kann aus den Abbildungen entnommen werden, was bereits oben allgemein über die Anpassungsdynamik im Ramsey-Modell ausgesagt wurde: Der anfänglich zu geringe Kapitalstock geht einher mit einem entsprechend zu geringen Einkommen und Konsum. Allerdings sind die Nettoinvestitionen positiv, da aufgrund des relativ geringen Kapitaleinsatzes relative hohe Zinsen resultieren und daher Spar- und Investitionsanreize bestehen. Aus diesem Grund wächst der Kapitalstock im Zeitablauf und infolgedessen wachsen auch Einkommen und Konsum. Mit dem Anstieg des Kapitalstocks sinken nun

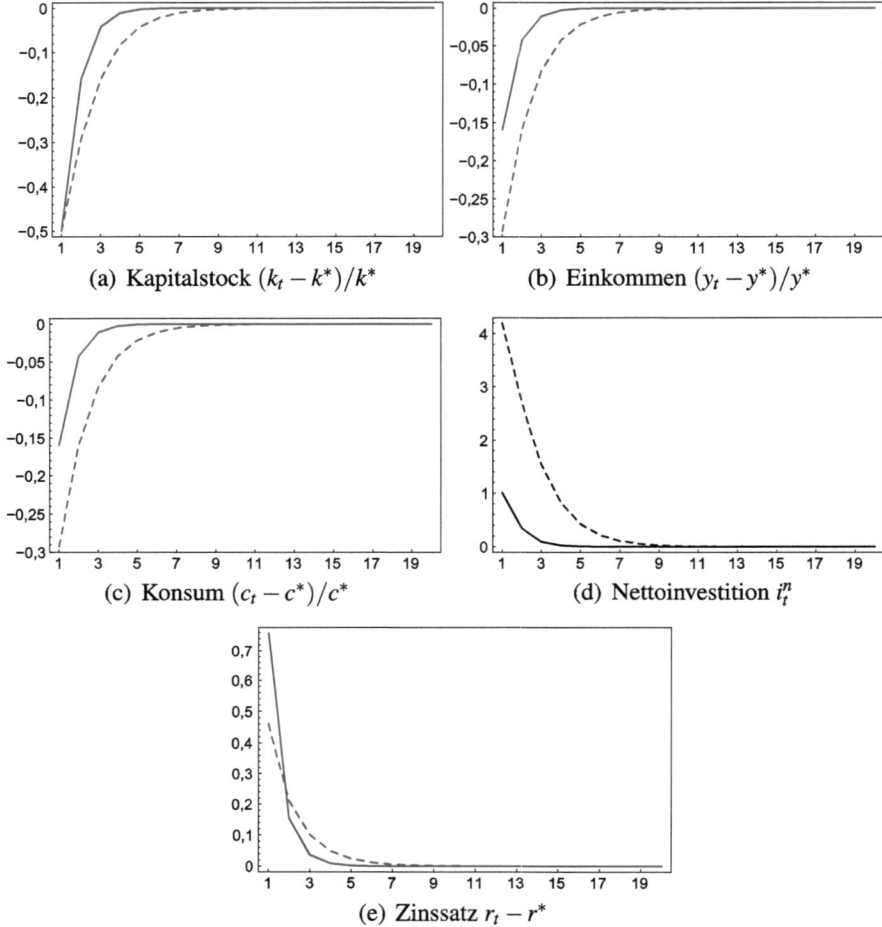

(a) Kapitalstock $(k_t - k^*)/k^*$

(b) Einkommen $(y_t - y^*)/y^*$

(c) Konsum $(c_t - c^*)/c^*$

(d) Nettoinvestition i_t^n

(e) Zinssatz $r_t - r^*$

Abb. 3.7 Anpassungsdynamik im Ramsey-Modell in Abhängigkeit von α (Simulation des Modells mit $\beta = 0{,}9$ und $\delta = 1$; *durchgezogene Kurven*: $\alpha = 0{,}25$; *gestrichelte Kurven*: $\alpha = 0{,}5$.)

allerdings die Zinsen und folglich auch die Nettoinvestition – es kommt zur Konvergenz gegen das langfristige Gleichgewicht.

Die Abbildungen verdeutlichen zudem, dass dem Parameter α eine besondere Rolle bei der Anpassung an das langfristige Gleichgewicht zukommt. In beiden Modellversionen ist die relative Abweichung des anfänglichen Kapitalstocks von seinem Wert im langfristigen Gleichgewicht identisch, jedoch wird diese Abweichung mit $\alpha = 0{,}25$ schneller verringert als mit $\alpha = 0{,}5$. Je geringer α ist, um so schneller vollzieht sich folglich dieser Anpassungsprozess. Die Geschwindigkeit, mit der sich die Anpassungsdynamik im Ramsey-Modell vollzieht, ist demzufolge von den Parametern des Modells – im hier vorliegenden Fall von α – abhängig. Solche Aussagen über die Dauer von Anpassungsprozessen können durchaus auch von wirtschaftspolitischem Interesse sein. Man denke beispielsweise an den ökonomischen Aufholprozess in Ostdeutschland und an die berechtigte Frage, wie lange es wohl dauern wird, bis beispielsweise 50 % einer noch bestehenden Einkommensdifferenz zwischen Ost und West abgebaut sind. Wie sich solche Fragen mit Hilfe des Ramsey-Modells beantworten lassen, wird in Kap. 5 vorgestellt.

3.7 Literaturhinweise

Die klassischen bereits im Text zitierten Arbeiten von Cass (1965) und Koopmans (1965) empfehlen sich eher aus historischem Interesse zur Lektüre. Das Ramsey-Modell wird mittlerweile in jedem Lehrbuch, das sich mit dynamischen makroökonomischen Phänomenen befasst, mehr oder weniger ausführlich dargestellt, daher seien hier als Beispiele nur Blanchard und Fischer (1989) und Sargent (1987) genannt. Eine gut lesbare Darstellung der bei der Analyse dynamischer Systeme – in stetiger wie in diskreter Zeit – wesentlichen methodischen Zusammenhänge findet sich bei Gandolfo (1997).

Anhang: Formale Analyse der Modelldynamik

A.1 Transformation in ein lineares Modell

In diesem Abschnitt wird gezeigt, wie die dynamischen Eigenschaften des nichtlinearen Differenzengleichungssystems (3.4a), (3.4b) mit Hilfe eines Linearisierungsverfahrens zumindest lokal – in der Umgebung des stationären Punktes $S = (c^*, k^*)$ – formal analysiert werden kann. Das Differenzengleichungssystem (3.4a), (3.4b) kann in der Umgebung von S durch Taylorreihen linear approximiert werden. Es resultiert dann ein lineares Differenzengleichungssystem, welches mit den üblichen Verfahren analysiert werden kann.[9]

Werden die Gl. (3.4a) und (3.4b) in der Umgebung von $S = (c^*, k^*)$ jeweils durch eine Taylorreihenentwicklung approximiert und wird diese Entwicklung nach dem linearen Glied abgebrochen, so folgt:

$$u'(c^*) + u''(c^*)[c_t - c^*] = \beta u'(c^*)[f'(k^*) + 1 - \delta]$$
$$+ \beta u''(c^*)[f'(k^*) + 1 - \delta][c_{t+1} - c^*]$$
$$+ \beta u'(c^*) f''(k^*)[k_{t+1} - k^*] \tag{3.8a}$$

$$f(k^*) + f'(k^*)[k_t - k^*] = c^* + k^* - (1 - \delta)k^* + [c_t - c^*]$$
$$+ [k_{t+1} - k^*] - (1 - \delta)[k_t - k^*] \tag{3.8b}$$

---

[9]Zu Lösungsverfahren für lineare Differenzengleichungen und Differenzengleichungssysteme vgl. Chiang (1987, Chaps. 16 & 17) und Gandolfo (1997).

Zur Vereinfachung kann bei der Linearisierung eine Variablentransformation dergestalt durchgeführt werden, dass nur noch Abweichungen der entsprechenden Variablen vom stationären Punkt S betrachtet werden. Es bezeichnen $\hat{c}$ und $\hat{k}$ im Weiteren diese Abweichungen, das heißt $\hat{c}_t = c_t - c^*$ und $\hat{k}_t = k_t - k^*$. Wird zudem berücksichtigt, dass im stationären Punkt $u'(c^*) = \beta u'(c^*)[f'(k^*) + 1 - \delta]$ sowie $f(k^*) = c^* - \delta k^*$ gilt, resultiert:[10]

$$u''_* \hat{c}_t = \beta u''_* [f'_* + (1-\delta)] \hat{c}_{t+1} + \beta u'_* f''_* \hat{k}_{t+1} \tag{3.9a}$$

$$\hat{k}_{t+1} = [f'_* + (1-\delta)] \hat{k}_t - \hat{c}_t, \tag{3.9b}$$

Das Gleichungssystem (3.9a), (3.9b) kann noch umgeformt werden, indem (3.9a) in (3.9b) eingesetzt und beachtet wird, dass im Punkt S $f' = \frac{1}{\beta} - (1-\delta)$ gilt. Es folgt dann:

$$\hat{c}_{t+1} = \left(1 + \beta u'_* \frac{f''_*}{u''_*}\right) \hat{c}_t - u'_* \frac{f''_*}{u''_*} \hat{k}_t \tag{3.10a}$$

$$\hat{k}_{t+1} = -\hat{c}_t + \frac{1}{\beta} \hat{k}_t, \tag{3.10b}$$

Mit Hilfe des Vektors $x'_t = (\hat{c}_t, \hat{k}_t)$ und der Koeffizientenmatrix B:

$$B = \begin{pmatrix} 1 + \beta u'_* \frac{f''_*}{u''_*} & -u'_* \frac{f''_*}{u''_*} \\ -1 & \frac{1}{\beta} \end{pmatrix}$$

kann das System (3.10a), (3.10b) in matrizieller Form notiert werden:

$$x_{t+1} = B x_t \tag{3.11}$$

A.2 Lösungseigenschaften eines zweidimensionalen Systems linearer Differenzengleichungen

Wir betrachten zunächst ein allgemeines Differenzengleichungssystem der Form (3.11), ohne die Struktur, die das Ramsey-Modell der Koeffizientenmatrix B auferlegt, zu berücksichtigen. Das System lautet:

$$x_{t+1} = B x_t \quad \Leftrightarrow \quad \begin{pmatrix} x_{1,t+1} \\ x_{2,t+1} \end{pmatrix} = \begin{pmatrix} b_{11} & b_{12} \\ b_{21} & b_{22} \end{pmatrix} \begin{pmatrix} x_{1,t} \\ x_{2,t} \end{pmatrix}, \tag{3.12}$$

wobei $x_t = (x_{1,t}, x_{2,t})$ gilt.[11]

---

[10]Zur Vereinfachung der Notation werden die Argumente der Nutzen- bzw. Produktionsfunktion im Weiteren nicht explizit aufgeführt. Es gilt also z. B. $u'_* = u''(c^*)$ und $f'_* = f'(k^*)$

[11]Die Tatsache, dass hier nur Systeme 1. Ordnung betrachtet werden bedeutet keinen Verlust an Allgemeinheit, da jedes System höherer Ordnung in ein – dann entsprechend höher dimensioniertes – Differenzengleichungssystem 1. Ordnung transformiert werden kann.

Sofern $B \neq I_2$ ist $x^* = (0,0)$ der einzige stationäre Punkt (auch als stationäres Gleichgewicht oder Fixpunkt bezeichnet) dieses Differenzengleichungssystems. Im Folgenden interessieren die Stabilitätseigenschaften dieses stationären Punktes x^*, wobei Stabilität dann vorliegt, wenn für alle für alle x_0 gilt, dass $\lim_{t \to \infty} x_t = x^*$.

Die allgemeine Lösung des solchen linearen Differenzengleichungssystems (3.12) lautet:[12]

$$x_{1,t} = A_1 v_1 \mu_1^t + A_2 v_2 \mu_2^t \tag{3.13a}$$

$$x_{2,t} = A_1 \mu_1^t + A_2 \mu_2^t \tag{3.13b}$$

Hierbei sind μ_1 und μ_2 sind die Eigenwerte der Matrix B bzw. die Nullstellen des charakteristischen Polynoms von B. Aus (3.12) ergibt sich das charakteristische Polynom $\phi(\mu)$ von B als:

$$\phi(\mu) = \mu^2 - (b_{11} + b_{22})\mu + (b_{11}b_{22} - b_{12}b_{21})$$
$$= \mu^2 - \mu \operatorname{tr} B + \det B \tag{3.14}$$

Des Weiteren sind A_1 und A_2 aus den Anfangsbedingungen zu ermittelnde Konstanten und die Parameter v_1 und v_2 werden folgendermaßen bestimmt:

$$v_i = -\frac{b_{22} - \mu_i}{b_{21}}, \quad i = 1, 2$$

Wird lediglich der Fall betrachtet, in dem die charakteristischen Wurzeln μ_1 und μ_2 reellwertig sind, lassen sich mit Hilfe der allgemeinen Lösung die folgenden Schlussfolgerungen ziehen:[13]

(i) Gilt $|\mu_1| < 1$ und $|\mu_2| < 1$, so ergibt sich unabhängig von A_1 und A_2 sowie v_1 und v_2, dass $\lim_{t \to \infty} x_{1,t} = 0$ und $\lim_{t \to \infty} x_{2,t} = 0$. Die Abweichungen der Variablen von ihren Werten im langfristigen Gleichgewicht werden folglich im Zeitablauf geringer – das langfristige Gleichgewicht x^* ist (lokal) stabil.

(ii) Gilt $|\mu_1| > 1$ und $|\mu_2| > 1$, so ergibt sich für $A_1 \neq 0$ und $A_2 \neq 0$ – sofern also eine anfängliche Abweichung vom langfristigen Gleichgewicht vorliegt –, dass $\lim_{t \to \infty} x_{1,t} = \infty$ und $\lim_{t \to \infty} x_{2,t} = \infty$. Die Abweichungen der Variablen von ihren Werten im langfristigen Gleichgewicht werden folglich im Zeitablauf immer größer – das langfristige Gleichgewicht x^* ist instabil.

(iii) Gilt $|\mu_1| < 1$ und $|\mu_2| > 1$ bzw. $|\mu_1| > 1$ und $|\mu_2| < 1$, so ist das langfristige Gleichgewicht nur dann stabil, wenn die in der Lösung (3.13a), (3.13b) zu der Wurzel μ_i, deren Betrag größer als Eins ist, gehörende Konstante A_i gleich Null ist.

---

[12]Der folgende Abschnitt zeigt, wie diese allgemeine Lösung analytisch bestimmt werden kann.

[13]Der Fall konjugiert-komplexer Wurzeln kann im Grunde ganz entsprechend behandelt werden.

Zum Überprüfen, ob der stationäre Punkt eines Differenzengleichungssystems wie (3.11) stabil ist, kann unter anderem das Schur-Kriterium herangezogen werden.[14]

Theorem 3.1 (Schur-Kriterium) *Die Wurzeln des Polynoms* $\mu^2 + a_1\mu + a_0$ *sind dann und nur dann betragsmäßig kleiner als Eins, wenn die folgenden Bedingungen erfüllt sind:*

$$1 - a_0 > 0, \qquad 1 + a_1 + a_0 > 0, \qquad 1 - a_1 + a_0 > 0$$

Im hier vorliegenden Fall des Differenzengleichungssystems 2. Ordnung gilt nun $a_1 = -\operatorname{tr}(B)$ und $a_0 = \det(B)$.[15] Sofern $\det(B) \neq 0$ gilt nun für die Matrix B:

$$\mu_1\mu_2 = \det(B) \qquad \det(B^{-1}) = \frac{1}{\mu_1\mu_2} = \frac{1}{\det(B)}$$
$$\mu_1 + \mu_2 = \operatorname{tr}(B) \qquad \operatorname{tr}(B^{-1}) = \frac{1}{\mu_1} + \frac{1}{\mu_2} = \frac{\operatorname{tr}(B)}{\det(B)}$$

Damit kann über den Fixpunkt x^* Folgendes ausgesagt werden:

(i) Der Fixpunkt $x^* = (0,0)$ ist stabil, wenn:

$$1 - \det(B) > 0$$
$$1 - \operatorname{tr}(B) + \det(B) > 0$$
$$1 + \operatorname{tr}(B) + \det(B) > 0$$

(ii) Der Fixpunkt $x^* = (0,0)$ ist instabil, wenn:

$$1 - \det(B^{-1}) = 1 - \frac{1}{\det(B)} > 0$$

$$1 - \operatorname{tr}(B^{-1}) + \det(B^{-1}) = 1 - \frac{\operatorname{tr}(B)}{\det(B)} + \frac{1}{\det(B)} > 0$$

$$1 + \operatorname{tr}(B^{-1}) + \det(B^{-1}) = 1 + \frac{\operatorname{tr}(B)}{\det(B)} + \frac{1}{\det(B)} > 0$$

A.3 Lösung linearer, homogener Differenzengleichungssysteme

Betrachtet wird wieder das lineare Differenzengleichungssystem (3.12):

$$x_{t+1} = Bx_t \tag{3.15}$$

---

[14]Sofern man nicht an Stabilität, sondern an Instabilität interessiert ist, kann man das System mit rückwärts laufender Zeit betrachten:

$$B^{-1}x_{t+1} = x_t \quad \Rightarrow \quad z_{t'+1} = B^{-1}z_{t'}$$

$x^* = (0,0)$ ist stabil (d. h. $x^* = (0,0)$ instabil), wenn charakteristischen Wurzeln von B^{-1} betragsmäßig kleiner als Eins sind.

[15]Konjugiert-komplexe Nullstellen treten auf, wenn $a_1^2 - 4a_1a_0 < 0$ gilt.

wobei $x_t = (x_{1,t}, x_{2,t})$ ein zweidimensionaler Vektor und B eine 2×2-Matrix ist. Es bezeichnet im Weiteren Q die Matrix der Eigenvektoren von B und M eine Matrix, deren Hauptdiagonalelemente die Eigenwerte bzw. charakteristischen Wurzeln μ_1, μ_2 von B sind, wobei unterstellt wird, dass diese beiden Eigenwerte reell und disjunkt sind. Dann gilt:

$$Q^{-1}BQ = M = \begin{pmatrix} \mu_1 & 0 \\ 0 & \mu_2 \end{pmatrix}$$

Es sei nun $z_t = (z_{1,t}, z_{2,t})$ ein Vektor, der aus x_t durch eine lineare Transformation mit Q^{-1} hervorgeht, so dass $z_t = Q^{-1}x_t$. Multiplikation des ursprünglichen Systems (3.15) von links mit Q^{-1} ergibt dann ein System von Differenzengleichungen 1. Ordnung in z_t:

$$z_{t+1} = Q^{-1}x_{t+1} = Q^{-1}BQQ^{-1}x_t = Mz_t$$

bzw. in ausführlicher Notation:

$$\begin{pmatrix} z_{1,t+1} \\ z_{2,t+1} \end{pmatrix} = \begin{pmatrix} \mu_1 & 0 \\ 0 & \mu_2 \end{pmatrix} \begin{pmatrix} z_{1,t} \\ z_{2,t} \end{pmatrix} \tag{3.16}$$

Die Lösungen dieser beiden Gleichungen lauten $z_{i,t} = C_i \mu_i^t$ für $i = 1, 2$, wobei C_1 und C_2 aus Anfangsbedingungen zu ermittelnde Konstanten sind. Diese Lösungen können dann folgendermaßen zusammengefasst werden:

$$z_t = \begin{pmatrix} C_1 & 0 \\ 0 & C_2 \end{pmatrix} \begin{pmatrix} \mu_1^t \\ \mu_2^t \end{pmatrix}$$

Multiplikation von links mit Q ergibt dann die Lösung des ursprünglichen Systems:

$$x_t = Qz_t = Q \begin{pmatrix} C_1 & 0 \\ 0 & C_2 \end{pmatrix} \begin{pmatrix} \mu_1^t \\ \mu_2^t \end{pmatrix}$$

Mit $Q = \begin{pmatrix} q_{11} & q_{12} \\ q_{21} & q_{22} \end{pmatrix}$ ergibt sich demnach in ausführlicher Form die Lösung:

$$x_{1,t} = q_{11}C_1\mu_1^t + q_{12}C_2\mu_2^t \tag{3.17a}$$

$$x_{2,t} = q_{21}C_1\mu_1^t + q_{22}C_2\mu_2^t \tag{3.17b}$$

Nun gilt $Q^{-1}BQ = M$ woraus nach Multiplikation mit Q von links folgt, dass $BQ = QM$. In ausführlicher Form notiert bedeutet dies:

$$\begin{pmatrix} b_{11}q_{11} + b_{12}q_{21} & b_{11}q_{12} + b_{12}q_{22} \\ b_{21}q_{11} + b_{22}q_{21} & b_{21}q_{12} + b_{22}q_{22} \end{pmatrix} = \begin{pmatrix} q_{11}\mu_1 & q_{12}\mu_2 \\ q_{21}\mu_1 & q_{22}\mu_2 \end{pmatrix}$$

Somit gilt $q_{11} = q_{21}\frac{\mu_1 - b_{22}}{b_{21}}$ sowie $q_{12} = q_{22}\frac{\mu_2 - b_{22}}{b_{21}}$. Einsetzen in (3.17a), (3.17b) ergibt:

$$x_{1,t} = q_{21}\frac{\mu_1 - b_{22}}{b_{21}}C_1\mu_1^t + q_{22}\frac{\mu_2 - b_{22}}{b_{21}}C_2\mu_2^t \tag{3.18a}$$

$$x_{2,t} = q_{21}C_1\mu_1^t + q_{22}C_2\mu_2^t \tag{3.18b}$$

Werden nun die durch Anfangswerte zu bestimmenden Konstanten $A_1 = q_{21}C_1$ und $A_2 = q_{22}C_2$ eingeführt, sowie die Koeffizienten $\nu_1 = \frac{\mu_1 - b_{22}}{b_{21}}$ und $\nu_2 = \frac{\mu_2 - b_{22}}{b_{21}}$ definiert, ergibt sich schließlich als allgemeine Lösung:

$$x_{1,t} = \nu_1 A_1 \mu_1^t + \nu_2 A_2 \mu_2^t \tag{3.19a}$$

$$x_{2,t} = A_1 \mu_1^t + A_2 \mu_2^t \tag{3.19b}$$

A.4 Dynamische Eigenschaften des Ramsey-Modells

Kehren wir nun zu dem aus der Linearisierung des Ramsey-Modells hervorgegangenen System (3.10a), (3.10b) zurück. Das charakteristische Polynom $\phi(\mu)$ der Koeffizientenmatrix B lautet in diesem Fall:

$$\phi(\mu) = \mu^2 - \mu \operatorname{tr} B + \det B$$

$$= \mu^2 - \mu\left(1 + \beta u_*' \frac{f_*''}{u_*''} + \frac{1}{\beta}\right) + \frac{1}{\beta}$$

Die charakteristischen Wurzeln μ_1 und μ_2 sind demnach die Lösungen der quadratischen Gleichung:

$$\mu^2 - \mu\left(1 + \beta u_*' \frac{f_*''}{u_*''} + \frac{1}{\beta}\right) = -\frac{1}{\beta} \tag{3.20}$$

Die linke Seite von (3.20) ist eine quadratische Gleichung in μ mit den Nullstellen $\mu = 0$ und $\mu = 1 + \beta u_*' \frac{f_*''}{u_*''} + \frac{1}{\beta}$, wie sie in Abb. 3.8 dargestellt ist. Der Abbildung ist daher zu entnehmen, dass die beiden Eigenwerte μ_1, μ_2 der Matrix B reell und positiv sind. Des Weiteren gilt $\mu_2 > \frac{1}{\beta}$, so dass wegen $\mu_1 \mu_2 = \det B = \frac{1}{\beta}$ gelten muss, dass $\mu_1 < 1$.

Werden diese Werte in die oben angegebene allgemeine Lösung (3.13a), (3.13b) des Differenzengleichungssystems eingesetzt, resultieren für $\hat{c}_t$ und $\hat{k}_t$ mit $A_2 \neq 0$ immer divergierende Zeitpfade, das heißt die Abweichungen der ursprünglichen Variablen vom stationären Punkt S werden immer größer. Nur mit $A_2 = 0$ entfallen die Terme, die μ_2

Abb. 3.8 Wurzeln des charakteristischen Polynoms

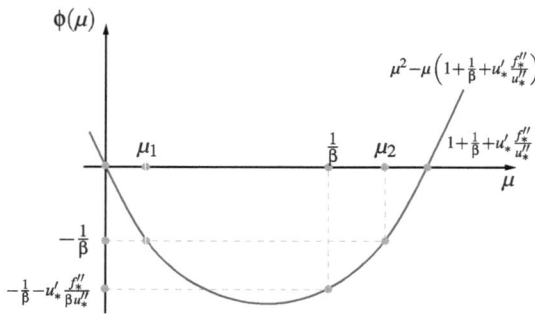

enthalten, und nur dann können zum Punkt S konvergierende Zeitpfade für die ursprünglichen Variablen resultieren und wie bereits oben allgemein gezeigt wurde ist nur in diesem Fall die Transversalitätsbedingung erfüllt. Nun werden die Konstanten A_1 und A_2 durch Anfangswerte $\hat{c}_0$ und $\hat{k}_0$ der Variablen bestimmt. Bei gegebenem Anfangswert $\hat{k}_0$ folgt:

$$A_1 = \hat{k}_0 - A_2$$

Mit $\hat{c}_0$ als weiterem Anfangswert resultiert dann wegen $v_1 - v_2 = \mu_2 - \mu_1$:

$$A_2 = \frac{\hat{c}_0 - v_1 \hat{k}_0}{\mu_2 - \mu_1}$$

Daraus folgt, dass die Konstante A_2 dann und nur dann gleich Null ist, wenn ein ganz bestimmter Anfangswert für den Konsum vorliegt, welcher wiederum vom Anfangswert $\hat{k}_0$ abhängt. Nur wenn $\hat{c}_0 = v_1 \hat{k}_0$ ergibt sich $A_2 = 0$ und es resultieren zum stationären Punkt S konvergierende Zeitpfade für die Variablen. Die Lösung des linearen Differenzengleichungssystems (3.10a), (3.10b) lautet dann:

$$\hat{c}_t = \mu_1^t \hat{c}_0 = v_1 \mu_1^t \hat{k}_0 = v_1 \hat{k}_t \tag{3.21}$$

$$\hat{k}_t = \mu_1^t \hat{k}_0 = \mu_1 \hat{k}_{t-1} \tag{3.22}$$

In allen anderen Fällen gilt $\hat{c}_0 \gtrless v_1 \hat{k}_0$ und somit $A_2 \neq 0$, so dass sich die Zeitpfade der Variablen vom stationären Punkt S entfernen.

A.5 Die grafische Darstellung der Lösung des linearisierten Systems

Die Eigenschaften des Richtungsfeldes für das vorliegende, linearisierte Differenzengleichungssystem können beschrieben werden, indem das System (3.11) wie in Abschn. A.3 durch eine lineare Transformation der Variablen in ein System unverbundener Differenzengleichungen transformiert wird. Ausgangspunkt ist daher das System unverbundener Differenzengleichungen (3.16):

$$\begin{pmatrix} z_{1,t+1} \\ z_{2,t+1} \end{pmatrix} = \begin{pmatrix} \mu_1 & 0 \\ 0 & \mu_2 \end{pmatrix} \begin{pmatrix} z_{1,t} \\ z_{2,t} \end{pmatrix} \tag{3.16}$$

Das Richtungsfeld für das System (3.16) kann recht einfach ermittelt werden und muss wegen $\mu_2 > 1$ und $\mu_1 < 1$ wie das in Abb. 3.9 dargestellte aussehen.[16] Der Abbildung ist zu entnehmen, dass aus jeder Richtung nur eine Trajektorie, diejenige für die $z_{2,t} = 0$ gilt,

---

[16]Hier und im Folgenden werden die aus Differenzengleichungen resultierenden Trajektorien als geschlossene Kurvenzüge dargestellt, obwohl eine solche Darstellung streng genommen nicht korrekt ist. Nur aus Differentialgleichungen resultierende Trajektorien lassen sich als geschlossene Kurvenzüge darstellen.

Abb. 3.9 Richtungsfeld bei
Sattelpunktdynamik

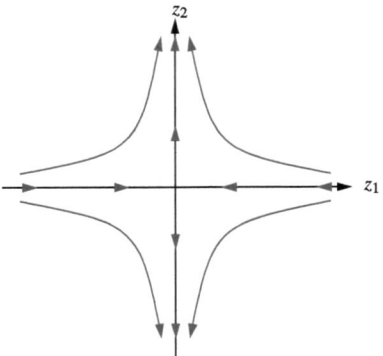

gegen den stationären Punkt – hier den Ursprung des Koordinatensystems – konvergiert. Da der stationäre Punkt ein Sattelpunkt ist, wird diese Trajektorie auch als Sattelpunkttrajektorie bezeichnet. Die Bezeichnung dieses Fixpunktes als Sattelpunkt dürfte nun auch einleuchtend sein: Man könnte versuchen, sich das in Abb. 3.9 dargestellte Richtungsfeld im dreidimensionalen Raum vorzustellen. Das entstehende Gebilde müsste in westlicher und östlicher Richtung jeweils ansteigen und in südlicher bzw. nördlicher Richtung abfallen, so dass ein Gebirge mit der Form eines Sattels entsteht. Die Sattelpunkttrajektorie ist der einzige Pfad in diesem Gebirge entlang dem es möglich ist, dass eine der Schwerkraft unterliegende Kugel, den Sattelpunkt im Ursprung erreicht.

Ein der Abb. 3.9 entsprechendes Richtungsfeld kann selbstverständlich auch für die nichttransformierten Variablen $\hat{c}$ und $\hat{k}$ konstruiert werden. Es ergibt sich qualitativ ein identisches Bild, allerdings wird die Sattelpunkttrajektorie in diesem Fall nicht mit einer der beiden Achsen übereinstimmen. Aus (3.10a), (3.10b) bzw. (3.11) folgt:

$$\Delta\hat{c}_{t+1} = \beta u'_* \frac{f''_*}{u''_*}\hat{c}_t - u'_* \frac{f''_*}{u''_*}\hat{k}_t,$$

so dass $\Delta\hat{c}_{t+1}\{\gtreqless\}0$, wenn $\hat{c}_t\{\gtreqless\}\frac{1}{\beta}\hat{k}_t$ und:

$$\Delta\hat{k}_{t+1} = -\hat{c}_t + \left(\frac{1}{\beta} - 1\right)\hat{k}_t,$$

so dass $\Delta\hat{k}_{t+1}\{\gtreqless\}0$, wenn $\hat{c}_t\{\lesseqgtr\}(\frac{1}{\beta} - 1)\hat{k}_t$.

Es resultiert dann das in Abb. 3.10 dargestellte Richtungsfeld für $\hat{c}$ und $\hat{k}$. Auch wenn die Steigung der Sattelpunkttrajektorie ohne weiteres nicht eindeutig bestimmt werden kann – dazu müsste die Matrix Q der Eigenvektoren ermittelt werden –, ist klar, dass diese erstens eine Gerade ist und zweitens, wie in der Abbildung eingezeichnet, zwischen den beiden Isoklinen im ersten und dritten Quadranten verlaufen muss. Für das linearisierte Differenzengleichungssystem ist damit der Verlauf der Trajektorien bekannt. Ein qualitativ ähnliches Bild ergibt sich für das ursprüngliche, nichtlineare System, für das indessen eine analytische Lösung, wie sie hier erfolgte, im Allgemeinen nicht möglich ist.

Abb. 3.10 Richtungsfeld des linearisierten Differenzengleichungssystems

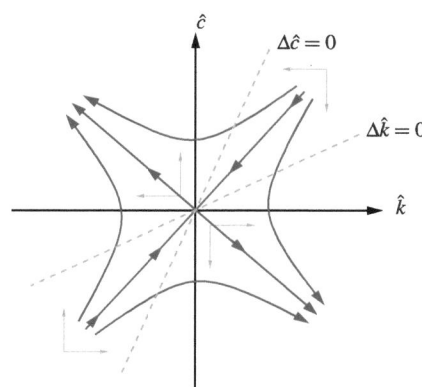

Übungsaufgaben

3.1 Im Ramsey-Modell muss eine Gleichgewichtsbedingung für den Kreditmarkt – die sogenannte Transversalitätsbedingung – erfüllt sein. Erläutern Sie diese Bedingung.

3.2 Formulieren Sie die Bellman-Gleichung als deren Lösung sich die Gleichgewichtsallokation des Ramsey-Modells ergibt.

3.3 Skizzieren und erläutern Sie die Zeitpfade für den Konsum, die Kapitalintensität und den Output, die sich ergeben, wenn es im Ramsey-Modell ausgehend vom Steady-State zu einem transitorischen Produktivitätsschock kommt.

3.4 Skizzieren und erläutern Sie die Zeitpfade für den Konsum, die Kapitalintensität und den Output, die sich ergeben, wenn es im Ramsey-Modell ausgehend vom Steady-State zu einem permanenten Produktivitätsschock kommt.

Literatur

Blanchard, O. J., und S. Fischer. 1989. *Lectures on macroeconomics*. Cambridge: MIT Press.

Cass, D. 1965. Optimum growth in an aggregative model of capital accumulation. *Review of Economic Studies* 32: 233–240.

Chiang, A. C. 1987. *Fundamental methods of mathematical economics*. New York: McGraw-Hill.

Gandolfo, G. 1997. *Economic dynamics*. Berlin: Springer.

Koopmans, T. C. 1965. *On the concept of optimal economic growth. The econometric approach to development planning*. Chicago.

Ramsey, F. 1928. A mathematical theory of saving. *The Economic Journal* 38: 543–559.

Sargent, T. J. 1987. *Dynamic macroeconomic theory*. Cambridge: Harvard University Press.

Erweiterungen des Ramsey-Modells

4.1 Staatliche Aktivität im Ramsey-Modell

4.1.1 Einleitung

Im Weiteren wird ein staatlicher Sektor in das bisher betrachtete Ramsey-Modell integriert, wobei zunächst die Finanzierung eines gegebenen staatlichen Budgets im Vordergrund des Interesses stehen soll. Eine ausführliche Begründung der Staatstätigkeit, die mit Ausgaben verbunden ist und daher ein staatliches Budget erfordert, wird nicht angestrebt. Es wird schlichtweg unterstellt, dass ein staatlicher Sektor existiert, dessen Aufgabenerfüllung Ressourcen verbraucht.

Vorstellbar ist, dass der Staat über eine Technologie verfügt, die es erlaubt aus dem Output der Ökonomie ein Gut zu produzieren, das vom privaten Sektor – z. B. weil es sich um ein öffentliches Gut handelt – nicht produziert wird. Es könnte dann weiterhin unterstellt werden, dass der Nutzen der Haushalte in einer Periode t nicht mehr ausschließlich vom Konsum c_t, sondern auch vom Niveau der Pro-Kopf-Staatsausgaben g_t abhängt, so dass:[1]

$$u_t = u(c_t + \phi g_t)$$

Der Parameter ϕ bestimmt dabei die Grenzrate der Substitution zwischen dem privaten Konsum und den Staatsausgaben bzw. dem durch den Staat erfolgenden Angebot an öffentlichen Gütern. Mit $\phi = 1$ sind diese Güter in Bezug auf den resultierenden Nutzen des Haushalts identisch; mit $\phi = 0$ sind die vom Staat angebotenen Güter nicht nutzenrelevant. Zu beachten ist, dass mit dieser Spezifikation im Fall $\phi > 0$ unterstellt wird, dass die öffentlichen Güter perfekte Substitute für die privaten Güter sind. Im Weiteren soll zunächst

---

[1] Eine alternative Annahme ist, dass die vom Staat bereitgestellten Güter als Produktionsfaktoren – zu denken wäre hier beispielsweise an die öffentliche Infrastruktur – in die Produktionsfunktion eingehen.

© Springer-Verlag Berlin Heidelberg 2015
M. Heinemann, *Dynamische Makroökonomik*,
DOI 10.1007/978-3-662-44156-5_4

zur Vereinfachung davon ausgegangen werden, dass $\phi = 0$ gilt, so dass die staatlichen Ausgaben unter Wohlfahrtsaspekten nicht relevant sind.

4.1.2 Verzerrende und nicht verzerrende Besteuerung

Es wird angenommen, dass der Staat die Faktoreinkommen in jeder Periode t mit einem Steuersatz τ, wobei $0 < \tau < 1$ gilt, besteuert. Die Staatseinnahmen werden vollständig für das Angebot des öffentlichen Gutes verwendet. Für alle t gilt somit $g_t = T_t$, wobei T_t die Pro-Kopf-Steuereinnahmen des Staates bezeichnet.

Da die Faktoreinkommen in t durch $f(k_t) = w_t + z_t k_t$ gegeben sind, ergeben sich die Steuereinnahmen des Staates als $T_t = \tau f(k_t)$ und das Budget des repräsentativen Haushalts lautet in einer beliebigen Periode t:

$$(1 - \tau) f(k_t) + (1 - \delta) k_t = c_t + k_{t+1}$$

Mit einer Einkommensteuer werden auch die Kapitalerträge des Haushalts besteuert. Die Konsequenz ist, dass der Nettoertrag einer Investition in Periode t in $t + 1$ nicht mehr durch $f'(k_{t+1}) + (1 - \delta)$, sondern vielmehr durch $(1 - \tau) f'(k_{t+1}) + (1 - \delta)$ gegeben ist. Von daher ergibt sich nunmehr die folgende Euler-Gleichung (zu beachten ist, dass $\phi = 0$ gilt):

$$u'(c_t) = \beta u'(c_{t+1}) \big[(1 - \tau) f'(k_{t+1}) + (1 - \delta) \big] \tag{4.1}$$

Die beiden gerade formulierten Gleichungen beschreiben – zusammen mit dem Anfangswert $k_0 > 0$ und der Transversalitätsbedingung – die Dynamik des um staatliche Besteuerung erweiterten Ramsey-Modells.

Für den Steady-State ergibt sich daraus folgendes:

$$c^* = (1 - \tau) f\big(k^*\big) - \delta k^*$$

$$f'\big(k^*\big) = \frac{1}{1 - \tau} \left(\frac{1}{\beta} - (1 - \delta) \right)$$

Die letzte Gleichung zeigt, dass der Steady-State-Kapitalstock im Modell mit Besteuerung geringer ist als im Modell ohne solche staatliche Aktivität (es gilt $1/(1 - \tau) > 1$). Daraus ergibt sich zwangsläufig, dass auch der Steady-State-Konsum c^* geringer ist als im Modell ohne Staat. Die Staatsausgaben ergeben sich im Steady-State schließlich als $g^* = \tau f(k^*)$.

Hinsichtlich des Phasendiagramms für das Modell mit Staat ergibt sich aufgrund analoger Überlegungen wie im Fall des einfachen Ramsey-Modells, dass $\Delta k_{t+1} = 0$ gilt, wenn $c_t = (1 - \tau) f(k_t) - \delta k_t$. Des Weiteren resultiert $\Delta c_{t+1} = 0$, wenn $f'(k_{t+1}) = \frac{1}{1 - \tau} (\frac{1}{\beta} + (1 - \delta))$. Es ist damit möglich, die Konsequenzen der zur Finanzierung der Staatsausgaben erfolgenden Besteuerung im Ramsey-Modell graphisch wie in Abb. 4.1 dargestellt zu beschreiben: Der stationäre Punkt des Modells mit staatlicher Aktivität ist

Abb. 4.1 Verzerrende
Wirkung einer
Einkommensteuer im
Ramsey-Modell

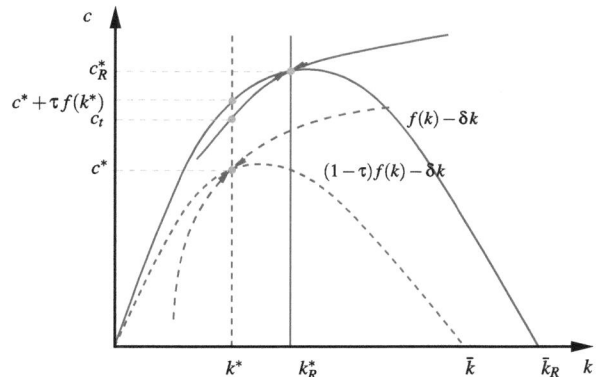

durch (k^*, c^*) gegeben und unterscheidet sich vom stationären Punkt (k_R^*, c_R^*) des entsprechenden Modells ohne staatliche Aktivität.

Die hier betrachtete Einkommensteuer hat eine verzerrende Wirkung auf die resultierende Allokation: Da die Haushalte bei ihren Sparentscheidungen die zu erwartenden Nettokapitalerträge zugrunde legen, resultiert ein gegenüber dem einfachen Ramsey-Modell veränderter Steady-State und ein veränderter Anpassungspfad an das langfristige Gleichgewicht.

Die verzerrende Wirkung der hier betrachteten Einkommensbesteuerung lässt sich erkennen, wenn unterstellt wird, dass der Staat in jeder Periode t seine gesamten Einnahmen $\tau f(k_t)$ als Transfers an die Haushalte ausschüttet: Obwohl den Haushalten somit im Endeffekt nichts von ihrem Einkommen entzogen wird, bleibt es dabei, dass die Nettokapitalerträge durch $(1 - \tau) f'(k_{t+1}) + (1 - \delta)$ gegeben sind. Der Steady-State-Kapitalstock ist daher weiterhin durch k^* gegeben und geringer als der Steady-State-Kapitalstock k_R^* im Ramsey-Modell ohne Staat. Der Steady-State-Konsum steigt zwar auf das Niveau $c^* + \tau f(k^*)$ an, ist damit allerdings ebenfalls geringer als der Steady-State-Konsum im Ramsey-Modell ohne Staat. Die einfache staatliche Aktivität, die sich darin erschöpft, den Haushalten auf der einen Seite über Steuern Einkommen zu entziehen und es ihnen gleichzeitig durch Transfers wieder zukommen zu lassen, führt somit dazu, dass sich eine andere Allokation einstellt, als in Abwesenheit staatlicher Aktivität. Sofern dies der Fall ist, bezeichnet man die zugrundeliegende Besteuerung als verzerrend (im Hinblick auf die resultierende Allokation), wobei mit dieser Verzerrung ein offensichtlicher, negativer Wohlfahrtseffekt verbunden ist.

Die eben betrachtete Einkommensteuer wirkt verzerrend, weil Faktoreinkommen besteuert werden und mindestens einer der besteuerten Produktionsfaktoren preiselastisch angeboten wird: Die Haushalte entscheiden auf der Grundlage der erwarteten Kapitalerträge über ihre Investitionen und folglich über das Kapitalangebot der nächsten Periode. Würde eine Pauschalsteuer erhoben oder lediglich des Arbeitseinkommen der Haushalte besteuert, so ergäbe sich keine verzerrende Wirkung, da Arbeit annahmegemäß lohnunelastisch angeboten wird.

Abb. 4.2 Wirkung einer
Pauschalsteuer im
Ramsey-Modell

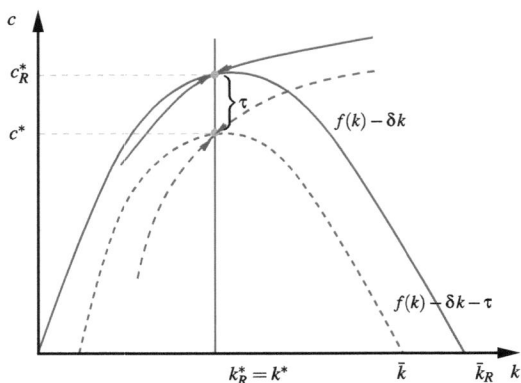

Im Fall einer Pauschalsteuer mit einem für alle t konstanten Pro-Kopf-Niveau τ wird die Dynamik des Modell durch eine gegenüber dem einfachen Ramsey-Modell unveränderte Euler-Gleichung und eine um den Pauschalsteuerbetrag modifizierte Restriktion beschrieben:

$$u'(c_t) = \beta u'(c_{t+1})\big[f'(k_{t+1}) + (1 - \delta)\big]$$

$$f(k_t) + (1 - \delta)k_t = c_t + k_{t+1} + \tau$$

Es resultiert dann ein gegenüber dem Ramsey-Modell ohne Staat unveränderter Steady-State-Kapitalstock k^*. Lediglich der Steady-State-Konsum wird um das Niveau der Pauschalsteuer τ vermindert, so dass $c^* = c_R^* - \tau$. Ebensolches gilt für die Zeitpfade dieser Variablen: Ausgehend von einem Anfangswert $k_0 > 0$ ergibt sich ein unveränderter Zeitpfad für den Kapitalstock, während der Zeitpfad für den Konsums gegenüber dem Zeitpfad ohne Besteuerung um das Niveau τ vermindert ist (vgl. Abb. 4.2).

Zu beachten ist, dass im Gegensatz zum oben betrachteten Fall der Einkommensteuer hier auch während des Anpassungsprozesses zum Steady-State konstante Staatseinnahmen und -ausgaben in Höhe von $g_t = \tau$ vorliegen. Im Fall der oben betrachteten Einkommensteuer mit konstantem Steuersatz τ variieren dagegen die Staatseinnahmen und -ausgaben im Verlauf der Anpassung an den Steady-State, denn es gilt $g_t = \tau f(k_t)$.

Nun muss die Besteuerung nicht zwangsläufig am Einkommen der Wirtschaftssubjekte anknüpfen. Alternativ könnte der Güterverbrauch, also die Konsumnachfrage, oder auch die gesamte Güternachfrage die Bemessungsgrundlage bilden. Im Fall einer nur den Konsum betreffenden Verbrauchsteuer mit dem Steuersatz τ ergibt sich für den repräsentativen Haushalt die folgende Budgetrestriktion:

$$f(k_t) + (1 - \delta)k_t = (1 + \tau)c_t + k_{t+1}$$

Der Ausdruck τc_t bezeichnet hierbei die vom Haushalt zu entrichtenden Konsumsteuern. Es ergibt sich dann die folgende Euler-Gleichung:

$$\frac{u'(c_t)}{1+\tau} = \beta \frac{u'(c_{t+1})}{1+\tau}\big[f'(k_{t+1}) + (1-\delta)\big]$$

$$\Leftrightarrow \quad u'(c_t) = \beta u'(c_{t+1})\big[f'(k_{t+1}) + (1-\delta)\big]$$

Eine solche Konsumsteuer wirkt demnach im Ramsey-Modell – zumindest dann, wenn der Steuersatz τ im Zeitablauf konstant ist – nicht verzerrend: Wird das Steueraufkommen τc_t in jeder Periode als Transfer an die Haushalte zurückgegeben, ändern sich weder die Steady-State-Lösung des Modells, noch die Anpassungsdynamik.

Wird dagegen die Besteuerung auch auf die Investitionsnachfrage der Haushalte ausgedehnt, so ergeben sich abermals verzerrende Wirkungen. Die Budgetrestriktion lautet im Fall einer Besteuerung der Bruttoinvestitionsnachfrage $i_t^b = k_{t+1} - k_t + \delta k_t$:

$$f(k_t) + (1+\tau)(1-\delta)k_t = (1+\tau)c_t + (1+\tau)k_{t+1} \tag{4.2}$$

Die entsprechende Euler-Gleichung ergibt sich als:

$$u'(c_t) = \beta u'(c_{t+1})\left[\frac{f'(k_{t+1})}{1+\tau} + (1-\delta)\right] \tag{4.3}$$

Da $\frac{1}{1+\tau} < 1$ gilt, ergibt sich daher im Steady-State eine geringere Kapitalintensität als im Ramsey-Modell ohne Besteuerung und daher selbst dann, wenn die Steuern als Transfers an die Haushalte zurückfließen auch ein geringerer Steady-State-Konsum.

4.1.3 Besteuerung von Kapitaleinkommen

Nach der oben erfolgten Analyse der Einkommensbesteuerung ist klar, dass der Besteuerung von Kapitaleinkommen im Ramsey-Modell eine besondere Bedeutung zukommt – zumindest dann, wenn von einem endogenen Arbeitsangebot und entsprechend verzerrenden Effekten der Besteuerung von Arbeitseinkommen auf das Arbeitsangebot abgesehen wird. Tatsächlich gibt es eine Vielzahl von Studien, die sich mit der Frage nach der im Sinne der Minimierung von Zusatzlasten optimalen Kapitalbesteuerung beschäftigt haben. Einen Überblick darüber liefern beispielsweise Ljungqvist und Sargent (2004). Hier soll lediglich kurz auf die Effekte der Besteuerung von Kapitaleinkommen aus der Wohlfahrtsperspektive eingegangen werden, um zu demonstrieren, wie derartige Wohlfahrtseffekte mit Hilfe des Ramsey-Modells quantifiziert werden können.

Den Ausgangspunkt hierfür bildet ein Ramsey-Modell, in dem Kapitaleinkommen mit dem konstanten Steuersatz τ besteuert werden, um aus den resultierenden Staatseinnahmen nicht nutzenrelevante Staatsausgaben g_t zu finanzieren. Werden Kapitaleinkommen besteuert, so ergibt sich aus der Produktionsfunktion $f(k_t)$ für alle t, dass:

$$g_t = \tau f'(k_t)k_t$$

Ausgehend von einem stationären Gleichgewicht in einem Ramsey-Modell mit Besteuerung von Kapitaleinkommen soll nun der Frage nachgegangen werden, welche Wohlfahrtswirkungen es hat, wenn die im stationären Gleichgewicht resultierenden Staatsausgaben stattdessen über eine Pauschalsteuer finanziert werden. Die Euler-Gleichung für den repräsentativen Haushalt ergibt sich im Fall der Besteuerung von Kapitaleinkommen als:

$$u'(c_t) = \beta u'(c_{t+1})\big[1 - \delta + (1 - \tau)f'(k_{t+1})\big]$$

Der stationäre Kapitalstock ist daher Lösung der Gleichung:

$$\frac{1}{\beta} = 1 - \delta + (1 - \tau)f'(k^*)$$

Für den Konsum ergibt sich daraufhin mit $g^* = \tau f'(k^*)k^*$, dass

$$c^* = f(k^*) - \delta k^* - g^*$$

Entsprechend ergibt sich der Lebensnutzen des repräsentativen Haushalts in diesem stationären Gleichgewicht als:

$$U^* = \frac{1}{1 - \beta}u(c^*)$$

Wird nun die Besteuerung von Kapitaleinkommen ausgehend von diesem stationären Gleichgewicht durch eine Pauschalsteuer ersetzt, um ein konstantes Niveau g^* der Staatsausgaben zu finanzieren, so ist die resultierende Allokation Lösung der folgenden Gleichungen:

$$u'(c_t) = \beta u'(c_{t+1})\big[1 - \delta + f'(k_{t+1})\big] \tag{4.4a}$$

$$f(k_t) + (1 - \delta)k_t = c_t + k_{t+1} - g^* \tag{4.4b}$$

Aus den Gl. (4.4a) und (4.4b) resultieren zunächst die neuen Steady-State-Werte für Kapitalstock und Konsum als:

$$\frac{1}{\beta} = 1 - \delta + f'(k^{**}) \tag{4.5a}$$

$$c^{**} = f(k^{**}) - \delta k^{**} - g^* \tag{4.5b}$$

Die Gleichungen (4.4a) und (4.4b) können aber ausgehend von $k_0 = k^*$ auch gelöst werden, um die Zeitpfade für den Kapitalstock und den Konsum zu ermitteln, die sich nach der Steuerreform ergeben. Der zu $k_0 = k^*$ gehörenden Anfangswert c_0 für den Konsum, der eine Konvergenz dieser Zeitpfade gegen k^{**} bzw. c^{**} impliziert, kann zwar nicht analytisch bestimmt werden, allerdings lässt er sich zumindest annäherungsweise numerisch bestimmen. Auf der Grundlage der resultierenden Zeitpfade $\{k_t\}_{t=0}^T$ und $\{c_t\}_{t=0}^T$, wobei T

hinreichend groß zu wählen ist, kann dann der Lebensnutzen des repräsentativen Haushalts nach einer solchen Steuerreform ermittelt werden:

$$U^{**} = \sum_{t=0}^{T} \beta^t u(c_t)$$

Um die Nutzendifferenz interpretieren zu können, wird diese üblicherweise in Konsumeinheiten ausgedrückt.[2] So kann beispielsweise die prozentuale Änderung Δ des Konsums im stationären Gleichgewicht mit Besteuerung ermittelt werden, die den repräsentativen Haushalt zwischen beiden Allokationen – mit und ohne Kapitalbesteuerung – indifferent macht. Im Fall einer CRRA-Nutzenfunktion $u(c) = \frac{c^{1-\rho}}{1-\rho}$ ergibt sich dann für Δ:[3]

$$\Delta = \left[\left(\frac{U^{**}}{U^*} \right)^{\frac{1}{1-\rho}} - 1 \right] \times 100 \qquad (4.6)$$

Die folgenden Abbildungen zeigen Ergebnisse, die mit Hilfe eines spezifizierten Modells erzielt wurden, für das eine CRRA-Nutzenfunktion sowie $f(k_t) = k_t^{\alpha}$ unterstellt wurden. Für die Modellparameter wurde $\beta = 0{,}96$, $\rho = 2$, $\alpha = 0{,}34$ und $\delta = 0{,}08$ angenommen. Abbildung 4.3 zeigt zunächst die Anpassungspfade für die Variablen Kapital und Konsum, die sich ausgehend von einem stationären Gleichgewicht mit $\tau = 0{,}3$ ergeben, wenn die Kapitaleinkommenssteuer durch eine Pauschalsteuer ersetzt wird. Der sich nach der Reform ergebende stationäre Kapitalstock ist – da die verzerrende Wirkung der Kapitalsteuer entfällt – größer ($k^{**} = 4{,}745$ vs. $k^* = 1{,}660$). Da der Kapitalstock nach der Reform ansteigt, fällt der Konsum zunächst unter das bisherige Niveau im alten stationären Gleichgewicht ($c^* = 0{,}853$) und steigt in der Folge auf ein neues und höheres Niveau ($c^{**} = 1{,}116$) an.

Abbildung 4.4 zeigt schließlich die Wohlfahrtseffekte gemäß Gl. (4.6) für alternative Kapitaleinkommenssteuersätze τ. Es ist wenig überraschend, dass die negativen Wohlfahrtseffekte bei einem Anstieg von τ zunehmen. Für $\tau = 0{,}3$ ergibt sich beispielsweise $\Delta \approx 0{,}027$. Der mit der Besteuerung von Kapitaleinkommen einhergehende Wohlfahrtsverlust beläuft sich demnach in etwa auf 2,7 % Prozent ($= \Delta \times 100$) des aktuellen Konsums im stationären Gleichgewicht. Es ist ohne Weiteres selbstverständlich schwer, die Größenordnung dieses Wohlfahrtsverlustes einzuordnen. Im Vergleich zu den Wohlfahrtseffekten, die in ähnlicher Weise an späterer Stelle ermittelt werden, sind ist dies aber ein Wohlfahrtsverlust von durchaus beachtlicher Größenordnung.

In einer einflussreichen Arbeit hat Lucas (1990) in vergleichbarer Form entsprechende Wohlfahrtseffekte für die USA ermittelt. Um eine bessere Annäherung an die Gegeben-

---

[2]Dieses Wohlfahrtsmaß wird in Abschn. 4.2 genauer dargestellt.

[3]Gesucht ist ein Δ, für das $\frac{1}{1-\beta} u((1+\Delta)c^*) = U^{**}$ gilt. Mit einer CRRA-Nutzenfunktion $u(c) = \frac{c^{1-\rho}}{1-\rho}$ gilt $u((1+\Delta)c^*) = (1+\Delta)^{1-\rho}u(c)$ und damit $\frac{1}{1-\beta}u((1+\Delta)c^*) = (1+\Delta)^{1-\rho}U^*$.

Abb. 4.3 Zeitpfade für
Konsum und Kapital bei einer
Steuerreform im Fall $\tau = 0{,}3$

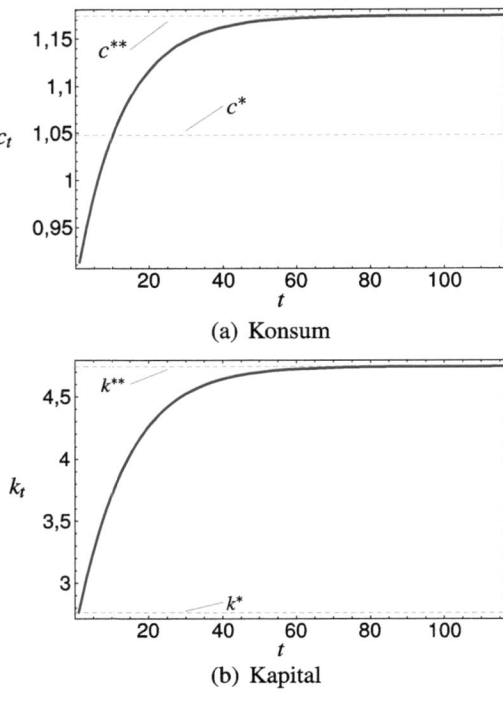

(a) Konsum

(b) Kapital

Abb. 4.4 Wohlfahrtseffekte
der Besteuerung von
Kapitaleinkommen

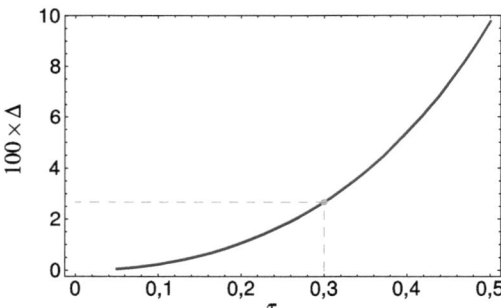

heiten in den USA zu erzielen, ist das von ihm verwendete Modell umfangreicher und
berücksichtigt unter anderem auch exogenes Wachstum der Produktivität und Bevölkerungswachstum sowie ein endogenes Arbeitsangebot. Zudem ist der Staatssektor in seinem Modell realistischer modelliert. All dies hat zur Folge, dass die von ihm ermittelten
Wohlfahrtseffekte quantitativ geringer, aber dennoch beachtlich ausfallen. Er fasst seine
Ergebnisse schließlich folgendermaßen zusammen:

> [...] *I estimated the overall gain in welfare to be around one percent of consumption, or
> perhaps slightly less. Now one percent of U.S. consumption is about $30 billion, and we are*

discussing a flow starting at this level and growing at 3 percent per year in perpetuity. It is about twice the welfare gain that I have elsewhere estimated would result from eliminating a 10 percent inflation, and something like 20 times the gain from eliminating post-war sized business fluctuations. It is about 10 times the gain Arnold Harberger (1954) once estimated from eliminating all product-market monopolies in the U.S. Quantitative welfare economics, seriously practiced, can be a discouraging business. The supply-side economists, if that is the right term for those whose research I have been discussing, have delivered the largest genuinely free lunch I have seen in 25 years in this business, and I believe we would have a better society if we followed their advice. (Lucas 1990, S. 314)

Selbst wenn man das Plädoyer von Lucas für eine angebotsorientierte Wirtschaftspolitik akzeptiert und auch die Größenordnungen der Wohlfahrtseffekte, die durchaus von der konkreten Modellspezifikation abhängen, nicht weiter hinterfragt, bleibt aber ein wesentlicher zu diskutierender Aspekt. Eine auf dem repräsentativen Wirtschaftssubjekt basierende Wohlfahrtsanalyse ermöglicht keine Aussagen bezüglich der Verteilungseffekte, die von wirtschaftspolitischen Maßnahmen wie der der hier betrachteten Steuerreform ausgehen. Selbstverständlich existieren diese aber und können im vorliegenden Fall auch recht einfach qualitativ abgeschätzt werden. Mit der Steuerreform geht ein Anstieg der (Netto-)Kapitalerträge einher, während die konstanten Staatsausgaben nunmehr durch eine für alle Individuen identische Pauschalsteuer finanziert werden. Für Wirtschaftssubjekte, die relativ reich an Vermögen bzw. Kapital sind, bedeutet diese Reform daher einen Gewinn, wogegen Wirtschaftssubjekte mit relativ geringem Bestand an Vermögen bzw. Kapital durch die Reform verlieren. Insgesamt – aus der Perspektive des repräsentativen Haushalts – resultiert zwar ein Wohlfahrtsgewinn, sofern jedoch die Verlierer der Reform nicht durch die Gewinner kompensiert werden, stellt eine solche Reform keine Pareto-Verbesserung dar. Die Analyse der Verteilungswirkungen einer wirtschaftspolitischen Maßnahme ist daher eine sinnvolle Ergänzung zu Wohlfahrtsanalysen wie der soeben erfolgten. Derartiges wird Gegenstand von Abschn. 4.2 sein, in dem dann auch nochmals auf die hier betrachtete Besteuerung von Kapitaleinkommen eingegangen wird.

4.1.4 Wirkungen von Staatsausgabenänderungen im Fall von Pauschalsteuern

Um darzustellen, welche Konsequenzen Änderungen der Staatsausgaben im vorliegenden Modell nach sich ziehen, soll hier der Fall betrachtet werden, in dem ausgehend von der Steady-State-Lösung des Ramsey-Modells ohne staatliche Aktivität in Periode t einmalig vollständig steuerfinanzierte Staatsausgaben erfolgen. Für alle weiteren Perioden gilt dann wieder $g_{t+j} = 0$ für $j > 0$. Diese Staatsausgaben werden über Pauschalsteuern finanziert, so dass mit der Finanzierung der Staatsausgaben keine verzerrenden Effekte einhergehen.

Die Nutzenfunktion des repräsentativen Haushalts ist weiterhin durch $u_t = u(c_t + \phi g_t)$ gegeben, wobei allerdings die bisher getroffene Annahme $\phi = 0$ aufgehoben wird. Je nachdem, welchen Wert ϕ annimmt, können die vom Staat bereitgestellten Güter daher ebenfalls nutzenstiftend sein.

Im Fall $\phi = 0$ wirkt ein solcher einmaliger Staatsnachfrageeffekt im Prinzip genau so, wie ein temporärer Produktivitätsschock der ja bereits im vorangegangenen Kapitel in Abschn. 3.5 betrachtet wurde. Die infolge der Besteuerung auftretende einmalige Einkommenseinbuße der Haushalte führt dazu, dass sowohl c_t als auch k_{t+1} unter ihr bisheriges Steady-State-Niveau sinken. Ausgehend von dieser gesunkenen Kapitalintensität vollzieht sich dann wiederum die Anpassung an den Steady-State entlang des Sattelpunktpfades. Ein einmaliger (transitorischer) Staatsnachfrageschock entfaltet im Fall $\phi = 0$ in diesem Modell folglich durch die ausgelösten Einkommenseffekte anhaltende (persistente) Wirkungen. Die intertemporale Substitution von Konsum hat zur Folge, dass die Investionen sinken und daher die Produktion in den nachfolgenden Perioden unter dem bisherigen Niveau liegt. Die staatliche Güternachfrage führt somit zu einem Crowding-Out Effekt.

Sofern $\phi = 1$ gilt, ist das staatliche Güterangebot ein perfektes Substitut für den privaten Konsum. Da die Einschränkung der Konsummöglichkeiten der Haushalte infolge der Besteuerung durch die Staatsausgaben vollständig kompensiert wird, kommt es in Periode t lediglich zu einer Einschränkung des privaten Konsums in Höhe der staatlichen Güterangebots. Somit ergibt sich $c_t = c^* - g_t$, wogegen die Kapitalintensität unverändert bleibt. Eine unveränderte Kapitalintensität impliziert dann, dass die Euler-Gleichung weiterhin erfüllt ist, denn es gilt $u'(c_t + g_t) = u'(c^*)$. Die Staatsnachfrage hat im Fall $\phi = 1$ lediglich einen Effekt auf den Konsum in Periode t und keinerlei Konsequenzen für weitere Perioden. Der Crowding-Out Effekt betrifft in diesem Fall lediglich den privaten Konsum, nicht jedoch die Investitionen.

Zu beachten ist, dass die hier unterstellte Form, in der privater Konsum und staatliches Güterangebot in die Periodennutzenfunktion eingehen, recht willkürlich und auch nicht frei von Problemen ist. Es wurde unterstellt, dass der Staat die von ihm infolge der Besteuerung eingezogenen Güter kostenlos in öffentliche Güter transformiert. Es ist dann jedoch unter Wohlfahrtsaspekten bezüglich des optimalen Staatsanteils folgendes festzustellen: Sofern $\phi < 1$ gilt, ist die Grenzrate der Substitution zwischen öffentlichen und privaten Gütern betragsmäßig kleiner als die entsprechende Grenzrate der Transformation (deren Betrag ist annahmegemäß gleich Eins) – die optimale Staatsquote wäre demzufolge gleich Null. Gilt demgegenüber $\phi > 1$, ist die Grenzrate der Substitution zwischen öffentlichen und privaten Gütern betragsmäßig größer als die entsprechende Grenzrate der Transformation – die optimale Staatsquote wäre demzufolge gleich Eins. Derartige Extremfälle lassen sich nur vermeiden, wenn unterstellt wird, dass die vom Staat bereitgestellten öffentlichen Güter zwar nutzenrelevant sind, jedoch keine perfekte Substitution zwischen diesen und den von Privaten bereitgestellten Gütern möglich ist. Derartiges ist beispielsweise bei einer Periodennutzenfunktion der Form $u_t = u(c_t) + v(g_t)$ der Fall. Das optimale Versorgungsniveau mit öffentlichen Gütern in einer Periode t ist in diesem Fall dann erreicht, wenn der Grenznutzen des Konsums dem Grenznutzen der öffentlichen Güter entspricht, wenn also $u'(c_t) = v'(g_t)$ gilt. Diese optimale Lösung ließe sich dann über eine nicht verzerrende Steuer implementieren. Sofern allerdings lediglich verzerrendwirkende Steuern zur Verfügung stehen, ist es gesellschaftlich nicht wünschenswert, diese optimale Lösung anzustreben. Da die infolge der Besteuerung auftretende Verzerrung der

Allokation letztlich Wohlfahrtsverluste induziert, müssen diese dem durch das Angebot öffentlicher Güter resultierenden Wohlfahrtsgewinn gegenüber gestellt werden.

4.1.5 Staatsverschuldung

Bisher wurde lediglich der Fall betrachtet, in dem die staatlichen Ausgaben in jeder Periode den Steuereinnahmen entsprechen. Eine Verschuldung des Staates wurde damit a priori ausgeschlossen.

Im Weiteren soll nun dem Staat im betrachteten Modell auch die Möglichkeit gegeben werden, ein eventuelles Budgetdefizit durch eine Kreditaufnahme bei den privaten Haushalten zu finanzieren. Wird zur Vereinfachung unterstellt, dass lediglich Pauschalsteuern erhoben werden, kann die Budgetrestriktion des Staates folgendermaßen formuliert werden:

$$g_t + r_t^g b_t + b_t = b_{t+1} + \tau_t$$

Hierbei bezeichnet τ_t die in Periode t erhobenen Pauschalsteuern und b_t bezeichnet die in Periode t gegebene Pro-Kopf-Verschuldung für die vom Staat der Zins r_t^g zu entrichten ist. Die Ausgaben des Staates bestehen demnach aus den staatlichen Güterkäufen g_t, den Zinszahlungen für die laufende Staatsschuld $r_t^g b_t$ sowie der Rückzahlung der Staatsschuld b_t. Die Einnahmen setzen sich aus den Steuereinnahmen τ_t sowie der neuerlichen Staatsverschuldung b_{t+1} zusammen. Die Nettoneuverschuldung des Staates in Periode t ergibt sich daraufhin als $\Delta b_{t+1} = b_{t+1} - b_t$ und entspricht dem primären Defizit $g_t - \tau_t$ zuzüglich der Zinszahlungen auf die laufende Schuld $r_t^g b_t$.

Es wird im Weiteren unterstellt, dass der Zeitpfad der staatlichen Ausgaben $\{g_t\}_{t=0}^{\infty}$ exogen fixiert ist. Ebenso wird wieder unterstellt, dass die staatlichen Ausgaben nicht nutzenrelevant sind ($\phi = 0$) und auch die Produktivität nicht beeinflussen.

Es existieren im Modell nunmehr zwei Anlagealternativen zwischen denen der repräsentative Haushalt wählen kann: Zum einen kann er weiterhin in physisches Kapital investieren, zum anderen kann er einen Kreditkontrakt mit dem Staat eingehen und dessen Gläubiger werden. Daraus jedoch folgt, dass beide Anlagen im Gleichgewicht eine identische Verzinsung bieten müssen, da ansonsten entweder nicht in physisches Kapital investiert wird oder aber dem Staat keine Kreditaufnahme möglich ist. Die entsprechende Arbitragebedingung lautet für eine beliebige Periode t:

$$r_t^g = z_t - \delta = f'(k_t) - \delta = r_t$$

Aus dieser Gleichung ergibt sich zunächst, dass eine fortwährende Staatsverschuldung im hier betrachteten Modell nicht möglich ist: Wird angenommen, dass eine anfängliche Staatschuld $b_0 > 0$ vorliegt (z. B. aufgrund von Staatsausgaben in der Vorperiode) und dass für alle zukünftigen Perioden weder Staatsausgaben erfolgen noch Steuern erhoben werden, so folgt wegen $1 + r_t^g = 1 + r_t = R_t$:

$$b_{t+1} = R_t b_t$$

Wiederholtes Einsetzen ergibt:

$$b_{t+1} = (R_t R_{t-1} \cdots R_1 R_0) b_0 = \prod_{i=0}^{t} R_i b_0$$

Da im Marktgleichgewicht die Transversalitätsbedingung erfüllt sein muss, gilt allerdings $\lim_{T \to \infty} \prod_{i=0}^{T} R_i = \infty$, so dass der Schuldenstand des Staates asymptotisch über alle Grenzen wächst. Dies jedoch ist aufgrund der begrenzten Ressourcen der Ökonomie nicht möglich. Daraus folgt, dass eine fortwährende Staatsverschuldung nicht möglich ist. Ebenso wie bei den privaten Haushalten ist es dem Staat nicht möglich, Staatsausgaben ausschließlich über Kreditaufnahme zu finanzieren. Irgendwann wird der Staat also Steuern erheben müssen, um seine Schulden bei den privaten Haushalten zu tilgen. Allerdings spielt es wie gleich gezeigt wird für die resultierende Allokation keine Rolle, zu welchem Zeitpunkt diese Besteuerung erfolgt.

4.1.6   Ricardianische Äquivalenz

Da im Gleichgewicht $1 + r_t^g = R_t$ gilt, kann die Budgetrestriktion des Staates folgendermaßen umformuliert werden:

$$b_{t+1} = R_t b_t + g_t - \tau_t$$

Wiederholtes Einsetzen ergibt:

$$b_{t+1} = (R_t R_{t-1} \cdots R_1 R_0) b_0$$
$$+ [g_t - \tau_t] + R_t [g_{t-1} - \tau_{t-1}] + \cdots + (R_t R_{t-1} \cdots R_2 R_1)[g_0 - \tau_0]$$

Nach Division durch $\prod_{i=0}^{t} R_i$ resultiert:

$$\left(\prod_{i=0}^{t} R_i^{-1} \right) b_{t+1} = b_0 + (R_t R_{t-1} \cdots R_1 R_0)^{-1} [g_t - \tau_t]$$

$$+ (R_{t-1} R_{t-2} \cdots R_1 R_0)^{-1} [g_{t-1} - \tau_{t-1}) + \cdots + R_0^{-1} [g_0 - \tau_0]$$

$$= b_0 + \sum_{j=0}^{t} \left(\prod_{i=0}^{j} R_i^{-1} \right) [g_j - \tau_j]$$

Die rechte Seite dieser Gleichung zeigt den Gegenwartswert aller zukünftigen Primärdefizite des Staates zuzüglich der anfänglichen Staatschuld b_0. Da fortwährende Staatsverschuldung nicht möglich ist, muss der Grenzwert der rechten Seite für $t \to \infty$ gleich Null sein. Über alle Perioden hinweg lautet die Budgetrestriktion des Staates folglich, dass der Gegenwartswert aller zukünftigen Budgetdefizite zuzüglich der anfänglichen Staatsschuld gleich Null sein muss:

$$b_0 = \sum_{j=0}^{\infty} \left(\prod_{i=0}^{j} R_i^{-1} \right) [\tau_j - g_j]$$

Wie bereits im vorangegangen Kapital gezeigt wurde, gilt eine entsprechende Restriktion auch für die privaten Haushalte. Wird beachtet, dass das Vermögen der Haushalte nunmehr sowohl aus physischem Kapital als auch aus Ansprüchen gegenüber dem Staat besteht, und das Vermögen eines Haushalts in Periode t mit a_t bezeichnet, lautet diese Restriktion:

$$a_0 = \sum_{j=0}^{\infty} \left(\prod_{i=0}^{j} R_i^{-1} \right) [c_j + \tau_j - w_j]$$

Nun gilt allerdings, dass $a_0 = k_0 + b_0$, denn das anfängliche Vermögen besteht aus dem anfänglich gegebenen Kapitalstock sowie der anfänglich gegebenen Staatsschuld. Einsetzen der oben ermittelten Gleichung für b_0 ergibt dann als Budgetrestriktion der Haushalte:

$$a_0 = b_0 + k_0 = \sum_{j=0}^{\infty} \left(\prod_{i=0}^{j} R_i^{-1} \right) [c_j + \tau_j - w_j]$$

$$\sum_{j=0}^{\infty} \left(\prod_{i=0}^{j} R_i^{-1} \right) [\tau_j - g_j] + k_0 = \sum_{j=0}^{\infty} \left(\prod_{i=0}^{j} R_i^{-1} \right) [c_j + \tau_j - w_j]$$

$$k_0 = \sum_{j=0}^{\infty} \left(\prod_{i=0}^{j} R_i^{-1} \right) [c_j + g_j - w_j]$$

In der resultierenden Budgetrestriktion der Haushalte sind lediglich die exogen fixierten Staatsausgaben $\{g_t\}_{t=0}^{\infty}$ enthalten, nicht jedoch der Zeitpfad der Steuern bzw. der Zeitpfad der Staatsschuld. Dies bedeutet, dass es bei einem gegebenen Pfad für die Staatsausgaben völlig unbedeutend ist, wie der Staat diese Ausgaben finanziert, sofern die oben hergeleitete Budgetrestriktion eingehalten wird. Es ist insbesondere unerheblich, ob in Periode t erfolgende Ausgaben bereits in dieser Periode durch Steuern finanziert werden oder ob zunächst eine Kreditfinanzierung erfolgt und die entsprechende Staatsschuld in späteren Perioden durch Steuereinnahmen getilgt wird. Dieses Resultat wird als Ricardianisches Äquivalenztheorem bezeichnet, weil es besagt, dass Besteuerung und Staatsverschuldung im Hinblick auf die resultierende Allokation äquivalent sind.

Zu beachten ist, dass das Ricardianische Äquivalenztheorem nicht allgemeingültig ist, sondern nur unter bestimmten Voraussetzungen gilt. So gilt es beispielsweise nicht im Zusammenhang mit verzerrender Besteuerung, da im Fall einer verzerrenden Besteuerung auch der Zeitpunkt des Auftretens einer solchen Verzerrung von Bedeutung ist. Im hier betrachteten Modell gilt das Ricardianische Äquivalenztheorem folglich dann, wenn wie bisher Pauschalsteuern oder aber Steuern auf die Arbeitseinkommen bzw. Konsumsteuern betrachtet werden. Es gilt aber beispielsweise nicht im Fall einer allgemeinen Einkommensteuer, die auch Kapitaleinkommen erfasst.

4.2   Heterogenität und der repräsentative Haushalt

4.2.1   Einleitung

Üblicherweise wird das Ramsey-Modell als das Modell einer Volkswirtschaft interpretiert, in dem hinsichtlich ihrer Präferenzen und Ausstattungen völlig identische Individuen ihren optimalen Konsumpfad wählen. Diese ausgesprochen strenge Annahme lässt sich aber abschwächen. Es genügt, dass das dem Modell zugrundeliegende intertemporale Optimierungsproblem als das Optimierungsproblem eines repräsentativen Haushalts aufgefasst werden kann, dessen Entscheidungen dann stellvertretend für die Entscheidungen der nunmehr heterogenen Individuen analysiert werden.

Dieser Weg kann allerdings nur dann beschritten werden, wenn sich die heterogenen Entscheidungen der Wirtschaftssubjekte tatsächlich jederzeit so aggregieren lassen, dass sich die resultierende aggregierte Dynamik als Entscheidung eines repräsentativen Haushalts abbilden lässt. Damit dies möglich ist, sind – sofern keine speziellen Annahmen über die Verteilung der Anfangsausstattungen getroffen werden – jedoch Annahmen über die Präferenzen der Individuen erforderlich. Schließlich lässt sich die aggregierte Dynamik nur dann allein in Abhängigkeit von aggregierten bzw. durchschnittlichen Größen darstellen, wenn die Verteilung keine Rolle für diese Dynamik spielt.

4.2.2   Ein Beispiel

Zur Veranschaulichung soll zunächst ein einfaches Tauschmodell mit zwei Individuen A und B und zwei Gütern X und Y betrachtet werden. Beide Individuen verfügen über die Anfangsvermögen e^A und e^B, die jeweils in Einheiten des Gutes X ausgedrückt sind. Die Nutzenfunktionen sind durch $U^A(x, y)$ und $U^B(x, y)$ gegeben und sollen die üblichen Eigenschaften besitzen. Bezeichnet p den Preis des Gutes Y in Einheiten des Gutes X können die individuellen Optimierungsprobleme folgendermaßen formuliert werden:

$$\max_{x_A, y_A} U^A(x_A, y_A) \quad \text{u. Nb.} \quad e^A = x_A + p y_A$$

$$\max_{x_B, y_B} U^B(x_B, y_B) \quad \text{u. Nb.} \quad e^B = x_B + p y_B$$

Aus diesem Optimierungsproblem ergeben sich die individuellen Nachfragefunktionen $x^A(p, e^A)$, $y^A(p, e^A)$ sowie $x^B(p, e^B)$, $y^B(p, e^B)$ und die entsprechenden aggregierten Nachfragen $X(p, e^A, e^B) = x^A(p, e^A) + x^B(p, e^B)$ sowie $Y(p, e^A, e^B) = y^A(p, e^A) + y^B(p, e^B)$. Ein repräsentativer Haushalt ist dann ein fiktives Individuum, dessen Nachfrageentscheidung auf der Basis der aggregierten Ausstattung $e^A + e^B$ diese aggregierten Nachfragen generiert. Mit $U(x, y)$ als Nutzenfunktion des repräsentativen Haushalts sind $X(p, e^A, e^B)$ und $Y(p, e^A, e^B)$ also Lösung des Optimierungsproblems:

$$\max_{x, y} U(x, y) \quad \text{u. Nb.} \quad e^A + e^B = x + p y$$

Betrachten wir zur Illustration ein konkretes Beispiel. Dazu wird angenommen, dass die Nutzenfunktionen durch $U^A(x_A, y_A) = \ln(x_A) + \gamma_A \ln(y_A)$ sowie $U^B(x_B, y_B) = \ln(x_B) + \gamma_B \ln(y_B)$ gegeben sind. Die individuellen Nachfragen werden in diesem Fall durch die folgenden Funktionen beschrieben:

$$x^A\left(p, e^A\right) = \frac{e^A}{1 + \gamma_A}, \qquad y^A\left(p, e^A\right) = \frac{1}{p}\frac{\gamma_A e^A}{1 + \gamma_A}$$

$$x^B\left(p, e^B\right) = \frac{e^B}{1 + \gamma_B}, \qquad y^B\left(p, e^B\right) = \frac{1}{p}\frac{\gamma_B e^B}{1 + \gamma_A}$$

Es lässt sich nun recht einfach zeigen, dass die aggregierten Nachfragen aus dem Optimierungsproblem eines repräsentativen Haushalts mit der Nutzenfunktion $U(x, y) = \ln(x) + a \ln(y)$ resultieren, wenn für a folgendes gilt:

$$a = \frac{(1 + \gamma_B)\gamma_A e^A + (1 + \gamma_A)\gamma_B e^B}{(1 + \gamma_B)e^A + (1 + \gamma_A)e^B} \tag{4.7}$$

Aus (4.7) ergibt sich, dass die Präferenzen des repräsentativen Haushalts im Allgemeinen von der Verteilung der Ausstattungen über die Individuen abhängen. Nur dann, wenn $\gamma_A = \gamma_B$ gilt – also die Individuen identische Präferenzen aufweisen – ist dies nicht der Fall. Parameteränderungen, die zu Änderungen der Ausstattungen führen, werden aber in dynamischen makroökonomischen Modellen recht häufig analysiert – man denke beispielsweise an die Effekte der Besteuerung der Wirtschaftssubjekte durch den Staat. Von daher ist es selbstverständlich interessant zu ermitteln, unter welchen Bedingungen eine solche Invarianz gegeben ist. Das betrachtete Beispiel dürfte aber bereits deutlich gemacht haben, dass die hierfür erforderlichen Bedingungen recht restriktiv sein werden.[4]

Allgemein erfordert die Invarianz der aggregierten Nachfragen bezüglich der Verteilung der Ausstattungen, dass die Engel-Kurven bzw. Einkommens-Konsum-Kurven aller Individuen parallele Geraden sind. Dies ist dann und nur dann der Fall, wenn die indirekten Nutzenfunktionen der Wirtschaftssubjekte vom Gorman-Typ sind (Mas-Colell et al. 1995): Die indirekten Nutzenfunktionen sind dann linear im Vermögen, wobei der entsprechende Koeffizient des Vermögens für alle Individuen identisch ist.

4.2.3 Aggregation im Ramsey-Modell

Im Rahmen des Ramsey-Modells ist diese Aggregationseigenschaft gegeben, wenn die Konsumnachfragen der Individuen linear im Lebenseinkommen sind, was dann der Fall ist, wenn die Präferenzen der Individuen quasi-homothetisch sind (Chatterjee 1994). Das

---

[4]Dies führt zu nicht ganz unberechtigter Kritik an der auf einem repräsentativen Wirtschaftssubjekt beruhenden makroökonomischen Theorie und den daraus resultierenden Schlussfolgerungen. Vgl. dazu z. B. Kirman (1992).

ist unter anderem dann der Fall, wenn die Periodennutzenfunktion der Wirtschaftssubjekte die folgende CRRA-Form hat:[5]

$$u(c_t) = \begin{cases} \frac{c_t^{1-\rho}-1}{1-\rho}, & \rho > 0 \\ \ln c_t, & \rho = 1 \end{cases} \qquad (4.8)$$

ρ ist hierbei wieder ein Parameter, der die Konkavität der Periodennutzenfunktion und damit das Ausmaß bestimmt, in dem die Individuen an einer intertemporalen Glättung ihres Konsumpfades interessiert sind: $1/\rho$ ist die intertemporale Substitutionselastizität des Konsums. Im stochastischen Modellkontext ist ρ gleichzeitig das Maß der individuellen relativen Risikoaversion.

4.2.4 Dynamik des aggregierten Vermögens

Betrachten wir nun ein Ramsey-Modell mit einem Kontinuum $[0, 1]$ von Individuen, deren Nutzenfunktion jeweils durch (4.8) gegeben ist, und die sich lediglich hinsichtlich ihrer Anfangsausstattung mit Kapital unterscheiden. Es ist $k(i)_t$ der Kapitalstock des Individuums i in Periode t und $c(i)_t$ bezeichnet den Konsum von Individuum i in Periode t.

Im Aggregat ergeben sich dann in Periode t der Kapitalstock $k_t = \int_0^1 k(i)_t \, di$ und der Konsum $c_t = \int_0^1 c(i)_t \, di$. Aufgrund der über die Nutzenfunktion getroffenen Annahmen, kann die aggregierte Dynamik des Modells unabhängig von der jeweiligen Einkommens- bzw. Vermögensverteilung analysiert werden. Die Zeitpfade von c_t und k_t können demnach als Lösung des bereits im vorangegangenen Kapitel analysierten intertemporalen Optimierungsproblems des repräsentativen Individuums, das über das Durchschnittsvermögen k_t verfügt, ermittelt werden.

$$\max_{\{c_t\}_{t=0}^{\infty}, \{k_{t+1}\}_{t=0}^{\infty}} \sum_{t=0}^{\infty} \beta^t u(c_t) \qquad (4.9)$$

$$\text{u. Nb.} \quad k_{t+1} = f(k_t) + (1-\delta)k_t - c_t$$

$$k_0 > 0$$

Die Zeitpfade von c_t und k_t sind daher Lösungen der folgenden Euler-Gleichung und Budgetrestriktion:

---

[5]In der Tat ist die Klasse der Nutzenfunktionen $u(c_t)$, die diese angenehme Aggregationseigenschaft des Modells begründen, größer. Sie umfasst neben den hier dargestellten Nutzenfunktionen vom CRRA-Typ auch solche vom HARA als auch vom CARA-Typ (Pollak 1971). Jedoch sind nur Nutzenfunktionen vom CRRA-Typ mit Steady-State-Wachstum vereinbar (King et al. 2002), weil in diesem Fall die intertemporale Substitutionselastizität des Konsums unabhängig vom Konsumniveau ist. Da zudem die meisten Anwendungen dynamischer Makromodelle eine CRRA-Funktion unterstellen, beschränkt sich die gesamte folgende Darstellung auf diese Klasse von Nutzenfunktionen.

$$c_{t+1} = c_t [\beta R_{t+1}]^{\frac{1}{\rho}} \tag{4.10a}$$

$$k_{t+1} = f(k_t) + (1 - \delta)k_t - c_t \tag{4.10b}$$

Über diese beiden Bedingungen hinaus müssen die optimalen Zeitpfade für den Konsum und das Vermögen die Transversalitätsbedingung erfüllen:

$$\lim_{T \to \infty} k_{T+1} \left(\prod_{t=0}^{T} R_t \right)^{-1} = 0,$$

wobei $R_{t+1} = f'(k_{t+1}) + 1 - \delta$ der Realzinsfaktor ist.

Uns interessiert nun die Frage, wie sich neben dieser von der Vermögensverteilung völlig unabhängigen Makrodynamik die Verteilung des Vermögens auf die Individuen im Zeitablauf entwickelt. Bevor diese Frage beantwortet wird, soll jedoch zunächst analysiert werden, welche Restriktionen bezüglich der langfristigen Vermögensverteilung aus dem stationären Gleichgewicht des Ramsey-Modells abgeleitet werden können.

4.2.5 Langfristiges Gleichgewicht

Für die Analyse des langfristigen Gleichgewichts kann auf die oben hinsichtlich der Präferenzen der Individuen getroffene Annahme verzichtet werden. Es ist nicht einmal erforderlich, dass die Periodennutzenfunktionen identisch sind, so dass im Weiteren $u_i(c(i)_t)$ die Periodennutzenfunktion des Individuums i bezeichnet.

Unterstellen wir, dass in einem Ramsey-Modell mit heterogenen Individuen ein Steady-State vorliegt, so impliziert dies wegen der Euler-Gleichung, dass der Konsum eines jeden Individuums im Zeitablauf unverändert bleibt:

$$\frac{u_i'(c(i)_t)}{u_i'(c(i)_{t+1})} = \beta R^* = 1 \tag{4.11}$$

Es sei nun $c(i)^*$ der Konsum des Individuums i im stationären Gleichgewicht. Der Steady-State-Zinsfaktor R^* ist aufgrund der über die Produktionsfunktion getroffenen Annahmen nur mit einem einzigen Kapitalstock k^* vereinbar. Für k^* gilt:

$$f'(k^*) + 1 - \delta = R^* = \frac{1}{\beta} \tag{4.12}$$

Sofern sich der individuelle Konsum nicht verändert und der aggregierte Kapitalstock ebenfalls unverändert bleibt, ergibt sich aus der individuellen Budgetrestriktion für das Vermögen die folgende Gleichung:

$$k(i)_{t+1} = w^* + R^* k(i)_t - c(i)^* \tag{4.13}$$

Ein stationäres Individualvermögen $k(i)^*$ ist daher Lösung von:

$$c(i)^* = w^* + (R^* - 1)k(i)^* \tag{4.14}$$

Die Gleichungen (4.11)–(4.14) besagen letztlich, dass ein stationäres Gleichgewicht im Ramsey-Modell mit jeder beliebigen Vermögensverteilung vereinbar ist. Bei gegebenem aggregierten Vermögen k^* kann dies beliebig auf die Individuen verteilt werden, deren stationärer Konsum sich dann gemäß (4.14) ergibt. Diese Eigenschaft des Ramsey-Modells, auf die Bliss (2004) aufmerksam gemacht hat, bedeutet, dass über die langfristige Vermögensverteilung im Ramsey-Modell a priori keinerlei Aussage möglich sind.[6]

Zu beachten ist, dass eine stationäre Lösung des Ramsey-Modells auch durchaus mit negativen Vermögenswerten, also einer Verschuldung, für einige Individuen vereinbar ist. Ein positives Durchschnittsvermögen in der stationären Lösung des Ramsey-Modells kann auch dann vorliegen, wenn einige Individuen Schuldner sind. Wie aus Gl. (4.14) hervorgeht, ergibt sich – einen positiven langfristigen Realzins R^*-1 vorausgesetzt – $c(i)^* < w^*$, sofern ein Individuum i im langfristigen Gleichgewicht ein Schuldner ist. Das Individuum muss in diesem Fall einen Teil seines Lohneinkommens für Zinszahlungen auf seine Schulden verwenden, so dass der stationäre Konsum $c(i)^*$ geringer als sein Lohneinkommen w^* ausfällt.

Für ein Wirtschaftssubjekt, das im stationären Gleichgewicht ein Schuldner ist, ergibt sich daher, dass dessen Konsumquote – die Relation von Konsumausgaben $c(i)$ und laufendem Nettoeinkommen $y(i)^* = w^* + (R^*-1)k(i)^*$ – im langfristigen Gleichgewicht kleiner ist als seine Lohneinkommensquote $w^*/y(i)^*$.

Entsprechend gilt bei einem Vermögen von null die Gleichheit der beiden Quoten, wogegen ein positives langfristiges Vermögen impliziert, dass auf individueller Ebene die Konsumquote größer als die Lohneinkommensquote ist.

Während auf der individuellen Ebene eine Verschuldung durchaus zulässig ist, ist dies – in einer geschlossenen Volkswirtschaft – auf der aggregierten Ebene ausgeschlossen. Die Restriktion eines langfristig positiven Durchschnittsvermögens $k^* > 0$ impliziert damit letztlich, dass die gesamtwirtschaftliche Konsumquote größer sein muss als die Lohneinkommensquote. Wird (4.14) über alle Individuen integriert, so ergibt sich:

$$c^* = \int_0^1 c(i)^* \, di = w^* + \left(R^* - 1\right) \int_0^1 k(i)^* \, di = w^* + \left(R^* - 1\right)k^* \qquad (4.15)$$

Somit ist die Restriktion $k^* > 0$ nur dann erfüllt, wenn $c^* < w^*$ gilt.

4.2.6 Dynamik des individuellen Vermögens

Betrachten wird nun die Dynamik des Individualvermögens. Wenn die Budgetrestriktion $k(i)_{t+1} = R_t k(i)_t + w_t - c(i)_t$ wiederholt ineinander eingesetzt wird, lässt sich das Ver-

---

[6]Dies bedeutet, dass es neben den Modelleigenschaften auch von der Ausgangsverteilung abhängt, welche Vermögensverteilung sich im Modell langfristig einstellt und wie groß die Ungleichheit im stationären Gleichgewicht ist.

mögen einer in der Zukunft liegenden Periode $T + 1 > t$ rekursiv wie folgt ermitteln:

$$k(i)_{T+1} = \prod_{s=t}^{T} R_s k(i)_t + \prod_{s=t+1}^{T} R_s \big[w_t - c(i)_t\big] + \cdots$$

$$+ R_T \big[w_{T-1} - c(i)_{T-1}\big] + \big[w_T - c(i)_T\big] \tag{4.16}$$

Wird auf beiden Seiten durch $\prod_{s=t+1}^{T} R_s$ dividiert und beachtet, dass ein optimaler Plan $(\prod_{s=t}^{T} R_s)^{-1} k(i)_{T+1} = 0$ verlangt, so resultiert als Budgetrestriktion über den Zeithorizont T:

$$R_t k(i)_t + w_t + \frac{w_{t+1}}{R_{t+1}} + \cdots + \frac{w_T}{R_{t+1} \cdots R_T} = c(i)_t + \frac{c(i)_{t+1}}{R_{t+1}} + \cdots + \frac{c(i)_T}{R_{t+1} \cdots R_T} \tag{4.17}$$

Nun ergibt sich aus der Euler-Gleichung für den optimalen Konsumpfad, dass $c(i)_{t+1} = (\beta R_{t+1})^{1/\rho} c(i)_t$ bzw.:

$$c(i)_{t+s} = \beta^{s/\rho} (R_{t+1} \cdots R_{t+s})^{1/\rho} c(i)_t \tag{4.18}$$

Zu beachten ist, dass die Euler-Gleichung für den optimalen Konsumpfad impliziert, dass der Konsum aller Individuen mit jeweils identischer – wenn auch nicht im Zeitablauf konstanter – Rate wächst. Somit bleibt die Verteilung des Konsums auf die Individuen im Zeitablauf unverändert. Dieses Resultat ist letztlich der oben über die Nutzenfunktion getroffenen Annahme geschuldet.

Es bezeichnet nun $\mathcal{W}_t$ den Gegenwartswert zukünftiger Lohneinkommen:

$$\mathcal{W}_t = \frac{w_{t+1}}{R_{t+1}} + \cdots + \frac{w_T}{R_{t+1} \cdots R_T} \tag{4.19}$$

Des Weiteren sei μ_t folgendermaßen definiert:

$$\mu_t = 1 + \beta^{1/\rho} R_{t+1}^{1/\rho - 1} + \beta^{2/\rho} (R_{t+1} R_{t+2})^{1/\rho - 1}$$

$$+ \cdots + \beta^{T/\rho} (R_{t+1} R_{t+2} \cdots R_T)^{1/\rho - 1} \tag{4.20}$$

$1/\mu_t$ gibt hierbei den Anteil des Gegenwartswertes des Einkommens wieder, den das Individuum für den Konsum in Periode t verwendet.[7]

Betrachten wir nun zunächst den Gegenwartswert des Vermögens des Individuums i in Periode t. Dieser Gegenwartswert des Vermögens besteht aus der Summe des laufenden Kapital- und Lohneinkommens zuzüglich des Gegenwartswertes der zukünftigen Lohneinkommen. Wird diese Größe mit $Y(i)_t$ bezeichnet, so gilt:

$$Y(i)_t = R_t k(i)_t + w_t + \mathcal{W}_t \tag{4.21}$$

---

[7]Dies ergibt sich aus (4.17) unter Verwendung der Euler-Gleichung (4.18) und der Definitionen von $\mathcal{W}_t$ sowie μ_t.

Der optimale Konsumplan eines Individuums i impliziert dann, dass der Anteil $1/\mu_t$ dieses Gegenwartswertes in Periode t für den Konsum verwendet wird.

$$c(i)_t = \frac{1}{\mu_t} Y(i)_t \tag{4.22}$$

Da aufgrund der homothetischen Präferenzen alle Individuen mit identischer Rate aus dem Gegenwartswert ihres Vermögens $Y(i)_t$ konsumieren bzw. sparen, muss der Gegenwartswert des Vermögens für alle Individuen im Zeitablauf mit identischer – aber nicht notwendigerweise auch konstanter – Rate wachsen. Einsetzen der Konsumfunktion (4.22) in Gl. (4.21) ergibt zusammen mit der Budgetrestriktion $k(i)_{t+1} = R_t k(i)_t + w_t - c(i)_t$:

$$Y(i)_{t+1} = R_{t+1}\left(1 - \frac{1}{\mu_t}\right) Y(i)_t \tag{4.23}$$

Der Gegenwartswert des Vermögens $Y(i)_t$ wächst demzufolge für alle Individuen unabhängig von der Ausgangsverteilung mit der identischen Rate $R_{t+1}(1 - 1/\mu_t) - 1$. Da sich R_{t+1} und auch μ_t während der Anspassung an die stationäre Lösung im Zeitablauf ändern können, wird sich zwar auch diese Wachstumsrate im Zeitablauf ändern, jedoch bleibt die Ausgangsverteilung des Gegenwartswertes des Vermögens auf die Individuen im Zeitablauf unverändert.

Das Ramsey-Modell mit repräsentativem Haushalt führt demnach zu Aussagen über die Invarianz der Verteilung bestimmter ökonomischer Größen. Sowohl die Verteilung des Konsums als auch die Verteilung des Gegenwartswertes des Vermögens auf die Individuen bleiben im Zeitablauf unverändert. Hinsichtlich dieser Größen ändert sich also eine ursprünglich vorliegende Ungleichheit im Zeitablauf nicht.

Während sich die Verteilung des Gegenwartswertes des Vermögens $Y(i)_t$ im Zeitablauf nicht verändert, kann die Verteilung des Vermögens $k(i)_t$ auf die Individuen im Zeitablauf durchaus Änderungen unterworfen sein. Hinsichtlich der zeitlichen Entwicklung des individuellen Vermögens ergibt sich aus der Konsumfunktion (4.22) und der Budgetrestriktion $k(i)_{t+1} = R_t k(i)_t + w_t - c(i)_t$:

$$k(i)_{t+1} = \left(1 - \frac{1}{\mu_t}\right) R_t k(i)_t + \left(1 - \frac{1}{\mu_t}\right) w_t - \frac{1}{\mu_t} \mathscr{W}_t \tag{4.24}$$

Integration ergibt schließlich für das aggregierte Vermögen:

$$k_{t+1} = \left(1 - \frac{1}{\mu_t}\right) R_t k_t + \left(1 - \frac{1}{\mu_t}\right) w_t - \frac{1}{\mu_t} \mathscr{W}_t \tag{4.25}$$

Die Gleichungen (4.24) und (4.25), welche die zeitliche Entwicklung des Individual- und des Durchschnittsvermögens beschreiben, können nun verwendet werden, um die Entwicklung der Vermögensverteilung zu analysieren.

Bezeichnet $a(i)_t = \frac{k(i)_t}{k_t}$ die Relation des Vermögens von Individuum i zum Durchschnittsvermögen k_t, so ergibt sich:

$$a(i)_{t+1} - a(i)_t = \underbrace{\left(\frac{w_t[\mu_t - 1] - \mathscr{W}_t}{\mu_t k_{t+1}} \right)}_{\equiv Q_t} \left[1 - a(i)_t \right] \tag{4.26}$$

Gleichung (4.26) erlaubt es, Aussagen über Konvergenz bzw. Divergenz der Vermögen abzuleiten. Sofern beispielsweise $Q_t > 0$ gilt, folgt aus (4.26), dass der Vermögensanteil eines unterdurchschnittlich vermögenden Individuums $(1 - a(i)_t > 0)$ zwischen den Perioden t und $t + 1$ wächst, wogegen derjenige eines überdurchschnittlich vermögenden Individuums $(1 - a(i)_t < 0)$ sinkt.

Von Relevanz für die Entwicklung der Vermögensverteilung ist demnach der Ausdruck $Q_t = \frac{w_t[\mu_t - 1] - \mathscr{W}_t}{\mu_t k_{t+1}}$. Ein Problem bei der Analyse der zeitlichen Entwicklung der Vermögensverteilung ist jedoch, dass es sich bei Gl. (4.26) um eine nichtautonome Differenzengleichung in $a(i)_t$ handelt. Der Ausdruck Q_t ändert sich unter Umständen während der Anpassung an die stationäre Lösung von Periode zu Periode, so dass der gesamte Zeitpfad $Q_t, Q_{t+1}, \dots$ herangezogen werden muss, um eine mögliche Konvergenz oder Divergenz der Vermögensverteilung im Verlauf des Anpassungsprozesses nachweisen zu können. Die Konvergenz des Durchschnittsvermögens gegen den stationären Wert k^* impliziert zunächst einmal nur, dass $\lim_{j \to \infty} Q_{t+j} = Q^* = 0$ gilt. Dies lässt sich zum einen mit den bereits oben abgeleiteten Eigenschaften der stationären Lösung des Ramsey-Modells begründen, folgt aber zum anderen auch aus der Tatsache, dass – wie sich einfach zeigen lässt – eine stationäre Lösung $w^*(\mu^* - 1) - \mathscr{W}^* = 0$ impliziert. Ließe sich beispielsweise nachweisen, dass Q_t während der gesamten Dauer der Anpassung an die stationäre Lösung des Ramsey-Modells positiv ist, könnte geschlussfolgert werden, dass die Anpassungsdynamik mit einer Konvergenz der Vermögen bzw. einer Abnahme der Vermögensungleichheit einhergeht.[8]

Analytische Aussagen über Q_t lassen sich leider nur für Spezialfälle des Ramsey-Modells ermitteln. So ergibt sich im Spezialfall einer logarithmischen Nutzenfunktion $(\rho = 1)$:[9]

$$\frac{c_t}{k_{t+1}} - \frac{c_{t-1}}{k_t} = \frac{c_{t-1}}{k_t}[-Q_t] \tag{4.27}$$

Wenn also das Verhältnis zwischen dem Konsum und dem Kapitalstock der Folgeperiode zwischen den Perioden t und $t + 1$ sinkt, ist Q_t positiv (und vice versa). Nun lassen sich derartige Aussagen über die zeitliche Entwicklung von $\frac{c_t}{k_{t+1}}$ durchaus aus dem Ramsey-Modell ermitteln. Beispielsweise gilt unter der Annahme vollständiger Abschreibungen $(\delta = 1)$ und einer Cobb-Douglas-Produktionsfunktion $f(k_t) = k_t^\alpha$, dass dieses Ver-

---

[8]Konvergenz resultiert auch dann nur in den Perioden, in denen $Q_t < 2$ gilt. Da jedoch nur in einer endlichen Anzahl von Perioden $Q_t > 2$ gelten kann, da asymptotisch $Q_t \to 0$ gilt, ändert derartiges nichts an der Konvergenz der Verteilung.

[9]Wegen $c_t = \beta R_t c_{t-1}$ gilt $\frac{c_t}{k_{t+1}} - \frac{c_{t-1}}{k_t} = \frac{c_{t-1}}{k_t}[\frac{\beta R_t k_t}{k_{t+1}} - 1]$. Zudem ergibt sich mit $\rho = 1$, dass $\mu_t = \frac{1}{1-\beta}$ für alle t. Unter Verwendung dieser Beziehung ergibt das Einsetzen von (4.25) in den obigen Ausdruck dann (4.27).

hältnis im Zeitablauf konstant ist.[10] In diesem Fall ergibt sich demnach $Q_t = 0$ für alle t und die anfängliche Vermögens- bzw. Einkommensverteilung bleibt während der Anpassung an die stationäre Lösung unverändert. In diesem Spezialfall des Ramsey-Modells würde sich also weder die Verteilung des Konsums noch die des Vermögens oder die des Gegenwartswertes des Vermögens im Zeitablauf ändern.

Die bisher abgeleiteten Resultate bezüglich der Dynamik der Vermögensverteilung können direkt auf die Einkommensverteilung übertragen werden. Wird das Faktoreinkommen eines Individuums in Periode t mit $y(i)_t$ bezeichnet, so gilt:

$$y(i)_t = f'(k_t)k(i)_t + \big(f(k_t) - f'(k_t)k_t\big) = f'(k_t)k(i)_t + w_t$$

Wird die Relation zum Durchschnittseinkommen $y(i)_t/y_t$ mit $b(i)_t$ bezeichnet, so folgt wegen $y_t = f(k_t)$:

$$b(i)_t = \frac{1}{y_t}\big(f'(k_t)a(i)_t k_t + w_t\big)$$

$$= \frac{1}{y_t}\big(f'(k_t)k_t + w_t + \big(a(i)_t - 1\big)f'(k_t)k_t\big)$$

$$= 1 + \frac{f'(k_t)k_t}{f(k_t)}\big(a(i)_t - 1\big)$$

$$\Leftrightarrow \quad \big(b(i)_t - 1\big) = \varepsilon_K(k_t)\big(a(i)_t - 1\big)$$

Hierbei bezeichnet $\varepsilon_K(k_t)$ die partielle Produktionselastizität des Kapitals bzw. die Kapitaleinkommensquote in Periode t. Da $0 < \varepsilon_K(k_t) < 1$ gilt, konvergiert die Einkommensverteilung immer dann, wenn auch die Vermögensverteilung konvergiert (und vice versa).

Wie oben erwähnt, lassen sich analytische Aussagen zur Konvergenz bzw. Divergenz der Einkommens- und Vermögensverteilung im Ramsey-Modell nur für Spezialfälle ermitteln. Caselli und Ventura (2000) betrachten eine zeitstetige Version des hier betrachteten Modells und sind dadurch in der Lage, solche Resultate abzuleiten. Diese Resultate sind zwar nicht direkt auf den hier vorliegenden zeitdiskreten Fall übertragbar, geben aber zumindest einige Hinweise darauf, welche Bedingungen für eine Konvergenz bzw. Divergenz wohl erfüllt sein müssen.

4.2.7 Individuell unterschiedliche Produktivitäten

Bisher wurde lediglich die anfängliche Kapitalausstattung der Individuen als unterschiedlich unterstellt. Es ist allerdings durchaus möglich, das bisher betrachtete Modell um den

---

[10]Mit $\rho = 1$ und $\delta = 1$ entwickelt sich der Kapitalstock während der Anpassung an die stationäre Lösung gemäß der Differenzengleichung $k_{t+1} = \alpha\beta k_t^\alpha$. Entsprechend gilt $c_t = k_t^\alpha - \alpha\beta k_t^\alpha = (1 - \alpha\beta)k_t^\alpha$ und daher $\frac{c_t}{k_{t+1}} = \frac{1-\alpha\beta}{\alpha\beta}$.

Aspekt individuell unterschiedlicher Arbeitsproduktivitäten zu erweitern. Die Einkommensunterschiede zwischen den Individuen beruhen dann nicht mehr nur auf unterschiedlichen Vermögensniveaus, sondern auch auf unterschiedlichen Lohneinkommen.

Im Weiteren sei $\chi(i)$ die Produktivität des Individuums i, wobei unterstellt wird, dass $\int_0^1 \chi(i)\, di = 1$ gilt und die Produktivität eines Individuums im Zeitablauf konstant ist. Das Lohneinkommen eines Individuums i in Periode t ist dann $\chi(i)w_t$ und die Bewegungsgleichung für das individuelle Vermögen (4.28) wird zu:

$$k(i)_{t+1} = \left(1 - \frac{1}{\mu_t}\right) R_t k(i)_t + \left(1 - \frac{1}{\mu_t}\right) \chi(i) w_t - \frac{1}{\mu_t} \chi(i) \mathcal{W}_t \tag{4.28}$$

Zusammen mit der unveränderten Bewegungsgleichung für das durchschnittliche Vermögen (4.25) ergibt sich daraus die folgende Bewegungsgleichung für den Vermögensanteil $a(i)_t$:

$$a(i)_{t+1} = Q_t \chi(i) + (1 - Q_t) a(i)_t \tag{4.29}$$

An den Aussagen über die Konvergenz bzw. Divergenz der Vermögensverteilung ändert sich dadurch wenig. Ebenso wie im Fall homogener Produktivität bleibt die Vermögensverteilung im langfristigen Gleichgewicht, wenn $Q^* = 0$ gilt, unverändert. Allerdings impliziert die Heterogenität der Individuen bezüglich ihrer Produktivität, dass selbst im Fall der tendenziellen Konvergenz der Vermögensverteilung, die langfristig resultierende Verteilung auch bei identischer Ausgangsverteilung des Vermögens ungleicher ist als bei identischer individueller Produktivität.

4.2.8 Wohlfahrtsanalysen

Der hier betrachtete Modellrahmen mit individuellen Präferenzen vom Gorman-Typ erlaubt nicht nur die exakte Aggregation im Fall heterogener Anfangsausstattungen der Individuen. Es ist in diesem Rahmen auch relativ einfach möglich, Aussagen über die Verteilungswirkungen von Politikmaßnahmen u.ä. zu analysieren. Dies soll im Folgenden kurz dargestellt werden, wobei auch auf einige Aspekte und Probleme der Wohlfahrtstheorie eingegangen wird. Den Ausgangspunkt hierfür bildet das im vorangegangenen Abschnitt betrachtete Modell mit heterogener Kapitalausstattung und heterogener Produktivität.

In Analogie zum Modell, in dem lediglich Heterogenität bezüglich der Kapitalausstattung existiert, bleibt auch hier das Verhältnis der Lebensnutzen verschiedener Individuen im Zeitablauf konstant. Zunächst ergibt sich für das Lebenseinkommen eines Individuums wie zuvor, dass

$$Y(i)_0 = R_0 k_0 a(i) + \chi(i)(w_0 + \mathcal{W}_0) \tag{4.30a}$$

$$Y(i)_t = R_{t+1}\left(1 - \frac{1}{\mu_t}\right) Y(i)_t \tag{4.30b}$$

Wird das Lebenseinkommen des repräsentativen Individuums mit $a(i) = 1$ und $\chi(i) = 1$ in t mit Y_t bezeichnet, so gilt:

$$\frac{Y(i)_t}{Y_t} = \frac{R_0 k_0 a(i)_0 + \chi(i)(w_0 + \mathscr{W}_0)}{R_0 k_0 + w_0 + \mathscr{W}_0} \equiv \kappa(i) \tag{4.31}$$

Wesentlich ist, dass $\kappa(i)$ nur über die Individuen hinweg, nicht jedoch im Zeitablauf variiert. Da jedes Individuum gemäß (4.22) in t einen konstanten Bruchteil μ_t seines Lebenseinkommens $Y(i)_t$ konsumiert, ist der Konsum eines jeden Individuums proportional zum Konsum c_t des repräsentativen Haushalts. Zusammen mit (4.31) folgt aus (4.22):

$$c(i)_t = \frac{1}{\mu_t} Y(i)_t = \kappa(i) c_t$$

Im hier unterstellten Fall einer Periodennutzenfunktion vom CRRA-Typ ergibt sich daher für den Lebensnutzen $U(i)_0$, dass:

$$U(i)_0 = \sum_{t=0}^{\infty} \beta^t \frac{c(i)_t^{1-\rho}}{1-\rho} = \sum_{t=0}^{\infty} \beta^t \frac{(\kappa(i) c_t)^{1-\rho}}{1-\rho}$$

$$= \kappa(i)^{1-\rho} U_0 \tag{4.32}$$

Hierbei bezeichnet U_0 den Lebensnutzen des repräsentativen Haushalts. An den Lebensnutzenrelationen zweier beliebiger Individuen ändert sich daher aufgrund der Konstanz von $\kappa(i)$ im Zeitablauf nichts.

Die relativen Nutzenpositionen der Individuen ändern sich demzufolge im Zeitablauf nicht, selbst wenn die makroökonomische Dynamik insgesamt mit einer Konvergenz der Einkommens- oder Vermögensverteilung einhergeht.[11] Das hier betrachtete Modell mikrofundierte Modell zeigt also zunächst, dass es im dynamischen Kontext nicht ganz so einfach ist, ein zeitpunkt- bzw. periodenbezogenes Verteilungsmaß zu Wohlfahrtsaussagen heranzuziehen. Die im dynamischen Kontext relevante Größe ist das Lebenseinkommen eines Individuums. Aus der Ungleichverteilung dieser Größe lassen sich gegebenenfalls Rückschlüsse auf die gesellschaftliche Wohlfahrt bzw. über deren Verteilung ziehen. Ausgehend von der Verteilung der Periodeneinkommen ist das aber in der Regel nicht möglich.

Stellen wir uns nun vor, zum Zeitpunkt $t = 0$ könnte eine Politikmaßnahme – nennen wir es eine Reform – durchgeführt werden, in deren Folge sich die Preise und damit R_0, w_0 und auch $\mathscr{W}_0$ ändern. Der aggregierte Kapitalstock in $t = 0$ ist weiterhin durch k_0 gegeben, ebenso ist die Verteilung des Vermögens über die Individuen – und damit $a(i)$ für alle i – zum Zeitpunkt $t = 0$ gegeben. Zur Vereinfachung der Darstellung wird

---

[11]Dieses Resultat mag ein wenig befremdlich erscheinen, da man es den Theoremen von Atkinson oder Shorrocks folgend ja gewohnt ist, aus einer sinkenden Ungleichheit auf einen Anstieg der Wohlfahrt zu schließen. Zu beachten ist jedoch, dass hier die Ungleichheit bezüglich der Verteilung der Ausstattungen die relevante Bezugsgröße ist. Sofern diese sinkt, steigt – wie unten noch deutlich wird – auch die Wohlfahrt.

im Weiteren lediglich Heterogenität bzgl. der Vermögen zugelassen, die Individuen sind also hinsichtlich ihrer Arbeitsproduktivitäten homogen.[12] Kennzeichnen wir die in Folge der Reform veränderten Preise und die sich daraus ergebenden Lebensnutzen jeweils mit einem Apostroph ($\prime$), so folgt in Analogie zu (4.32):

$$U'(i)_0 = \sum_{t=0}^{\infty} \beta^t \frac{c'(i)_t^{1-\rho}}{1-\rho} = \sum_{t=0}^{\infty} \beta^t \frac{(\kappa'(i)c'_t)^{1-\rho}}{1-\rho}$$

$$= \kappa'(i)^{1-\rho} U'_0 \qquad (4.33)$$

Uns interessiert nun, ob diese Reform zu einem gesellschaftlichen Wohlfahrtsgewinn führt und inwieweit die heterogenen Individuen durch diese Reform in ihren Nutzenpositionen unterschiedlich beeinflusst werden. Bezüglich des gesellschaftlichen Wohlfahrtseffekts kann auf das Kaldor-Hicks-Kriterium zurückgegriffen werden. Bei diesem Kompensationskriterium wird überprüft, ob eine Umverteilung des Lebenseinkommens in der Ausgangsituation über alle Individuen hinweg möglich ist, die alle Individuen besser oder mindestens genauso gut stellt wie in der Reformsituation.[13]

Um dieses Wohlfahrtsmaß zu bestimmen, ist es sinnvoll, die in (4.32) bzw. (4.33) aufgeführten Nutzenwerte zu transformieren, was aufgrund der ordinalen Nutzenmessung unproblematisch ist. Es sei $\tilde{U}(i)_t = ((1-\rho)U(i)_t)^{1/(1-\rho)}$ und entsprechend $\tilde{U}'(i)_t = ((1-\rho)U'(i)_t)^{1/(1-\rho)}$. Dann folgt aus (4.32) und (4.33):

$$\tilde{U}(i)_0 = \kappa(i)\tilde{U}_0 \qquad (4.34a)$$

$$\tilde{U}'(i)_0 = \kappa'(i)\tilde{U}'_0 \qquad (4.34b)$$

Bezeichnet nun $m(i)$ die Änderung des Lebenseinkommens von Individuum i in der Ausgangsituation, die erforderlich ist, um Indifferenz zwischen der Ausgangs- und der Reformsituation herzustellen, so folgt aus der Definition von $\kappa(i)$ in (4.31) für $m(i)$:

$$\tilde{U}_0 \left(\frac{m(i)}{R_0 k_0 + w_0 + \mathscr{W}_0} + \kappa(i) \right) = \kappa'(i)\tilde{U}'_0$$

$$\Leftrightarrow \quad \frac{m(i)}{R_0 k_0 + w_0 + \mathscr{W}_0} = \kappa'(i)\frac{\tilde{U}'_0}{\tilde{U}_0} - \kappa(i) \qquad (4.35)$$

Ein Transfer von Lebenseinkommen über die Individuen hinweg, der den Nutzen aller Individuen mindestens auf dem Niveau nach der Reform belässt, ist möglich, wenn $m =$

---

[12]Keines der im Folgenden dargestellten Resultate wird hierdurch beeinflusst. Diese sind auch im Fall heterogener Arbeitsproduktivitäten gültig.

[13]Hier wird die äquivalente Variation herangezogen, um Wohlfahrtsaussagen abzuleiten. Alternativ kann die kompensierende Variation betrachtet werden, die nach den Transfers fragt, welche in der Reformsituation erfolgen müssten, um mindestens Indifferenz zu erzeugen. Im vorliegenden Modellrahmen mit Präferenzen vom Gorman-Typ liefern beide Kriterien – wie noch gezeigt wird – identische Antworten.

$\int_0^1 m(i)\,di \leq 0$ gilt. In diesem Fall wäre mit der Reform demnach ein gesellschaftlicher Wohlfahrtsverlust verbunden. Umgekehrt kennzeichnet $m > 0$ eine Situation, in der die Reform zu einem gesellschaftlichen Wohlfahrtsgewinn führt.

Aus (4.35) ergibt sich für m wegen $\int_0^1 \kappa(i)\,di = 1$ und $\int_0^1 \kappa'(i)\,di = 1$ sowie (4.34a) und (4.34b), dass:

$$\frac{m}{R_0 k_0 + w_0 + \mathscr{W}_0} = \frac{\tilde{U}'_0}{\tilde{U}_0} - 1 = \left(\frac{U'_0}{U_0}\right)^{\frac{1}{1-\rho}} - 1 \qquad (4.36)$$

Wird dagegen die kompensierende Variation betrachtet, also nach der Änderung des Lebenseinkommens $m'(i)$ für ein Individuum i in der Reformsituation gefragt, die Indifferenz zur Ausgangssituation herstellt, ergibt sich das gleiche Resultat. Mit $m' = \int_0^1 m'(i)\,di$ ergibt sich:

$$\frac{m'}{R'_0 k_0 + w'_0 + \mathscr{W}'_0} = -\frac{m}{m + R_0 k_0 + w_0 + \mathscr{W}_0} \qquad (4.37)$$

Somit gilt $m' \leq 0$, wann immer $m \geq 0$. Beide Varianten des Kompensationskriteriums liefern demnach bezüglich des Vorzeichens der gesellschaftlichen Wohlfahrtseffekte identische Antworten.

Wann immer der Lebensnutzen des repräsentativen Haushalts infolge der Reform ansteigt, so dass $\tilde{U}'_0/\tilde{U}_0 > 1$ bzw. $U'_0/U_0 > 1$ gilt, ergibt sich demnach gemäß (4.36) bzw. (4.37), dass $m > 0$ bzw. $m' < 0$ und die Reform führt gemäß dem Kaldor-Hicks-Kriterium zu einem Wohlfahrtsgewinn. Im vorliegenden Fall mit Präferenzen vom Gorman-Typ kann dieses Resultat noch in anderer Form dargestellt werden. Würde eine beliebige soziale Wohlfahrtsfunktion $SWF = \int_0^1 W(U(i)_0)\,di$ herangezogen werden, um die Reform zu beurteilen, und abermals eine entsprechende Umverteilung der Lebenseinkommen vorgenommen, so wäre das Ergebnis dasselbe.[14] Dieses weitreichende Resultat beruht auf der hier getroffenen Annahme, dass die individuellen Präferenzen vom Gorman-Typ sind. Dies stellt zum einen sicher, dass ein repräsentatives Individuum existiert, das zur Beschreibung der sich im Aggregat einstellenden Allokation herangezogen werden kann. Zum anderen stellt diese Annahme sicher, dass die Präferenzen dieses repräsentativen Individuums insofern normativen Gehalt haben, als sie für Wohlfahrtsanalysen in der oben beschriebenen Form herangezogen werden können.

Es ist aber wichtig nochmals zu betonen, dass das hier verwendete Wohlfahrtskriterium auf Kompensationen beruht, mit denen die Gewinner einer Reform die Verlierer entschädigen. Eine tatsächliche Pareto-Verbesserung stellt sich demnach nur dann ein, wenn diese Kompensationen bzw. Transfers auch tatsächlich erfolgen. So gesehen, ist ein gemäß der vorangegangenen Analyse ermittelter Wohlfahrtsgewinn zunächst einmal lediglich als potentielle Pareto-Verbesserung zu bezeichnen. Erfolgen die Transfers nicht, wird es in der Regel Gewinner und Verlierer geben. Zudem ist es auch kein leichtes Unterfangen,

---

[14]Die soziale Wohlfahrtsfunktion muss dabei die üblichen Eigenschaften aufweisen, also konkav und ansteigend in $U(i)_0$ sein.

die notwendigen Transfers vorzunehmen, da es sich hier um individualisierte Transfers handelt, die in unserem Fall vom Kapitalbesitz $a(i)k_0$ und im allgemeineren Fall auch der Produktivität $\chi(i)$ abhängen. Grundsätzlich ist es schwer vorstellbar, dass solche Größen von einer umverteilenden Institution wie dem Staat direkt beobachtet werden können. Wenn Transfers an solche unbeobachtbaren Charakteristika geknüpft werden, liegt es zudem unter Umständen nicht im Interesse der Individuen, dem Staat gegenüber die wahren Charakteristika zu offenbaren.[15]

Aus diesen Gründen kann es interessant und sinnvoll sein, die individuellen Konsequenzen einer Politikmaßnahme bei Abwesenheit von Transfers zu analysieren, um so deren direkte Verteilungswirkungen betrachten zu können. In Studien, die aggregierte und individuelle Wohlfahrts- bzw. Nutzeneffekte von Politikmaßnahmen untersuchen, wird häufig der individuelle Konsum verwendet, um solche Verteilungseffekte zu quantifizieren. Im Zusammenhang mit Präferenzen vom Gorman-Typ bzw. im hier vorliegenden Fall von CRRA-Präferenzen ist es allerdings unbedeutend, ob konsumbasierte oder die oben dargestellten einkommensbasierten Wohlfahrtsmaße verwendet werden. Abgesehen von quantitativen Unterschieden, die sich in einer unterschiedlichen Skalierung der Effekte niederschlagen, geben beide Arten von Wohlfahrtsmaßen identische Antworten.[16] Die Ursache dafür ist, dass wie oben gezeigt wurde (vgl. z. B. Gl. (4.22)) jedes Individuum den gleichen Bruchteil seines Lebenseinkommens konsumiert. Von daher wird im Weiteren lediglich ein konsumbasiertes Wohlfahrtsmaß genauer betrachtet. Ausgangspunkt ist nun die Frage, welche relative Änderung des individuellen Konsums $\Delta(i)$ erforderlich ist, um Individuum i indifferent zwischen der Ausgangs- und der Reformsituation zu machen. Mit CRRA-Präferenzen ergibt sich dann für $\Delta(i)$, dass:[17]

$$
\begin{aligned}
\Delta(i) &= \left(\frac{U'(i)_0}{U(i)_0}\right)^{\frac{1}{1-\rho}} - 1 = \frac{\kappa'(i)}{\kappa(i)}\left(\frac{U'_0}{U_0}\right)^{\frac{1}{1-\rho}} - 1 \\
&= \frac{\kappa'(i)}{\kappa(i)}(\Delta + 1) - 1
\end{aligned}
\tag{4.38}
$$

Hierbei bezeichnet Δ die entsprechende relative Änderung des Konsums des repräsentativen Haushalts. Gleichung (4.38) verdeutlicht, dass es auch im Fall eines aggregierten Wohlfahrtsgewinns ($\Delta > 0$) durchaus Individuen geben kann, die durch die Reform verlieren, wenn keine Kompensationen erfolgen. Entscheidend für den individuellen Effekt und damit für die Frage, ob das betrachtete Individuum gewinnt oder verliert ist das Verhältnis

---

[15]Vgl. dazu auch Stiglitz (1987).

[16]Siehe dazu die entsprechende Aufgabe 4.11 am Ende dieses Kapitels.

[17]Aus Gl. (4.38) geht auch hervor, dass $\int_0^1 \Delta(i) \neq \Delta$. Die Aggregation des hier konstruierten individuellen Wohlfahrtmaßes führt demnach nicht zum aggregierten Wohlfahrtmaß Δ. Der Grund hierfür ist, dass $\Delta(i)$ die individuellen Konsumänderungen relativ zum individuellen und nicht zum aggregierten bzw. durchschnittlichen Konsum misst. Ein Maß, dass Letzteres misst, ist durch $\tilde{\Delta}(i) = \Delta(i)\kappa(i)$ gegeben. Dieses Maß impliziert dann $\int_0^1 \tilde{\Delta}(i) = \Delta$.

$\kappa'(i)/\kappa(i)$. Da $\kappa(i)$ bzw. $\kappa'(i)$ wiedergeben, wie stark das individuelle Lebenseinkommen von demjenigen des repräsentativen Haushalts abweicht, misst das Verhältnis beider Größen, wie sich diese Relation durch die betrachtete Reform ändert. Sofern $\kappa'(i)$ stark genug sinkt – das individuelle Lebenseinkommen durch die Reform also relativ zu dem des repräsentativen Haushalts hinreichend stark absinkt – kann $\Delta(i) < 0$ resultieren, auch wenn $\Delta > 0$ gilt.

Ebenso wie beim oben betrachteten einkommensbasierten Maß kann auch beim konsumbasierten Wohlfahrtmaß die Perspektive verändert werden, indem nach der relativen Konsumänderung in der Reformsituation gefragt wird, die Indifferenz erzeugt. Werden die entsprechenden individuellen und aggregierten Konsumänderungen mit $\Delta'(i)$ bzw. Δ' bezeichnet, so ergibt sich:[18]

$$\Delta' = -\frac{\Delta}{1+\Delta}$$

$$\Delta'(i) = -\frac{\Delta(i)}{1+\Delta(i)}$$

Qualitativ – also hinsichtlich des Vorzeichens der so identifizierten Wohlfahrts- bzw. Nutzenänderung – ist es also nicht von Bedeutung, welches der beiden Maße verwendet wird. In quantitativer Hinsicht unterscheiden sich beide Maße dagegen aber durchaus.

Auf der Grundlage von (4.38) – oder dem entsprechenden Ausdruck für $\Delta'(i)$ – kann noch ein wenig genauer untersucht werden, welche Individuen zu den Gewinnern oder Verlieren einer Reform gehören, sofern keine kompensierenden Transfers erfolgen. Unterstellt man, dass sich die Individuen sowohl hinsichtlich ihres Vermögens in der Ausgangssituation als auch hinsichtlich der Arbeitsproduktivität unterscheiden, ergibt sich aus (4.38) $\Delta(i) = 0$, wenn:

$$\frac{\kappa'(i)}{\kappa(i)} = \frac{1}{1+\Delta}$$

Aus der oben in (4.31) erfolgten Definition von $\kappa(i)$ bzw. $\kappa'(i)$ ergibt sich dann mit $\phi = \frac{1}{1+\Delta}\frac{R'_0 k_0 + w'_0 + \mathscr{W}'_0}{R_0 k_0 + w_0 + \mathscr{W}_0}$:

$$\Delta(i) = 0 \quad \Leftrightarrow \quad a(i) = \chi(i)\frac{\phi(w_0 + \mathscr{W}_0) - (w'_0 + \mathscr{W}'_0)}{(R'_0 - \phi R_0)k_0} \qquad (4.39)$$

Da die Preise mit und ohne Reform R_0, w_0, $\mathscr{W}_0$ und R'_0, w'_0, $\mathscr{W}'_0$ sowie der aggregierte konsumbasierte Wohlfahrtseffekt Δ gegeben und unabhängig von der Verteilung der Anfangsausstattungen sind, definiert Gl. (4.39) eine Gerade in der a/π-Ebene. Individuen, deren individuellen Werte für $a(i)$ und $\chi(i)$ auf der durch (4.39) spezifizierten Geraden liegen, sind demzufolge indifferent zwischen der Ausgangssituation und der Reform. Für

---

[18]Vgl. dazu die entsprechende Aufgabe 4.12 am Ende dieses Kapitels.

Abb. 4.5 Disaggregierte
Wohlfahrtseffekte der
Besteuerung von
Kapitaleinkommen mit $\tau = 0,3$

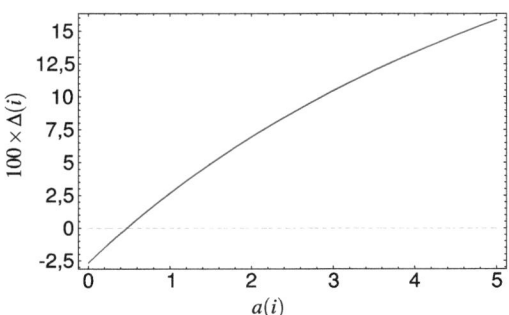

alle Individuen, deren individuelle Werte für $a(i)$ und $\chi(i)$ nicht auf dieser Geraden liegen, ergeben sich demnach Nutzengewinne oder -verluste infolge der Reform. Im Fall $\Delta > 0$ – also einer Reform, die zu einem aggregierten Wohlfahrtsgewinn führt – gehören alle Individuen, deren $a(i)/\chi(i)$ Konstellation unterhalb der durch (4.39) definierten Geraden liegt, zu den Gewinnern der betrachteten Reform. Es handelt sich dann also um eine Reform, die bezüglich des Vermögens relativ reiche Individuen bzw. solche, deren Arbeitseinkommen relativ gering sind, bevorzugt und solche Individuen, die bezüglich des Vermögens relativ arm sind bzw. ein relativ hohes Arbeitseinkommen beziehen, benachteiligt.

Beispiel I: Wohlfahrtsanalyse einer Reform der Kapitalbesteuerung

Zur Veranschaulichung der vorangegangenen Darstellungen wird zunächst nochmals auf die bereits in Abschn. 4.1.3 betrachtete Reform der Besteuerung von Kapitaleinkommen eingegangen.[19] Ausgangspunkt ist der in (4.6) auf Konsumbasis formulierte und in Abb. 4.4 dargestellte positive Wohlfahrtseffekt einer Reform der Besteuerung von Kapitaleinkommen bzw. deren Ablösung durch eine Pauschalsteuer.

Bei der Analyse der Verteilungswirkungen einer solchen Reform wird im Weiteren zur Vereinfachung davon ausgegangen, dass sich die Individuen lediglich hinsichtlich ihrer Anfangsausstattungen mit Kapital unterscheiden. Abbildung 4.5 zeigt die individuellen Nutzeneffekte $\Delta(i)$ gemäß (4.38) in Abhängigkeit von $a(i)$ für das wie in Abschn. 4.1.3 spezifizierte Modell mit $\tau = 0,3$.

Die Abbildung zeigt, dass insbesondere die relativ reichen Individuen von dieser Reform profitieren, wogegen arme Individuen zu den Verlieren der Reform gehören. Dies ist soweit nicht überraschend und wurde bereits in Abschn. 4.1.3 festgestellt und erläutert. Interessanter werden die in der Abbildung aufgeführten quantitativen Resultate, wenn diese vor dem Hintergrund tatsächlich beobachtbarer Vermögensungleichheit interpretiert werden. Wird – was nicht unplausibel ist – eine Lognormalverteilung des Vermögens unterstellt, ist $a(i)$ ebenfalls lognormalverteilt mit $a(i) \sim \text{LN}(\mu, \sigma^2)$. Wird als Ungleichheits-

---

[19]Eine ausführlichere quantitative Analyse, die explizit auf die Verhältnisse in den USA eingeht findet sich bei Domeij und Heathcote (2004), während die Darstellung bei Correia (1999) auch vom theoretischen Ansatz her eher der hier erfolgten ähnelt.

maß der Gini-Koeffizient der Vermögensverteilung herangezogen, so ist ein Wert von 0,7 im Hinblick auf Deutschland oder die USA durchaus realistisch.[20] Bei einem solchen Wert für den Gini-Koeffizienten der Vermögensverteilung entspricht ein Wert von $a = 1$ ungefähr dem 77 %-Punkt der Vermögensverteilung und $a = 5$ ungefähr dem 97 %-Punkt.[21]

Die Grenze zwischen individuellen Gewinnen und Verlusten liegt im vorliegenden Fall bei einem Wert von $a \approx 0,47$, was bedeutet, dass ungefähr 59 % aller Individuen Wohlfahrtsverluste erleiden. Obwohl also die betrachtete Reform eine potentielle Pareto-Verbesserung darstellt, verliert die überwiegende Mehrheit der Individuen durch diese Reform wenn die implizit unterstellen Kompensationen unterbleiben.

Die Verteilungseffekte einer solchen Reform sind zudem durchaus beachtlich. Während sich der aggregierte Wohlfahrtseffekt bzw. die relative Konsumänderung für den repräsentativen Haushalt auf $\Delta = 0,027$ – bzw. 2,7 % des Konsums vor der Reform – beläuft, erzielen reiche Wirtschaftssubjekte deutlich größere Nutzengewinne. So belaufen sich die entsprechenden positiven Konsumänderungen für die 3 % reichsten Individuen ($a > 5$) Individuen auf etwa 15,9 % ihres Konsums, wogegen arme Wirtschaftssubjekte zum Teil überdurchschnittlich verlieren. Für die 20 % ärmsten ($a \leq 0,099$) ergibt sich beispielsweise ein Verlust, der größer ist als 2,1 % ihres Konsums.

Das hier dargestellte Maß $\Delta(i)$ für die Individualeffekte der Reform benutzt als Basis den individuellen Konsum in der Ausgangssituation, was wie oben erwähnt, keine Aggregation zur entsprechenden relativen Konsumänderung des repräsentativen Wirtschaftssubjekts Δ ermöglicht.[22] Zudem ist die Interpretation unter Umständen schwierig, da sich die individuellen Konsumniveaus in der Ausgangssituation unterscheiden, so dass Vergleiche von Gewinnen und Verlusten nicht einfach möglich sind (ein relativer Gewinn bzw. Verlust gleicher Höhe impliziert je nach Konsumniveau unterschiedliche absolute Konsumänderungen). Von daher ist in Abb. 4.6 ein entsprechend modifiziertes Maß dargestellt ($\tilde{\Delta}(i) = \Delta(i)\kappa(i)$), das die individuellen Konsumänderungen auf den Durchschnittskonsum bezieht. Im Wesentlichen ergibt sich das gleiche Bild wie in Abb. 4.5. Da jedoch reiche Individuen überdurchschnittlich konsumieren, fallen die Gewinne bezogen auf den Durchschnittskonsum größer aus (die 3 % reichsten Individuen gewinnen mehr als ca. 22,9 % des Durchschnittskonsums), während die Verluste armen Individuen entsprechend geringer ausfallen (die 20 % ärmsten Individuen verlieren ca. 1,9 % des Durchschnittskonsums).

Die geschilderten Verteilungseffekte schlagen sich letztlich auch in der politischen Unterstützung nieder, die einer solchen nicht mit kompensierenden Transfers verbundenen

---

[20]Ein Gini-Koeffizient für die Vermögensverteilung von 0,7 ist aktuell für beide Länder eher zu gering angesetzt. Für Deutschland liegt z. B. der Gini-Koeffizient des Nettogesamtvermögens im Jahr 2008 dem 4. Armuts- und Reichtumsbericht der Bundesregierung (2014) folgend bei 0,748.

[21]Der Gini-Koeffizient G einer Lognormalverteilung $LN(\mu, \sigma^2)$ hängt allein von deren Varianz σ^2 ab. Es gilt $G = 2\Phi(\sigma/\sqrt{2}) - 1$, wobei Φ die Verteilungsfunktion der Standardnormalverteilung repräsentiert. $G = 0,7$ impliziert dann $\sigma^2 = 2,14839$.

[22]Vgl. Fußnote 17 auf S. 113.

Abb. 4.6 Disaggregierte
Wohlfahrtseffekte der
Besteuerung von
Kapitaleinkommen mit $\tau = 0,3$
– Konsumänderungen bezogen
auf den Durchschnittskonsum

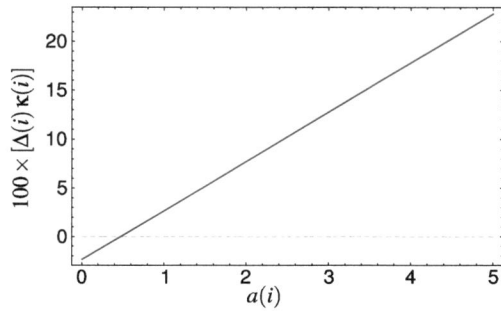

Abb. 4.7 Politische
Unterstützung für einer Reform
der Besteuerung von
Kapitaleinkommen

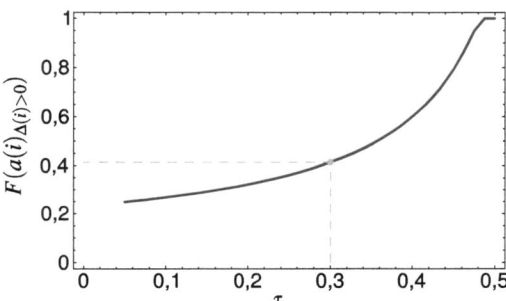

Reform der Kapitalbesteuerung zuteil wird. Abbildung 4.7 zeigt den Anteil derjenigen Individuen, die bei alternativen Werten für τ von einer Reform der Besteuerung von Kapitaleinkommen profitieren und dieser daher zustimmen würden.[23] Für $\tau = 0,3$ ergibt sich eine Zustimmungsquote von ca. 41 %, dass heißt eine Mehrheit der Individuen würde gegen eine Reform stimmen. Die Höhe des Steuersatzes τ ist ausschlaggebend dafür, wo die Vermögensgrenze liegt, ab der ein Individuum von einer Reform profitiert. Der entsprechende Vermögenswert sinkt mit steigendem τ. Daher wächst die Zustimmung zu einer Reform mit der Höhe des Steuersatzes τ – für eine jeweils gegebene Ausgangsverteilung der Vermögen.

Beispiel II: Wohlfahrtsanalyse der Kapitalmarktintegration

Als weiteres Beispiel zur Veranschaulichung von Verteilungswirkungen werden hier die Wohlfahrtseffekte der Kapitalmarktintegration analysiert. Ausgangspunkt sei eine geschlossene Volkswirtschaft mit einem gegebenen aggregierten Kapitalstock k_0 und gegebenen Verteilungen der individuellen Kapitalanteile $a(i)$ und Produktivitäten $\chi(i)$. Nehmen wir nun an, diese Volkswirtschaft könne ihren Kapitalmarkt in den Weltkapitalmarkt integrieren, auf dem der Zins $R^W = 1/\beta$ gilt. Des Weiteren wird angenommen, dass die betrachtete Volkswirtschaft im Vergleich zum Rest der Welt klein ist und daher den Weltmarktzins R^W nicht beeinflussen kann.

---

[23]Für alternative Werte von τ kann gemäß (4.39) das $a(i)$ bestimmt werden, das Indifferenz erzeugt. In der Abbildung ist der entsprechende Prozentpunkt der Verteilung für diesen Wert dargestellt.

Die Konsequenzen der Kapitalmarktintegration für das repräsentative Individuum können recht einfach erschlossen werden. Wann immer zum Zeitpunkt $t = 0$, zu dem die Integration in den Weltkapitalmarkt erfolgt, $R_0 = 1 + f'(k_0) - \delta \neq R^W$ gilt, steigt der Lebensnutzen des repräsentativen Individuums in Folge der Kapitalmarktintegration. Im Fall $R_0 < R^W$ kann die Zinsdifferenz gegenüber dem Rest der Welt ausgenutzt werden, indem Kapital exportiert wird. Das zurückfließende Kapitaleinkommen kann für den Konsum genutzt werden, wodurch der Nutzen steigt. Im umgekehrten Fall mit $R_0 > R^W$ kann Kapital aus dem Rest der Welt importiert werden, wodurch die inländische Produktion steigt. Auch hier verbleibt nach Abzug der daraufhin in den Rest der Welt fließenden Kapitaleinkommen ein Überschuss, der für den Konsum genutzt werden kann, wodurch der Nutzen steigt.

Die aggregierten Wohlfahrtswirkungen der Kapitalmarktintegration sind somit eindeutig. Nicht unmittelbar klar ist jedoch, wie groß diese Wohlfahrtseffekte ausfallen und welche Konsequenzen sich ergeben, wenn in einer Ökonomie mit heterogenen Individuen keine kompensierenden Transfers erfolgen. Hierzu muss eine quantitative Analyse vorgenommen werden, wobei die oben erläuterten Wohlfahrtsmaße verwendet werden können.

Wenn die betrachtete Volkswirtschaft ausgehend vom Autarkiezustand zur Kapitalmarktintegration übergeht, wird der Zins im Inland durch das Weltmarktniveau determiniert und ist daher im Zeitablauf konstant. Der Kapitalstock im Inland k' wird – durch entsprechende Kapitalimporte bzw. -exporte – unverzüglich ein Niveau erreichen, dass $R^W = 1 + f'(k') - \delta$ impliziert. Der Lohn im Inland ergibt sich daher als $w' = f(k') - f'(k')k'$ und auch dieser ist im Zeitablauf konstant.

Damit sind die intertemporalen Preise bekannt, die sich mit und ohne die Reform – im Fall der Autarkie und der Kapitalmarktintegration – ergeben. Der Autarkiefall wurde oben in Kap. 3 bereits eingehend beschrieben. Ausgehend von k_0 und c_0 ergibt sich für alle $t = 0, \ldots, \infty$:

$$k_{t+1} = f(k_t) + (1 - \delta)k_t - c_t$$

$$c_{t+1}^\rho = \beta R_{t+1} c_t^\rho$$

$$R_t = 1 + f'(k_t) - \delta$$

$$w_t = f(k_t) - f'(k_t)k_t, \qquad \mathscr{W}_t = \sum_{i=1}^{\infty} \left(\frac{w_{t+i}}{\prod_{j=1}^{i} R_{t+j}} \right)$$

Der Anfangswert für den Konsum c_0 kann in einem spezifizierten Modell mittels numerischer Verfahren ermittelt werden. Bei bekanntem c_0 erlauben die obigen Gleichungen dann die Berechnung von R_0, w_0 und $\mathscr{W}_0$. Aus dem Zeitpfad des Konsums kann überdies der Lebensnutzen des repräsentativen Individuums U_0 bestimmt werden.

Im Fall der Kapitalmarktintegration folgt jeweils für alle $t = 0, \ldots, \infty$:

$$f'(k') = 1/\beta - 1 + \delta$$

$$c_t' = c' = (R' - 1)k_0 - w'$$

Abb. 4.8 Aggregierter Wohlfahrtseffekt der Kapitalmarktintegration in Abhängigkeit von $R^W - R_0$

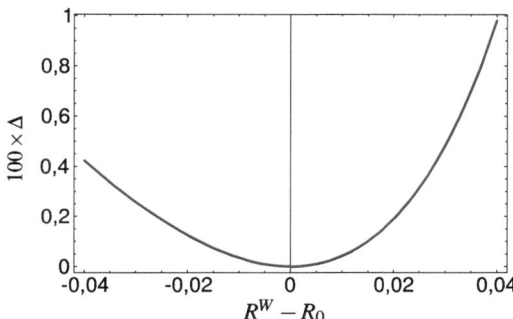

$$R'_t = R' = 1/\beta$$

$$w'_t = w' = f\left(k'\right) - f'\left(k'\right)k', \qquad \mathscr{W}'_t = \mathscr{W}' = \frac{w'}{R' - 1}$$

Mit Hilfe dieser Gleichungen können dann R'_0, w'_0 und $\mathscr{W}'_0$ ermittelt werden. Der Lebensnutzen des repräsentativen Haushalts ergibt sich aufgrund des konstanten Konsumprofils als $U'_0 = u(c')/(1 - \beta)$.

Abbildung 4.8 zeigt den aggregierten Wohlfahrtseffekt der Kapitalmarktintegration gemäß Gl. (4.36) in Abhängigkeit von der Zinsdifferenz $R^W - R_0$, die in der Ausgangssituation zwischen einer kleinen offenen Volkswirtschaft und dem Rest der Welt besteht. Es liegt hier die Modellspezifikation zugrunde, die auch bei der Analyse der Besteuerung von Kapitaleinkommen unterstellt wurde.[24] Es wird deutlich, dass eine Integration in den internationalen Kapitalmarkt grundsätzlich mit positiven Wohlfahrtseffekten verbunden ist.[25] Gleichwohl sind diese Wohlfahrtseffekte in quantitativer Hinsicht nicht sonderlich groß: Eine Zinsdifferenz gegenüber dem Rest der Welt von einem Prozentpunkt ($R^W - R_0 = 0{,}01$) führt zu einem Wohlfahrtseffekt, der einem Anstieg des Konsums des repräsentativen Haushalts in der Autarkiesituation um ca. 0,042 % (bzw. 0,034 % im Fall $R^W - R_0 = -0{,}01$) entspricht. Selbst bei einer Zinsdifferenz von zwei Prozentpunkten ist der Wohlfahrtseffekt auf aggregierter Ebene geringer als ein Anstieg des Konsums des repräsentativen Haushalts um 0,19 % (bzw. 0,13 % im Fall $R^W - R_0 = -0{,}02$).[26]

Wenn auch die aggregierten Wohlfahrtseffekte der Kapitalmarktintegration – obschon quantitativ eher gering – positiv ausfallen, ergeben sich doch deutliche Verteilungseffekte, sofern keine kompensierenden Transfers stattfinden. Um dies in einem möglichst einfachen Rahmen illustrieren zu können, soll abermals davon ausgegangen werden, dass die Individuen lediglich hinsichtlich ihrer Vermögensausstattungen heterogen sind. Die Ver-

---

[24]D. h. $u(c) = \frac{c^{1-\rho}}{1-\rho}$ mit $\rho = 2$, $f(k) = k^\alpha$ mit $\alpha = 0{,}3$ sowie $\beta = 0{,}96$ und $\delta = 0{,}1$.

[25]Zu beachten ist, dass in Abb. 4.8 den negativen Wohlfahrtseffekt wiedergibt. Der U-förmige Verlauf der Kurve veranschaulicht daher positive Wohlfahrtseffekte der Kapitalmarktintegration.

[26]Vgl. zu dem Argument, die aggregierten Wohlfahrtseffekte der Kapitalmarktintegration seien quantitativ eher gering, auch Gourinchas und Jeanne (2006).

Abb. 4.9
Verteilungsfunktionen der
individuellen Wohlfahrtseffekte
für eine gegebene
Vermögensverteilung bei
ausgewählten Zinsdifferenzen

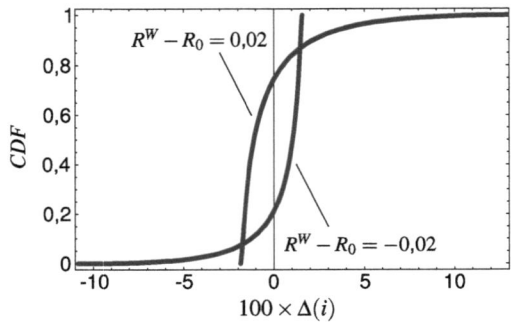

mögensverteilung in der Ausgangssituation wird wie im vorangegangenen Beispiel wieder als lognormal unterstellt und bezüglich der Vermögensungleichheit wird wieder einer Gini-Koeffizient von $0{,}7$ angenommen.

Abbildung 4.9 zeigt nun die Verteilungsfunktionen der individuellen Wohlfahrtseffekte gemäß Gl. (4.38) für jeweils eine ausgewählte positive und negative anfängliche Zinsdifferenz $R^W - R_0$ gegenüber dem Rest der Welt. Im Fall $R^W - R_0 = -0{,}02$ ist die Zinsdifferenz gegenüber dem Ausland im Autarkiefall negativ – mithin gilt $k_0 < k^*$, wogegen im Fall $R^W - R_0 = 0{,}02$ eine positive Zinsdifferenz vorliegt und folglich $k_0 > k^*$ gilt. Zunächst wird deutlich, dass sich auf individueller Ebene zum Teil erhebliche Wohlfahrtseffekte der Kapitalmarktintegration ergeben. Wird beispielsweise der Fall $R^W - R_0 = 0{,}02$ betrachtet, so zeigt sich dass ca. 75 % aller Individuen durch eine Kapitalmarktintegration Wohlfahrtsverluste erleiden. Für ca. 25 % der Individuen ergeben sich dagegen Wohlfahrtsgewinne, die gemessen am Konsum im Autarkiefall für einige wenige Individuen einen Anstieg ihres Konsums von mehr als 10 % ausmachen. In Anbetracht der oben in Abb. 4.8 dargestellten quantitativ geringen aggregierten Wohlfahrtseffekte zeigt sich hier also eine erhebliche Heterogenität der Wohlfahrtseffekte auf der individuellen Ebene. Ein mehr oder weniger identisches aber umgekehrtes Bild ergibt sich im Fall einer negativen Zinsdifferenz. Auch hier lässt sich eine erhebliche Heterogenität der Wohlfahrtseffekte auf der individuellen Ebene beobachten, allerdings erleiden im Fall $R^W - R_0 = -0{,}02$ lediglich ca. 21 % der Individuen Wohlfahrtsverluste – die sich allerdings für einige Individuen auf mehr als 10 % ihres Konsums im Autarkiefall belaufen können – und für ca. 79 % der Individuen ergeben sich Wohlfahrtsgewinne, die gemessen an deren Konsum im Autarkiefall jeweils unter 2 % liegen.

Die Ursachen für diese Wohlfahrtseffekte und deren Verteilung über die Individuen hinweg sind einfach zu identifizieren: Verantwortlich dafür sind die Faktorpreiseffekte, die sich in Folge der Kapitalmarktintegration ergeben. Im Fall $R^W - R_0 < 0$ bedeutet der Übergang von der Autarkie zur Kapitalmarktintegration, dass der Zins auf das Weltmarktniveau sinkt, wogegen der Lohn steigt. Dies bedeutet, dass Individuen, deren Einkommen sich vornehmlich aus Lohneinkommen speist, profitieren, wogegen Individuen, deren Einkommen vornehmlich aus Kapitaleinkommen besteht, verlieren. Da das Vermögen annahmegemäß ungleich verteilt ist – im Fall einer wie hier linkssteilen Vermögensverteilung ist

Abb. 4.10 Prozentsatz der
Individuen mit positiven
individuellen
Wohlfahrtseffekten für eine
gegebene Vermögensverteilung
in Abhängigkeit von $R^W - R_0$

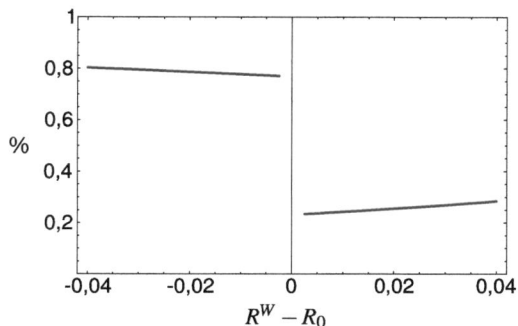

das Medianvermögen immer geringer als das Durchschnittsvermögen – gehört in diesem
Fall immer eine Mehrheit der Individuen zu den Gewinnern der Kapitalmarktintegration.
Das Umgekehrte gilt im Fall einer positiven Zinsdifferenz $R^W - R_0 > 0$. Hier profitieren
diejenigen Individuen, deren Einkommen vornehmlich aus Kapitaleinkommen besteht, die
aber aufgrund der Ungleichverteilung der Vermögen in der Minderheit sind. In diesem Fall
erleidet demnach eine Mehrheit der Individuen durch eine Kapitalmarktintegration Wohlfahrtsverluste.

Abbildung 4.10 illustriert diesen Sachverhalt nochmals in anderer Form. Die Abbildung zeigt jeweils in Abhängigkeit von der Zinsdifferenz $R^W - R_0$ den Anteil der Individuen, die bei der gegebenen, oben spezifizierten Vermögensverteilung durch die Kapitalmarktintegration profitieren, sofern keinerlei kompensierende Transfers stattfinden. Wird
die Frage, ob eine Kapitalmarktintegration erfolgen soll im politischen Prozess, beispielsweise durch eine Mehrheitsabstimmung entschieden, so bedeutet dies, dass sich hierfür
im Fall $R^W < R_0$ auch ohne Kompensation eventueller Verlierer immer eine Mehrheit
findet. Sofern $R^W > R_0$ gilt, wäre dies nicht der Fall. Um unter diesen Umständen die
Kapitalmarktintegration in einer Mehrheitsabstimmung durchzusetzen, wären weitere um-
verteilende Politikmaßnahmen erforderlich. Diese müssten geeignet sein, die in Folge der
Kapitalmarktintegration eintretenden Nutzenverluste mindestens so vieler Individuen zu
kompensieren, dass sich insgesamt eine Mehrheit für diese kombinierte Politik ausspricht.

4.3   Endogenes Arbeitsangebot

4.3.1   Einleitung

Bisher wurde lediglich eine Version des Ramsey-Modells betrachtet, in der das Arbeitsangebot des repräsentativen Haushalts lohnunelastisch ist. Dies mag bei der Betrachtung
langfristiger Phänomene noch angemessen sein, für die Analyse kurzfristiger makroökonomischer Zusammenhänge ist die Annahme eines exogenen Arbeitsangebots und damit
auch ebenso zeitlich invarianten aggregierten Arbeitseinsatzes sicherlich zu restriktiv. Von
daher soll im Weiteren noch dargestellt werden, wie sich das bisher betrachtete Modell um

ein endogenes Arbeitsangebot erweitern lässt und welche weitergehenden Schlussfolgerungen sich daraus ergeben.

4.3.2 Das Ramsey-Modell mit endogenem Arbeitsangebot

Es wird angenommen, dass die Periodennutzenfunktion des repräsentativen Haushalts sowohl den Konsum c_t als auch die Freizeit ℓ_t als nutzenstiftende Argumente enthält. Wird die gesamte für Arbeit und Freizeit verfügbare Zeit auf 1 normiert, gilt mit h_t als Arbeitszeit, dass $h_t = 1 - \ell_t$. Das um die Arbeitsangebotsentscheidung erweiterte Optimierungsproblem des repräsentativen Haushalts kann daher in Analogie zum vorangegangenen Kapitel folgendermaßen formuliert werden:

$$\max_{\{c_t\}_{t=0}^{\infty}, \{\ell_t\}_{t=0}^{\infty}, \{a_{t+1}\}_{t=0}^{\infty}} \sum_{t=0}^{\infty} \beta^t u(c_t, \ell_t)$$

$$\text{u. Nb.} \quad w_t h_t + z_t a_t = c_t + a_{t+1} - (1 - \delta)a_t \quad \text{für } t = 0, 1, \dots,$$

$$h_t = 1 - \ell_t,$$

$$a_0 > 0$$

Die Nutzenfunktion $u(c_t, \ell_t)$ soll dabei die üblichen Eigenschaften aufweisen, also quasikonkav in den Argumenten c_t und ℓ_t sein.

Aus dem Optimierungsproblem ergeben sich dann die folgenden notwendigen Bedingungen für ein Nutzenmaximum:

$$u_c(c_t, 1 - h_t) = \beta u_c(c_{t+1}, 1 - h_{t+1}) \tag{4.40a}$$

$$u_l(c_t, 1 - h_t) = u_c(c_t, 1 - h_t) w_t \tag{4.40b}$$

$$w_t h_t + z_t a_t = c_t + a_{t+1} - (1 - \delta)a_t \tag{4.40c}$$

Gleichung (4.40a) ist die modifizierte Euler-Gleichung für den Konsum, Gl. (4.40c) ist die in jeder Periode einzuhaltende Budgetrestriktion und Gl. (4.40b) beschreibt schließlich die notwendige Bedingung für das optimale Arbeitsangebot. Es handelt sich hierbei um eine rein statische Bedingung, die verlangt, dass der marginale Nutzenentgang, der im Fall eines vermehrten Freizeitkonsums resultiert – die rechte Seite von (4.40c) – dem marginalen Nutzengewinn durch den vermehrten Freizeitkonsum – die linke Seite von (4.40c) – entspricht.

Zur weiteren Illustration dieser Bedingung kann eine konkrete additiv-separable Periodennutzenfunktion unterstellt werden, die bei makroökonomischen Fragestellungen häufig zur Anwendung kommt:

$$u(c_t, \ell_t) = \frac{c_t^{1-\rho}}{1-\rho} + \phi \frac{\ell_t^{1-\nu}}{1-\nu}, \quad \rho, \nu > 0, \; \rho, \nu \neq 1$$

Die Bedingung (4.40b) wird in diesem Fall zu:

$$\phi(1 - h_t)^{-\nu} = w_t c_t^{-\rho} \quad \Rightarrow \quad 1 - h_t = \left(\frac{w_t}{\phi c_t^\rho}\right)^{-\frac{1}{\nu}}$$

Das Arbeitsangebot steigt in diesem Fall also wie zu erwarten mit dem Lohnsatz an. Zudem sinkt das Arbeitsangebot mit steigendem Konsum. Dies ist letztlich eine Konsequenz der Tatsache, dass Freizeit bei der hier unterstellen Nutzenfunktion ein normales Gut ist. Ein positiver Vermögenseffekt, der den Konsum steigen lässt, führt daher zu ebenfalls ansteigendem Freizeitkonsum und folglich sinkendem Arbeitsangebot.

Durch die Berücksichtigung eines endogenen Arbeitsangebots wird die bisherige, ausschließlich auf den Konsum bezogene intertemporale Substitution um den Aspekt der intertemporalen Substitution von Freizeit bzw. Arbeit erweitert. Der Haushalt kann und wird in Perioden, in denen der Lohnsatz relativ hoch ist, sein Arbeitsangebot ausdehnen, um damit den Konsum in allen Perioden zu erhöhen und das Arbeitsangebot in Perioden mit relativ geringem Lohnsatz zu vermindern. Auf diesen Aspekt wird allerdings erst später bei der Analyse konjunktureller Schwankungen noch genauer eingegangen werden.

4.3.3 Gleichgewicht im Ramsey-Modell mit endogenem Arbeitsangebot

Werden wie in Kap. 3 die produktionstheoretischen Zusammenhänge und die Gleichgewichtsbedingungen genutzt, kann das Gleichgewicht im Ramsey-Modell mit endogenem Arbeitsangebot als Lösung der – neben der unveränderten Transversalitätsbedingung – folgenden Bedingungen ermittelt werden:

$$u_c(c_t, 1 - h_t) = \beta u_c(c_{t+1}, 1 - h_{t+1})\big[F_k(k_{t+1}, h_{t+1}) + (1 - \delta)\big] \tag{4.41a}$$

$$u_l(c_t, 1 - h_t) = u_c(c_t, 1 - h_t) F_h(k_t, h_t) \tag{4.41b}$$

$$F(k_t, h_t) = c_t + k_{t+1} - (1 - \delta)k_t \tag{4.41c}$$

Die Grenzproduktivitätsbedingungen, die hierbei zur Erklärung der Faktorpreise herangezogen werden, können folgendermaßen begründet werden: Zunächst gilt im Fall einer linear-homogenen Produktionsfunktion in Analogie zu (3.2) aus Kap. 3:

$$Y_t = F(K_t, L_t h_t) = L_t F(k_t, h_t)$$

Vollständige Konkurrenz auf den Faktormärkten impliziert dann wieder, dass die Faktorpreise den jeweiligen Grenzprodukten der Faktoren entsprechen. Folglich gilt $w_t = F_h(k_t, h_t)$ und $z_t = F_k(k_t, h_t)$ für alle t. Einsetzen dieser Beziehungen in die Gl. (4.40a)–(4.40c) und die Verwendung des Eulerschen Theorems ergibt dann die Gl. (4.41a)–(4.41c).

Diese Gleichungen können wieder verwendet werden, um das langfristige Gleichgewicht und die Dynamik des Modells zu beschreiben. Grundsätzlich sind hierbei – abgesehen von der Annahme der Quasikonkavität – keine weiteren Restriktionen über die Nutzenfunktion $u(c, \ell)$ erforderlich. Bei Anwendungen des Modells werden allerdings häufig spezifizierte Nutzenfunktionen unterstellt, die sich auf verschiedenen Wegen motivieren lassen.

Zum einen kann der Aspekt des wirtschaftlichen Wachstums in die Analyse mit einbezogen werden. In diesem Fall – im Kap. 5 wird dies genauer erläutert – erfordert ein langfristiges Wachstumsgleichgewicht, dass Konsum und auch Reallohn mit konstanter Rate wachsen, wogegen das Arbeitsangebot – dieses ist ja auf das Intervall [0, 1] beschränkt – konstant ist. Wie King et al. (2002) zeigen, ist dieses nur dann möglich, wenn die Nutzenfunktion $u(c_t, \ell_t)$ – abgesehen von positiven monotonen Transformationen – die folgende funktionale Form besitzt:

$$u(c_t, \ell_t) = \begin{cases} \frac{c^{1-\rho}}{1-\rho} v(\ell_t), & \rho > 0, \rho \neq 1 \\ \ln(c_t) + v(\ell_t), & \rho = 1 \end{cases}$$

$v(\ell_t)$ ist hierbei eine Funktion, die für $0 < \rho \leq 1$ monoton wachsend und konkav, für $\rho > 1$ dagegen monoton fallend und konvex ist.

Zum anderen kann eine Nutzenfunktion unterstellt werden, die vom Gorman-Typ ist und keinen Vermögenseffekt auf das Arbeitsangebot impliziert. Solche Präferenzen werden auch als Greenwood-Hercowitz-Huffman Präferenzen (GHH-Präferenzen) (Greenwood et al. 1988) bezeichnet. Sie haben die allgemeine Form:

$$u(c_t, \ell_t) = U\big(c_t + v(\ell_t)\big), \quad U' > 0, \ U'' < 0, \ v' > 0, \ v'' < 0$$

Wird eine solche Nutzenfunktion unterstellt, ergibt sich aus Bedingung (4.40b):

$$v'(1 - h_t) = w_t$$

Da v eine konkave Funktion ist, folgt daraus wieder ein mit dem Lohnsatz ansteigendes Arbeitsangebot, das nunmehr jedoch unabhängig vom Konsumniveau ist. Die Konsequenzen der Tatsache, dass GHH-Präferenzen vom Gorman-Typ sind, dürfte nach den Ausführungen im vorangegangenen Abschnitt klar sein: Mit solchen Präferenzen ergibt sich, dass die aggregierte Dynamik im Ramsey-Modell unabhängig von der Verteilung ist. Die soeben betrachtete Gleichung verdeutlicht die hierfür wichtige Eigenschaft von GHH-Präferenzen: Das Arbeitsangebot ist in einem solchen Fall für alle Individuen identisch, da es nur vom Lohnsatz und nicht von der Verteilung abhängt. Daraus ergibt sich dann unmittelbar, dass die aggregierte Dynamik auch mit endogenem Arbeitsangebot unabhängig von der Verteilung mittels eines repräsentativen Haushalts analysiert werden kann.

4.4   Literaturhinweise

Einen guten Überblick über die Analyse staatlicher Aktivität im Ramsey-Modell gibt Barro (1989). Vom gleichen Autor stammt auch die klassische Arbeit zur ricardianischen Äquivalenz (Barro 1974). Analysen von Verteilungsaspekten im Ramsey-Modell sind nicht so häufig. Einige Beispiele sind die bereits im Text zitierten Arbeiten von Caselli und Ventura (2000), Chatterjee (1994) und Domeij und Heathcote (2004). Bezüglich des Ramsey-Modells mit endogenem Arbeitsangebot kann auf die Literaturangaben zu Kap. 3 verwiesen werden.

Übungsaufgaben

4.1 Leiten Sie die Euler-Gleichung (4.1) aus dem intertemporalen Optimierungsproblem des repräsentativen Haushalts her.

4.2 Skizzieren Sie die Zeitpfade für den Konsum, die Kapitalintensität, den Output und die Steuereinnahmen des Staates, die sich ergeben, wenn im Ramsey-Modell ausgehend vom Steady-State eine Einkommensteuer mit konstantem Steuersatz τ erhoben wird.

4.3 Was ist unter der verzerrenden Wirkung einer Steuer zu verstehen? Unter welchen Bedingungen wirkt eine Besteuerung der Faktoreinkommen im Ramsey-Modell verzerrend?

4.4 Zeigen Sie, dass eine Besteuerung der Arbeitseinkommen im Ramsey-Modell dann nicht verzerrend wirkt, wenn das Arbeitsangebot exogen ist.

4.5 Skizzieren Sie die Zeitpfade für den Konsum, die Kapitalintensität, den Output und die Steuereinnahmen des Staates, die sich ergeben, wenn im Ramsey-Modell ausgehend vom Steady-State eine Pauschalsteuer mit konstantem Satz τ erhoben wird.

4.6 Zeigen Sie, dass die Budgetrestriktion des repräsentativen Haushalts im Fall einer Besteuerung der Konsum- und Investitionsnachfrage durch (4.2) gegeben ist, und leiten Sie aus dem resultierenden Optimierungsproblem des repräsentativen Haushalts die Euler-Gleichung (4.3) her.

4.7 Erläutern Sie, was im Zusammenhang mit den Konsequenzen von pauschalsteuerfinanzierten Staatsausgabenänderungen im Ramsey-Modell unter „*crowding–out*" zu verstehen ist.

4.8 Warum ist es völlig unerheblich, ob der Staat seine Ausgaben über eine Kreditaufnahme bei den privaten Wirtschaftssubjekten oder über Pauschalsteuern finanziert? Unter welchen Bedingungen trifft dies auch zu, wenn im Rahmen einer Einkommensbesteuerung auch Arbeitseinkommen besteuert werden?

4.9 Kann der Staat im Ramsey-Modell seine Staatsausgaben dadurch finanzieren, dass eine einmal eingegangene Staatsschuld in der Folgezeit immer wieder durch Neuverschuldung abgelöst wird?

4.10 Unterstellen Sie ein Ramsey-Modell, in dem staatliche Leistungen als weiterer Produktionsfaktor in die Produktionsfunktion der Unternehmen eingehen. Mit g_t als den Pro-Kopf-Staatsausgaben in Periode t gelte $y_t = f(k_t, g_t) = k_t^\alpha g_t^\gamma$, wobei $0 < \alpha < 1$, $0 < \gamma < 1$ und $\alpha + \gamma < 1$.

(a) Wie hoch ist das optimale Versorgungsniveau mit öffentlichen Leistungen in jeder Periode t? Welche optimale Staatsquote ergibt sich daraus für jede Periode?
(b) Nehmen Sie an, dass lediglich eine Pauschalsteuer mit konstantem Steuersatz τ zur Finanzierung dieser staatlichen Leistungen zur Verfügung steht. Welcher Bedingung muss dann der optimale Pauschalsteuersatz genügen?
(c) Nehmen Sie an, dass die staatlichen über eine Einkommensteuer mit konstantem Steuersatz $0 < \tau < 1$ finanziert werden. Welcher Steuersatz maximiert dann den Steady-State-Konsum?

4.11 Betrachten Sie in Analogie zum konsumbasierten Wohlfahrtsmaß Δ bzw. $\Delta(i)$ ein einkommensbasiertes Maß, das die *relative* Änderung des Lebenseinkommens eines Individuum i in der Ausgangssituation misst, die erforderlich ist, um Indifferenz zu erzeugen. Bezeichnen Sie das entsprechende Maß mit $\Delta_Y(i)$ bzw. Δ_Y und zeigen Sie dass $\Delta(i) = \Delta_Y(i)$ und $\Delta = \Delta_Y$ gilt.

4.12 Betrachten Sie in Analogie zum konsumbasierten Wohlfahrtsmaß Δ bzw. $\Delta(i)$ ein ebenfalls konsumbasiertes Maß, das die *relative* Änderung des Konsums eines Individuum i in der *Reformsituation* misst, die erforderlich ist, um Indifferenz zu erzeugen. Bezeichnen Sie das entsprechende Maß mit $\Delta'(i)$ bzw. Δ' und zeigen Sie dass $\Delta'(i) = -\frac{\Delta(i)}{1+\Delta(i)}$ und $\Delta' = -\frac{\Delta}{1+\Delta}$ gilt.

Literatur

Barro, R. J. 1974. Are government bonds net wealth? *Journal of Political Economy* 82(6): 1095–1117.

Barro, R. J. 1989. The neoclassical approach to fiscal policy. In *Modern business cycle theory*, Hrsg. R. J. Barro, 178–235. Oxford: Basil Blackwell.

Bliss, C. 2004. Koopmans recursive preferences and income convergence. *Journal of Economic Theory* 124–139.

Bundesregierung. 2014. Lebenslagen in Deutschland – Der 4. Armuts- und Reichtumsbericht der Bundesregierung.

Caselli, F., und J. Ventura. 2000. A representative consumer theory of distribution. *The American Economic Review* 90(4): 909–926.

Chatterjee, S. 1994. Transitional dynamics and the distribution of wealth in a neoclassical growth model. *Journal of Public Economics* 54: 97–119.

Correia, I. H. 1999. On the efficiency and equity trade-off. *Journal of Monetary Economics*, 581–603.

Domeij, D., und J. Heathcote. 2004. On the distributional effects of reducing capital taxes. *International Economic Review* 45: 523–554.

Gourinchas, P.-O., und O. Jeanne. 2006. The elusive gains from international financial integration. *Review of Economic Studies* 73(3): 715–741.

Greenwood, J., Z. Hercowitz, und G. W. Huffman. 1988. Investment, capacity utilization, and the real business cycle. *The American Economic Review* 78: 402–417.

King, R. G., C. I. Plosser, und S. T. Rebelo. 2002. Production, growth, and business cycles: technical appendix. *Computational Economics* 20(1–2): 87–116.

Kirman, A. P. 1992. Whom or what does the representative individual represent? *The Journal of Economic Perspectives* 6: 117–136.

Ljungqvist, L., und T. Sargent. 2004. *Recursive macroeconomic theory*, 2. Aufl. Cambridge: MIT Press.

Lucas, R. E. 1990. Supply-side economics: An analytical review. *Oxford Economic Papers* 42: 293–316.

Mas-Colell, A., M. Whinston, und J. Green. 1995. *Microeconomic theory*. Oxford: Oxford University Press.

Pollak, R. 1971. Additive utility functions and linear Engel curves. *Review of Economic Studies* 38: 401–413.

Stiglitz, J. 1987. Pareto efficient and optimal taxation and the new welfare economics. In *Handbook of public economics, Bd. 2*, Hrsg. A. Auerbach und M. Feldstein, 991–1042. Amsterdam: Elsevier. Kap. 15.

Wachstum

5

5.1 Bedeutung wirtschaftlichen Wachstums

Das in Kap. 3 betrachtete Ramsey-Modell trifft die Aussage, dass das Pro-Kopf-Einkommen y_t langfristig gegen einen Steady-State-Wert y^* konvergiert. Das jedoch bedeutet, dass dieses Modell nicht in der Lage ist, das empirisch beobachtbare langfristige Wachstum der Pro-Kopf-Einkommen in entwickelten Volkswirtschaften zu erklären. Konsequenterweise kann das Modell folglich auch keine Aussagen darüber treffen, worauf Unterschiede in den Wachstumsraten der Pro-Kopf-Einkommen zwischen verschiedenen Ländern zurückzuführen sind. Solche Unterschiede sind allerdings zu beobachten und durchaus von Bedeutung, wie die nachfolgenden Ausführungen verdeutlichen sollen.

In Abb. 5.1 sind die jährlichen Wachstumsraten des realen Pro-Kopf-Einkommens für eine Stichprobe von 53 Ländern im Zeitraum von 1950–2010 dargestellt.[1] Es wird deutlich, dass die Spannweite der Wachstumsraten recht groß ist – ausgehend von negativen Wachstumsraten von ca. $-1{,}5$ % (Kongo) reichen sie bis zu Wachstumsraten von über $4{,}5$ % (Japan). Über die verschiedenen Länder hinweg ist demnach eine erhebliche Streuung der Wachstumsraten zu erkennen.

Tabelle 5.1 zeigt entsprechende Zahlenwerte für eine Auswahl der in Abb. 5.1 dargestellten Länder. Wie nicht anders zu erwarten ist, finden sich die gemessen am Pro-Kopf-Einkommen ärmsten Länder auf dem afrikanischen Kontinent bzw. in Mittelamerika, und es sind gleichzeitig diese Länder, die tendenziell die geringsten Wachstumsraten des Pro-Kopf-Einkommens aufweisen. Hinsichtlich des Pro-Kopf-Einkommens befinden sich beispielsweise die Industrienationen Japan, Deutschland und die USA am oberen Ende

---

[1] Die zugrundeliegenden Daten sind den den Penn World Tables 8.0 (Feenstra et al. 2013) entnommen. Nicht für alle der dort untersuchten 167 Länder liegen für die hier betrachteten Zeitpunkte Zahlen zu den Pro-Kopf-Einkommen vor. Für die Jahre 1950 und 2010 liegen beispielsweise nur für 53 Länder Beobachtungen vor. Die jährliche Wachstumsrate wird hierbei folgendermaßen berechnet: Mit y_0 als Einkommen im Jahr 1950 und y_1 als Einkommen im Jahr 2010 ist die jährliche Wachstumsrate γ Lösung der Gleichung $y_0(1+\gamma)^{60} = y_1$. Folglich gilt $\gamma = (y_1/y_0)^{1/60} - 1$.

© Springer-Verlag Berlin Heidelberg 2015
M. Heinemann, *Dynamische Makroökonomik*,
DOI 10.1007/978-3-662-44156-5_5

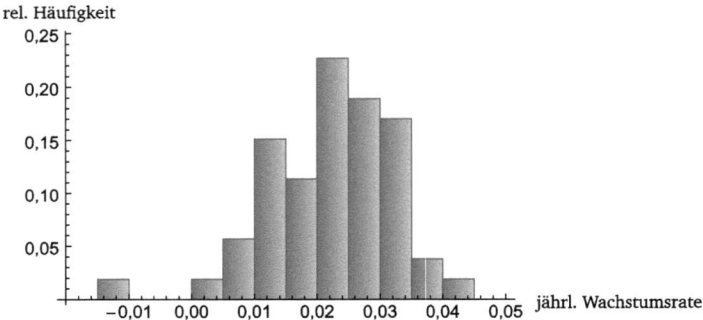

Abb. 5.1 Annualisierte Wachstumsraten des realen Pro-Kopf-Einkommens im Querschnitt von 53 Ländern von 1950–2010 (Datenquelle: Penn World Tables 8.0 (Feenstra et al. 2013))

Tab. 5.1 Entwicklung der Pro-Kopf-Einkommen in verschiedenen Ländern von 1950–2010 (Datenquelle: Penn World Tables 8.0 (Feenstra et al. 2013))

	reales Pro-Kopf-Einkommen in US $ (2005)		jährliche Wachstumsrate in %
	1950	2010	
El Salvador	203	452	1,35
Äthipien	341	828	1,49
Kongo	602	252	−1,44
Japan	2,330	31,815	4,45
Deutschland	5,385	33,982	3,12
Norwegen	11,921	58,090	2,67
USA	12,725	41,858	2,00
Schweiz	14,900	41,720	1,73

der Einkommensskala.[2] Deutlicher Spitzenreiter bei den Wachstumsraten des Pro-Kopf-Einkommens ist Japan mit einer jährlichen Wachstumsrate von 4,45 % im Zeitraum von 1950–2010.[3]

Was die in der Tabelle und der Abbildung dargestellten Unterschiede in den Wachstumsraten bewirken können, kann Barro und Sala-i Martin (1995) folgend mittels einiger Gedankenexperimente verdeutlicht werden: Wäre zum Beispiel das Pro-Kopf-Einkommen

---

[2]Um die Vergleichbarkeit zu ermöglichen, werden die jeweiligen Einkommen in US-Dollar des Basisjahres 2005 ausgedrückt. Für zahlreiche Länder liegen keine weit zurückliegenden Zahlenwerte zu den Pro-Kopf-Einkommen vor, so dass beispielsweise einige der arabischen Staaten, die in der Vergangenheit erheblich von ihrem Ölreichtum profitiert haben, nicht in der hier betrachten Auswahl enthalten sind.

[3]Je nach Betrachtungsperiode können sich bezüglich der jährlichen Wachstumsraten und der Pro-Kopf-Einkommen im internationalen Vergleich auch andere Rangfolgen ergeben. Insofern können die hier dargestellten Zahlen zwar zur Veranschaulichung des Wachstumsphänomens dienen, die Resultate sind jedoch nicht verallgemeinerbar.

in Deutschland im zugrundeliegenden Zeitraum mit einer jährlichen Rate von 4,45 %
– wie Japan – gewachsen, hätte es im Jahr 1985 US-\$ 73,399 betragen – mehr als das
Doppelte des tatsächlichen Wertes. Umgekehrt hätte das Pro-Kopf-Einkommen in Japan
2010 lediglich US-\$ 14,721 – und damit weniger als die Hälfte des tatsächlichen Wer-
tes – betragen, wäre die jährliche Wachstumsrate auf dem deutschen Niveau von 3,12 %
gelegen. Das Pro-Kopf-Einkommen des im Jahr 1950 ärmsten Landes El Salvador hätte
im Jahr 2010 US-\$ 2,767 betragen – nahezu sechsmal mehr als der tatsächliche Wert –
würde El Salvador eine Wachstumsrate des Pro-Kopf-Einkommens wie Japan aufgewie-
sen haben. Vermeintlich geringe Unterschiede in den Wachstumsraten können demnach
über einen längeren Zeitraum hinweg zu erheblichen Unterschieden in der Höhe des Pro-
Kopf-Einkommens führen. Eine Beschäftigung mit den Ursachen und Voraussetzungen
wirtschaftlichen Wachstums scheint daher durchaus geboten zu sein. Denn sollte es der
Fall sein, dass wirtschaftspolitische Maßnahmen geeignet sind, die Wachstumsrate zu beeinflussen, könnten hier erhebliche Wohlfahrtspotentiale erschlossen werden.

5.2   Anpassungsdynamik und Konvergenz

Abbildung 5.2 zeigt die langfristige Entwicklung der Pro-Kopf-Einkommen in Großbritannien, Italien und Deutschland über einen längeren Zeitraum von 140 Jahren hinweg. Es
wird deutlich, dass die Pro-Kopf-Einkommen trotz der unterschiedlichen Ausgangsniveaus mittlerweile nahezu identisch sind. Besonders auffällig ist der nach dem II. Weltkrieg
in Italien und Deutschland zu beobachtende sehr rasche Einkommensanstieg. Beide Beobachtungen – die Konvergenz der Pro-Kopf-Einkommen wie auch die hohen Wachstumsraten in den vom II. Weltkrieg besonders betroffenen Ländern – sind mit den Aussagen
des Ramsey-Modells kompatibel. Dies ist eine Konsequenz der Anpassungsdynamik im
Ramsey-Modell, die im Weiteren genauer betrachtet werden soll. Dem Modell nach sollten die Einkommensniveaus ähnlicher Länder konvergieren und die Wachstumsraten weit
vom Steady-State entfernter Länder sollten entsprechend höher sein.

Zur genaueren Analyse der Anpassungsdynamik wird zunächst das in Abschn. 3.6
betrachtete, spezifizierte Ramsey-Modell betrachtet. Aus der dort ermittelten Lösung
$k_{t+1} = \beta \alpha k_t^\alpha$ ergibt sich, dass:

$$\gamma_{k,t} = \frac{k_t - k_{t-1}}{k_{t-1}} = \beta \alpha k_{t-1}^{\alpha-1} - 1,$$

wobei $\gamma_{k,t}$ die Wachstumsrate – das heißt die relative Änderung – des Kapitalstocks zwischen den Perioden $t-1$ und t ist. Für das Pro-Kopf-Einkommen y_t lässt sich aus der
Produktionsfunktion eine analoge Beziehung herleiten:

$$\gamma_{y,t} = \frac{y_t - y_{t-1}}{y_{t-1}} = \frac{k_t^\alpha}{k_{t-1}^\alpha} - 1 = (\beta \alpha)^\alpha y_{t-1}^{\alpha-1} - 1 \qquad (5.1)$$

Abb. 5.2 Langfristige
Entwicklung des realen
Pro-Kopf-Einkommens in
Großbritannien, Italien und
Deutschland (Datenquelle:
Maddison (2010))

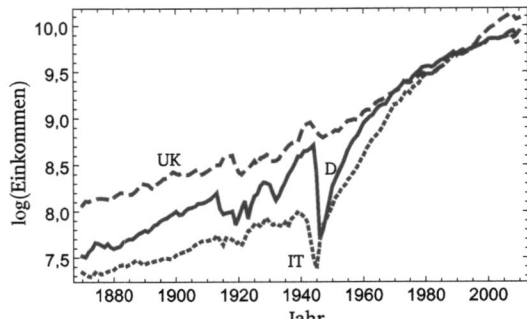

Abb. 5.3 Wachstumsrate des
Pro-Kopf-Einkommens im
Verlauf des
Anpassungsprozesses

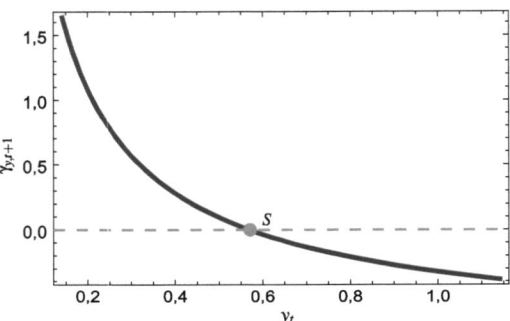

Unter Berücksichtigung der Tatsache, dass das Pro-Kopf-Einkommen im langfristigen Gleichgewicht $y^* = k^*\alpha = (\beta\alpha)^{\alpha/(1-\alpha)}$ ist, lässt sich aus dieser Gleichung der in Abb. 5.3 dargestellte Zusammenhang zwischen der Höhe des Pro-Kopf-Einkommens und seiner Wachstumsrate ableiten.[4] Die Abbildung verdeutlicht, dass die Wachstumsrate des Pro-Kopf-Einkommens um so größer ist, je geringer das Pro-Kopf-Einkommen ist. Demnach müssten Länder mit geringem Pro-Kopf-Einkommen vergleichsweise höhere Wachstumsraten aufweisen als Länder mit hohem Pro-Kopf-Einkommen, so dass die Einkommensdifferenz im Zeitablauf abnimmt.

Eine solche Schlussfolgerung, die auch als These der absoluten Konvergenz bezeichnet wird, ist allerdings nur möglich, wenn vergleichsweise arme und reiche Länder jeweils gegen identische langfristige Gleichgewichte – wie Punkt S in Abb. 5.3 – konvergieren. Genau genommen besagt der in Abb. 5.3 dargestellte Zusammenhang lediglich, dass die Wachstumsrate des Pro-Kopf-Einkommens um so größer ist, je größer die Abweichung des gegenwärtigen Einkommens von seinem langfristigen Gleichgewichtswert ist. Unterscheiden sich Länder hinsichtlich der langfristigen Gleichgewichtswerte für das Pro-Kopf-Einkommen, könnte wie Abb. 5.4 zeigt, ein Vergleich zweier Länder I und II, deren momentane Situation durch die Punkte P_I und P_{II} gegeben ist, durchaus ergeben, dass Land

---

[4]Der Abbildung liegt eine numerische Spezifikation mit $\alpha = 0{,}3$ und $\beta = 0{,}9$ zugrunde.

Abb. 5.4 Bedingte
Konvergenz

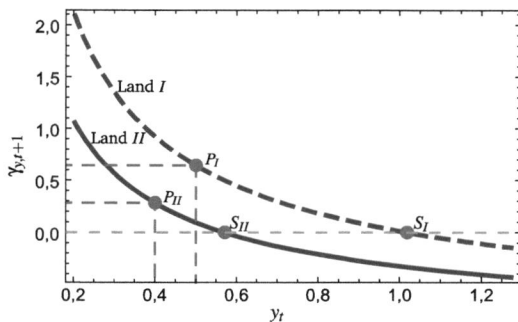

I eine höhere Wachstumsrate aufweist, obwohl das Pro-Kopf-Einkommen größer ist als das Einkommen in Land *II*.[5]

Die Tatsache, dass im Ramsey-Modell die Wachstumsrate des Pro-Kopf-Einkommens in einem Land um so größer ist, je weiter dieses Einkommen von seinem entsprechenden Wert im langfristigen Gleichgewicht entfernt ist, wird als These von der bedingten Konvergenz bezeichnet. Ob diese These zutreffend ist, lässt sich relativ einfach empirisch überprüfen, indem entweder relativ ähnliche Länder miteinander verglichen werden, so dass die Annahme identischer langfristiger Gleichgewichte plausibel ist, oder indem der Einfluss anderer auf die Wachstumsrate wirkender länderspezifischer Faktoren eliminiert wird.

Die in Abb. 5.5 dargestellten Streudiagramme zeigen die Beziehung zwischen dem Logarithmus des Pro-Kopf-Einkommens im Jahr 1950 und der jährlichen Wachstumsrate zwischen 1950 und 2010 ($\gamma_{1950,2010}$) für die bereits in Abb. 5.1 betrachteten 53 Länder und eine homogenere Teilgruppe von 21 OECD-Ländern. Für die im unteren Streudiagramm betrachtete homogene Ländergruppe lässt sich durchaus Konvergenz feststellen, während dies für gesamte Ländergruppe nicht der Fall ist. In den Abbildungen sind auch jeweils die Ergebnisse einer Regression des Logarithmus des Pro-Kopf-Einkommens im Jahr 1950 auf die jährliche Wachstumsrate zwischen 1950 und 2010 dargestellt. Im Fall der gesamten Ländergruppe ergibt sich hier kein signifikanter Einfluss des Einkommens auf die Wachstumsrate. Für die OECD-Länder resultiert dagegen eine signifikante negative Korrelation.[6]

Nun zu der Frage, was sich vor dem Hintergrund des Ramsey-Modells über die Konvergenzgeschwindigkeit aussagen lässt. Wie lange dauert es in diesem Modell beispielsweise, bis eine anfängliche Abweichung des Pro-Kopf-Einkommens vom entsprechenden Wert im langfristigen Gleichgewicht beispielsweise auf die Hälfte geschrumpft ist? Gehen wir zur Beantwortung dieser Frage zunächst wieder von dem oben spezifizierten Modell und

---

[5]Wird eine Pro-Kopf-Produktionsfunktion der Form $y_t = A k_t^\alpha$ unterstellt, können international unterschiedliche Niveaus der Faktorproduktivität A zugelassen werden. Gleichung (5.1) wird dann zu $\gamma_{y,t} = (\beta\alpha)^\alpha A y_{t-1}^{\alpha-1} - 1$. In Abb. 5.4 werden die bereits in Abb. 5.3 unterstellten Parameterwerte angenommen. Für Land *I* gilt $A_I = 1{,}5$ und für Land *II* $A_{II} = 1{,}0$.

[6]In diesem Fall ergibt die OLS-Schätzung der Gleichung $\gamma_{1950,2010} = a_0 + a_1 \log(y_{1950})$ als Schätzwert $\hat{a}_1$ für a_1, dass $\hat{a}_1 = -0{,}0099$ (mit einem t-Wert von $-5{,}90$).

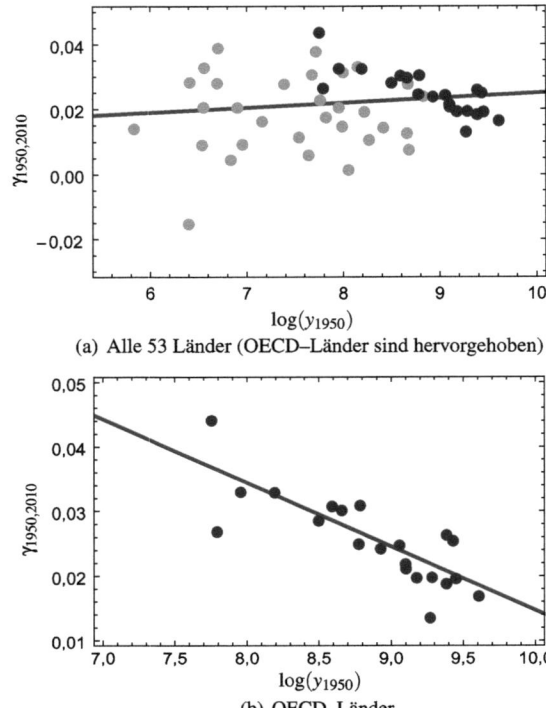

Abb. 5.5 Empirische Befunde zur bedingten Konvergenz – Alle 53 Länder und 21 OECD Länder (Daten aus: Penn World Table 8.0, Feenstra et al. (2013))

dessen Lösung $k_{t+1} = \beta \alpha k_t^{\alpha}$ aus. Nach Logarithmieren ergibt sich aus dieser Gleichung:

$$\ln k_{t+1} = \ln(\beta \alpha) + \alpha \ln k_t$$

Die allgemeine Lösung dieser linearen Differenzengleichung in k_t lautet:

$$\ln k_t = \frac{\ln(\beta \alpha)}{1 - \alpha} + \alpha^t C_0,$$

wobei C_0 eine aus dem Anfangswert für $t = 0$ zu bestimmende Konstante ist. Mit $\ln k_0$ als Anfangswert in $t = 0$ ergibt sich $C_0 = \ln k_0 - \frac{\ln(\beta \alpha)}{1-\alpha}$ und die Lösung der Differenzenglei-chung ist somit:

$$\ln k_t = \frac{\ln(\beta \alpha)}{1 - \alpha} + \alpha^t \left(\ln k_0 - \frac{\ln(\beta \alpha)}{1 - \alpha} \right) \tag{5.2}$$

Nun ist $k^* = (\beta \alpha)^{\frac{1}{1-\alpha}}$ und folglich $\ln k^* = \frac{\ln(\beta \alpha)}{1-\alpha}$. Einsetzen in (5.2) ergibt:

$$\ln k_t = \ln k^* + \alpha^t \left(\ln k_0 - \ln k^* \right)$$
$$\Leftrightarrow \quad \ln k_t - \ln k^* = \alpha^t \left(\ln k_0 - \ln k^* \right)$$
$$\Leftrightarrow \quad \ln\left(k_t / k^* \right) = \alpha^t \ln\left(k_0 / k^* \right) \tag{5.3}$$

Sofern k nur geringfügig vom langfristigen Gleichgewichtswert k^* abweicht, gilt $\ln(k/k^*) \approx \frac{k-k^*}{k^*}$.[7] Von daher gilt in diesem Modell zumindest approximativ:

$$\frac{k_t - k^*}{k^*} \approx \alpha^t \frac{k_0 - k^*}{k^*} \qquad (5.4)$$

Auf der linken Seite von (5.4) steht demnach die relative Abweichung des Kapitalstocks in Periode t vom langfristigen Gleichgewichtswert k^* und die rechte Seite zeigt, wie sich diese relative Abweichung aus der anfänglichen relativen Abweichung $\frac{k_0-k^*}{k^*}$ und der Anzahl vergangener Perioden t ergibt. Gleichung (5.4) besagt, dass im Zuge des Anpassungsprozesses pro Periode $(\alpha - 1)$ % der noch bestehenden Abweichung vom Gleichgewicht abgebaut werden.[8] Anhand von Gl. (5.4) lässt sich nun die Frage beantworten, wieviel Zeit benötigt wird, bis eine anfängliche Abweichung zu einem bestimmten Prozentsatz abgebaut ist. So kann beispielsweise ermittelt werden, wieviele Perioden erforderlich sind, bis 50 % der anfänglichen relativen Abweichung von k^* abgebaut ist. Die so ermittelte Anzahl von Perioden wird auch als Halbwertszeit $t_{1/2}$ bezeichnet. Dies ist offensichtlich dann der Fall, wenn $\frac{k_t - k^*}{k^*} = \frac{1}{2}\frac{k_0 - k^*}{k^*}$ gilt. Einsetzen in (5.3) bzw. (5.4) und Auflösen nach t ergibt:

$$t_{1/2} = -\frac{\ln 2}{\ln \alpha} \approx -\frac{0{,}69}{\ln \alpha}$$

Wie bereits oben in Abschn. 3.6 festgestellt wurde, ist die Anpassungsgeschwindigkeit vom Parameter α abhängig und um so geringer, je größer α ist. Für $\alpha = 0{,}5$ ergibt sich beispielsweise, dass $t_{1/2} = 1$ und im Fall $\alpha = 0{,}25$ folgt $t_{1/2} = 0{,}5$.[9] Wie ebenfalls bereits gezeigt wurde, bestimmt der Parameter α die Kapitaleinkommensquote. Entsprechend ist $1 - \alpha$ die Lohnquote. Ein empirisch plausibler Wert für α ist daher $\alpha = 0{,}3$, was zu einer Halbwertszeit $t_{1/2} \approx 0{,}58$ führt. Diese Anpassungsgeschwindigkeit bzw. Konvergenzrate ist recht hoch. Der größte Teil der Abweichung vom langfristigen Gleichgewicht würde demnach innerhalb einer Periode abgebaut, was vor dem Hintergrund realer Konvergenzprozesse – beispielsweise dem ostdeutschen Aufholprozesses – selbst dann, wenn als Periodenlänge ein Kalenderjahr unterstellt wird, völlig unrealistisch erscheint.

---

[7]Wird $\ln(k/k^*)$ als Taylorreihe um k^* entwickelt, folgt wegen $\frac{d\ln x}{dx} = 1/x$:

$$\ln\big(k/k^*\big) = \ln(1) + \frac{1}{k^*}\big[k - k^*\big] + \cdots$$

[8]Es ist nach (5.4) $(k_t - k^*) - (k_{t-1} - k^*) = (\alpha - 1)(k_{t-1} - k^*)$, wobei $(k_t - k^*) - (k_{t-1} - k^*)$ das Ausmaß angibt, in welchem die zu Beginn von Periode t bestehende Differenz vermindert wird. Division durch $(k_{t-1} - k^*)$ ergibt dann die relative (prozentuale) Änderung.

[9]Es gilt wegen $\ln 1 = 0$:

$$\frac{\ln 2}{\ln 1/2} = \frac{\ln 2}{\ln 1 - \ln 2} = -1$$

$$\frac{\ln 2}{\ln 1/4} = \frac{\ln 2}{\ln 1 - \ln 4} = -\frac{\ln 2}{\ln 4} = -\frac{\ln 2}{\ln 2^2} = -\frac{\ln 2}{2\ln 2} = -1/2$$

Allerdings ist die hier ermittelte offensichtlich zu hohe Anpassungsgeschwindigkeit auf die Spezifikation des Modells zurückzuführen. So wurde beispielsweise von vollständigen Abschreibungen ($\delta = 1$) ausgegangen und auch andere wachstumsrelevante Aspekte werden im Modell bisher nicht berücksichtigt. Da in diesen Fällen jedoch eine analytische Lösung des Modells nicht möglich ist, muss auf die linearisierte Form des Modells zurückgegriffen werden, um Aussagen über die Anpassungsgeschwindigkeit treffen zu können. Ausgangspunkt hierbei ist die im Anhang A.4 zu Kap. 3 hergeleitete Lösung (3.21) des linearisierten Modells für $\hat{k}_t$:

$$\hat{k}_t = \mu_1^t \hat{k}_0$$

Da $\hat{k}_t$ bzw. $\hat{k}_0$ bereits Abweichungen vom langfristigen Gleichgewicht repräsentieren, ist klar, dass der Parameter μ_1 die Anpassungsgeschwindigkeit determiniert. Die Anzahl von Perioden $t_{1/2}$, die erforderlich ist, um die anfängliche Abweichung auf die Hälfte zu reduzieren ist demnach gegeben durch $t_{1/2} = -\ln 2 / \ln \mu_1$. Nun ist μ_1 die kleinere der beiden Wurzeln der charakteristischen Gl. (3.20):

$$\mu^2 - \mu \left(1 + \beta u'(c^*) \frac{f''(k^*)}{u''(c^*)} + \frac{1}{\beta} \right) = -\frac{1}{\beta}$$

Wird weiterhin von einer Cobb-Douglas-Produktionsfunktion $f(k_t) = k_t^\alpha$ ausgegangen, jedoch $\delta < 1$ unterstellt und für die CRRA-Nutzenfunktion auch $\rho \neq 1$ zugelassen, ergibt sich für das langfristige Gleichgewicht wegen $R^* = z^* + 1 - \delta = 1/\beta$:

$$k^* = \frac{1 - \beta(1-\delta)}{\beta\alpha}^{\frac{1}{\alpha-1}}$$

Da $c^* = f(k^*) - \delta k^*$ gelten muss, folgt zudem:

$$\frac{c^*}{k^*} = \frac{1 - \beta(1 - \delta[1-\alpha])}{\beta\alpha}$$

Für den in der charakteristischen Gleichung auftretenden Ausdruck $u' \frac{f''}{u''}$ ergibt sich dann Folgendes:

$$u'(c^*) \frac{f''(k^*)}{u''(c^*)} = -\frac{1}{\rho} \frac{1 - \beta(1 - \delta[1-\alpha])}{\beta\alpha} (\alpha - 1) \frac{1 - \beta(1-\delta)}{\beta}$$

Werden also die Parameter α, β, ρ und δ numerisch spezifiziert, lässt sich μ_1 aus dem charakteristischen Polynom ermitteln und die Konvergenzgeschwindigkeit kann bestimmt werden.

In Tab. 5.2 sind einige Halbwertszeiten $t_{1/2}$ aufgeführt, die für verschiedene numerische Spezifikationen des Modells ermittelt worden sind. Es wird deutlich, dass eine Verringerung der Abschreibungsrate δ ebenso wie eine Verringerung der intertemporalen Substitutionselastizität des Konsums $\sigma = 1/\rho$ die Konvergenzgeschwindigkeit erheblich vermindert. Ein Vergleich der letzten mit der ersten Spalte der Tabelle zeigt zudem, dass eine Erhöhung von β, das heißt eine Verringerung der Zeitpräferenzrate, ebenfalls mit einer

Tab. 5.2
Konvergenzgeschwindigkeit in Abhängigkeit von den Modellparametern

Konvergenzgeschwindigkeit mit $\alpha = 0,5$					
δ ($\rho = 1$, $\beta = 0,9$)			ρ ($\delta = 0,1$, $\beta = 0,9$)		β ($\delta = 0,1$, $\rho = 1$)
0,1	0,5	1	0,1	1,5	0,1
μ_1 0,88	0,68	0,5	0,62	0,91	0,53
$t_{1/2}$ 5,53	1,82	1,0	1,44	7,22	1,11

Verringerung der Konvergenzgeschwindigkeit einhergeht. Sofern das Ramsey-Modell um bisher nicht berücksichtigte Aspekte wie zum Beispiel Bevölkerungs- und Produktivitätswachstum erweitert wird, führt eine empirisch plausible numerische Spezifikation zu einem Wert $\mu_1 \approx 0,95$. Das Modell prognostiziert damit eine jährliche Anpassung in Höhe von 5 % ($\mu_1 - 1 = -0,05$) der bestehenden Abweichung vom langfristigen Gleichgewicht. Als Halbwertzeit folgt daraus $t_{1/2} = 13,51$ – für die Hälfte der Anpassung werden demnach 14 Perioden benötigt. Für ein Schrumpfen der Abweichung auf 25 % ihres anfänglichen Ausmaßes sind dann $t_{1/4} = 27,03$ Perioden erforderlich. Werden diese Zahlen auf die Realität übertragen und als Periodenlänge ein Kalenderjahr unterstellt, bedeutet dies, dass ökonomische Anpassungsprozesse wie sie beispielsweise in Ostdeutschland erfolgen recht zeitaufwendig sein können. Insbesondere erscheinen einige der im Verlauf der Wiedervereinigung geäußerten Prognosen bezüglich der Dauer des Aufholprozesses allzu optimistisch und sind mittlerweile ja auch durch den tatsächlichen Prozess als solche entlarvt worden. Theoretische Analysen kommen demnach zu einer weitaus weniger optimistischen Einschätzung der Dauer eines solchen Anpassungsprozesses.

Zudem sind die aus dem Ramsey-Modell ermittelten Konvergenzraten vor dem Hintergrund empirischer Untersuchungen immer noch zu hoch. Empirische Schätzungen solcher Konvergenzraten liefern beispielsweise für europäische Regionen Werte von $\mu_1 \approx 0,98$ und somit Konvergenzraten von etwa 2 % pro Jahr. In diesem Fall ergibt sich, dass $t_{1/2} = 34,31$ und $t_{1/4} = 68,62$ sind. Demzufolge wären 75 % der zu Beginn der Wiedervereinigung zwischen Ost- und Westdeutschland bestehenden Einkommensdifferenz erst nach nahezu 70 Jahren abgebaut! Die oben im Zusammenhang mit Abb. 5.5 in Fußnote 6 dargestellten Regressionsergebnisse implizieren ebenfalls eine deutlich geringere Konvergenzrate von ungefähr 1,5 % pro Jahr.[10]

Tabelle 5.3 gibt einige Fakten zur Konvergenz zwischen Ost- und Westdeutschland wieder. Es wird deutlich, dass die Arbeitsproduktivität in Ostdeutschland direkt nach der Wiedervereinigung erheblich geringer war als in Westdeutschland. Sie lag im Osten bei ca. 33 % des Niveaus in Westdeutschland. Der in den darauf folgenden Jahren einsetzende Aufholprozess mit zum Teil beträchtlichen Wachstumsraten der Arbeitsproduktivität in Ostdeutschland hat dieses Produktivitätsgefälle zwar verringern können, jedoch beträgt die Arbeitsproduktivität im Osten im Jahr 1997 lediglich ca. 45 % des Westniveaus.

---

[10] Aus dem Regressionsmodell kann die Konvergenzrate b folgendermaßen ermittelt werden: Es gilt $a_1 = (1 - b)^T - 1$ wobei T die Anzahl der Perioden ist, für die der Konvergenzprozess untersucht wird. Im vorliegenden Fall gilt also $T = 60$.

Tab. 5.3 Entwicklung Arbeitsproduktivität in Deutschland (aus Barrell und te Velde (2000, S. 272), Arbeitsproduktivität gemessen als Output je Beschäftigtenstunde in Preisen von 1991)

Jahr	Niveau			Wachstumsrate in %		
	West	Ost	Gesamt	West	Ost	Gesamt
1991	57,00	18,78	48,97	–	–	–
1992	57,09	20,29	50,30	0,2	8,0	2,7
1993	57,51	22,43	51,54	0,7	10,5	1,7
1994	59,48	24,63	53,01	3,4	9,8	3,7
1995	61,54	26,18	54,88	3,5	6,3	3,5
1996	63,14	27,43	56,47	2,6	4,8	2,9
1997	65,20	29,09	58,60	3,3	6,1	3,8

Konvergenzprozesse benötigen demnach Zeit, wobei die vorangegangenen Ausführungen verdeutlicht haben, dass dieser Zeitbedarf erheblich sein kann. Jedoch sind die oben angegebenen Zahlenwerte möglicherweise insofern zu pessimistisch, als sie auf eine Beschleunigung der Konvergenz abzielende wirtschaftspolitische Maßnahmen vernachlässigen. Modellrechnungen, die derartiges einbeziehen, kommen so auch zu dem Schluss, dass sich die Konvergenz schneller vollzieht. So gelangen beispielsweise Funke und Strulik (2000) zu dem Schluss, dass das Pro-Kopf-Einkommen in Ostdeutschland 80 % des Westniveaus im günstigsten Fall ca. 20 Jahre und im ungünstigsten Fall immerhin ca. 30 Jahre nach der Wiedervereinigung erreicht wird.

5.3 Quellen wirtschaftlichen Wachstums

Bevor im Folgenden Erweiterungen des Ramsey-Modells vorgestellt werden, die auch langfristiges Wachstum des Pro-Kopf-Einkommens erlauben, soll an dieser Stelle zunächst ganz allgemein der Frage nachgegangen werden, auf welche Ursachen wirtschaftliches Wachstum zurückgeführt werden kann. Ausgangspunkt hierbei ist die linear homogene Produktionsfunktion $Y_t = F(K_t, L_t)$, die den Output einer Volkswirtschaft in einer Periode t als Funktion der verfügbaren Produktionsfaktoren Arbeit und Kapital beschreibt. Änderungen des Outputs im Zeitablauf können folglich nur dann auftreten, wenn sich der Kapitalbestand und/oder die Menge der eingesetzten Arbeit ändern. Allgemein lässt sich bei Gültigkeit der Grenzproduktivitätstheorie, wonach die Produktionsfaktoren mit ihren jeweiligen Grenzprodukten entlohnt werden, das Outputwachstum folgendermaßen auf das Wachstum der Faktoren Arbeit und Kapital zurechnen:[11]

$$\gamma_{Y,t} = \alpha_t \gamma_{K,t} + (1 - \alpha_t)\gamma_{L,t} \qquad (5.5)$$

---

[11]Diese Zerlegung wird üblicherweise ausgehend von der in kontinuierlicher Zeit formulierten Produktionsfunktion $Y(t) = F(K(t), L(t))$ ermittelt. Differentiation nach der Zeit ergibt dann mit:

$$\gamma_Y(t) = \frac{F_K K(t)}{Y(t)}\gamma_K(t) + \frac{F_L L(t)}{Y(t)}\gamma_L(t)$$
$$= \alpha(t)\gamma_K(t) + (1 - \alpha(t))\gamma_L(t)$$

Tab. 5.4 Zurechnung des Wachstums des BIP in verschiedenen Ländern auf seine Bestimmungs-
größen 1960–1995 (aus Jorgenson und Yip (2001))

	jährliche Wachstumsrate des BIP in %	jährliches TFP-Wachstum in %	Anteile an der Wachstumsrate in %		
			Kapital	Arbeit	TFP
	(1)	(2)	(3)	(4)	(5)
Deutschland	3,12	1,32	53	5	42
Großbritannien	2,21	0,80	56	8	36
Japan	5,66	2,65	31	22	47
USA	3,18	0,76	35	41	24

Hierbei bezeichnet $\gamma_{Y,t}$ die Wachstumsrate des Outputs zwischen Periode $t-1$ und t, das heißt $\gamma_{Y,t} = \frac{Y_t - Y_{t-1}}{Y_{t-1}}$, und α_t ist die Kapitaleinkommensquote in Periode t, das heißt, $\alpha_t = \frac{z_t K_t}{Y_t}$. Gleichung (5.5) enthält Größen, die sich empirisch ermitteln lassen, so dass mit Hilfe dieser Gleichung der Frage nachgegangen werden kann, auf welche Ursachen sich das beobachtbare Outputwachstum zurückführen lässt.

Tabelle 5.4 zeigt die Ergebnisse einer solchen Zerlegung für das Wachstum in einigen Industrieländern im Zeitraum 1960–1990. Dargestellt ist in den Spalten (3) und (4) jeweils, welchen Anteil das Faktorwachstum am Outputwachstum (Spalte (1)) im Beobachtungszeitraum hatte. Zunächst wird deutlich, dass der Beitrag des Wachstums des Kapitalstocks zum wirtschaftlichen Wachstum in den betrachteten Ländern wenig differiert (31–56 %), weit weniger zumindest als der Beitrag des Wachstums des Faktors Arbeit, der von 5 % bis 41 % reicht. Das wichtigste Ergebnis solcher Zerlegungen ist allerdings, dass sich nicht das gesamte Outputwachstum auf das Wachstum der Produktionsfaktoren allein zurückführen lässt – es bleibt ein unerklärter Rest, der in der Tabelle (Spalten (2) und (5)) als totale Faktorproduktivität ausgewiesen ist. Es lassen sich demnach Änderungen des Outputs beobachten, obwohl sich die Menge der eingesetzten Produktionsfaktoren nicht verändert hat – dieser Effekt wurde schließlich durch die Zerlegung herausgerechnet. Naheliegenderweise wird dieser unerklärte Rest als Manifestation des technischen Fortschritts angesehen, denn wenn der Output wächst, obwohl der Faktoreinsatz unverändert bleibt, kann die Ursache nur in Änderungen in der Produktivität der Faktoren gesehen werden. Dies erklärt dann auch, warum diese Restgröße als totale Faktorproduktivität (TFP) bezeichnet wird. Mit der Interpretation der totalen Faktorproduktivität als Maß für Produktivitätswachstum und technischen Fortschritt zeigt ein Blick auf die Tabelle in Spalte (5), dass technischer Fortschritt bzw. Produktivitätswachstum in einigen Ländern – so zum Beispiel in Deutschland und insbesondere in Japan – in erheblich Ausmaß zum Wirtschaftswachstum beigetragen hat.

Hierbei bezeichnet $\alpha(t)$ bezeichnet die Kapitaleinkommensquote zum Zeitpunkt t, denn das Grenzprodukt F_K ist nichts anderes als der Faktorpreis des Kapitals. Als Approximation in diskreter Zeit ergibt sich dann $\gamma_{Y,t} = \alpha_t \gamma_{K,t} + (1-\alpha_t)\gamma_{L,t}$.

In der Wachstumstheorie wird dieses Produktivitätswachstum in unterschiedlicher Weise berücksichtigt. In den älteren sogenannten Modellen exogenen Wachstums wird das Wachstum der Produktivität als exogen unterstellt. Die in jüngerer Zeit formulierten endogenen Wachstumsmodelle gehen im Gegensatz dazu davon aus, dass das Produktivitätswachstum selbst wiederum ökonomischen Entscheidungen entspringt und folglich modellendogen erklärt werden muss. Beide Typen von Wachstumsmodellen werden im Weiteren vorgestellt.

5.4   Das Ramsey-Modell mit Bevölkerungswachstum und technischem Fortschritt

Im bisher betrachteten Ramsey-Modell ist Wachstum ausschließlich ein transitorisches Phänomen. Sollte beispielsweise der gegebene Kapitalstock geringer sein als der im Steady-State resultierende Kapitalstock, so setzt zwar ein Wachstumsprozess ein, in dessen Verlauf der Kapitalstock gegen diesen Steady-State konvergiert, jedoch kommt dieser Prozess im Zeitablauf zum Erliegen – die Wachstumsraten werden immer geringer.

Die Erklärung hierfür ist, dass aufgrund der über die Produktionsfunktion getroffenen Annahmen das Grenzprodukt des Kapitals gegen Null konvergiert, wenn die Kapitalintensität über alle Grenzen wächst ($\lim f'(k)_{k \to \infty} = 0$). Dies ist Folge der Inada-Bedingungen, denen die Produktionsfunktion annahmegemäß genügt. Sofern nun $k_0 < k^*$ gilt, existiert zwar aufgrund des im Vergleich zur Zeitpräferenzrate relativ hohen Grenzproduktes des Kapitals – und somit auch eines relativ hohen Zinses – ein Akkumulationsanreiz, das heißt es wird über die Ersatzinvestitionen hinaus investiert. Dieser Akkumulationsanreiz kommt jedoch dadurch, dass das Grenzprodukt des Kapitals und mithin der Zins mit wachsendem Kapitalstock sinken, früher oder später zum Erliegen. Die Folge ist, dass im resultierenden Steady-State ausschließlich Ersatzinvestitionen unternommen werden. Eine Modifikation des Modells, die ständiges Wachstum erklärt, muss demnach dazu führen, dass permanente Akkumulationsanreize bestehen. Der Zins darf auch bei wachsendem Kapitalstock nicht zu gering werden, damit für die Wirtschaftssubjekte auch weiterhin ein Anreiz besteht, über die Ersatzinvestitionen hinaus zu investieren.

Im Folgenden wird gezeigt, dass als exogen unterstellte Ereignisse wie Bevölkerungswachstum und technischer Fortschritt genau diese Konsequenz haben können, so dass sich hiermit auch langfristiges Wachstum erklären lässt. Wie sich herausstellen wird, ist allerdings nur technischer Fortschritt in der Lage, auch das empirisch relevante Wachstum der Pro-Kopf-Einkommen zu erklären.

5.4.1 Bevölkerungswachstum

Wenn es das Ziel eines Wachstumsmodells sein soll, Wachstum des Pro-Kopf-Einkommens zu erklären, so ist die Berücksichtigung von Bevölkerungswachstum allein hier nicht befriedigend. Zwar geht Bevölkerungswachstum bei gleichzeitiger Vollbeschäftigung selbst bei Konstanz des Kapitalstocks mit Outputwachstum einher, jedoch sinkt das Pro-Kopf-Einkommen aufgrund des sinkenden Grenzprodukts der Arbeit. Das Pro-Kopf-Einkommen bliebe bestenfalls konstant, wüchse der Kapitalstock mit der Rate, mit der auch die Bevölkerung wächst. Gleichwohl belegt Tab. 5.4, dass Bevölkerungswachstum zumindest in einigen Ländern erheblichen Anteil am Wirtschaftswachstum gehabt hat, so dass es gerechtfertigt erscheint, auch diesen Aspekt in das Ramsey-Modell zu integrieren.

Zu diesem Zweck soll hier nun angenommen werden, dass die Bevölkerung bzw. Arbeitskräftezahl von Periode zu Periode mit der Rate n wächst, so dass $L_t = (1 + n)L_{t-1}$ gilt. Ein Problem besteht nun darin, dass in jeder Periode neue Haushalte zu den bereits existierenden hinzukommen, so dass das Konzept des repräsentativen Haushalts nicht mehr anwendbar ist, da sich die Haushalte durch ihr „Geburtsdatum" unterscheiden. Ein möglicher und üblicherweise beschrittener Ausweg besteht darin anzunehmen, dass jeder Haushalt nur eine einzige Periode existiert, die Wohlfahrt eines jeden Haushalts aber auch durch die Wohlfahrt seiner Nachkommen beeinflusst wird, so dass deren Nutzen in seine eigene Nutzenfunktion eingeht.[12] Der Lebensnutzen eines in Periode 0 geborenen Haushalts ist dann:

$$V = u(c_0) + \beta(1 + n)u(c_1) + \beta^2(1 + n)^2 u(c_2) + \cdots$$

$$= \sum_{t=0}^{\infty} [\beta(1 + n)]^t u(c_t) = \tilde{\beta}^t u(c_t) \tag{5.6}$$

Gleichung (5.6) besagt, dass der Nutzen eines in Periode 0 geborenen Haushalts zum einen von seinem eigenen Lebensnutzen $u(c_0)$ abhängt, zum anderen aber auch vom diskontierten Lebensnutzen $u(c_1)$ seiner $(1 + n)$ Kinder und dem seiner Kindeskinder, usw. Wie sich zeigt, können wir unter dieser Annahme die bisher verwendete Nutzenfunktion beibehalten, wenn berücksichtigt wird, dass der Diskontierungsfaktor $\tilde{\beta} = \beta(1 + n)$ nun auch durch die Wachstumsrate der Bevölkerung bestimmt wird.[13]

Die Budgetrestriktion eines in Periode t lebenden Haushalts lässt sich nun wegen $y_t = f(k_t)$ und $L_{t+1}/L_t = (1 + n)$ folgendermaßen formulieren:

$$L_t y_t = L_t c_t + L_t k_{t+1} - (1 - \delta)L_t k_t$$

$$\Leftrightarrow \quad f(k_t) = c_t + (1 + n)k_{t+1} - (1 - \delta)k_t \tag{5.7}$$

Wie Gl. (5.7) verdeutlicht, ändert sich abgesehen davon, dass der Wachstumsfaktor $1 + n$ der Bevölkerung in der Budgetrestriktion auftaucht, nichts gegenüber dem bisher betrachteten Ramsey-Modell ohne Bevölkerungswachstum. Konkret bedeutet dies, dass

---

[12]Modelle mit aufeinanderfolgenden Generationen von Individuen, die derartige Präferenzen haben, werden auch als Dynastiemodelle bezeichnet.

[13]Sofern sichergestellt ist, dass $\tilde{\beta} = \beta(1 + n) < 1$ gilt, ist der Lebensnutzen eines Haushalts weiterhin beschränkt.

auch bei Vorliegen von Bevölkerungswachstum eine Steady-State-Kapitalintensität k^* existiert, die langfristig, nach Ablauf eventueller Anpassungsprozesse, erreicht wird. Mit dieser Steady-State-Lösung geht dann ebenfalls ein konstanter Pro-Kopf-Output $y^* = f(k^*)$ und ein konstanter Pro-Kopf-Konsum c^* einher. Hinsichtlich der Pro-Kopf-Größen bewirkt demnach die Berücksichtigung von Bevölkerungswachstum keinen wesentlichen Unterschied zum bisher betrachteten Ramsey-Modell. Ein langfristiges Wachstum des Pro-Kopf-Einkommens wird nicht erklärt. Zu beachten ist allerdings, dass eine konstante Kapitalintensität $k^* = K_t/L_t$ bedeutet, dass der aggregierte Kapitalstock K_t im Steady-State mit der Rate wächst, mit der auch die Bevölkerung wächst. Ebenso wachsen der aggregierte Output $Y_t = L_t f(k^*)$ und der aggregierte Konsum $C_t = L_t c^*$ im Steady-State mit der Rate n, mit der auch die Bevölkerung wächst. Zumindest im Hinblick auf diese aggregierten Größen lässt sich also Wachstum aufgrund von Bevölkerungswachstum erklären.

5.4.2   Technischer Fortschritt

Die in Abschn. 5.3 dargestellte Tab. 5.4 hat verdeutlicht, dass ein wesentlicher Anteil des Wachstums nicht allein auf das Wachstum der Faktorbestände zurückgeführt werden kann, sondern aus Produktivitätswachstum resultiert. Im Folgenden soll nun durch technischen Fortschritt bedingtes Produktivitätswachstum neben dem oben betrachteten Bevölkerungswachstum in das Ramsey-Modell integriert werden. Hierbei wird angenommen, dass sich der technische Fortschritt modellexogen vollzieht, also nicht durch die ökonomischen Aktivitäten der Wirtschaftssubjekte beeinflussbar ist. Im einfachsten Fall bedeutet dies, dass neben den Produktionsfaktoren Arbeit und Kapital nunmehr die Zeit als dritter „Produktionsfaktor" berücksichtigt werden muss. Die aggregierte Produktionsfunktion lautet daher $Y_t = F(K_t, L_t, t)$. Technischer Fortschritt bzw. Produktivitätswachstum äußert sich dann darin, dass selbst mit gegebenem Faktoreinsatz im Zeitablauf ein höheres Outputniveau resultiert.

Ohne technischen Fortschritt wäre für eine Erhöhung des Outputniveaus der vermehrte Einsatz mindestens eines Produktionsfaktors vonnöten. Damit liegt es nahe, den technischen Fortschritt so zu deuten, als hätte er eine Vergrößerung der Mengen der verfügbaren Produktionsfaktoren zur Folge. Diese Überlegung führt zum sogenannten Vervielfachungskonzept und erlaubt es, die Produktionsfunktion $Y_t = F(K_t, L_t, t)$ genauer zu spezifizieren.

Gemäß dem Vervielfachungskonzept erhöht technischer Fortschritt die Produktivität der Faktorbestände, ohne jedoch die tatsächlichen Produktionsfaktormengen zu verändern. Er bewirkt demnach eine „quasi-Vervielfachung" der Produktionsfaktoren. Diese „quasi-Vervielfachung" lässt sich abbilden, indem in der Produktionsfunktion nicht mehr die absoluten Werte der Faktorbestände, sondern die in Effizienzeinheiten gemessenen Werte berücksichtigt werden. Wird angenommen, dass der technische Fortschritt die Produktivität bzw. Effizienz des Faktors Arbeit mit der Rate γ_L und die des Faktors Kapital mit der

Rate γ_K wachsen lässt, ergeben sich der in Effizienzeinheiten gemessene Arbeitseinsatz $\tilde{L}_t$ und der in Effizienzeinheiten gemessene Kapitalstock $\tilde{K}_t$ folgendermaßen:

$$\tilde{L}_t = L_t(1 + \gamma_L)^t, \quad \gamma_L \geq 0$$

$$\tilde{K}_t = K_t(1 + \gamma_K)^t, \quad \gamma_K \geq 0$$

Die Produktionsfunktion ist nunmehr gegeben als:

$$Y_t = F(K_t, L_t, t) = F(\tilde{K}_t, \tilde{L}_t)$$
$$= F\big((1 + \gamma_K)^t K_t, (1 + \gamma_L)^t L_t\big)$$

Technischer Fortschritt kann in diesem Fall durch die Eigenschaften der Wachstumsraten γ_L und γ_K beschrieben werden. Dementsprechend wird technischer Fortschritt als Harrod-neutral bzw. arbeitsvermehrend bezeichnet, wenn $\gamma_L > 0$ und $\gamma_K = 0$ gilt. Technischer Fortschritt ist Solow-neutral bzw. kapitalvermehrend, wenn $\gamma_L = 0$ und $\gamma_K > 0$ gilt und er ist Hicks-neutral bzw. arbeits- und kapitalvermehrend, wenn $\gamma_L = \gamma_K > 0$ gilt.

Wird nun technischer Fortschritt, der sich als eine quasi-Vervielfachung der Produktionsfaktoren darstellen lässt, in das Modell integriert, so ist die erwünschte Konsequenz, dass unter Umständen die Wachstumsraten einiger Variablen im Zeitablauf nicht gegen Null konvergieren. Wird allerdings zusätzlich gleichgewichtiges Wachstum gefordert, so muss der technische Fortschritt dergestalt sein, dass die Wachstumsraten von Kapital und Konsum – und damit auch die Wachstumsraten der übrigen Niveauvariablen wie zum Beispiel die Wachstumsrate des Outputs – konstant und identisch sein können, ohne dass die Optimalitätsbedingungen verletzt werden.[14]

Gleichgewichtiges Wachstum erfordert dann, dass der Kapitalkoeffizient K_t/Y_t im Zeitablauf konstant ist, da ansonsten Kapital und Output nicht mit gleicher und konstanter Rate wachsen. Zudem erfordert ein gleichgewichtiges Wachstum, dass der Zins r_t bzw. der Faktorpreis des Kapitals z_t im Zeitablauf konstant ist: Wäre dies nicht der Fall, könnte aus der Euler-Gleichung keine konstante Wachstumsrate des Konsums resultieren. Diese beiden Bedingungen sind nur dann erfüllt, wenn der technische Fortschritt Harrod-neutral ist, sich also als eine quasi-Vervielfachung des Faktors Arbeit darstellen lässt.[15] Im Folgenden wird daher Harrod-neutraler technischer Fortschritt unterstellt, indem angenommen wird, dass die Produktionsfunktion durch $Y_t = F(K_t, L_t x_t) = L_t F(k_t, x_t)$ mit $x_t = (1 + \gamma)x_{t-1}$ und $\gamma > 0$ gegeben ist.

---

[14]Gleichgewichtiges Wachstum („balanced growth") liegt vor, wenn alle wachsenden makroökonomischen Größen mit gleicher und konstanter Rate wachsen. In einem solchen Fall können die Variablen um einen deterministischen Wachstumstrend bereinigt werden und hinsichtlich der um das Wachstum bereinigten Größen existiert ein Steady-State.

[15]Lediglich für den Spezialfall einer Cobb-Douglas-Produktionsfunktion ist jede Form des oben spezifizierten technischen Fortschritts – also auch Solow-neutraler oder Hicks-neutraler technischer Fortschritt – mit Steady-State-Wachstum vereinbar.

Allerdings ist die Existenz eines Steady-State selbst mit Harrod-neutralem technischen Fortschritt an eine weitere Bedingung gebunden, die sich auf die Nutzenfunktion der Haushalte bezieht: Bei konstantem Zins muss die den optimalen Konsumpfad bestimmende Euler-Gleichung eine konstante Wachstumsrate des Konsums implizieren. Allgemein lautet die Euler-Gleichung:

$$u'(c_t) = \beta u'(c_{t+1})R^*$$

Bei konstanter Wachstumsrate γ_c des Konsums wird daraus:

$$u'(c_t) = \beta u'\big(c_t(1+\gamma_c)\big)R^*$$

Diese Bedingung muss für beliebige Werte von c_t erfüllt sein, das heißt, es muss gelten:

$$\big(u''(c_t) - \beta u''\big(c_t(1+\gamma_c)\big)(1+\gamma_c)R^*\big)\mathrm{d}c_t = 0$$

Durch Einsetzen der Euler-Gleichung und Multiplikation mit c_t wird diese Bedingung zu:

$$\frac{u''(c_t)c_t}{u'(c_t)} = \frac{u''(c_t(1+\gamma_c))c_t(1+\gamma_c)}{u'(c_t(1+\gamma_c))}$$

Die obige Gleichung erfordert demnach, dass die Nutzenfunktion vom CRRA-Typ ist, denn nur dann ist die Grenznutzenelastizität des Konsums unabhängig vom Konsumniveau konstant.[16] Im Folgenden wird daher unterstellt, dass die Nutzenfunktion $u(c)$ der Haushalte vom CRRA-Typ ist.

Mit Harrod-neutralem technischen Fortschritt und unter Berücksichtigung der eben hergeleiteten Restriktion über die Nutzenfunktion kann das intertemporale Optimierungsproblem der Haushalte nunmehr folgendermaßen formuliert werden:

$$\max_{\{c_t\}_{t=0}^{\infty},\{k_{t+1}\}_{t=0}^{\infty}} \sum_{t=0}^{\infty}[\beta(1+n)]^t u(c_t) \qquad (5.8)$$

$$\text{u. Nb.}\quad F(k_t, x_t) = c_t + (1+n)k_{t+1} - (1-\delta)k_t,$$

$$x_t = (1+\gamma)x_{t-1},$$

$$k_0 > 0, x_0 > 0$$

Im Steady-State müssen alle Niveauvariablen mit der Rate γ wachsen mit der auch der technische Fortschritt wächst. Daher liegt es nahe, diese Variablen um genau dieses Wachstum zu bereinigen, was nichts anderes bedeutet, als sie durch x_t zu dividieren. Es sei nun $\tilde{c}_t = c_t/x_t$ und $\tilde{k}_t = k_t/x_t$. Mit einer CRRA-Nutzenfunktion resultiert dann, dass $u(c_t) = u(\tilde{c}_t)x_t^{1-\rho}$. Wegen $x_t = (1+\gamma)x_{t-1}$ gilt $x_t = (1+\gamma)^t x_0$ und es ergibt sich:

$$u(c_t) = u(\tilde{c}_t)x_0^{1-\rho}(1+\gamma)^{t(1-\rho)}$$

---

[16]Vgl. dazu auch King et al. (1988).

Mit $f(\tilde{k}) = F(\tilde{k}, 1)$ kann das Optimierungsproblem (5.8) wegen $k_{t+1}/x_t = (1+\gamma)\tilde{k}_{t+1}$ nun folgendermaßen formuliert werden:

$$\max_{\{\tilde{c}_t\}_{t=0}^\infty, \{\tilde{k}_{t+1}\}_{t=0}^\infty} x_0^{1-\rho} \sum_{t=0}^\infty \left[\beta(1+n)(1+\gamma)^{1-\rho}\right]^t u(\tilde{c}_t)$$

$$\text{u. Nb.} \quad f(\tilde{k}_t) = \tilde{c}_t + (1+\gamma)(1+n)\tilde{k}_{t+1} - (1-\delta)\tilde{k}_t,$$

$$k_0 > 0, \qquad x_0 > 0$$

Es wird deutlich, dass sich dieses Optimierungsproblem formal in keiner Weise von dem Optimierungsproblem unterscheidet, dass dem Ramsey-Modell aus Kap. 3 zugrundeliegt. Zu beachten ist jedoch, dass die Wachstumsrate des technischen Fortschritts der Restriktion $\gamma < \frac{1}{\beta(1+n)}^{\frac{1}{1-\rho}} - 1$ genügen muss, damit der modifizierte Diskontierungsfaktor $\tilde{\beta} = \beta(1+n)(1+\gamma)^{1-\rho}$ weiterhin kleiner als Eins ist.

Aus dem Optimierungsproblem resultiert mit $\tilde{\beta} = \beta(1+n)(1+\gamma)^{1-\rho}$ die Euler-Gleichung:

$$u'(\tilde{c}_t) = \frac{1}{(1+\gamma)(1+n)}\tilde{\beta}u'(\tilde{c}_{t+1})\left[f'(\tilde{k}_{t+1}) + 1 - \delta\right] = \frac{\beta}{(1+\gamma)^\rho}u'(\tilde{c}_{t+1})R_{t+1}$$

Daraus ergibt sich für die in Effizienzeinheiten gemessene Steady-State-Kapitalintensität $\tilde{k}^*$ und den Steady-State-Zins r^*, dass:

$$f'(\tilde{k}^*) + 1 - \delta = 1 + r^* = R^* = \frac{(1+\gamma)(1+n)}{\tilde{\beta}} = \frac{(1+\gamma)^\rho}{\beta}$$

Im Steady-State wächst daher die Kapitalintensität mit der Rate γ, denn es gilt im Steady-State, dass

$$k_t = \tilde{k}^* x_t = \tilde{k}^* x_0 (1+\gamma)^t$$

Allerdings hat dieses langfristig anhaltende Wachstum des Kapitalstocks aufgrund des technischen Fortschritts nicht zur Folge, dass das Grenzprodukt des Kapitals gegen Null konvergiert, so dass die Akkumulationsanreize zum Erliegen kommen. Der Zins konvergiert gegen einen Steady-State-Wert $r^* = \frac{(1+\gamma)^\rho}{\beta} - 1 > \frac{1}{\beta} - 1$, der eine über die Ersatzinvestitionen und durch das Bevölkerungswachstum erforderliche Investitionen hinausgehende Akkumulation induziert.

Die Erweiterung des Ramsey-Modells um exogenen technischen Fortschritt impliziert demnach, dass im Steady-State Wachstum der Pro-Kopf-Größen mit der Wachstumsrate γ resultiert. Mit den Steady-State-Werten $\tilde{c}^* = f(\tilde{k}^*) - \delta\tilde{k}^*$ sowie $\tilde{y}^* = f(\tilde{k}^*)$ ergibt sich:

$$c_t = \tilde{c}^* x_t = \tilde{c}^* x_0 (1+\gamma)^t$$

$$y_t = \tilde{y}^* x_t = \tilde{y}^* x_0 (1+\gamma)^t$$

Im Gegensatz zum ursprünglichen Modell ist das um Harrod-neutralen technischen Fortschritt erweiterte Ramsey-Modell demnach in der Lage, dauerhaftes Wachstum des Pro-Kopf-Outputs zu erklären. Der Pro-Kopf-Output wächst ebenso wie der Konsum, die Investitionen und der Kapitalstock mit der exogen gegebenen Wachstumsrate des technischen Fortschritts.

Sollte dieses Modell nun tatsächlich eine adäquate Beschreibung realer Wachstumsprozesse liefern, so wären zwei wesentliche Schlussfolgerungen zu ziehen: Erstens ist die Wachstumsrate des Pro-Kopf-Outputs exogen gegeben. Dies bedeutet, dass die Wirtschaftspolitik keine Möglichkeit hat, diese Wachstumsrate zu beeinflussen. Wirtschaftspolitische Eingriffe haben lediglich Konsequenzen für die Lage des Steady-State-Pfades von Modellvariablen, also deren Niveaus, und die Gestalt der Anpassungsdynamik. Zweitens ist nicht einzusehen, warum die Wachstumsrate des technischen Fortschritts zwischen verschiedenen Ländern differieren sollte. Dies sollte zumindest dann nicht der Fall sein, wenn technisches Wissen als öffentliches Gut betrachtet wird. Das bedeutet aber, dass verschiedene Länder langfristig mit der gleichen Rate wachsen sollten. Unterschiede in den Wachstumsraten des Pro-Kopf-Einkommens sind demnach ausschließlich auf Anpassungsprozesse aufgrund unterschiedlicher Anfangsbedingungen und unterschiedlicher Steady-State-Konfigurationen zurückzuführen. Dies ist der Kern der bereits vorgestellten Konvergenzdebatte.

5.5   Endogenes Wachstum aufgrund externer Effekte der Kapitalakkumulation

Im Ramsey-Modell ohne exogenen technischen Fortschritt sinkt das Grenzprodukt des Kapitals mit steigendem Kapitalstock, so dass sich anfängliches Wirtschaftswachstum im Zeitablauf selbst seiner Grundlagen beraubt und folglich zum Erliegen kommt. Liegt technischer Fortschritt in der oben betrachteten Form vor, muss das Grenzprodukt des Kapitals auch bei ständigem Wachstum des Kapitals nicht gegen Null konvergieren. Sofern der Kapitalstock mit derselben Rate wie die Arbeitsproduktivität wächst, bleibt das Grenzprodukt des Kapitals im Verlauf des Wachstumsprozesses unverändert, das heißt in diesem Fall werden keine Akkumulationsanreize durch Wachstum zunichte gemacht.

Die Schlussfolgerung daraus könnte sein, dass bei der Modellformulierung allein darauf geachtet werden muss, dass das Grenzprodukt des Kapitals – und damit der Zins – im Verlauf des Wachstumsprozesses ein Mindestniveau, unterhalb dessen kein Akkumulationsanreiz mehr bestünde, nicht unterschreiten kann. Letzteres ist in Modellen der endogenen Wachstumstheorie der Fall, die – wie der Name bereits andeutet – Wachstum modellendogen, ohne auf exogenen technischen Fortschritt angewiesen zu sein, erklären.

Den beiden im Weiteren darzustellenden Modellen endogenen Wachstums liegen jeweils Annahmen zugrunde, die das Grenzprodukt des Kapitals nach unten beschränken, so dass permanente Akkumulationsanreize bestehen. Zudem ist die resultierende Wachstumsrate der Wirtschaft nicht länger exogen fixiert, sondern ein Marktresultat: Die sich einstellende Wachstumsrate hängt sowohl von den Entscheidungen der Wirtschaftssubjekte als auch von der jeweiligen staatlichen Wirtschaftspolitik ab. Nun muss die sich im Marktgleichgewicht einstellende Wachstumsrate allerdings nicht notwendigerweise auch diejenige sein, die die Wohlfahrt maximiert. Daher ist es unter Umständen nicht nur möglich, sondern auch wünschenswert, die Wachstumsrate wirtschaftspolitisch zu beeinflussen, das heißt Wachstumspolitik zu betreiben. Letztendlich erlaubt es die Endogenisierung der Wachstumsrate somit, internationale Unterschiede zwischen Wachstumsraten der Pro-Kopf-Einkommen durch Unterschiede in institutionellen Regelungen oder wirtschaftspolitischen Maßnahmen zu erklären.

Im Weiteren werden zwei Ansätze aus der endogenen Wachstumstheorie exemplarisch vorgestellt, die zeigen sollen, wie sich der oben als exogen unterstellte technische Fortschritt endogenisieren lässt. Beide Ansätze basieren auf einer aggregierten Produktionsfunktion der Gestalt $y_t = Ak_t$, bei der das Grenzprodukt des Kapitals unabhängig vom Kapitaleinsatz konstant ist. Aus einer solchen Produktionsfunktion ergibt sich für den Zins, dass $r_{t+1} = A - \delta$ und bei geeigneter Konstellation der Parameter A und δ resultiert aus der Euler-Gleichung des repräsentativen Haushalts ein ständig wachsender Konsum.

Das Problem einer solchen Produktionsfunktion besteht nun darin, dass sie ohne Weiteres nicht mit der Annahme vollständiger Konkurrenz auf den Faktor- und Absatzmärkten zu vereinbaren ist: Eine solche Produktionsfunktion impliziert, sofern sie auch auf der Firmenebene Gültigkeit besitzt, dass mit steigenden Skalenerträgen, das heißt sinkenden Durchschnittskosten, produziert wird. Größenvorteile würden daher Monopolisierungstendenzen im Firmensektor bedingen.

Allerdings lässt sich eine solche makroökonomische Produktionsfunktion auch begründen, ohne dass hierbei auf der mikroökonomischen Ebene steigende Skalenerträge unterstellt werden müssen. Der in dieser Hinsicht einfachste Ansatz stammt von Romer (1986) und geht auf Arrow (1962) zurück. Dieser Ansatz wird im folgenden Abschnitt dargestellt. Im Anschluss daran wird ein weiterer Ansatz vorgestellt, bei dem eine explizite Formulierung technologischen Wandels erfolgt.

5.5.1   Induzierter technischer Fortschritt und externe Effekte der Kapitalakkumulation

Im Ramsey-Modell mit exogenem technischen Fortschritt wurde technisches Wissen als zusätzlicher Produktionsfaktor in die Produktionsfunktion aufgenommen. Da dort angenommen wurde, dass technisches Wissen aufgrund exogener Faktoren wächst, resultierte eine exogen bestimmte Wachstumsrate für das Pro-Kopf-Einkommen. Nun ist die Annahme, das technische Wissen wachse unabhängig von ökonomischen Faktoren, sicherlich unplausibel. Im hier betrachteten Modell wird die Wachstumsrate des technischen Wissens daher endogen bestimmt.

Der Modellansatz geht im Wesentlichen auf Arrow (1962) zurück, der das Wachstum des technischen Wissens dadurch endogenisiert, dass er eine Beziehung zwischen den gesamtwirtschaftlichen Investitionen und dem Wachstum technischen Wissens postuliert. Dieser Gedanke wurde von Romer (1986) wiederaufgegriffen und in ein modernes, gleichgewichtsorientiertes Wachstumsmodell integriert. Die Arbeiten von Romer sind Ausgangspunkt des neuerdings wieder gestiegenen Interesses von Ökonomen an wachstumstheoretischen Fragestellungen.[17] Ausgangspunkt des Modells ist die Hypothese, dass technisches Wissen den Charakter eines öffentlichen Guts aufweist: Nicht an Menschen oder Maschinen gebundenes technischen Wissen wie beispielsweise Computersoftware kann beliebig reproduziert werden, so dass Nichttrivalität beim Gebrauch dieses Gutes gegeben ist. Sofern nicht durch Patente, etc. ein zumindest zeitweiliger Urheberschutz erfolgt, versagt zudem das Ausschlussprinzip, so dass technisches Wissen ein öffentliches Gut ist.

Die grundlegende Annahme ist, dass das Wachstum des technischen Wissens durch die aggregierten Investitionen determiniert wird. Es wird daher unterstellt, dass das Niveau des technischen Wissens x_t in Periode t proportional zu den bis zur Periode t erfolgten aggregierten Nettoinvestitionen und folglich dem aggregierten Kapitalstock K_t ist. Diese Annahme soll Arrow (1962) folgend „learning by doing"-Effekte wiedergeben: Durch jede neue Anlage, die in Betrieb genommen wird, werden Lernprozesse ausgelöst, so dass die Erfahrung der Arbeitskräfte wächst. Folglich ist der aggregierte Kapitalstock ein Maß für die Erfahrung der Arbeitskräfte.

Jede individuelle Investition lässt demzufolge nicht nur den individuellen Kapitalstock steigen, sondern hat auch einen externen Effekt zur Folge: Da der aggregierte Kapitalstock steigt, wächst auch das technische Wissen, das als öffentliches Gut von allen Firmen in der Produktion verwendet werden kann. Es liegen somit externe Effekte der Kapitalakkumulation vor.

Es wird im Folgenden angenommen, dass m Firmen existieren, die das einzige Outputgut mit jeweils identischer Technologie produzieren. Die Produktionsfunktion einer repräsentativen Firma j lautet $Y_{j,t} = F(K_{j,t}, L_{j,t}x_t)$, wobei $Y_{j,t}$ den Output, $K_{j,t}$ den Kapitaleinsatz und $L_{j,t}$ den Arbeitseinsatz bezeichnen. Von Bevölkerungswachstum wird im Folgenden abgesehen, so dass $L_t = L$ für alle t gilt. Die Produktionsfunktion ist wie üblich homogen vom Grad Eins und besitzt auch alle weiteren üblichen Eigenschaften. Aufgrund der linearen Homogenität der mikroökonomischen Produktionsfunktion ergibt sich für den aggregierten Output, dass:

$$Y_t = \sum_{j=1}^{m} Y_{j,t} = m Y_{j,t}$$
$$= m F(K_{j,t}, L_{j,t}x_t) = F(m K_{j,t}, m L_{j,t}x_t)$$
$$= F(K_t, L_t x_t)$$

Nun gilt aufgrund der oben getroffenen Annahme $x_t = K_t$ und für den Pro-Kopf-Output ergibt sich daher:

$$y_t = F(k_t, K_t)$$

[17]Das im Weiteren dargestellte Wachstumsmodell folgt der Darstellung bei Sala-i Martin (1990) und gibt lediglich die wesentlichen Elemente des von Romer (1986) formulierten Modells wieder.

In dieser aggregierten Produktionsfunktion in intensiver Form tauchen sowohl die Kapitalintensität als auch der aggregierte Kapitalstock als Argumente auf. Letzteres ist der Fall, da der Kapitalstock letztlich das Niveau des technischen Wissens repräsentiert. Da im Gleichgewicht $K_t = Lk_t$ gelten muss, folgt aufgrund der linearen Homogenität für den Pro-Kopf-Output, dass $y_t = F(k_t, Lk_t) = k_t F(1, L)$. Mit $F(1, L) = A$ ergibt sich daher die bereits oben erwähnte lineare Gestalt der Produktionsfunktion.

Zu beachten ist, dass die repräsentative Firma bei ihren Faktornachfrageentscheidungen den aggregierten Kapitalstock als von ihr nicht zu beeinflussende Größe auffassen muss – die Firmenanzahl m muss also so groß sein, dass dies tatsächlich eine plausible Annahme ist. Daher wird sie den Faktoreinsatz in jeder Periode so wählen, dass das private Grenzprodukt des Kapitals $F_1(k_t, K_t)$ dem jeweiligen Faktorpreis des Kapitals z_t entspricht.[18] Nun gilt allerdings im Gleichgewicht $K_t = Lk_t$. Der soziale Grenzertrag des Kapitals ist demnach $F_1(k_t, K_t) + L F_2(k_t, K_t)$ und größer als der private Grenzertrag. Dieses Auseinanderfallen des privaten und des sozialen Grenzertrags des Kapitals wird durch den externen Effekt der Kapitalakkumulation verursacht: Ein Anstieg des aggregierten Kapitalstocks erhöht – bei ansonsten unverändertem Faktoreinsatz – den Output jeder einzelnen Firma.

Wegen $K_t = Lk_t$, ist der in diesem Modell im Marktgleichgewicht resultierende Zins konstant. Es gilt für alle t:[19]

$$1 + r_t = 1 + r = F_1(k_t, K_t) + (1 - \delta) = F_1(k_t, Lk_t) + (1 - \delta) = F_1(1, L) + (1 - \delta)$$

Die Euler-Gleichung, die die Eigenschaften des optimalen Konsumpfades beschreibt, lautet demnach:

$$u'(c_t) = \beta u'(c_{t+1})(1 + r) \qquad (5.9)$$

Wird eine konstante intertemporale Substitutionselastizität $\sigma = 1/\rho$ für den Konsum unterstellt, folgt aus der Euler-Gleichung eine konstante Wachstumsrate γ für den Konsum:

$$c_{t+1} = c_t \left[\beta(1 + r)\right]^{1/\rho} = c_t(1 + \gamma)$$

Bei geeigneter Konstellation der Parameter β, L und δ, wovon im Weiteren ausgegangen werden soll, ist $\beta(1 + r) > 1$ und es resultiert ein mit positiver Rate wachsender Konsum. Der Lebensnutzen des repräsentativen Haushalts ist bei mit konstanter Rate γ wachsendem Konsum jedoch nur dann beschränkt, wenn $(1 + \gamma) < \beta^{\frac{1}{\rho-1}}$ gilt.[20] Auch diese Bedingung wird im Folgenden als erfüllt unterstellt.

---

[18] Im Folgenden bezeichnet der Index 1 an der Produktionsfunktion die Ableitung nach deren ersten Argument, also k_t. Entsprechend bezeichnet $F_2(k_t, K_t)$ die Ableitung nach dem aggregierten Kapitalstock K_t.

[19] Da die Produktionsfunktion homogen vom Grad Eins ist, sind die Grenzprodukte homogen vom Grad Null. Somit gilt $F(k_t, Lk_t) = F(1, L)$.

[20] Dies ist die gleiche Bedingung, die bereits im Zusammenhang mit exogenem technischen Fortschritt diskutiert wurde.

Mit c_0 als noch zu bestimmendem Anfangswert für den Konsum ergibt sich aus der soeben dargestellten Gleichung, dass $c_t = c_0(1 + \gamma)^t$. Das Einsetzen dieses Ausdrucks in die Budgetrestriktion liefert unter Berücksichtigung der Tatsache, dass $F(k_t, K_t) = k_t F(1, L) \equiv k_t A$:

$$Ak_t + (1 - \delta)k_t = c_0(1 + \gamma)^t + k_{t+1} \tag{5.10}$$

Dies ist eine lineare, inhomogene Differenzengleichung für die Kapitalintensität k_t, deren allgemeine Lösung mit B_0 als Anfangswert wie folgt lautet:[21]

$$k_t = B_0\big(A + (1 - \delta)\big)^t + c_0 \frac{(1 + \gamma)^t}{A + (1 - \delta) - (1 + \gamma)}$$

Mit k_0 als Anfangswert für die Kapitalintensität ergibt sich aus dieser Lösung:

$$k_t = \left(k_0 - \frac{c_0}{A + (1 - \delta) - (1 + \gamma)}\right)\big(A + (1 - \delta)\big)^t$$
$$+ c_0 \frac{(1 + \gamma)^t}{A + (1 - \delta) - (1 + \gamma)} \tag{5.11}$$

Soll in diesem Modell dauerhaftes Wachstum möglich sein, muss demzufolge $A + 1 - \delta > (1 + \gamma)$ gelten. Ist dies nicht der Fall, führt jeder positive Anfangskonsum $c_0 > 0$ bei der unterstellten Wachstumsrate γ in endlicher Zeit zu einer negativen Kapitalintensität.

Sofern dagegen $A + 1 - \delta > (1 + \gamma)$ gilt, ist immer dann langfristiges Wachstum möglich, wenn der in Gl. (5.11) auf der rechten Seite in der ersten Klammer auftretende Term nicht negativ ist, mithin $k_0 \geq \frac{c_0}{A+(1-\delta)-(1+\gamma)}$ gilt. In diesem Fall resultiert $k_t \geq 0$ für alle t und sofern $k_0 > \frac{c_0}{A+1-\delta-(1+\gamma)}$ gilt, wächst der Kapitalstock in diesem Fall asymptotisch mit der Rate $A + (1 - \delta)$. Nun ist auch in diesem Modell eine Transversalitätsbedingung zu beachten. Sie verlangt im hier vorliegenden Fall mit konstantem Zins, dass $\lim_{T \to \infty} (\frac{1}{1+r})^T k_{T+1} = 0$ gilt. Sollte der Kapitalstock asymptotisch mit der Rate $A + (1 - \delta)$ wachsen, ist die Transversalitätsbedingung nur erfüllt, wenn $1 + r > A + (1 - \delta)$ gilt, was wegen $F_1(1, L) < F(1, L) = A$ allerdings niemals der Fall sein kann.

Folglich muss der erste Term der Differenzengleichung gleich Null sein, was den fehlenden Anfangswert c_0 für den Konsum liefert:

$$c_0 = k_0\big(A + 1 - \delta - (1 + \gamma)\big) \tag{5.12}$$

---

[21]Die Lösung des homogenen Teils ($k_{t+1} = (A + (1 - \delta))k_t$) dieser Differenzengleichung ist $k_t = B_0(A + (1 - \delta))^t$. Die gesamte Lösung hat daher die Form $k_t = B_0(A + (1 - \delta))^t + Z_t$, wobei Z_t geeignet zu bestimmen ist. Der Ansatz $Z_t = B_1(1 + \gamma)^t$ ergibt nach Einsetzen in die Differenzengleichung:

$$B_0\big(A + (1 - \delta)\big)^{t+1} + B_1(1 + \gamma)^{t+1} = B_0\big(A + (1 - \delta)\big)^{t+1} + B_1\big(A + (1 - \delta)\big)(1 + \gamma)^t + c_0(1 + \gamma)^t$$

Diese Gleichung ist nur für $B_1 = \frac{c_0}{A+(1-\delta)-(1+\gamma)}$ erfüllt, und es ergibt sich die angegebene Lösung.

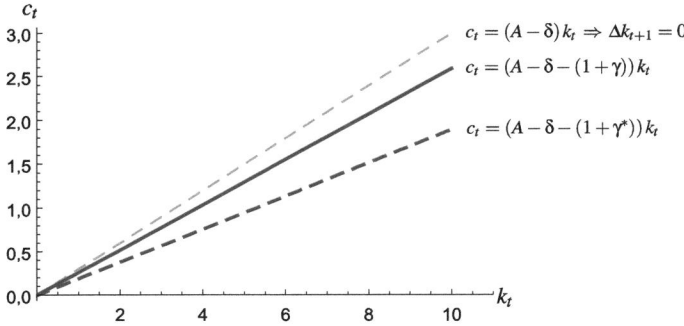

Abb. 5.6 Der Lösungspfad im Romer-Modell (Der Abbildung liegt ein numerisch spezifiziertes Modell mit $F(k, K) = 0{,}4k^{0,7}K^{0,3}$, $L = 1$ und $\beta = 0{,}9$, $\delta = 0{,}1$ sowie $\rho = 1{,}5$ zugrunde.)

Es wächst dann auch die Kapitalintensität von Beginn an mit der Rate γ und die Transversalitätsbedingung ist erfüllt, da oben angenommen wurde, dass $(1 + \gamma) < \beta^{\frac{1}{\rho-1}}$ gilt.[22]

In diesem Modell existiert demzufolge keine Anpassungsdynamik. Die Größen k_t sowie c_t und selbstverständlich auch der Pro-Kopf-Output wachsen im Marktgleichgewicht von Beginn an mit der Rate $\gamma = [\beta(1 + r)]^{1/\rho} - 1$ (vgl. hierzu Abb. 5.6).

Aufgrund der positiven externen Effekte der Kapitalakkumulation ist der soeben abgeleitete gleichgewichtige Wachstumspfad – genauer: die damit verbundene Allokation – nicht effizient. Da die Haushalte bei ihren Spar- bzw. Investitionsentscheidungen lediglich den privaten Grenzertrag des Kapitals zugrundelegen und nicht den höheren sozialen Grenzertrag, ist die individuelle Ersparnis geringer als auf dem optimalen Wachstumspfad. Kalkulierten die Haushalte mit dem sozialen Grenzertrag des Kapitals, so ergäbe sich mit $1 + r^* = A + (1 - \delta)$ die folgende optimale Wachstumsrate für den Konsum:

$$c_{t+1} = c_t \big[\beta\big(1 + r^*\big)\big]^{1/\rho} = c_t\big(1 + \gamma^*\big)$$

In völliger Analogie zur obigen Vorgehensweise ergibt sich dann aus der Transversalitätsbedingung der folgende Anfangswert für den Konsum:

$$c_0^* = k_0\big(A + 1 - \delta - \big(1 + \gamma^*\big)\big) = k_0\big(A + 1 - \delta - \big[\beta(A + 1 - \delta)\big]^{1/\rho}\big)$$

Wegen $(1 + \gamma) < (1 + \gamma^*)$ gilt daher $c_0^* < c_0$. Abbildung 5.6 zeigt den durch einen geringeren Anfangskonsum als bei der Marktlösung gekennzeichneten optimalen Wachstumspfad.

Der optimale Wachstumspfad ist demnach durch einen geringeren Anfangskonsum, dafür jedoch eine für alle Zeiten höhere Wachstumsrate des Konsum gekennzeichnet. Es wäre nun noch zu zeigen, dass die Wachstumsrate γ^* tatsächlich auch in dem Sinne optimal ist, dass der Lebensnutzen des repräsentativen Haushalts entlang dieses optimalen Pfades maximiert wird. Dies lässt sich folgendermaßen zeigen: Wächst der Konsum ausgehend von

---

[22]Letzteres impliziert, dass $1 + r > 1 + \gamma$ gilt.

Abb. 5.7 Die Beziehung
zwischen Lebensnutzen und
Wachstumsrate im
Romer-Modell (Der Abbildung
liegt die in Abb. 5.6
verwendete numerische
Spezifizierung zugrunde.)

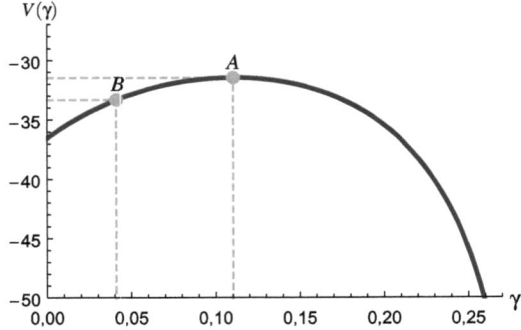

einem Anfangswert c_0 mit konstanter Rate γ, so dass $c_t = (1 + \gamma)^t c_0$, ist die intertemporale Substitutionselastizität des Konsums σ konstant, so dass $\sigma = 1/\rho$, und gilt zudem $\beta(1 + \gamma)^{1-\rho} < 1$, folgt:

$$V = \sum_{t=0}^{\infty} \beta^t u(c_t) = \frac{1}{1-\rho} c_0^{1-\rho} \sum_{t=0}^{\infty} [\beta(1+\gamma)^{1-\rho}]^t = \frac{1}{1-\rho} c_0^{1-\rho} \frac{1}{1 - \beta(1+\gamma)^{1-\rho}}$$

Die Transversalitätsbedingung verlangt nun, dass $c_0 = k_0(A + 1 - \delta - (1 + \gamma))$ gilt, so dass der Lebensnutzen bei gegebenem k_0 nur noch von γ abhängt. Durch Differentiation des Lebensnutzens nach V lässt sich dann zeigen, dass dieser Lebensnutzen maximal wird, wenn die Wachstumsrate den Wert γ^* annimmt. Abbildung 5.7 zeigt die im Romer-Modell bestehende Beziehung zwischen dem Lebensnutzen des repräsentativen Haushalts und der Wachstumsrate γ des Konsums. Punkt A bezeichnet dort das Maximum des Lebensnutzens, das durch die Wachstumsrate γ^* erreicht wird. Es wird deutlich, dass die im Marktgleichgewicht (Punkt B) resultierende Wachstumsrate $\gamma = [\beta(1 + r)]^{1/\rho} - 1$ suboptimal gering ist. Aufgrund der inversen Beziehung, die zwischen dem Anfangswert c_0 eines Konsumpfades und dessen Wachstumsrate besteht, ist es naheliegenderweise nicht so, dass die maximal mögliche Wachstumsrate auch den Lebensnutzen maximiert.

Wenn wie gerade gezeigt wurde, die im Marktgleichgewicht resultierende Wachstumsrate aufgrund externer Effekte suboptimal ist, so bedeutet dies letztlich, dass eine staatliche Wirtschaftspolitik, die diese externen Effekte internalisiert, die Wohlfahrt erhöht. Im konkreten Fall ginge die Beseitigung der allokativen Ineffizienz mit einer Erhöhung der Wachstumsrate einher. Zu beachten ist aber grundsätzlich, dass Wachstumspolitik nicht per se, sondern nur vor dem Hintergrund der damit verbundenen Wohlfahrtseffekte gesellschaftlich wünschenswert ist.

Eine mögliche staatliche Wachstumspolitik könnte darin bestehen, Akkumulationsanreize zu liefern, denn schließlich ist die im Markgleichgewicht resultierende Ersparnis bzw. Investition zu gering. Im Weiteren wird daher angenommen, dass die staatliche Förderung der privaten Investitionen durch eine staatliche Subventionierung der Kapitaleinkommen vorgenommen wird, wobei die Finanzierung der erforderlichen Subventionen über nicht verzerrende Pauschalsteuern erfolgt.

Mit s als Subventionssatz ergibt sich dann als Euler-Gleichung:

$$u'(c_t) = \beta u'(c_{t+1})\big[(1+s)F_1(1,N) + (1-\delta)\big] \tag{5.13}$$

Im Fall einer konstanten intertemporalen Substitutionselastizität des Konsums ergibt sich dann wegen $F_1(1,N) = r + \delta$:

$$c_{t+1} = c_t(1+\gamma) = c_t\big[\beta(1+r+s(r+\delta))\big]^{\frac{1}{\rho}}$$

Diese Gleichung zeigt, dass die Wachstumsrate des Konsums vom staatlichen Subventionssatz s abhängt, wobei diese Wachstumsrate steigt, wenn der Subventionssatz steigt. Allerdings wäre es falsch, daraus zu schließen, der Subventionssatz solle so hoch wie möglich gesetzt werden. Oben ist gezeigt worden, dass der Lebensnutzen dann maximal wird, wenn die Wachstumsrate γ^* vorliegt. Diese optimale Wachstumsrate γ^* ergibt sich für einen Subventionssatz z^*, für den folgendes gilt:

$$\big(1+\gamma^*\big) = \big[\beta(1+r+s^*(r+\delta))\big]^{\frac{1}{\rho}}$$

$$\Leftrightarrow \quad s^* = \frac{(1+\gamma^*)^\rho - \beta(1+r)}{\beta(r+\delta)}$$

$$= \frac{(1+\gamma^*)^\rho - (1+\gamma)^\rho}{\beta(r+\delta)}$$

Hierbei bezeichnet γ die sich im Marktgleichgewicht ohne staatlichen Eingriff einstellende Wachstumsrate. Insgesamt ist mit dieser wirtschaftspolitischen Maßnahme dann ein Subventionsaufwand in Höhe von $s^*z_t k_t = s^*F_1(1,N)k_t = s^*(r+\delta)k_t$ verbunden. Ein ausgeglichenes staatliches Budget erfordert demnach in jeder Periode t Pauschalsteuern τ_t in Höhe von $\tau_t = s^*(r+\delta)k_t$.

5.6 Technologischer Wandel und Wachstum durch zunehmende Produktvielfalt

Im oben dargestellten Modell wurde der technische Fortschritt endogenisiert, indem angenommen wurde, dass das Wachstum des technischen Wissens an die aggregierte Investitionstätigkeit geknüpft ist. Im Folgenden wird nun ein weiteres endogenes Wachstumsmodell dargestellt, in dem sich technologischer Wandel dadurch vollzieht, dass neuartige Produkte erfunden werden, die im Produktionsprozess eingesetzt werden können. Hierdurch wird die explizite Formulierung von Forschungs- und Entwicklungstätigkeit erforderlich.

Es wird unterstellt, dass das einzige Gut in der betrachteten Ökonomie nach Maßgabe der folgenden aggregierten Produktionsfunktion produziert wird:

$$Y_t = AL_t^{1-\alpha} \sum_{i=1}^{Z_t} (x_{i,t})^\alpha, \quad 0 < \alpha < 1$$

Hierbei bezeichnet Y_t den Output, L_t den aggregierten Arbeitseinsatz und $A > 0$ ist ein Produktivitätsparameter. $x_{i,t}$ bezeichnet die Einsatzmenge eines Zwischenprodukts vom Typ i in der Produktion, wobei unterstellt wird, dass in Periode t insgesamt Z_t solcher Zwischenprodukte existieren. Diese Zwischenprodukte sind nicht dauerhaft, das heißt sie unterliegen im Produktionsprozess vollständiger Abschreibung. Unter den bereits im Ramsey-Modell bezüglich der Haushalte getroffenen Annahmen folgt, dass im Gleichgewicht sämtliche Haushalte beschäftigt werden, so dass $L_t = L$ für alle t gilt.

Das Grenzprodukt eines Zwischenproduktes vom Typ i in Periode t ist gegeben durch:

$$\frac{\partial Y_t}{\partial x_{i,t}} = \alpha A L^{1-\alpha} x_{i,t}^{\alpha-1}$$

Es wird zum einen deutlich, dass das Grenzprodukt der einzelnen Zwischenprodukte unabhängig von den Einsatzmengen der übrigen Zwischenprodukte ist. Zum anderen zeigt sich, dass jedes der existierenden Zwischenprodukte auch in der Produktion eingesetzt wird, sofern dessen Preis endlich ist: Bei einem Preis $p_{i,t}$ für das Zwischenprodukt vom Typ i in Periode t, ist dessen Einsatzmenge optimal, wenn das Grenzprodukt dem Faktorpreis entspricht. Dies führt zu der Faktornachfragefunktion für das Zwischenprodukt vom Typ i in Periode t:

$$x_{i,t} = L(\alpha A)^{\frac{1}{1-\alpha}} p_{i,t}^{\frac{1}{\alpha-1}}$$

5.6.1 Der Zwischenproduktsektor

Es wird angenommen, dass in jeder Periode neue Zwischenprodukte erfunden werden können. Dieser Innovationsprozess erfordert F&E-Aufwand. Konkret wird unterstellt, dass das Kreieren eines neuen Zwischenprodukts fixe Kosten in Höhe von $\psi > 0$ verursacht. Dies bedeutet letztlich, dass ein deterministischer Forschungsprozess unterstellt wird.[23]

Sofern ein neues Zwischenprodukt kreiert worden ist, kann dieses Zwischenprodukt mit konstanten Grenzkosten produziert werden, wobei zur Vereinfachung angenommen wird, dass die in Outputeinheiten gemessenen Grenzkosten gleich Eins sind. Damit ist klar, dass es unter den Bedingungen vollständiger Konkurrenz auf dem Faktormarkt für die Zwischenprodukte nicht dazu kommt, dass neue Zwischenprodukte kreiert werden: Bei vollständiger Konkurrenz entspricht der Faktorpreis $p_{i,t}$ eines Zwischenproduktes i den Grenzkosten der Produktion, so dass $p_{i,t} = 1$ gilt. Dann jedoch werden die fixen Kosten, die mit dem Kreieren des Zwischenproduktes verbunden sind nicht gedeckt, so dass sich dessen „Erfindung" nicht lohnt.

Eine solche Erfindung ist nur dann lohnenswert, wenn diese fixen Kosten durch einen über den Grenzkosten liegenden Preis gedeckt werden können. Dies wiederum setzt Marktmacht seitens des Produzenten dieses Zwischenproduktes voraus. Aus diesem Grund

---

[23]Es ist problemlos möglich, das hier dargestellte Modell um einen stochastischen F&E-Prozess zu erweitern. Vgl. dazu Aufgabe 5.16 am Ende dieses Kapitels.

wird im Weiteren angenommen, dass jeder Erfinder eines Zwischenprodukts aufgrund von Patentschutzbestimmungen über eine unbefristete Monopolstellung verfügt. Dies bedeutet, dass jedes Zwischenprodukt lediglich von einem einzigen Anbieter produziert wird.

Der Monopolist auf dem Markt für das Zwischenprodukt i wird den Preis $p_{i,t}$ für das Zwischenprodukt so setzen, dass der Gewinn:

$$G_{i,t} = p_{i,t} x_{i,t} - x_{i,t} = \alpha A L^{1-\alpha} x_{i,t}^{\alpha} - x_{i,t}$$

maximiert wird. Für die gewinnmaximierenden Menge $x_{i,t}^{*}$ ergibt sich daraus, dass $x_{i,t}^{*} = \alpha^{\frac{2}{1-\alpha}} A^{\frac{1}{1-\alpha}} L$ gilt. Für den Monopolpreis folgt dann:

$$p_{i,t} = \frac{1}{\alpha},$$

wobei hier und im Weiteren unterstellt wird, dass $\frac{1}{\alpha} > 1$ gilt.

Es wird deutlich, dass die Monopolpreise für alle Zwischenprodukte über alle Perioden hinweg identisch sind, so dass im Folgenden $p = 1/\alpha$ als Preis verwendet werden kann. Dieser Preis impliziert für die Nachfrage nach dem Zwischenprodukt, dass:

$$x_{i,t} = x = L \alpha^{\frac{2}{1-\alpha}} A^{\frac{1}{1-\alpha}}$$

Auch die Einsatzmengen der Zwischenprodukte sind demnach über alle Perioden hinweg identisch. Wird nun $x_{i,t} = x$ in die Produktionsfunktion eingesetzt und berücksichtigt, dass im Gleichgewicht $L_t = L$ gelten muss, so wird die aggregierte Produktionsfunktion zu:

$$Y_t = A L^{1-\alpha} Z_t x^{\alpha}$$

Wird die Anzahl der Zwischenprodukte Z_t als die in diesem Modell akkumulierbare Größe aufgefasst, resultiert demnach wieder eine lineare Produktionsfunktion, wie sie auch dem zuvor betrachteten endogenen Wachstumsmodell zugrunde lag.

Auf der Grundlage des oben hergeleiteten Preises für die Zwischenprodukte ergibt sich nun der Gegenwartswert Π_t des zukünftigen Gewinns, der mit der Erfindung eines neuen Zwischenprodukts in Periode t verbunden ist, folgendermaßen:

$$\Pi_t = \frac{(p-1)X}{R_{t+1}} + \frac{(p-1)X}{R_{t+1}R_{t+2}} + \cdots$$

$$= \frac{1-\alpha}{\alpha} x \sum_{i=1}^{\infty} \prod_{j=1}^{i} R_j^{-1}$$

$$= \frac{1-\alpha}{\alpha} \left(L \alpha^{\frac{2}{1-\alpha}} A^{\frac{1}{1-\alpha}} \right) \sum_{i=1}^{\infty} \prod_{j=1}^{i} R_j^{-1}$$

Wird angenommen, dass freier Zutritt zum Zwischenproduktsektor gewährleistet ist, also prinzipiell jedes Wirtschaftssubjekt Zwischenprodukte erfinden kann, erfordert ein

Gleichgewicht, dass $\Pi_t = \psi$ für alle t gilt. Damit diese Gleichgewichtsbedingung eingehalten wird, muss allerdings der Zins für alle t konstant sein, denn nur dann kann tatsächlich $\Pi_t = \psi$ für alle t gelten. Mit $R_t = R = 1 + r$ für alle t resultiert nun der Gegenwartswert Π_t des zukünftigen, mit der Erfindung eines Zwischenproduktes in Periode t verbundenen Gewinn als:

$$\Pi_t = \Pi = \frac{1-\alpha}{\alpha}\left(L\alpha^{\frac{2}{1-\alpha}}A^{\frac{1}{1-\alpha}}\right)\sum_{i=1}^{\infty}(1+r)^{-i}$$

$$= \frac{1-\alpha}{\alpha}\left(L\alpha^{\frac{2}{1-\alpha}}A^{\frac{1}{1-\alpha}}\right)\frac{1}{r}$$

Im Gleichgewicht gilt demnach für den Zins wegen $\Pi = \psi$:

$$r = \frac{1}{\psi}\frac{1-\alpha}{\alpha}\left(L\alpha^{\frac{2}{1-\alpha}}A^{\frac{1}{1-\alpha}}\right) \qquad (5.14)$$

5.6.2 Der Wachstumsprozess

Im hier betrachteten Modell existiert kein dauerhaftes Kapitalgut, in das die Haushalte investieren können. Das Vermögen der Haushalte besteht demnach ausschließlich aus Anteilen an den im Zwischenproduktsektor tätigen Unternehmen. Das gesamte Vermögen der Haushalte in Periode t entspricht dann der Summe der Firmenwerte, wobei der Firmenwert einer im Zwischenproduktsektor tätigen Firma nichts anderes als der Gegenwartswert ihrer Gewinne ψ ist. Das Vermögen eines Haushalts in Periode t ist demnach durch $a_t = \psi Z_t / N$ gegeben. Wird beachtet, dass die Haushalte zusätzlich Arbeitseinkommen w_t beziehen, da ihre Arbeitskraft bei der Produktion des Outputgutes eingesetzt wird, kann die Budgetrestriktion eines Haushalts folgendermaßen formuliert werden;

$$(1+r)a_t + w_t = c_t + a_{t+1}$$

$$\Leftrightarrow \quad (1+r)\frac{\psi}{N}Z_t + w_t = c_t + \frac{\psi}{N}Z_{t+1}$$

Als Optimierungsproblem eines Haushalts ergibt sich somit:

$$\max_{\{c_t\}_{t=0}^{\infty},\{a_{t+1}\}_{t=0}^{\infty}} V = \sum_{t=0}^{\infty}\beta^t u(c_t)$$

$$\text{u. Nb.} \quad (1+r)a_t + w_t = c_t + a_{t+1},$$

$$a_0 > 0$$

Wird zur Vereinfachung unterstellt, dass die Nutzenfunktion der Haushalte vom CRRA-Typ ist, wobei für die intertemporale Substitutionselastizität $\sigma = 1/\rho = 1$ unterstellt wird, folgt aus der Euler-Gleichung:

$$c_{t+1} = c_t\beta R = c_t\beta(1+r)$$

Aufgrund der Tatsache, dass der Zins r im Gleichgewicht gemäß Gl. (5.14) für alle Perioden identisch ist, ergibt sich demzufolge wieder eine konstante Wachstumsrate für den Konsum. Wird diese mit γ bezeichnet, so gilt $\gamma = (1+r)\beta - 1$ und für den Zeitpfad des Konsums resultiert:

$$c_t = c_0(1+\gamma)^t,$$

wobei c_0 ein Anfangswert ist, der noch zu bestimmen ist. Die Wachstumsrate des Konsums ist positiv, wenn $(1+r)\beta > 1$ gilt, was erfordert, dass:

$$1+r = 1 + \frac{1}{\psi}\frac{1-\alpha}{\alpha}\left(L\alpha^{\frac{2}{1-\alpha}}A^{\frac{1}{1-\alpha}}\right) > \frac{1}{\beta}$$

Im Weiteren soll angenommen werden, dass die Modellparameter dergestalt sind, dass sich tatsächlich eine positive Wachstumsrate für den Konsum ergibt.

Im Gleichgewicht entspricht der Lohn w_t dem Grenzprodukt der Arbeit. Somit gilt:

$$w_t = \frac{\partial Y_t}{\partial L_t} = (1-\alpha)AL^{-\alpha}Z_t x^{\alpha}$$

Aus der Budgetrestriktion ergibt sich daher, wenn zusätzlich beachtet wird, dass $a_t = \psi Z_t/L$ ist, dass:

$$\frac{\psi}{L}Z_{t+1} = Z_t\left[(1+r)\frac{\psi}{L} + (1-\alpha)AL^{-\alpha}x^{\alpha}\right] - c_t$$

$$\Leftrightarrow \quad Z_{t+1} = Z_t\left[(1+r) + \frac{1}{\psi}(1-\alpha)AL^{1-\alpha}x^{\alpha}\right] - \frac{L}{\psi}c_t$$

Dies ist eine inhomogene Differenzengleichung für Z_t. Unter Verwendung der Abkürzung $v = \frac{1}{\psi}(1-\alpha)AL^{1-\alpha}X^{\alpha}$ folgt daraus wegen $c_t = (1+\gamma)^t c_0$:

$$Z_{t+1} = Z_t\left[(1+r) + v\right] - \frac{L}{\psi}c_0(1+\gamma)^t \tag{5.15}$$

Die allgemeine Lösung dieser Differenzengleichung lautet:[24]

$$Z_t = B_0\left[(1+r) + v\right]^t + \frac{c_0\frac{L}{\psi}}{(1+r) + v - (1+\gamma)}(1+\gamma)^t, \tag{5.16}$$

wobei B_0 eine beliebige Konstante ist. Mit dem Anfangswert Z_0 resultiert:

$$Z_t = \left(Z_0 - \frac{c_0\frac{L}{\psi}}{(1+r) + v - (1+\gamma)}\right)\left[(1+r) + v\right]^t + \frac{c_0\frac{L}{\psi}}{(1+r) + v - (1+\gamma)}(1+\gamma)^t$$

---

[24]Diese Lösung kann auf die gleiche Weise ermittelt werden wie die oben beschriebene Lösung der Differenzengleichung (5.10).

Wegen $1 + r > 1/\beta$ gilt hierbei, dass $(1 + r) + \nu > 1$. In völliger Analogie zum Romer-Modell kann nun gezeigt werden, dass eine zulässige Lösung – eine, die ständiges Wachstum ermöglicht und die hier zu beachtende Transversalitätsbedingung erfüllt – nur vorliegt, wenn der erste Term auf der rechten Seite dieser Gleichung ungleich Null ist. Dieser Term ist gleich Null, wenn gilt:

$$c_0 \frac{L}{\psi} = Z_0 \big[(1 + r) + \nu - (1 + \gamma) \big]$$

$$\Leftrightarrow \quad c_0 = Z_0 \frac{\psi}{L} \big[(1 + r) + \nu - (1 + \gamma) \big] \tag{5.17}$$

Diese Gleichung liefert für einen gegebenen Anfangswert Z_0 den entsprechenden Anfangswert c_0, der mit einer Gleichgewichtslösung des Modells vereinbar ist.

Mit einem solchen Anfangswert c_0 ergibt sich dann schließlich, dass:

$$Z_t = Z_0 (1 + \gamma)^t$$

Es wächst demnach auch die Anzahl der Zwischenprodukte mit der Rate, mit der auch der Konsum wächst. Damit ist ebenfalls klar, dass auch der Pro-Kopf-Output und das Pro-Kopf-Einkommen in dieser Ökonomie mit der Rate γ wachsen. Zu beachten ist, dass diese Wachstumsrate im Zeitablauf konstant ist – ebenso wie im Romer-Modell und im Gegensatz zum Ramsey-Modell existiert in diesem Modell endogenen Wachstums keine Anpassungsdynamik.

Wie oben bereits hergeleitet wurde, ist die Wachstumsrate der Ökonomie in diesem Modell keine exogene Größe, sondern sie hängt von den Modellparametern ab, die die Präferenzen und die Technologie beschreiben. Aus $1 + \gamma = \beta(1 + r)$ folgt unter Verwendung von (5.14), dass:

$$1 + \gamma = \beta \left[1 + \frac{1}{\psi} \frac{1 - \alpha}{\alpha} \big(L \alpha^{\frac{2}{1-\alpha}} A^{\frac{1}{1-\alpha}} \big) \right] \tag{5.18}$$

Internationale Unterschiede in den Wachstumsraten des Pro-Kopf-Einkommens könnten demnach auf Unterschiede in diesen Parametern zurückgeführt werden. So zeigt Gl. (5.18) beispielsweise, dass die Wachstumsrate γ steigt, wenn die fixen Kosten ψ, die mit der Erfindung eines neuen Zwischenproduktes verbunden sind, sinken. Wie unten gezeigt wird, könnten allerdings auch unterschiedliche wirtschaftspolitische Strategien hierfür verantwortlich sein.

5.6.3   Suboptimalität des gleichgewichtigen Wachstumspfades und Wachstumspolitik

Die Tatsache, dass die Produzenten der Zwischenprodukte eine Monopolposition innehaben, hat zur Folge, dass das oben hergeleitete Marktgleichgewicht und damit auch die gleichgewichtige Wachstumsrate nicht Pareto-effizient sind. In einem solchen Fall besteht somit für den Staat die Möglichkeit, in den Wirtschaftsablauf einzugreifen, um eine andere, möglicherweise Pareto-effiziente Allokation herbeizuführen.

Aufgrund der von den Anbietern der Zwischenprodukte gesetzten Monopolpreise ist die Nachfrage nach Zwischenprodukten geringer als unter den Bedingungen vollständiger Konkurrenz. Die Folge ist, dass der Output Y_t ebenfalls geringer ist, als er es wäre, herrschte vollständige Konkurrenz auf diesen Märkten. Ein staatlicher Eingriff, der diesen negativen Wohlfahrtseffekt der Monopole auf den Faktormärkten für die Zwischenprodukte beseitigt, könnte daher darin bestehen, die Nachfrager der Zwischenprodukte so zu subventionieren, dass der von ihnen zu entrichtende Nettopreis den Grenzkosten der Produktion dieser Zwischenprodukte entspricht. Diese staatlichen Subventionen können dann wieder über eine – die Allokation bekanntlich nicht verzerrende – Pauschalsteuer finanziert werden.

Es wird daher angenommen, dass die Nachfrager der Zwischenprodukte für jede nachgefragte Mengeneinheit des Zwischenproduktes eine Subvention in Höhe von $s p_{i,t}$ erhalten, wobei $p_{i,t}$ den Preis des Zwischenprodukts vom Typ i in Periode t bezeichnet. Der sich daraus ergebende Nettopreis des Zwischenprodukts ist $p_{i,t}(1 - s)$ und für den Subventionssatz s^*, der einen Nettopreis in Höhe der Grenzkosten herbeiführt, muss dann gelten, dass $p_{i,t}(1 - s^*) = 1$, was $s^* = 1 - \alpha$ erfordert.

Die Nachfrage nach den Zwischenprodukten ist daraufhin durch $x = L(\alpha A)^{\frac{1}{1-\alpha}}$ gegeben und mit r^* als dem Gleichgewichtszins, der sich aufgrund der Subventionierung ergibt, resultiert für den Gegenwartswert der zukünftigen Gewinne der Produzenten von Zwischenprodukten:

$$\Pi^* = \frac{1 - \alpha}{\alpha} L(\alpha A)^{\frac{1}{1-\alpha}} \frac{1}{r^*}$$

Für den Gleichgewichtszins ergibt sich also:

$$r^* = \frac{1}{\psi} \frac{1 - \alpha}{\alpha} L(\alpha A)^{\frac{1}{1-\alpha}}$$

Wegen $0 < \alpha < 1$ gilt nun $\alpha^{\frac{1-\alpha}{\alpha}} < 1$ und daher gilt ebenfalls, dass $r < r^*$.

Da die weitere Analyse analog zum oben betrachteten Fall ohne Subvention erfolgen kann, bedeutet dies, dass die Wachstumsrate der Wirtschaft infolge der Subventionierung steigt. Für die resultierende, optimale Wachstumsrate gilt $1 + \gamma^* = (1 + r^*)\beta > 1 + \gamma$. Der Staat ist demzufolge in diesem Modell endogenen Wachstums in der Lage, die im Marktgleichgewicht resultierende, suboptimale Wachstumsrate durch wirtschaftspolitische Maßnahmen – hier eine Subvention des Preises für die Zwischenprodukte – zu beeinflussen. Damit ist er in der Lage, die Wachstumsrate zu erhöhen, wobei gleichzeitig die Wohlfahrt der Haushalte steigt. Mit dem Subventionssatz $s^* = 1 - \alpha$ resultiert sogar eine Pareto-effiziente Allokation.

5.7 Literaturhinweise

Einen guten Überblick über die endogene Wachtumstheorie gibt Romer (1989). Die endogene wie exogene Wachstumstheorie wird darüber hinaus in zahlreichen Lehrbüchern umfassend und auf unterschiedlichen Niveau dargestellt. Zu nennen sind hier insbesondere Acemoglu (2009), Aghion und Howitt (1998), Aghion und Howitt (2009) und Barro und Sala-i Martin (2003).

Übungsaufgaben

5.1 Erläutern Sie, wie die Annahme völliger Faktormobilität die Aussagen über die Konvergenz zwischen Ländern oder Regionen beeinflusst.

5.2 Das Einkommen y^A und y^B zweier Länder A und B entwickelt sich gemäß der Gleichung $y_t = [y_0 - y^*]a^t + y^*$. In Periode $t = 0$ gilt $y_0^A = 3y_0^B$ und $y_0^B = 1/3y^*$, wobei y^* das langfristige Gleichgewichtseinkommen ist. Nach wievielen Perioden hat das Einkommen in Land B $5/6$ des Einkommensniveaus von Land A erreicht?

5.3 In einer Volkswirtschaft ist der Kapitalstock im Beobachtungszeitraum um 2,5 % gewachsen, der Arbeitseinsatz ist um 1,5 % gestiegen. Die Kapitaleinkommensquote im Beobachtungszeitraum beträgt 0,25 und die totale Faktorproduktivität hat sich nicht verändert. Mit welcher Rate ist der Output dieser Volkswirtschaft gewachsen?

5.4 Erläutern Sie anhand der Keynes-Ramsey Regel, warum im Ramsey-Modell ohne technischen Fortschritt kein langfristiges Wachstum des Pro-Kopf-Einkommens möglich ist.

5.5 Welche Bedingungen müssen erfüllt sein, damit technischer Fortschritt im Ramsey-Modell mit Steady-State-Wachstum vereinbar ist?

5.6 Mit welcher Rate wächst das Pro-Kopf-Einkommen im Ramsey-Modell, wenn technischer Fortschritt die Arbeitsproduktivität pro Periode mit der Rate γ wachsen lässt?

5.7 Formulieren Sie das Optimierungsproblem des repräsentativen Haushalts im Romer-Modell und leiten Sie daraus die Euler-Gleichung (5.9) her.

5.8 Zeigen Sie, dass die Wachstumsrate $\gamma^* = (\beta(A + 1 - \delta))^{\frac{1}{\rho}}$ den Lebensnutzen des repräsentativen Haushalts unter der Nebenbedingung (5.12) maximiert.

5.9 Zeigen Sie, dass eine staatliche Subventionierung der Kapitaleinkommen auf die Euler-Gleichung (5.13) führt.

5.10 Nehmen Sie an, das der Staat im Romer-Modell eine Investitionsförderungspolitik betreibt, bei der ein Zuschuss si_t^b zu den von den Haushalten geplanten Bruttoinvestitionen i_t^b geleistet wird. Die Finanzierung dieser Maßnahme erfolgt über Pauschalsteuern.

(a) Leiten Sie die in diesem Fall resultierende Euler-Gleichung her.

(b) Welcher Subventionssatz s^* ist erforderlich, um die optimale Wachstumsrate γ^* zu implementieren.

5.11 Zeigen Sie, dass der im Modell zunehmender Produktvielfalt resultierende Monopolpreis p für die Zwischenprodukte gleich $1/\alpha$ ist. Warum ist die Annahme, dass $1/\alpha > 1$ gilt von Bedeutung?

5.12 Zeigen Sie, dass die Lösung der Differenzengleichung (5.15) durch (5.16) gegeben ist.

5.13 Erläutern Sie, warum der gleichgewichtige Wachstumspfad im Modell zunehmender Produktvielfalt die Bedingung (5.17) erfüllen muss.

5.14 Erläutern Sie, warum der Wachstumspfad, der im Modell endogenen Wachstums aufgrund zunehmender Produktvielfalt resultiert, nicht Pareto-effizient ist.

5.15 Erläutern Sie, welchen Einfluss eine Verringerung der fixen Kosten ψ, die mit dem Kreieren neuer Zwischenprodukte verbunden sind, auf die gleichgewichtige Wachstumsrate hat.

5.16 Nehmen Sie an, dass der F&E-Prozess im Modell mit zunehmender Produktvielfalt stochastisch ist. Die Wahrscheinlichkeit, dass der mit fixen Kosten ψ verbundene F&E-Prozess zu einem neuen Zwischenprodukt führt sei μ. Jede potentielle Firma im Zwischenproduktsektor hat das Ziel, ihren erwarteten Gewinn zu maximieren.

(a) Leiten Sie den in diesem Fall resultierenden gleichgewichtigen Zins und die gleichgewichtige Wachstumsrate her.

(b) Wie beeinflussen Änderungen der Erfolgswahrscheinlichkeit μ des F&E-Prozesses die Wachstumsrate?

5.17 Im Modell endogenen Wachstums, das auf zunehmender Produktvielfalt beruht, kann staatliche Wachstumspolitik Pareto-Verbesserungen herbeiführen. Diskutieren Sie zum einen inwieweit eine Subventionierung der Zwischenproduktnachfrage diesem Ziel dienen kann und stellen Sie zum anderen alternative Formen staatlicher Politik dar, die dies ebenfalls leisten.

5.18 Nehmen Sie an, dass staatliche Leistungen g_t, beispielsweise Ausgaben für Infrastruktur, als weiterer Faktor in die Produktionsfunktion eingehen, so dass $y_t = f(k_t, g_t) = k_t^\alpha g_t^{1-\alpha}$ mit $\alpha < 1$ gilt. Unterstellen Sie des weiteren, dass diese staatlichen Leistungen über eine Einkommensteuer mit konstantem Steuersatz $\tau > 0$ finanziert werden.

(a) Zeigen Sie, dass diese Modellspezifikation letztlich auf eine Produktionsfunktion der Form $y_t = Ak_t$ führt.

(b) Leiten Sie die gleichgewichtige Wachstumsrate des Pro-Kopf-Einkommens her.

(c) Welcher Steuersatz bzw. welche Staatsquote g_t/y_t maximiert den Lebensnutzen des repräsentativen Haushalts?

Literatur

Acemoglu, D. 2009. *Introduction to modern economic growth*. Princeton: Princeton University Press.

Aghion, P., und P. Howitt. 1998. *Endogenous growth theory*. Cambridge: MIT Press.

Aghion, P., und P. Howitt. 2009. *The economics of growth*. Cambridge: MIT Press.

Arrow, K. J. 1962. The economic implications of learning by doing. *Review of Economic Studies* 29: 155–173.

Barrell, R., und D. W. te Velde. 2000. Catching-up of East German labour productivity in the 1990s. *German Economic Review* 1: 271–297.

Barro, R. J., und X. Sala-i Martin. 1995. *Economic growth*. New York: McGraw-Hill.

Barro, R. J., und X. Sala-i Martin. 2003. *Economic growth*, 2. Aufl. Cambridge: MIT Press.

Feenstra, Robert C., Robert Inklaar, und Marcel P. Timmer. 2013. The next generation of the Penn World Table. www.ggdc.net/pwt.

Funke, M., und H. Strulik. 2000. Growth and convergence in a two-region model of Unified Germany. *German Economic Review* 1: 363–384.

Jorgenson, Dale W., und Eric Yip. 2001. Whatever happened to productivity growth? In *New developments in productivity analysis*, Hrsg. Charles R. Hulten, Edwin R. Dean, und Michael J. Harper, 509–540. Chicago: University of Chicago Press.

King, R. G., C. I. Plosser, und S. T. Rebelo. 1988. Production, growth, and business cycles – I. The basic neoclassical model. *Journal of Monetary Economics* 21: 195–232.

Maddison, Angus. 2010. Statistics on World Population, GDP and Per Capita GDP, 1-2008 AD. http://www.ggdc.net/MADDISON/oriindex.htm.

Romer, P. M. 1986. Increasing returns and long-run growth. *Journal of Political Economy* 94: 1002–1037.

Romer, P. M. 1989. Capital accumulation and long-run growth. In *Modern business cycle theory*, Hrsg. R. J. Barro, 51–127. Oxford: Basil Blackwell.

Sala-i-Martin, X. 1990. Lecture notes on economic growth II: Five prototype models of endogenous growth. NBER working paper, No. 3564.

Konjunkturelle Schwankungen

6.1 RBC-Theorie

Aus dem bisher formulierten Ramsey-Modell folgt, dass das Pro-Kopf-Einkommen langfristig konstant ist bzw. mit konstanter Rate wächst. Damit ist das Modell bisher nicht in der Lage, die beobachtbaren Schwankungen des Einkommens, also das, was gemeinhin als Konjunktur bezeichnet wird, zu erklären.

Derartige Schwankungen ließen sich in diesem Modellrahmen aber beispielsweise dann erklären, wenn dass Modell um exogene Störungen erweitert würde. In Kap. 3 wurde gezeigt, dass sich die zentralen Variablen wie Konsum, Einkommen und Investitionen nach einer exogenen Störung entlang des Sattelpunktpfades wieder an ihre jeweiligen Steady-State-Werte annähern. Sofern man also Konjunktur mit Hilfe des Ramsey-Modells auf diese Weise zu erklären versuchte, wäre es demnach erforderlich, dass ständige exogene Störungen erfolgten, die solche Anpassungsprozesse hervorrufen.

Im Folgenden wird gezeigt, dass der technische Fortschritt als eine Ursache der erforderlichen exogenen Schocks angesehen werden kann, weil sich dieser nicht etwa nicht stetig vollzieht, sondern vielmehr ein Zufallsprozess ist. Somit können Technologieschocks – die treibenden Faktoren dieses Zufallsprozesses – als Ursache konjunktureller Schwankungen identifiziert werden. Das auf dieser Annahme basierende Konjunkturmodell wird als RBC-Modell („Real Business Cycle") bezeichnet. Es wurde in seiner ursprünglichen Form von Kydland und Prescott (1982) und Long und Plosser (1983) formuliert und stellt letztlich die Urform aller heute gebräuchlichen stochastischen makroökonomischen Modelle dar. Die Beschränkung auf Technologieschocks als alleinige Verursacher konjunktureller Schwankungen hat diesem Ansatz dabei einige Kritik eingebracht. Es ist aber problemlos möglich – und heutzutage auch üblich – diese oder ähnliche Modelle um andere Ursachen exogener Störungen zu erweitern.

Derartige Erweiterungen führen dann vom RBC-Grundmodell auf eine allgemeine Klasse makroökonomischer Modelle, die als DSGE-Modelle („Dynamic Stochastic General Equilibrium") bezeichnet werden, und die mittlerweile den Standardansatz bei makroökonomischen Analysen darstellen. Auf welche Art und Weise eine Erweiterung des

© Springer-Verlag Berlin Heidelberg 2015
M. Heinemann, *Dynamische Makroökonomik*,
DOI 10.1007/978-3-662-44156-5_6

RBC-Grundmodells zu einem DSGE-Modell erfolgen kann, wird zum einen am Ende dieses Kapitels anhand eines einfachen Beispiels, zum anderen aber auch in den nachfolgenden beiden Kapiteln noch dargestellt.

6.2   Messung von Konjunktur

Unter konjunkturellen Schwankungen werden zyklische Schwankungen makroökonomischer Variablen verstanden, die eine Periodizität im Bereich von etwa 2–8 Jahren aufweisen. Die Referenzgröße hierbei ist üblicherweise die Zeitreihe des realen Bruttoinlandsprodukts, das heißt die konjunkturelle Entwicklung einer Volkswirtschaft wird üblicherweise mit Blick auf diese Zeitreihe beurteilt.

Das Grundproblem bei der Messung von Konjunktur bzw. bei der Identifikation der angesprochenen zyklischen Schwankungen besteht nun darin, dass diese nicht ohne weiteres aus einer makroökonomischen Zeitreihe zu ersehen sind, da sich in dieser auch langfristige Entwicklungen (wirtschaftliches Wachstum) und recht kurzfristige Schwankungen (Saisoneinflüsse) widerspiegeln. Beim sogenannten additiven Zeitreihenmodell wird davon ausgegangen, dass sich eine makroökonomische Zeitreihe y_t additiv in drei Komponenten zerlegen lässt: Zum einen in die Trendkomponente τ_t, zum anderen in die zyklische Komponente z_t und schließlich in die Saisonkomponente s_t. Es gilt also:

$$y_t = \tau_t + z_t + s_t$$

Zur Bestimmung der Saisonkomponente bzw. zur Bereinigung von y_t um diese Komponente werden in aller Regel ad-hoc Prozeduren wie etwa das sogenannte Berliner Verfahren (wird vom Statistischen Bundesamt verwendet) oder das Census-X11 Verfahren verwendet. Somit verbleibt bei solchermaßen saisonbereinigten Zeitreihen das Problem, die Trendkomponente und die zyklischen Komponente voneinander zu trennen. In der empirischen Konjunkturforschung sind hierzu zahlreiche Verfahren vorgeschlagen worden, wobei das wohl bekannteste Verfahren schlichtweg darauf beruht, einen linearen Trend zu unterstellen, der dann durch eine lineare Regression der Zeitreihe auf ein Trendpolynom eliminiert wird. Das bei empirischen Analysen heutzutage gebräuchliche Verfahren ist allerdings der von Hodrick und Prescott (1980) vorgeschlagene HP-Filter.

Die Grundidee des HP-Filters besteht darin, die folgenden Anforderungen an die bei der Trendbereinigung zu ermittelnde Trendkomponente zu stellen: Der Trend soll die Zeitreihe zum einen gut approximieren, zum anderen soll sich eine möglichst glatte, das heißt schwankungsfreie Trendkomponente ergeben. Folglich minimiert der HP-Filter bei der Ermittlung des Trends die Trendabweichung, wobei eine Bestrafung für eventuelle Schwankungen der resultierenden Trendkomponente vorgenommen wird. Die Trendkomponente τ_t einer Reihe y_t wird folglich als Lösung des folgenden Optimierungsproblems ermittelt:

$$\min_{\tau_t} V = \underbrace{\sum_{t=1}^{T}(y_t - \tau_t)^2}_{\text{Trendabweichung}} + \lambda \underbrace{\sum_{t=2}^{T-1}\big([\tau_t - \tau_{t-1}] - [\tau_{t-1} - \tau_{t-2}]\big)^2}_{\text{Glätte der Trendkomponente}}, \quad \lambda \geq 0$$

Abb. 6.1 Entwicklung des Bruttoinlandsprodukts in Deutschland

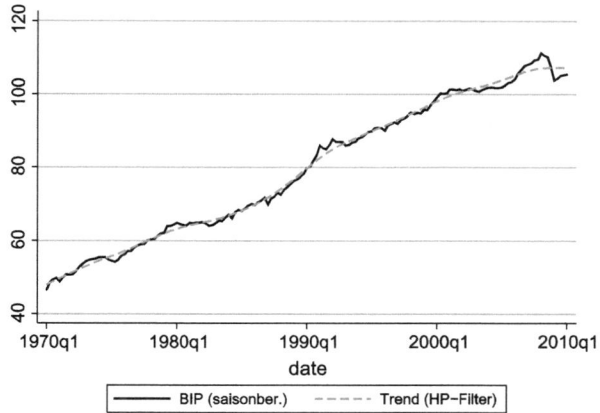

(a) Langfristiges Wachstum des Bruttoinlandsprodukts

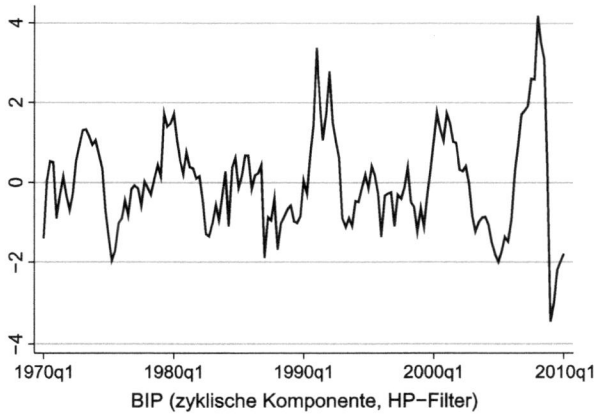

(b) Kurzfristige Schwankungen um den Trend

Werden wie in der makroökonomischen Zeitreihenanalyse üblich logarithmierte Daten verwendet, misst die erste Komponente die Abweichungen der Wachstumsraten vom Trend, die zweite Komponente die Akzeleration der Wachstumsraten. Durch den Parameter λ wird eine Gewichtung der beiden Zielgrößen vorgenommen. Im Fall $\lambda = 0$ resultiert beispielsweise $y_t = \tau_t$. Es verbleibt demnach keine zyklische Komponente. Demgegenüber ist mit $\lambda \to \infty$ keine Änderung in der Steigung des Trends möglich. Es resultiert folglich ein linearer Trend. Bei Anwendungen des HP-Filters mit Quartalsdaten wird üblicherweise $\lambda = 1600$ gesetzt.[1]

Abbildung 6.1(a) zeigt die mit Hilfe des HP-Filters ermittelte Trendkomponente des deutschen BIP im Zeitraum von 1970:1–2010:1. Abbildung 6.1(b) zeigt die entsprechende

---

[1] Dieser Wert kann zwar zeitreihentheoretisch begründet werden, es ist an dieser Stelle aber nicht möglich, eine knappe Begründung für diesen Zahlenwert zu geben.

Tab. 6.1 Stilisierte Fakten des Konjunkturzyklus in Deutschland und den USA

	Standardabweichung	Autokorrelation	Korrelation
	rel. zu y	zum Lag 1	mit y
Deutschland			
y	0,015	1,00	0,85	1,00
c	0,015	0,96	0,86	0,74
i	0,041	2,71	0,88	0,86
av	0,012	0,77	0,69	0,79
w	0,008	0,56	0,79	0,36
ap	0,091	0,60	0,66	0,63
USA			
y	0,018	1,00	0,84	1,00
c	0,014	0,74	0,80	0,88
i	0,053	2,93	0,87	0,80
av	0,018	0,99	0,88	0,88
w	0,007	0,38	0,66	0,12
ap	0,010	0,56	0,74	0,66

Die Zahlen für Deutschland beziehen sich auf den Zeitraum von 1960–1989 und sind Heinemann (1995) entnommen. Die Zahlen für die USA beziehen sich auf den Zeitraum von 1953–1996 und sind King und Rebelo (1999) entnommen.

Trendabweichung, also die zyklische Komponenten des deutschen BIP im gleichen Zeitraum. Die Erklärung der in dieser Abbildung zu Tage tretenden regelmäßigen Schwankungen des BIP sind Gegenstand dieses Kapitels.

Für die Erklärung konjunktureller Schwankungen und damit auch für die Prognose sind nicht nur die zyklischen Schwankungen des BIP von Interesse, sondern auch die zyklischen Eigenschaften anderer zentraler makroökonomischer Variablen und die dynamischen Beziehungen zwischen diesen. Die so ermittelten robusten statistischen Eigenschaften wichtiger makroökonomischer Variablen – die sogenannten stilisierten Fakten – fassen dann zusammen, was ein Konjunkturmodell nach Möglichkeit ebenfalls reproduzieren sollte.

Tabelle 6.1 zeigt statistische Eigenschaften der – mit dem HP-Filter ermittelten – zyklischen Komponenten einiger zentraler makroökonomischer Zeitreihen für Deutschland und die USA.[2] Es fällt unter anderem auf, dass die zyklischen Schwankungen des Konsums relativ zum BIP jeweils geringer ausfallen, wobei dieser Konsumglättungseffekt in den USA deutlich ausgeprägter ist als in Deutschland. Die Schwankungen der Investitionen sind

---

[2]Es bezeichnen hier y das BIP, c den Konsum, i die Investitionen, av das Arbeitsvolumen, w den Reallohn und ap die Arbeitsproduktivität.

Abb. 6.2 Zyklische
Komponenten des
Arbeitsvolumens und des BIP
(Die *durchgezogene Kurve*
zeigt die zyklische
Komponente des
Arbeitsvolumens; die
gestrichelte Kurve gibt den
Verlauf der zyklischen
Komponente des BIP wieder.)

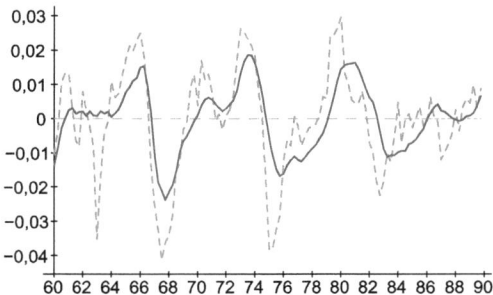

dagegen in beiden Ländern relativ zu denen des BIP deutlich größer. Die in der Tabelle aufgeführten Zeitreihen weisen eine hohe Autokorrelation auf, was auf eine ausgeprägte Persistenz der zyklischen Schwankungen schließen lässt. Zudem ist auch die gleichzeitige Korrelation mit dem BIP bei allen Zeitreihen positiv und ausgeprägt, was darauf hindeutet, dass sich alle diese Zeitreihen prozyklisch verhalten. Abbildung 6.2 illustriert den Gleichlauf zwischen der zyklischen Komponente des BIP und anderen makroökonomischen Variablen am Beispiel des Arbeitsvolumens.

6.3 Technischer Fortschritt und Produktivitätsschocks

Welches sind die Ursachen für die im vorangegangen Abschnitt betrachteten zyklischen Schwankungen des BIP? In der Konjunkturtheorie werden verschiedene Erklärungsansätze diskutiert, die sich grob in solche unterscheiden lassen, die exogene Störungen als Konjunkturauslöser ausmachen und solche, die das ökonomische System selbst als zu zyklischen Entwicklungen neigend ansehen.

Im Weiteren soll – dem in der modernen Makroökonomik vornehmlich verwendeten Ansatz folgend – lediglich ein der erstgenannten Kategorie zuzuordnender Erklärungsansatz dargestellt werden. Demzufolge sind exogene Störungen für das Auftreten zyklischer Schwankungen verantwortlich. Treffen solche Störungen auf ein ökonomisches System, reagiert dieses durch Anpassungsprozesse, die zu der zu erklärenden zyklischen Dynamik führen.

Wie bereits in der Einleitung erwähnt, werden im Weiteren zunächst ausschließlich Technologieschocks als konjunkturauslösende exogene Schocks analysiert. Um dies zu motivieren, wird nachfolgend gezeigt, wie sich der technische Forschritt bzw. die allgemeine Faktorproduktivität aus der Perspektive der Empirie darstellt.

Unter der Annahme Harrod-neutralen technischen Fortschritts kann die Produktionsfunktion – wie in Kap. 5 gezeigt wurde – folgendermaßen formuliert werden:

$$Y_t = F(K_t, L_t x_t),$$

wobei $x_t = x_{t-1}(1 + \gamma)$ gilt, und $\gamma > 0$ die exogene Wachstumsrate des technischen Fortschritts ist.

Wird dieser technische Fortschritt zunächst vernachlässigt, folgt mit $Y_t = F(K_t, L_t)$, da die Produktionsfunktion annahmegemäß linear homogen ist:

$$Y_t = F_{K,t} K_t + F_{L,t} L_t$$

Daraus folgt nun:[3]

$$Y_t - Y_{t-1} = \Delta Y_t = F_{K,t} \Delta K_t + F_{L,t} \Delta L_t$$
$$= Y_t \left(\frac{F_{K,t} K_t}{Y_t} \frac{\Delta K_t}{K_t} + \frac{F_{L,t} L_t}{Y_t} \frac{\Delta L_t}{L_t} \right)$$

Nun ist $\frac{F_{K,t} K_t}{Y_t}$ nichts anderes als die Kapitaleinkommensquote α_t in Periode t und $\frac{F_{L,t} L_t}{Y_t}$ ist die Arbeitseinkommensquote $1 - \alpha_t$. Da zudem $\frac{Y_t - Y_{t-1}}{Y_t} = \gamma_{Y,t}$ die Wachstumsrate des Outputs in Periode t ist, resultiert schließlich:

$$\gamma_{Y,t} = \alpha_t \gamma_{K,t} + (1 - \alpha_t) \gamma_{L,t}$$

Die Wachstumsrate des Outputs in einer Periode t entspricht also bei Abwesenheit von technischem Fortschritt der Summe der mit der jeweiligen Einkommensquote gewichteten Wachstumsrate der Produktionsfaktoren. Im Umkehrschluss folgt daraus allerdings, dass der Teil des Outputwachstums, der nicht auf diese Weise dem Produktionsfaktorwachstum zugerechnet werden kann, auf technischen Fortschritt zurückzuführen ist. Demzufolge ergibt sich die Wachstumsrate des technischen Fortschritts bzw. der totalen Faktorproduktivität als:

$$\gamma_{x,t} = \gamma_{Y,t} - \left[\alpha_t \gamma_{K,t} + (1 - \alpha_t) \gamma_{L,t} \right]$$

Wenn $\gamma_{x,t}$ für die Perioden $t = 1, 2, \ldots$ ermittelt worden ist, kann daraus der Zeitpfad für $\ln x_t$ ermittelt werden, denn es gilt $\ln x_t = (1 + \gamma_{x,t}) + \ln x_{t-1}$. Der so ermittelte Wert von $\ln x_t$ bzw. x_t wird auch als totale Faktorproduktivität bezeichnet, während $\gamma_{x,t}$ das sogenannte Solow-Residuum ist.

Gemäß diesem Verfahren wurden Solow-Residuen für die Bundesrepublik Deutschland ermittelt. Die Datenbasis hierfür bildeten Quartalsdaten der volkswirtschaftlichen Gesamtrechnung für die Bundesrepublik Deutschland von 1960–1989. Für α_t wurde jeweils die Arbeitseinkommensquote – wie sie auch der Sachverständigenrat benutzt – verwendet. Für selbständig Beschäftigte wurde entsprechend jeweils das Durchschnittseinkommen der abhängig Beschäftigten unterstellt, wobei letzteres als Quotient aus dem Bruttoeinkommen aus unselbständiger Arbeit und der Anzahl beschäftigter Arbeitnehmer berechnet wurde. Die Abbildungen 6.3(a) und 6.3(b) zeigen die so ermittelten Zeitreihen für das Solow-Residuum und die totale Faktorproduktivität, wobei für letztere ein Startwert $\ln x_0 = 1$ vorgegeben wurde.

---

[3] Wie in Kap. 5 gelten die hier dargestellen Zusammenhänge in diskreter Zeit lediglich approximativ, unter der Annahme, dass $F_{K,t} = F_{K,t-1}$ und $F_{L,t} = F_{L,t-1}$.

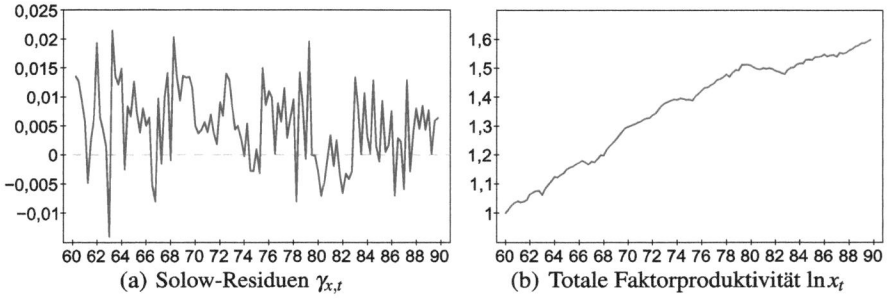

(a) Solow-Residuen $\gamma_{x,t}$ (b) Totale Faktorproduktivität $\ln x_t$

Abb. 6.3 Solow-Residuen und Entwicklung der totalen Faktorproduktivität in der Bundesrepublik 1960:I–1989:IV

Wie die Abbildungen zeigen, entwickelt sich die aus Solow-Residuen ermittelte totale Faktorproduktivität keineswegs stetig. Wird die ermittelte Zeitreihe der totalen Faktorproduktivität als stochastischer Prozess aufgefasst, können die stochastischen Impulse dieser Zeitreihe als Technologieschocks interpretiert werden. Ein plausibles empirisches Modell für den so ermittelten Prozess der totalen Faktorproduktivität ist:

$$\ln x_t = \ln A_0 + t \ln(1 + \gamma_x) + \theta_t$$

$$\theta_t = \varrho_\theta \theta_{t-1} + \varepsilon_t, \tag{6.1}$$

Die OLS-Schätzung dieses Modells ergibt dann $\gamma_x = 0{,}0047$, $\varrho_\theta = 0{,}98$ und $\sigma_\varepsilon = 0{,}008$. Um mit diesem empirischen Befund in Übereinstimmung zu stehen, müssten die Technologieschocks θ_t in einem RBC-Modell demzufolge eine hohe serielle Korrelation aufweisen.

6.4 Das Ramsey Modell mit Produktivitätsschocks

6.4.1 Das RBC-Modell

Das Ramsey-Modell kann um Technologieschocks erweitert werden, indem die Produktionsfunktion folgendermaßen formuliert wird:

$$y_t = \exp(\theta_t) f(k_t)$$

Hierbei ist θ_t eine Zufallsvariable, für die $\theta_t = \varrho_\theta \theta_{t-1} + \varepsilon_t$ gilt, wobei $0 \leq \varrho_\theta < 1$. Der Parameter ϱ_θ bestimmt, wie ausgeprägt die serielle Korrelation der Technologieschocks ist, und ε_t ist eine für alle t seriell unkorrelierte Zufallsvariable. Ohne die Zufallseinflüsse ε_t gilt langfristig, dass $\theta_t = 0$ und in diesem Fall ergibt sich wegen $\exp(0) = 1$, dass $y_t = f(k_t)$.[4] Die diesem Modell zugrundeliegende Annahme ist also, dass die Variable

---

[4]Zu beachten ist, dass $\mathrm{E}[\exp(\theta)] \neq \exp(\mathrm{E}[\theta])$. Werden konkrete Annahmen über die Verteilung von ε getroffen – dies wird weiter unten der Fall sein – kann $\mathrm{E}[\exp(\theta)]$ explizit bestimmt werden.

$\exp(\theta_t)$ die totale Faktorproduktivität repräsentiert, die sich – wie im vorangegangen Abschnitt gezeigt wurde – keineswegs stetig entwickelt, sondern zufälligen Schwankungen unterworfen ist. Bei der hier erfolgten Spezifikation wird dabei zur Vereinfachung von einer deterministischen Wachstumskomponente der totalen Faktorproduktivität abstrahiert, wobei sich diese aber problemlos integrieren ließe. Das um solche exogenen Störungen erweiterte Ramsey-Modell ist das klassische RBC-Modell, das die Grundlage aller mikroökonomisch fundierten, dynamischen Makromodelle (DSGE-Modelle) darstellt, die derzeit in der Makroökonomik diskutiert werden.

Es wird angenommen, dass dem repräsentativen Wirtschaftssubjekt der stochastische Prozess, dem θ_t folgt, bekannt ist. Es kennt somit zwar den stochastischen Prozess, dem der Produktivitätsparameter θ folgt. Die Werte, die θ in der Zukunft annehmen wird, sind jedoch unbekannt. Wie in Kap. 1 gezeigt wurde, entsprechen rationale Erwartungen zukünftiger Größen in diesem Fall dem entsprechenden bedingten mathematischen Erwartungswert. Daher kann das Optimierungsproblem des repräsentativen Haushalts für alle t rekursiv wie folgt formuliert werden:

$$V(k_t, \theta_t) = \max_{c_t, k_{t+1}} \left\{ u(c_t) + \beta E_t V(k_{t+1}, \theta_{t+1}) \right\} \tag{6.2}$$

$$\text{u. Nb.} \quad \exp(\theta_t) f(k_t) = c_t + k_{t+1} - (1 - \delta)k_t,$$

$$\theta_{t+1} = \varrho_\theta \theta_t + \varepsilon_{t+1}$$

$$k_0 > 0$$

Hierbei bezeichnet E_t die auf der Grundlage der zum Zeitpunkt t verfügbaren Information gebildete, bedingte Erwartung bezüglich θ_{t+1}.

Analog zum deterministischen Fall resultieren aus dem Optimierungsproblem (6.2) – abgesehen von der Transversalitätsbedingung – zwei notwendige Bedingungen. Der wesentliche Unterschied zum deterministischen Fall besteht dabei darin, dass in der Euler-Gleichung für den Konsum nicht mehr der sichere Grenzertrag der Ersparnis, sondern nunmehr dessen bedingte Erwartung auftritt:

$$u'(c_t) = \beta E_t \left[u'(c_{t+1}) \left(\exp(\theta)_{t+1} f'(k_{t+1}) + (1 - \delta) \right) \right] \tag{6.3a}$$

$$\exp(\theta_{t+1}) f(k_t) = c_t + k_{t+1} - (1 - \delta)k_t \tag{6.3b}$$

An der Interpretation dieser Gleichung ändert sich ansonsten nichts. Ebensowenig ändert sich an den grundsätzlichen Eigenschaften der Lösung des Modells: Das resultierende rationale Erwartungsgleichgewicht ist Pareto-effizient. Allerdings ist der Zeitpfad, dem die Modellvariablen folgen, nicht mehr deterministisch. Der konkrete Zeitpfad für die Modellvariablen hängt von den Ausprägungen der Technologieschocks in den einzelnen Perioden ab – ist somit also zufälligen Schwankungen unterworfen. Dieses Resultat ist insofern bedeutsam, da es zeigt, dass konjunkturelle Schwankungen nicht notwendigerweise ein Übel sein müssen, das mit Hilfe wirtschaftspolitischer Maßnahmen bekämpft werden muss. Die hier resultierenden Schwankungen sind kein Indiz für Ineffizienzen – sie spiegeln die optimalen Reaktionen der Wirtschaft auf exogene Schocks wieder.

6.4.2   Ein spezifiziertes Modell mit geschlossener Lösung

Konkrete Aussagen über die Dynamik eines stochastischen Ramsey-Modells lassen sich in aller Regel nur mit Hilfe von numerischen Simulationen ermitteln. Entsprechende Verfahren zur Lösung werden später noch dargestellt. Um erste Einsichten über die Eigenschaften eines RBC-Modells zu gewinnen, soll hier zunächst ein Spezialfall betrachtet werden – das bereits in Kap. 3 betrachtete, spezifizierte Modell – für den auch im stochastischen Fall eine geschlossene Lösung ermittelt werden kann.

Mit $u(c_t) = \ln(c_t)$, $f(k_t) = k_t^\alpha$ und $\delta = 1$ ergibt sich aus dem oben ermittelten System von erwartungsabhängigen Differenzengleichungen (6.3a) und (6.3b), dass:

$$\frac{1}{c_t} = \beta E_t\left[\frac{1}{c_{t+1}}\alpha \exp(\theta_{t+1})k_{t+1}^{\alpha-1}\right] \tag{6.4a}$$

$$\exp(\theta_t)k_t^\alpha = c_t + k_{t+1} \tag{6.4b}$$

Die Lösung dieser beiden Gleichungen lautet:

$$k_{t+1} = \beta\alpha k_t^\alpha \exp(\theta_t) \tag{6.5}$$

Daraus ergibt sich, dass $c_t = (1 - \beta\alpha)k_t^\alpha \exp(\theta_t)$ gilt. Werden dieser Ausdruck für c_t und der entsprechende Ausdruck für c_{t+1} in die Euler-Gleichung eingesetzt, bestätigt sich die Richtigkeit der Lösung.

Wegen $y_t = \exp(\theta_t)k_t^\alpha$ bedeutet dies für die Modellvariablen k_t, c_t und y_t, dass:

$$k_{t+1} = \alpha\beta \exp(\theta_t)k_t^\alpha$$

$$y_t = \exp(\theta_t)k_t^\alpha$$

$$c_t = (1 - \alpha\beta)y_t$$

Werden diese Gleichungen logarithmiert, so zeigt sich, dass die logarithmierten Werte der Modellvariablen linearen stochastischen Differenzengleichungen folgen, wie sie beispielsweise auch in der Zeitreihentheorie Verwendung finden:

$$\ln k_{t+1} = \ln(\alpha\beta) + \alpha \ln k_t + \theta_t \tag{6.6a}$$

$$\ln y_t = \alpha \ln k_t + \theta_t \tag{6.6b}$$

$$\ln c_t = \ln(1 - \alpha\beta) + \alpha \ln k_t + \theta_t \tag{6.6c}$$

Die Abbildungen 6.4(a)–6.4(c) zeigen Beispiele für die aus diesen Gleichungen resultierenden Zeitpfade der Variablen k_t, y_t und c_t. Hierbei wurde angenommen, dass $\alpha = 0{,}3$, $\beta = 0{,}9$ sowie $\sigma_\varepsilon^2 = 0{,}001$ gilt. Die linke Seite zeigt den Fall seriell unkorrelierter Schocks, die rechte Seite zeigt den Fall hochkorrelierter Schocks.

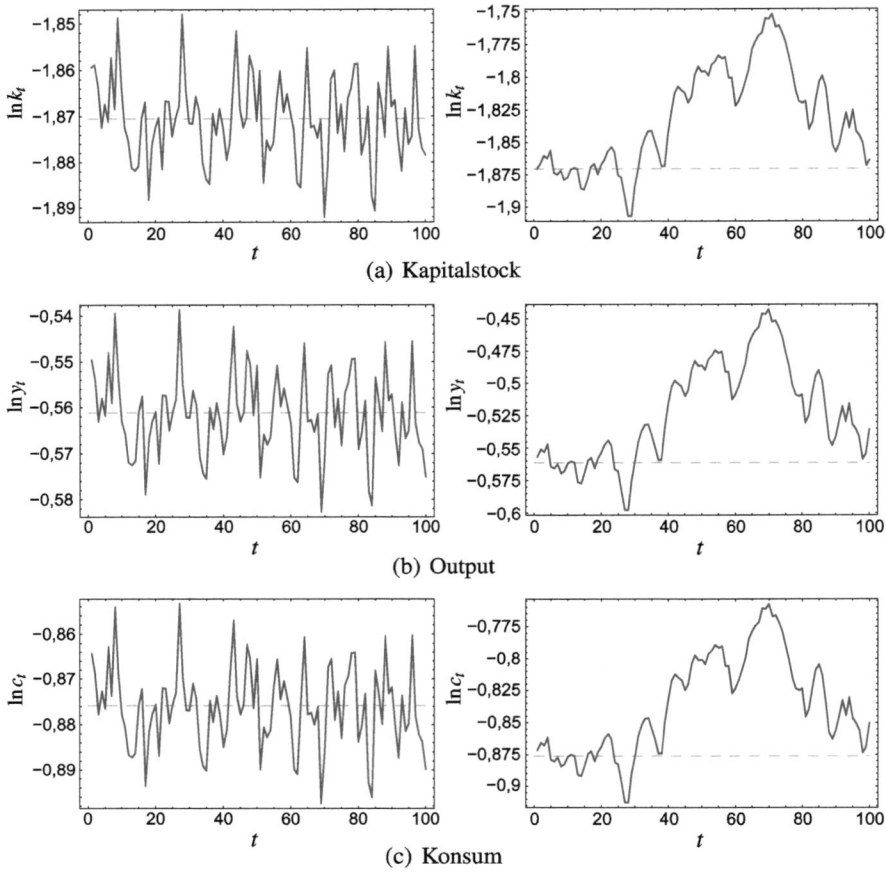

(a) Kapitalstock

(b) Output

(c) Konsum

Abb. 6.4 Simulation des Modells mit $\alpha = 0,3$, $\beta = 0,9$ sowie $\theta_t \sim \mathcal{N}(0, 0,001)$ (*Linke Seite*: $\varrho_\theta = 0$; *rechte Seite*: $\varrho_\theta = 0,9$.)

Die Zeitpfade der Modellvariablen weisen demnach in Abhängigkeit von den Eigenschaften der unterstellten Technologieschocks mehr oder weniger erratische Schwankungen oder zyklische Bewegungen auf. Die Tatsache, dass ständige exogene Störungen erfolgen, impliziert selbstverständlich auch, dass keine langfristige Lösung für die Modellvariablen existiert, in der diese Modellvariablen konstant sind. Das dem deterministischen Steady-State, wie er in Kap. 3 betrachtet wurde, im stochastischen Fall entsprechende Konzept ist der stochastische Steady-State. Dieser ist charakterisiert durch eine invariante Verteilung der Modellvariablen.

Wird beispielsweise angenommen, dass es sich bei den Störungen ε_t um Realisationen identisch normalverteilter Zufallsvariablen handelt, ist θ_t ebenfalls normalverteilt und (6.6a) impliziert, dass $\ln(k_t)$ ebenfalls normalverteilt ist. Mit $\varepsilon_t \sim \mathcal{N}(\mu_\varepsilon, \sigma_\varepsilon^2)$ ergibt sich im Fall unkorrelierter Schocks ($\varrho_\theta = 0$) daher zunächst $\theta_t \sim \mathcal{N}(\mu_\varepsilon, \sigma_\varepsilon^2)$. Um sicher-

Abb. 6.5 Stationäre
Verteilung des Kapitalstocks
mit $\alpha = 0,3$, $\beta = 0,9$ und
$\sigma_\varepsilon^2 = 0,01$

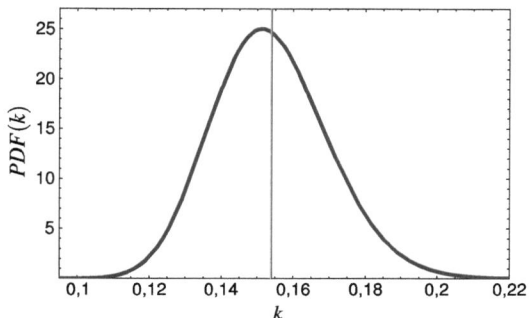

zustellen, dass $E[\exp(\theta_t)] = 1$ gilt, muss von daher in diesem Fall $\mu_\varepsilon = -\sigma_\varepsilon^2/2$ unterstellt werden.[5]

Die asymptotische (langfristige) Verteilung von $\ln(k)$ ist dann ebenfalls eine Normalverteilung. Es gilt asymptotisch, dass $\ln(k) \sim \mathcal{N}(\mu_k, \sigma_k^2)$ wobei $\mu_k = \frac{\ln(\alpha\beta)}{1-\alpha} + \frac{\mu_\varepsilon}{1-\alpha}$ und $\sigma_k^2 = \frac{\sigma_\varepsilon^2}{1-\alpha^2}$. Somit folgt:

$$\ln E[k] = \frac{\ln(\alpha\beta)}{1-\alpha} + \frac{\mu_\varepsilon}{1-\alpha} + \frac{1}{2}\frac{\sigma_\varepsilon^2}{1-\alpha^2}$$

$$\Leftrightarrow \quad E[k] = \exp\left(-\frac{1}{2}\frac{\alpha\sigma_\varepsilon^2}{1-\alpha^2}\right)(\alpha\beta)^{\frac{1}{1-\alpha}} = \exp\left(-\frac{1}{2}\frac{\alpha\sigma_\varepsilon^2}{1-\alpha^2}\right)k_{determ}^*,$$

wobei k_{determ}^* der stationäre Kapitalstock des deterministischen Ramsey-Modells ist (vgl. Abschn. 3.6). Der Erwartungswert des Kapitalstocks des stochastischen Ramsey-Modells ist im Fall unkorrelierter Schocks demnach wegen $\exp(-\frac{1}{2}\frac{\alpha\sigma_\varepsilon^2}{1-\alpha^2}) < 1$ kleiner als in der entsprechenden deterministischen Modellversion. Zudem führt eine größere Varianz der Technologieschocks dazu, dass sich diese Differenz vergrößert.[6] Abbildung 6.5 zeigt die stationäre Verteilung des Kapitalstocks für eine konkrete numerische Spezifikation des Modells. Der stationäre Kapitalstock des entsprechenden deterministischen Modells ist in diesem Fall durch $k^* = 0,15405$ gegeben und wird in der Abbildung durch die senkrechte Linie repräsentiert. Der im stochastischen Fall resultierende Erwartungswert für den Kapitalstock ist $E[k] = 0,153797$. Quantitativ ist der Unterschied zwischen dem stationären Kapitalstock des deterministischen Modells und dem Erwartungswert des Kapitalstocks im stochastischen Modell ausgesprochen gering.

Ebenso wie für den Kapitalstock existiert auch eine stationäre Verteilung für den Konsum. Da der repräsentative Haushalt annahmegemäß risikoavers ist, führen die im Modell auftretenden Konsumschwankungen im Vergleich zu einer deterministischen Ökonomie zu

---

[5]Wenn θ_t einer Normalverteilung $\mathcal{N}(\mu, \sigma^2)$ folgt, folgt $\exp(\theta_t)$ einer Lognormalverteilung und der Erwartungswert von $\exp(\theta_t)$ ergibt sich als $\exp(\mu + \sigma^2/2)$.

[6]Dies trifft nicht zu, wenn korrelierte Schocks unterstellt werden. In diesem Fall ergibt sich nur dann $E[k] < k^*$, wenn $\varrho_\theta < \frac{1}{2+\alpha}$ gilt. Für $\varrho_\theta \geq \frac{1}{2+\alpha}$ ergibt sich $E[k] \geq k^*$.

Nutzeneinbußen. Diese mit den Konjunkturschwankungen verbundenen Wohlfahrtsverluste können quantifiziert werden, um die Frage zu beantworten, welche Wohlfahrtseffekte
durch Stabilisierungspolitik zu erwarten sind.

6.4.3 Wohlfahrtseffekte

Die Tatsache, dass Technologieschocks im RBC-Modell zyklische Schwankungen des
Konsums hervorrufen, hat aufgrund der Risikoaversion des repräsentativen Haushalts zur
Folge, dass der in einem RBC-Modell resultierende stochastische Konsumpfad einen geringeren Lebensnutzen generiert als der in einem entsprechenden deterministischen Modell resultierende Konsumpfad. Die damit einhergehende Nutzendifferenz kann als Maß
für die mit konjunkturellen Schwankungen verbundenen Wohlfahrtseffekte verwendet
werden. Robert Lucas hat dies in einer einflussreichen Arbeit (Lucas 1987) getan und kam
dabei zu dem Schluss, dass die mit konjunkturellen Schwankungen verbundenen Wohlfahrtsverluste relativ gering sind. Auf dieses Resultat wird weiter unten noch näher eingegangen, hier soll zunächst demonstriert werden, wie dieses Wohlfahrtsmaß, das auch in
anderen Bereichen der dynamischen Makroökonomik häufig verwendet wird, konstruiert
werden kann.

Den Ausgangspunkt soll das im vorangegangen Abschnitt verwendete RBC-Modell
bilden. Betrachten wir zunächst einen beliebigen stochastischen Konsumpfad $\{c_t\}_{t=0}^{\infty}$ mit
dem Erwartungswert c^*. Wird der erwartete Periodennutzen des repräsentativen Haushalts
durch eine Taylorreihenentwicklung 2. Ordnung um c^* approximiert, so folgt:

$$\mathrm{E}\big[u(c_t)\big] \approx \mathrm{E}\left[u\big(c^*\big) + u'\big(c^*\big)\big[c_t - c^*\big] + \frac{1}{2}u''\big(c^*\big)\big[c_t - c^*\big]^2\right]$$

$$= \mathrm{E}\left[u\big(c^*\big) + u'\big(c^*\big)c^*\hat{c}_t + \frac{1}{2}u''\big(c^*\big)c^{*2}\hat{c}_t^2\right]$$

Hierbei repräsentiert $\hat{c}_t = \frac{c_t - c^*}{c^*}$ die relative Abweichung des Konsums vom Erwartungswert, wobei diese Abweichung wiederum durch $\ln c_t - \ln c^*$ approximiert werden
kann. Nun gilt $\mathrm{E}\hat{c}_t = 0$ und $\mathrm{E}\hat{c}_t^2 = \mathrm{Var}(\ln c_t)$, so dass:

$$\mathrm{E}\left[\sum_{t=0}^{\infty}\beta^t u(c_t)\right] \approx \frac{1}{1-\beta}\left(u\big(c^*\big) + \frac{1}{2}u''\big(c^*\big)c^{*2}\,\mathrm{Var}(\ln c_t)\right) \qquad (6.7)$$

Es soll nun die relative Konsumänderung Δ ermittelt werden, die den repräsentativen
Haushalt im deterministischen Fall – mit $c_t = c^*$ für alle t – indifferent zwischen dem
stochastischen und dem deterministischen Konsumpfad macht. Wird $u((1 + \Delta)c^*)$ durch
eine Taylorreihenentwicklung 1. Ordnung um c^* und $\Delta = 0$ approximiert, so resultiert:

$$u\big((1 + \Delta)c^*\big) \approx u\big(c^*\big) + u'\big(c^*\big)c^*\Delta$$

Tab. 6.2 Wohlfahrtseffekte Δ konjunktureller Schwankungen mit $\alpha = 0,3$

	Standardabweichung der Schocks σ_ε			
	0,1	0,2	0,3	0,4
Δ	$-0,00549$	$-0,0220$	$-0,0495$	$-0,0879$

Für den Lebensnutzen ergibt sich mithin:

$$\sum_{t=0}^{\infty} \beta^t u\big((1+\Delta)c^*\big) \approx \frac{1}{1-\beta}\big(u\big(c^*\big) + u'\big(c^*\big)c^*\Delta\big) \tag{6.8}$$

Soll $\sum_{t=0}^{\infty} \beta^t u((1+\Delta)c^*) = \mathrm{E}[\sum_{t=0}^{\infty} \beta^t u(c_t)]$ gelten, ergibt sich somit als approximative Lösung für Δ aus (6.7) und (6.8):

$$\Delta = \frac{1}{2}\frac{u''(c^*)c^*}{u'(c^*)}\,\mathrm{Var}(\ln c_t) \tag{6.9}$$

Der Ausdruck $\frac{u''(c^*)c^*}{u'(c^*)}$ in Gl. (6.9) ist bekanntlich ein Maß für die relative Risikoaversion des repräsentativen Haushalts. Wegen $u'' < 0$ und $u' > 0$ ergibt sich somit, dass $\Delta < 0$.

Im hier betrachteten RBC-Modell gilt $\frac{u''(c^*)c^*}{u'(c^*)} = -1$ und für die Varianz des logarithmierten Konsums $\mathrm{Var}(\ln c) = \sigma_c^2$ ergibt sich, dass $\sigma_c^2 = \sigma_k^2 = \frac{\sigma_\varepsilon^2}{1-\alpha^2}$. Daher resultiert schließlich:

$$\Delta = -\frac{1}{2}\frac{\sigma_\varepsilon^2}{1-\alpha^2} \tag{6.10}$$

Tabelle 6.2 zeigt solchermaßen ermittelte Wohlfahrtsverluste für alternative Standardabweichungen der Schocks ε. Wie zu erwarten ist, nehmen diese Wohlfahrtsverluste mit steigender Varianz der Technologieschocks zu. Insgesamt ist aber festzustellen, dass die in der Tabelle aufgeführten Zahlenwerte ausgesprochen gering sind. Für eine empirisch plausible Varianz der Technologieschocks ($\sigma_\varepsilon \approx 0,1$) ergibt sich beispielsweise ein Konsumverlust, der lediglich ca. 0,55 % des stationären Konsums im deterministischen Modell ausmacht. Selbstverständlich ist zu berücksichtigen, dass diesen Zahlen ein Modell zugrundeliegt, dass nicht vor dem Hintergrund empirischer Befunde spezifiziert wurde. Die Größenordnungen der hier dargestellten Wohlfahrtseffekte erweisen sich allerdings diesem Einwand gegenüber als relativ robust.

Da die Technologieschocks im RBC-Modell strukturelle Einflussgrößen sind, die auch durch wirtschaftspolitische Maßnahmen nicht beseitigt werden können, ist die soeben durchgeführte Wohlfahrtsanalyse in gewisser Weise müßig. Es handelt sich dabei lediglich um ein Gedankenexperiment (Was würde das repräsentative Wirtschaftssubjekt verlangen, um von der deterministischen in die stochastische Welt zu wechseln?) ohne jegliche weitergehende Implikationen.

Tatsächlich kann der Konsum in realen Ökonomien allerdings neben Schwankungen, die wie im RBC-Modell unbeeinflussbar sind, selbstverständlich auch Schwankungen aufweisen, die sich durch geeignete wirtschaftspolitische Maßnahmen prinzipiell vermindern oder beseitigen lassen. Von Interesse ist dann der maximale Wohlfahrtseffekt, der durch solche stabilitätspolitischen Maßnahmen erreicht werden kann. Die ist der Ansatzpunkt der eingangs erwähnten Analyse von Lucas. Ausgehend von einem stochastischen Prozess für den Konsum ermittelt er, dass der sich bei einer Beseitigung aller Konsumschwankungen resultierende Wohlfahrtseffekt durch Gl. (6.9) gegeben ist.

Für die USA ermittelt Lucas sodann einen Wert für die Varianz der Schwankungen des Konsums von $\sigma_c^2 = 0,001$. Mit $\rho = 2$ ergibt sich damit für den Wohlfahrtsverlust (approximativ) ein Wert von $\Delta = -0,001$. Würden alle Konsumschwanken unabhängig von deren Ursache eliminiert, resultierte demzufolge ein Wohlfahrtsgewinn, der soeben einem Zehntel Prozent des aktuellen Konsum entspräche. Dies wäre folglich der maximale Konsumbetrag, den der repräsentative Haushalt für Maßnahmen zu opfern bereit wäre, die darauf abzielen, sämtliche Konsumschwankungen zu vermeiden. Angesichts dieser geringen Wohlfahrtsverluste durch Konjunkturschwankungen zieht Lucas den Schluss, dass von stabilitäts- bzw. konjunkturpolitische Maßnahmen abzuraten ist. Angesichts der mit solchen Maßnahmen verbundenen praktischen Probleme (Wirkungsverzögerungen, u.ä.) und der dadurch verursachten Kosten sei kaum ein positiver Nettoeffekt zu erwarten.

6.4.4 Das Modell mit variabler Arbeitszeit

Das bisher betrachtete Modell kann zwar prinzipiell Schwankungen, die konjunkturellen Schwankungen ähneln, abbilden, ist aber sicherlich viel zu simpel, um die Frage zu klären, ob sich mit diesem Ansatz beobachtbare konjunkturelle Schwankungen tatsächlich erklären lassen. Hierzu ist es beispielsweise erforderlich, von der bisher getroffenen Annahme eines exogenen Arbeitseinsatzes abzuweichen und Schwankungen des Arbeitseinsatzes zuzulassen. Derartiges erfordert, dass das Modell explizit um die Arbeitszeit-Freizeit-Entscheidung des repräsentativen Haushalts erweitert wird.

Im Weiteren bezeichnet ℓ_t den Freizeitkonsum eines Haushalts in Periode t. Es wird angenommen, dass die Ausstattung mit Freizeit auf Eins normiert ist. Mit h_t als individueller Arbeitszeit in t ergibt sich daher, dass $h_t = 1 - \ell_t$. Die Periodennutzenfunktion lautet $u(c_t, \ell_t) = \tilde{u}(c_t) + v(\ell_t)$, wobei $v'(\ell) > 0$ und $v''(\ell) < 0$ gelten soll. Damit kann das Optimierungsproblem des repräsentativen Haushalts in Analogie zum bisher betrachteten Modell für alle t rekursiv wie folgt formuliert werden:

$$V(k_t, \theta_t) = \max_{c_t, h_t, k_{t+1}} \left\{ u(c_t, 1 - h_t) + \beta E_t V(k_{t+1}, \theta_{t+1}) \right\} \qquad (6.11)$$

u. Nb. $\exp(\theta_t) f(k_t, h_t) = c_t + k_{t+1} - (1 - \delta)k_t,$

$\theta_{t+1} = \varrho_\theta \theta_t + \varepsilon_{t+1}$

Im Gegensatz zum bisher betrachteten Modell mit fixiertem Arbeitseinsatz resultiert mit endogenem Arbeitsangebot eine zusätzliche Euler-Gleichung für die optimale Arbeitszeit:

$$v'(1 - h_t) = \beta E_t \left[v'(1 - h_{t+1}) R_{t+1} \frac{w_t}{w_{t+1}} \right]$$

Diese Gleichung kann analog zur Euler-Gleichung für den Konsum interpretiert werden: Wird in Periode t eine marginale Einheit der zur Verfügung stehenden Zeit als Arbeitszeit genutzt, so sinkt der Nutzen in t um $v'(1 - h_t)$. Der erzielte Reallohn w_t kann als Ersparnis in die nächste Periode transferiert werden. Mit dem Zinsfaktor R_{t+1} ergibt dies einen Bruttoertrag von $w_t R_{t+1}$ Gütereinheiten. Dividiert durch den in $t + 1$ herrschenden Reallohn, ergibt sich daraufhin die Menge an verfügbarer Zeit, die daraufhin in $t + 1$ zusätzlich an Freizeit konsumiert werden kann. Solange der erwartete, diskontierte Nutzengewinn größer ist als der Nutzenentgang in t, wird Arbeitszeit intertemporal substituiert, es wird also in der Gegenwart vermehrt Arbeit zugunsten vermehrter zukünftiger Freizeit angeboten.

Abgesehen von der Tatsache, dass das Arbeitsangebot zinsabhängig ist, folgt aus der Euler-Gleichung für das optimale Arbeitsangebot insbesondere, dass das Verhältnis von gegenwärtiger zu zukünftiger Arbeitszeit steigt, wenn der Gegenwartslohn w_t ceteris paribus steigt. Es wird also vermehrt Arbeit in der Periode angeboten, in der sich dies besonders lohnt, und dafür wird das Arbeitsangebot in den Folgeperioden eingeschränkt. Dieser Vorgang wird als intertemporale Substitution des Arbeitsangebots bezeichnet. Ebenso wie bei der intertemporalen Konsumentscheidung sind auch hier die Eigenschaften der Nutzenfunktion – konkret die intertemporale Substitutionselastizität der Freizeit – ausschlaggebend für die Stärke dieser Substitutionsvorgänge.

Ein großes Problem von Konjunkturmodellen, die auf Produktivitätsschocks als Auslöser konjunktureller Schwankungen beruhen, ist nun allerdings, dass die intertemporale Substitutionselastizität der Freizeit recht groß sein muss, um die empirisch beobachtbaren Schwankungen des Arbeitseinsatzes mit einem solchen Modell abzubilden. Empirische Analysen des Arbeitsangebotsverhaltens zeigen nämlich, dass diese Elastizität eher gering ist. Dann müssten jedoch die Lohnschwankungen als Auslöser der Schwankungen des Arbeitsangebots recht groß sein, was allerdings empirisch nicht beobachtbar ist.

Insgesamt bedeutet dies, dass ein auf einer stochastischen Version des Ramsey-Modells beruhendes Konjunkturmodell Schwierigkeiten hat, die im Konjunkturverlauf beobachtbaren Schwankungen des Arbeitseinsatzes zu erklären. Das Problem, die im konjunkturellen Verlauf zu beobachtenden Beschäftigungsschwankungen abzubilden, tritt allerdings nicht nur in dem hier betrachteten einfachen RBC-Modell auf. Die meisten der auf dieser Grundstruktur basierenden dynamischen makroökonomischen Gleichgewichtsmodelle haben diesbezüglich ähnliche Probleme.

6.5 Dynamik im RBC-Modell

In diesem Abschnitt soll genauer untersucht werden, wie ein RBC-Modell mit endogenem Arbeitseinsatz auf Technologieschocks reagiert und inwieweit dieses Modell empirisch beobachtbare konjunkturelle Schwankungen erklären kann. Dabei wird die bei der Analyse dynamischer makroökonomischer Modelle üblicherweise gewählte Vorgehensweise dargestellt. Zunächst werden die Reaktionen interessierender makroökonomischer Variablen mit Hilfe der Impuls-Antwort-Analyse untersucht. Anschließend werden die statistischen Eigenschaften des RBC-Modells mit denen des empirisch beobachtbaren konjunkturellen Phänomens verglichen.

Da im Zuge solcher Analysen naheliegenderweise Spezifikationen des RBC-Modells gewählt werden, die keiner analytischen Lösung zugänglich sind, basieren diese auf numerischen Lösungen eines RBC-Modells. Diese Lösungen können beispielsweise – wie bereits in Kap. 2 beschrieben – durch Iterationen der Bellman-Gleichung ermittelt werden. Eine Alternative besteht darin, das Modell zu linearisieren und das resultierende lineare stochastische Differenzengleichungssystem zu lösen. Da dies ein in der dynamischen makroökonomischen Theorie vielfach gewähltes Vorgehen ist, soll es an dieser Stelle etwas ausführlicher beschrieben werden.

6.5.1 Linearisierung und Lösung

Dynamische makroökonomische Modelle lassen sich – unabhängig davon, ob es sich um deterministische oder stochastische Modelle handelt – in der Regel nicht in geschlossener Form lösen. Von daher sind numerische Lösungsverfahren wesentliche Voraussetzung für die Analyse solcher Modelle. In der Literatur werden eine Reihe von alternativen Verfahren diskutiert, die auch zur Lösung komplexerer Modelle verwendet werden können. Überdies existieren mittlerweile auch einige Softwarepakete – insbesondere Dynare (Adjemian et al. 2011) –, mit deren Hilfe sich diese Modelle lösen lassen, ohne sich mit den Details der Lösungsverfahren befassen zu müssen.[7] Von daher soll hier nur kurz skizziert werden, welche Aspekte im Allgemeinen bei der Lösung solcher Modelle zu beachten sind, bevor ein einfaches Lösungsverfahren für das hier formulierte Modell dargestellt wird.

Ausgangspunkt sind die folgenden drei notwendigen Bedingungen des Optimierungsproblems (6.11), die die Gleichgewichtsbedingen des RBC-Modells repräsentieren:[8]

$$u_c(c_t, \ell_t) = \beta E_t \big\{ u_c(c_{t+1}, \ell_{t+1}) \big[\exp(\theta_{t+1}) f_k(k_{t+1}, h_{t+1}) + (1 - \delta) \big] \big\} \qquad (6.12a)$$

$$u_l(c_t, \ell_t) = u_c(c_t, \ell_t) \exp(\theta_t) f_h(k_t, h_t) \qquad (6.12b)$$

$$\exp(\theta_t) f(k_t, h_t) = c_t + k_{t+1} - (1 - \delta)k_t \qquad (6.12c)$$

Diese Gleichungen werden durch die folgende Gleichung ergänzt, die den exogenen stochastischen Prozess für die Technologie beschreibt.

$$\theta_{t+1} = \varrho_\theta \theta_t + \varepsilon_{t+1}$$

---

[7]Dynare ist ein Programm, das eine breite Palette von DSGE-Modellen lösen und simulieren kann. Darüber hinaus kann es auch zur Schätzung von Parametern verwendet werden. Das Programm ist für alle gängigen Plattformen verfügbar und recht einfach zu bedienen.

[8]Im Gegensatz zu (6.11) wird hier eine allgemeine Nutzenfunktion $u(c_t, \ell_t)$ verwendet.

Das Modell besitzt daher eine Struktur, dessen allgemeine Form folgendermaßen dargestellt werden kann:

$$0 = E_t \big[F_1(x_{1,t+1}, x_{1,t}, x_{2,t+1}, x_{2,t}, u_{t+1}, u_t) \big]$$

$$x_{1,t+1} = F_2(x_{1,t}, x_{2,t}, u_t)$$

$$u_{t+1} = Z u_t + \varepsilon_t$$

Hierbei ist $x_{1,t}$ ein $(n \times 1)$-Vektor der zum Zeitpunkt t prädeterminierten endogenen Variablen, $x_{2,t}$ ein $(m \times 1)$-Vektor der zum Zeitpunkt t zu bestimmenden – nichtprädeterminierten – endogenen Variablen und u_t ein $(s \times 1)$ Vektor exogener Störungen. Der unterstellte AR(1)-Prozess für die exogenen Variablen soll stationär sein. Mithin sind alle Eigenwerte der $(s \times s)$-Matrix Z vom Betrag her kleiner als Eins. Die Lösung dieses Systems ist dann durch Funktionen gegeben, die die Dynamik der endogenen Variablen in Abhängigkeit von den prädetermierten endogenen Variablen und exogenen Variablen beschreiben:

$$x_{1,t+1} = G(x_{1,t}, u_t) \tag{6.13a}$$

$$x_{2,t} = H(x_{1,t}, u_t) \tag{6.13b}$$

Alle gängigen Verfahren zur Lösung solcher Systeme versuchen, möglichst gute Approximationen für diese unbekannten Funktionen zu finden. Eine dieser Lösungsmöglichkeiten besteht darin, das nichtlineare Gleichungssystem auf die gleiche Weise, die bereits in Kap. 3 beschrieben wurde, in der Umgebung des deterministischen Steady-State zu linearisieren und das resultierende lineare erwartungsabhängige Differenzengleichungssystem zu lösen.[9] Da eine Linearisierung lediglich in der Umgebung des deterministischen Steady-State eine hinreichend genaue Approximation liefert, ist dieses Verfahren im Allgemeinen zwar ungenau, erweist sich jedoch als zweckmäßig, um Einsichten über die generellen Lösungseigenschaften des nichtlinearen Modells zu gewinnen.

Diese Linearisierung des nichtlinearen Modells führt – auch bei komplexeren Modellen wie etwa denjenigen, die im nächsten Kapitel behandelt werden – auf ein erwartungsabhängiges Differenzengleichungssystem, das die folgende Struktur aufweist:[10]

$$E_t[\hat{x}_{t+1}] = B \hat{x}_t + C \hat{u}_t + D E_t[\hat{u}_{t+1}] \tag{6.14a}$$

$$\hat{u}_{t+1} = Z \hat{u}_t + \varepsilon_{t+1} \tag{6.14b}$$

---

[9]Alternative Verfahren versuchen beispielsweise, die unbekannten Funktionen G und H durch Iterationen der dem Modell zugrundeliegende Bellman-Gleichung zu lösen oder verwenden wie die Perturbationsmethode ausgefeiltere Approximationsverfahren als die lineare Approximation.

[10]Bei manchen Modellen – beispielsweise bei dem im nächsten Kapitel betrachteten monetären Modell – ist es erforderlich, einige endogene Variablen, die linear von anderen endogen Variablen abhängig sind, zu eliminieren, um diese Form zu ermitteln.

B, C und D in Gl. (6.14a) sind hierbei entsprechend dimensionierte Matrizen bzw. Vektoren, die aus der Linearisierung des Modells hervorgehen und von den Strukturparametern des spezifizierten Modell abhängen.[11]

Gesucht ist nun eine stationäre Lösung für das durch (6.14a) und (6.14b) spezifizierte lineare, erwartungsabhängige Differenzengleichungssystem. Bereits im Anhang zu Kap. 3 wurde dargestellt, wie die deterministische Version eines solchen Systems (6.14a) gelöst werden kann und die Lösung des stochastischen Systems kann grundsätzlich auf ähnliche Weise erfolgen. Ein entsprechendes Lösungsverfahren wird von Blanchard und Kahn (1980) ausführlich beschrieben – diese Arbeit ist eine klassische Referenz in diesem Kontext.[12]

Hier soll nur auf einen wesentlichen Aspekt, der die generellen Lösungseigenschaften betrifft, näher eingegangen werden: Eine eindeutige und stationäre Lösung von (6.14a) und (6.14b) erfordert, dass von den $n + m$ Eigenwerten der Matrix B exakt n vom Betrag her kleiner als Eins und entsprechend m vom Betrag her größer als Eins sind. Letzteres ermöglicht die eindeutige Bestimmung der zum Zeitpunkt t nicht prädeterminierten m endogenen Variablen. Das betrachtete System bzw. dynamische makroökonomische Modell wird in einem solchen Fall als determiniert bezeichnet. Ist dagegen die Anzahl der stabilen Eigenwerte von B größer als n – und folglich die Anzahl der instabilen Eigenwerte kleiner als m – können diese Variablen nicht eindeutig bestimmt werden. Das lineare System besitzt dann multiple Lösungen unter rationalen Erwartungen und wird als indeterminiert bezeichnet. Ist schließlich die Anzahl der stabilen Eigenwerte von B kleiner als n, existiert für das lineare Modell keine stationäre Lösung unter rationalen Erwartungen.[13] Wie auch im deterministischen Fall hängen demzufolge die Lösungseigenschaften des Modells von den Eigenschaften der Systemmatrix B ab. Bei der Analyse allgemeinerer dynamischer Modelle kann also eine genauere Betrachtung der Matrix B durchaus angeraten sein, um zu klären, ob es sich um ein determiniertes System handelt. Für das einfache RBC-Modell – mit exogenem wie endogenem Arbeitseinsatz – ist diese Frage vor dem Hintergrund der Darstellungen in Kap. 3 einfach zu beantworten. Es ist aber beispielsweise in monetären dynamischen makroökonomischen Modellen, die in Kap. 7 genauer dargestellt werden, sehr wohl möglich, dass Indeterminiertheiten auftreten.

Im hier vorliegenden Fall eines einfachen RBC-Modells kann das auf der Linearisierung basierende Lösungsverfahren in recht einfacher Form dargestellt werden. Eine wesentliche Vereinfachung ergibt sich zunächst dadurch, dass Gl. (6.12b) genutzt werden kann, um h_t aus den Gl. (6.12a) und (6.12c) zu eliminieren. Die Konsequenz ist, dass das System (6.14a) nun ein zweidimensionales Gleichungssystem ist, das zusammen

---

[11] B ist folglich eine $((n + m) \times (n + m))$-Matrix; C und D haben jeweils die Dimension $((n + m) \times s)$.

[12] Es existieren daneben aber eine Reihe anderer Verfahren zur Lösung linearer Modelle mit rationalen Erwartungen. Vgl. Uhlig (1995), Sims (2002), Klein (2000).

[13] Im Anhang zu Kap. 8 werden die allgemeinen Lösungseigenschaften linearer Modelle mit rationalen Erwartungen erläutert.

mit (6.14b) daraufhin die folgende Form annimmt:

$$\begin{pmatrix} \hat{k}_{t+1} \\ \mathrm{E}_t \hat{c}_{t+1} \end{pmatrix} = \begin{pmatrix} b_{11} & b_{12} \\ b_{21} & b_{22} \end{pmatrix} \begin{pmatrix} \hat{k}_t \\ \hat{c}_t \end{pmatrix} + \begin{pmatrix} c_1 \\ c_2 \end{pmatrix} \hat{\theta}_t + \begin{pmatrix} d_1 \\ d_2 \end{pmatrix} \mathrm{E}_t \hat{\theta}_{t+1} \tag{6.15a}$$

$$\hat{\theta}_{t+1} = \varrho_\theta \hat{\theta}_t + \varepsilon_{t+1} \tag{6.15b}$$

Die Kleinbuchstaben sollen dabei verdeutlichen, dass es sich bei den Elementen der in (6.15a) auftauchenden Matrizen bzw. Vektoren um skalare Größen handelt. Die linearisierte Form der Lösungen (6.13a) und (6.13b) hat dann die Form:

$$\hat{k}_{t+1} = g_k \hat{k}_t + g_\theta \hat{\theta}_t \tag{6.16a}$$

$$\hat{c}_t = h_k \hat{k}_t + h_\theta \hat{\theta}_t \tag{6.16b}$$

Die Koeffizienten g_k, g_θ, h_k und h_θ sind dabei a priori ebenso unbekannt wie die Funktionen G und H selbst und müssen daher bestimmt werden. Aus (6.16a), (6.16b) und (6.15b) ergibt sich nun:

$$\mathrm{E}_t \hat{c}_{t+1} = h_k g_k \hat{k}_t + (h_k g_\theta + h_\theta \varrho_\theta) \hat{\theta}_t \tag{6.17}$$

Einsetzen von (6.16a), (6.16b) und (6.17) in (6.15a) führt dann auf ein System von zwei Gleichungen, das für k_{t+1} und c_t gelöst werden kann. Damit diese Lösungen mit (6.16a) und (6.16b) übereinstimmen, müssen die Koeffizienten g_k, g_θ, h_k und h_θ die folgenden vier Gleichungen erfüllen:

$$g_k = b_{11} + b_{12} h_k \tag{6.18a}$$

$$h_k = -b_{22}^{-1}(b_{21} + h_k g_k) \tag{6.18b}$$

$$g_\theta = b_{12} h_\theta + c_1 + d_1 \varrho_\theta \tag{6.18c}$$

$$h_\theta = -b_{22}^{-1}\left(c_2 - h_k g_\theta + (d_2 - h_\theta)\varrho_\theta\right) \tag{6.18d}$$

Aus (6.18a) und (6.18b) folgt dann nach einigen Umformungen, dass g_k die Lösung der folgenden quadratischen Gleichung ist:

$$g_k^2 + (b_{11} + b_{22})g_k - (b_{11}b_{22} - b_{12}b_{21}) = 0 \tag{6.19}$$

Diese Gleichung ist nichts anderes als die charakteristische Gleichung der Systemmatrix B. Die Lösungen der Gl. (6.19) entsprechen demzufolge den Eigenwerten dieser Matrix, wobei bereits aus Kap. 3 bekannt ist, dass im Sattelpunktfall eine dieser Lösungen vom Betrag her kleiner als Eins, die andere dagegen vom Betrag her größer als Eins ist. Da eine stationäre lineare Lösung gesucht ist, ist die Lösung der Gl. (6.19) für g_k zu wählen, die vom Betrag er kleiner als Eins ist. Für die übrigen Parameter ergibt sich dann nach einigem Umformen, dass:

$$h_k = -\frac{b_{21}}{b_{22} + g_k} \tag{6.20a}$$

$$g_\theta = \frac{(b_{22} + g_k)((b_{22} - \varrho_\theta)(c_1 + d_1\varrho_\theta) - b_{12}(c_2 + d_2\varrho_\theta))}{b_{12}b_{21} + (b_{22} + g_k)(b_{22} - \varrho_\theta)} \tag{6.20b}$$

$$h_\theta = -\frac{b_{21}(c_1 + d_1\varrho_\theta) + (b_{22} + g_k)(c_2 + d_2\varrho_\theta)}{b_{12}b_{21} + (b_{22} + g_k)(b_{22} - \varrho_\theta)} \tag{6.20c}$$

Die Lösung des hier betrachteten einfachen RBC-Modells hat bezüglich $\hat{k}_t$ also die Form einer linearen stochastischen Differenzengleichung, die bei Abwesenheit der exogenen Schocks exakt der in Kap. 3 für den deterministischen Fall ermittelten Lösung entspricht. Zusammen mit dem unterstellten AR(1)-Prozess für die Technologieschocks wird die Bewegung der Zustandsvariablen $\hat{k}_t$ und der Kontrollvariablen $\hat{c}_t$ des linearisierten Systems durch die folgenden Gleichungen beschrieben:

$$\hat{k}_{t+1} = g_k\hat{k}_t + g_\theta\hat{\theta}_t \tag{6.21a}$$

$$\hat{c}_t = h_k\hat{k}_t + h_\theta\hat{\theta}_t \tag{6.21b}$$

$$\hat{\theta}_{t+1} = \varrho_\theta\hat{\theta}_t + \varepsilon_{t+1} \tag{6.21c}$$

Die linearisierte Dynamik weiterer Kontrollvariablen (beispielsweise des Arbeitseinsatzes und des Outputs) kann auf der Grundlage der Gl. (6.21a) und (6.21c) ebenfalls ermittelt werden, indem die entsprechenden linearisierten Gleichungen des Modells verwendet werden. So ergibt sich für $\hat{y}_t$ in einem Modell mit exogen fixierter Arbeitszeit ($\hat{h}_t = 0$ für alle t) und Cobb-Douglas-Produktionsfunktion beispielsweise, dass $\hat{y}_t = \alpha\hat{k}_t + \hat{\theta}_t$.

6.5.2 Modelleigenschaften

Im Folgenden sollen nun die wesentlichen Eigenschaften eines RBC-Modells dargestellt werden. Dabei wird zum einen die in der RBC-Theorie – und in der Nachfolge auch in anderen Bereichen – verwendete Methodik zur Analyse dynamischer makroökonomischer Modelle dargestellt.[14] Zum anderen soll auch kurz darauf eingegangen werden, inwieweit ein einfaches RBC-Modell in der Lage ist, empirisch beobachtbare Konjunkturschwankungen zu reproduzieren. Hierbei wird in erster Linie auf die Erklärung der US-amerikanischen Konjunktur eingegangen werden, da sich der größte Teil der Literatur mit diesem Aspekt befasst.

Den Ausgangspunkt bildet das folgendermaßen spezifizierte RBC-Modell mit endogenem Arbeitseinsatz:

$$u(c_t, \ell_t) = \frac{1}{1 - \rho}c_t^{1-\rho} + B\frac{1}{1 - \eta}\ell_t^{1-\eta} \tag{6.22a}$$

$$f(k_t, h_t) = \exp(\theta_t)k_t^\alpha h_t^{1-\alpha} \tag{6.22b}$$

$$\theta_{t+1} = \varrho_\theta\theta_t + \varepsilon_t \tag{6.22c}$$

---

[14]Eine ausführliche Darstellung von verschiedenen RBC-Modellen, der jeweiligen Modelleigenschaften sowie der Lösungsverfahren findet sich in King et al. (1988a,b,c, 2002).

Tab. 6.3 Parameterwerte

β	ρ	B	η	α	δ	ϱ_θ	σ_ε
0,98	1	3,248	1	0,34	0,025	0,98	0,0072

In Anlehnung an Studien, die das Modell vor dem Hintergrund US-amerikanischer Daten kalibrieren (vgl. z. B. King und Rebelo (1999)), werden die in Tab. 6.3 aufgeführten Parameterwerte unterstellt. Die Zahlenwerte für ϱ_θ und σ_ε basieren auf dem für die USA ermittelten Solow-Residuum, das – wie oben dargestellt – als durch Technologieschocks beeinflusst angesehen wird. Der Parameter B wird hierbei – wie in diesen Studien üblich – so spezifiziert, dass 1/5 der verfügbaren Zeit als Arbeitszeit verwendet wird.

Abbildung 6.6 zeigt Impuls-Antwortfolgen des linearisierten Modells für die Variablen Kapitalstock $\hat{k}_t$, Output $\hat{y}_t$, Konsum $\hat{c}_t$, (Brutto-)Investitionen $\hat{i}_t$ und Arbeitseinsatz $\hat{h}_t$. Dargestellt sind zum einen die Impuls-Antwortfolgen für den empirisch relevanten Fall korrelierter Schocks und zum anderen auch Impuls-Antwortfolgen für den Fall unkorrelierter Schocks.[15] Es wird deutlich, dass länger anhaltende Abweichungen der Modellvariablen von ihren jeweiligen Steady-State-Werten und somit persistente Dynamik nur dann resultiert, wenn korrelierte Schocks unterstellt werden. Im Fall unkorrelierter Schocks resultieren wesentliche Abweichungen der Modellvariablen von ihren Steady-State-Werten jeweils nur in der Periode, in der der Technologieschocks erfolgt.

Auf der Grundlage der Lösung des linearisierten Modells können auch die statistischen Eigenschaften des Modells ermittelt werden. Tabelle 6.4 zeigt die resultierenden Standardabweichungen der Modellvariablen Output, Konsum, Arbeitseinsatz und Investitionen für den Fall korrelierter und unkorrelierter Schocks. Im Fall $\varrho_\theta = 0,98$ resultieren deutlich größere Schwankungen der Modellvariablen, was darauf zurückzuführen ist, dass die Varianz von $\hat{\theta}$ ansteigt, wenn ϱ_θ bei unverändertem σ_ε ansteigt.

Zum Vergleich mit den oben in Tab. 6.1 dargestellten stilisierten Fakten des US-amerikanischen Konjunkturzyklus sind die in der Tabelle aufgeführten Zahlenwerte jedoch nicht geeignet, da in Tab. 6.1 der HP-Filter zur Trendbereinigung verwendet wurde, in Tab. 6.4 jedoch nicht. Da der HP-Filter zyklische Schwankungen mit geringer Frequenz der Trendkomponente zuschlägt, ist zu erwarten, dass die statistischen Eigenschaften der HP-gefilterten Modellvariablen insbesondere im Fall $\varrho_\theta = 0,98$ von den in Tab. 6.4 aufgeführten deutlich abweichen.

Entsprechende, nach Anwendung des HP-Filters resultierende statistische Eigenschaften der Modellvariablen sind schließlich in Tab. 6.5 aufgeführt, wobei die Variablen Reallohn $\hat{w}_t$ und Arbeitsproduktivität $\widehat{ap}_t$ ergänzt wurden. Insgesamt scheint das hier betrachtete einfache RBC-Modell wesentliche Eigenschaften des tatsächlichen Konjunkturzyklus recht gut zu reproduzieren. Insbesondere die relativ zu den anderen Variablen große Volatilität der Investitionen wird durch das Modell gut abgebildet. Unter der Annahme, dass das Solow-Residuum tatsächlich durch Technologieschocks beeinflusst wird, kann das Modell

---

[15]Dargestellt ist jeweils die Reaktion auf einen Schock $\varepsilon = 1$ zum Zeitpunkt $t = 1$ ausgehend von ausgehend von $\hat{k}_0 = 0$ und $\hat{\theta}_0 = 0$.

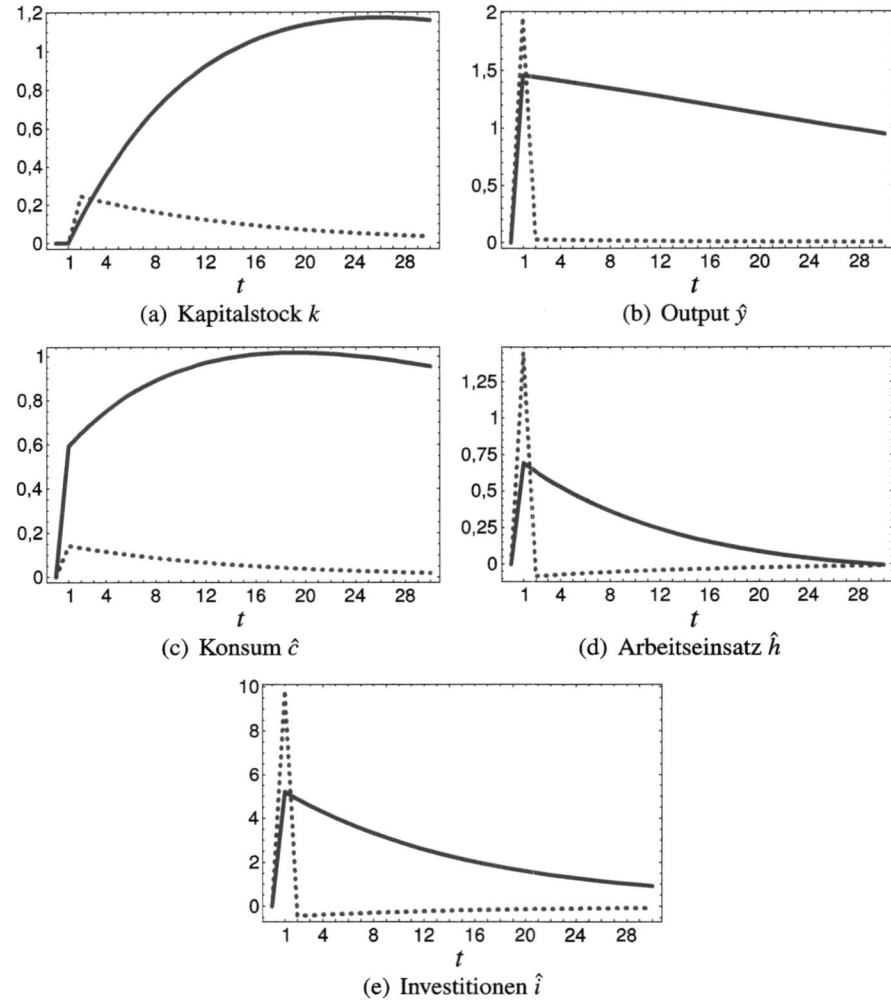

(a) Kapitalstock k (b) Output $\hat{y}$ (c) Konsum $\hat{c}$ (d) Arbeitseinsatz $\hat{h}$ (e) Investitionen $\hat{i}$

Abb. 6.6 Impuls-Antwortfolgen bei unkorrelierten und bei korrelierten Schocks (*Durchgezogene Kurven*: korrelierte Schocks ($\varrho_\theta = 0{,}98$); *gepunktete Kurven*: unkorrelierte Schocks ($\varrho_\theta = 0$).)

ca. 76 % der an der Standardabweichung des BIP gemessenen Schwankungen erklären. Ein entsprechender Befund in dem von ihnen untersuchten Konjunkturmodell veranlasste Kydland und Prescott (1991) zu der – nicht unwidersprochen gebliebenen – Schlussfolgerung, dass „*technology shocks account for 70 percent of business cycle fluctuations*". Plosser (1989) formuliert seine Schlussfolgerung zu ähnlichen Befunden etwas vorsichtiger:

> the whole idea that such a simple model with no government, no market failures of any kind, rational expectations, no adjustment costs could replicate actual experience this well is very surprising.

Tab. 6.4 Statistische Eigenschaften

		$\varrho_\theta = 0$		$\varrho_\theta = 0{,}98$	
		Standardabweichung		Standardabweichung	
			rel. zu y		rel. zu y
y		0,0141	1,00	0,0590	1,00
c		0,0028	0,20	0,0527	0,89
i		0,0714	5,06	0,1097	1,86
h		0,0106	0,75	0,0123	0,21

Tab. 6.5 Statistische Eigenschaften des simulierten RBC-Modells – HP-gefilterte Reihen

	Standardabweichung		Autokorrelation	Korrelation
		rel. zu y	zum Lag 1	mit y
y	0,0137	1,00	0,72	1,00
c	0,0062	0,45	0,79	0,94
i	0,0487	3,55	0,71	0,98
h	0,0065	0,47	0,71	0,97
w	0,0050	0,37	0,76	0,96
ap	0,0076	0,55	0,76	0,96

Die aufgeführten Zahlen sind Durchschnitte, die auf 100 Simulationen des Modells über jeweils 5000 Perioden basieren.

Wenn auch der erste Eindruck zufriedenstellend erscheinen mag, weist das RBC-Modell doch auch Mängel bei der Erklärung tatsächlicher Konjunkturschwankungen auf, die zum Teil den Arbeitsmarkt bzw. mit dem Arbeitsmarkt verbundene Variablen betreffen. So ist beispielsweise die Volatilität des Konsums und des Arbeitseinsatzes im Vergleich zu den US-Daten zu gering. Außerdem sind Reallohn und Arbeitsproduktivität, wie die gleichzeitige Korrelation mit dem Output zeigt, deutlich zu prozyklisch. Die übrigen Modellvariablen sind ebenfalls zu prozyklisch, wobei hier die Abweichung von den empirischen Befunden jedoch geringer bleibt. Das hierbei zugrundeliegende Problem wurde bereits oben in Abschn. 6.4.4 diskutiert: Die Schwankungen des Arbeitseinsatzes sind lohninduziert. Um mit einem RBC-Modell die empirisch beobachtbaren Schwankungen des Arbeitseinsatzes zu erklären, sind entweder entsprechend ausgeprägte Lohnschwankungen oder eine entsprechend hohe Lohnelastizität des Arbeitsangebots erforderlich. Beides ist allerdings empirisch nicht plausibel. Die von Kydland und Prescott (1982) und Long und Plosser (1983) initiierte RBC-Theorie hat daher viele weitere Studien veranlasst, die sich dem Problem der Erklärung der Schwankungen arbeitsmarktrelevanter Variablen widmen.

6.5.3 Unteilbare Arbeitszeit

Ein Ausweg aus der oben geschilderten Problematik besteht darin, die Arbeitszeit der Haushalte als unteilbar zu unterstellen. Die Grundidee hierzu geht auf Rogerson (1988)

zurück, während sie von Hansen (1985) in den RBC-Kontext integriert wurde. Ein Haushalt hat dann nur die Möglichkeit, entweder die fixierte Arbeitszeit oder aber gar nicht zu arbeiten. Wie hier zunächst gezeigt wird, kann es in einer solchen Situation gesellschaftlich optimal sein, wenn nicht alle Haushalte beschäftigt werden und die Beschäftigung eines Haushalts Ergebnis eines Zufallsprozesses ist. Es kann somit zu Unterbeschäftigung kommen, die im vorliegenden Modellkontext allerdings gesellschaftlich optimal ist.

Immerhin ist es aber ein wesentlicher Aspekt, dass das nachfolgend beschriebene RBC-Modell Schwankungen des Arbeitseinsatzes nicht nur auf Schwankungen der angebotenen und nachgefragten Arbeitsstunden zurückführt, sondern auf Schwankungen der Beschäftigung. Im Zusammenhang mit konjunkturpolitischen Fragestellungen spielt insbesondere die Beschäftigungskomponente des aggregierten Arbeitseinsatzes eine besondere Rolle. Von daher ist es nicht nur aufgrund der oben geschilderten Substitutionsproblematik sinnvoll, ein Modell zu betrachten, das Beschäftigungsschwankungen abbilden kann.[16]

Es wird angenommen, dass N homogene Haushalte existieren. Die mögliche Arbeitszeit der Haushalte ist exogen fixiert, so dass $\bar{\ell}$ die im Fall der Beschäftigung verbleibende Freizeit ist. Im Fall der Nichtbeschäftigung ist die Freizeit des Haushalts durch seine gesamte, auf Eins normierte Ausstattung mit Zeit gegeben.

Der Nutzen eines beschäftigten Haushalts ergibt sich dann als:

$$u^e(c_e) = u(c_e) + v(\bar{\ell}),$$

wobei c_e der im Fall der Beschäftigung resultierende Konsum ist. Für einen nicht beschäftigten Haushalt resultiert mit c_u als Konsum entsprechend:

$$u^u(c_u) = u(c_u) + v(1)$$

Der Pro-Kopf-Output ist gegeben durch $y = \frac{1}{N} F(K, E)$, wobei E die Anzahl der beschäftigten Haushalte bezeichnet. Es wird zunächst ein statisches Modell betrachtet, in dem keine Investitionen erfolgen und der der gesamte Output konsumiert wird.

Es sei nun $\pi = \frac{E}{N}$ die Beschäftigungsquote bzw. die ex ante Beschäftigungswahrscheinlichkeit. Mit $k = K/N$ ergibt sich bei konstanten Skalenerträgen dann, dass $y = F(k, \pi)$.

Ex ante ist der Beschäftigungsstatus eines Haushalts unsicher. Die optimale Beschäftigungswahrscheinlichkeit und die optimalen Kompensationen c_e und c_u sind Lösung des Optimierungsproblems:

$$\max_{\pi, c_u, c_e} \mathrm{E}[U] = \pi u^e(c_e) + (1 - \pi) u^u(c_u)$$

$$\text{u. Nb.} \quad \pi c_e + (1 - \pi) c_u = F(k, \pi),$$

$$0 \leq \pi \leq 1$$

---

[16]Das nachfolgende beschriebene Modell kann – wie Hansen und Sargent (1988) – auch erweitert werden, so dass Beschäftigungs- und Arbeitszeitschwankungen simultan erklärt werden.

Die entsprechende Lagrangefunktion lautet mit λ als Lagrangemultiplikator für die erste Restriktion:

$$\max_{\pi, c_u, c_e} \mathscr{L} = \pi u^e(c_e) + (1 - \pi) u^u(c_u) + \lambda\big[\pi c_e + (1 - \pi) c_u - F(k, \pi)\big]$$

Die notwendigen Bedingungen lauten daher im Fall einer inneren Lösung:

$$\frac{\partial \mathscr{L}}{\partial \pi} = u^e - u^u + \lambda\big[c_e - c_u - F_\pi(k, \pi)\big] = 0$$

$$\frac{\partial \mathscr{L}}{\partial c_e} = \pi u'(c_e) - \lambda \pi = 0$$

$$\frac{\partial \mathscr{L}}{\partial c_u} = (1 - \pi) u'(c_u) - (1 - \pi)\lambda = 0$$

Aus den letzten beiden Bedingungen ergibt sich, dass $c_e^* = c_u^* = c^*$ gelten muss: Beschäftigte wie nicht beschäftigte Haushalte erzielen somit das gleiche Einkommen.[17] Aus der ersten Bedingung ergibt sich dann:

$$\frac{v(1) - v(\bar{\ell})}{u'(c^*)} = F_\pi\big(k, \pi^*\big)$$

Aus dieser Gleichung resultiert dann die optimale Beschäftigungs- bzw. Arbeitslosenquote, wobei es von der genauen Spezifikation abhängt, ob tatsächlich ein π^* resultiert, dass die Restriktion $0 \leq \pi^* \leq 1$ erfüllt.

Aufgrund der Tatsache, dass $c_e^* = c_u^* = c^*$ gilt, ist π^* letztlich die Lösung des Optimierungsproblems:

$$\max_{\pi, c} \quad u(c) + \pi\big[v(\bar{\ell}) - v(1)\big] + v(1)$$

$$\text{u. Nb.} \quad c = F(k, \pi),$$

$$0 \leq \pi \leq 1$$

Wenn die Funktion $u(c) + \pi[v(\bar{\ell}) - v(1)]$ als Nutzenfunktion des repräsentativen Haushalts interpretiert wird, der über c und π zu bestimmen hat, so ist diese Nutzenfunktion linear in π. Bildet nun aufgrund unteilbarer Arbeitszeit eine solche Nutzenfunktion die Grundlage des Ramsey-Modells mit Produktivitätsschocks, so folgt daraus, dass die intertemporale Substitutionselastizität der Beschäftigungswahrscheinlichkeit π unendlich ist.

Das intertemporale Optimierungsproblem des repräsentativen Haushalts lautet dann:

$$V(k_t, \theta_t) = \max_{c_t, \pi_t, k_{t+1}} \big\{ u(c_t) + \pi_t\big[v(\bar{\ell}) - v(1)\big] + v(1) + \beta \mathrm{E}_t V(k_{t+1}, \theta_{t+1}) \big\}$$

$$\text{u. Nb.} \quad \exp(\theta_t) f(k_t, \pi_t \bar{h}) = c_t + k_{t+1} - (1 - \delta) k_t,$$

$$\theta_{t+1} = \varrho_\theta \theta_t + \varepsilon_{t+1}$$

---

[17] Gleichwohl sind nicht beschäftigte Haushalte aufgrund des Freizeitgewinns gegenüber beschäftigten Haushalten besser gestellt.

Tab. 6.6 Parameterwerte

β	$\tilde{B}$	α	δ	ϱ_θ	σ_ε
0,98	4,059993	0,34	0,025	0,98	0,0072

Aus diesem Optimierungsproblem ergibt sich als Euler-Gleichung für die optimale Arbeitszeit bzw. Beschäftigungswahrscheinlichkeit:

$$\left[v(\bar{\ell}) - v(1) \right] = \beta \mathrm{E}_t \left[\left[v(\bar{\ell}) - v(1) \right] R_{t+1} \frac{w_t}{w_{t+1}} \right]$$

$$\Leftrightarrow \quad \frac{1}{\beta} = \mathrm{E}_t \left[R_{t+1} \frac{w_t}{w_{t+1}} \right]$$

Es reichen dann geringfügige Änderungen des Verhältnisses von Gegenwartslohn zum erwarteten zukünftigen Lohn aus, um große Beschäftigungsänderungen hervorzurufen: Sofern das Verhältnis zwischen dem gegenwärtigen Lohn w_t und dem erwarteten Gegenwartswert des zukünftigen Lohns w_{t+1}/R_{t+1} von $1/\beta$ abweicht, kommt es zu solchen Beschäftigungsschwankungen.

Im Weiteren wird folgende Spezifikation des Modells betrachtet:

$$u(c_t, \ell_t) = \log(c_t) + B \log(\ell_t)$$

$$f(k_t, h_t) = \exp(\theta_t) k_t^\alpha h_t^{1-\alpha}$$

$$\theta_{t+1} = \varrho_\theta \theta_t + \varepsilon_t$$

Wird die Arbeitszeit auf dem Niveau $1 > \bar{h} > 0$ fixiert, ergibt sich mit $\bar{\ell} = 1 - \bar{h}$ aus der unterstellten Nutzenfunktion, dass:

$$\log(c_t) + B \log(\ell_t) = \ln(c_t) + B\bar{h}\pi_t \log(\bar{\ell})/\bar{h} = \ln(c_t) - \tilde{B}\tilde{\pi}_t$$

Die Variable $\hat{\pi}$ repräsentiert hierbei die vom repräsentativen Haushalt bzw. Pro-Kopf geleisteten Arbeitsstunden. Mit Hilfe dieser Variablen wird das oben formulierte Optimierungsproblem zu:

$$V(k_t, \theta_t) = \max_{c_t, \tilde{\pi}_t, k_{t+1}} \left\{ \ln(c_t) - \tilde{B}\tilde{\pi}_t + \beta \mathrm{E}_t V(k_{t+1}, \theta_{t+1}) \right\}$$

$$\text{u. Nb.} \quad \exp(\theta_t) f(k_t, \tilde{\pi}_t) = c_t + k_{t+1} - (1-\delta)k_t,$$

$$\theta_{t+1} = \varrho_\theta \theta_t + \varepsilon_{t+1}$$

Bei der Kalibrierung dieses Modells werden die in Tab. 6.6 aufgeführten Parameterwerte unterstellt. Wie im oben dargestellten Ausgangsmodell wird der Parameter $\tilde{B}$ hierbei so spezifiziert, dass 1/5 der verfügbaren Zeit als Arbeitszeit verwendet wird.

Die nach Anwendung des HP-Filters resultierenden statistischen Eigenschaften der Modellvariablen zeigt Tab. 6.7. Wie gewünscht nimmt die Volatilität des Arbeitseinsatzes im Modell mit unteilbarer Arbeitszeit im Vergleich zum Ausgangsmodell zu. Die Konsequenz daraus ist, dass die Volatilität des Outputs ebenfalls zunimmt. In einem Modell mit un-

Tab. 6.7 Statistische Eigenschaften des simulierten RBC-Modells mit unteilbarer Arbeitszeit – HP-gefilterte Reihen

	Standardabweichung	rel. zu y	Autokorrelation zum Lag 1	Korrelation mit y
y	0,0158	1	0,72	1,0
c	0,0067	0,43	0,80	0,93
i	0,0581	3,66	0,70	0,98
h	0,0098	0,62	0,70	0,97
w	0,0045	0,29	0,80	0,93
ap	0,0067	0,43	0,80	0,93

Die aufgeführten Zahlen sind Durchschnitte, die auf 100 Simulationen des Modells über jeweils 5000 Perioden basieren.

teilbarer Arbeitszeit sind daher Technologieschocks geringeren Ausmaßes erforderlich, um Outputschwankungen gleicher Größenordnung zu generieren. Aufgrund der Tatsache, dass es nicht unproblematisch ist, das Solow-Residuum als Maß für Technologieschocks zu verwenden (vgl. hierzu Mankiw (1989), Summers (1986)), ist dies ein nicht unwichtiger Aspekt. Nach wie vor ist jedoch die Volatilität des Konsums zu gering und Reallohn und Arbeitsproduktivität sind im Vergleich zum empirischen Befund zu prozyklisch.

6.5.4 Erweiterungen des Grundmodells

Es ist unmittelbar einsichtig, dass das einfache RBC-Modell auf vielfältige Weise erweitert kann, um die Gegebenheiten in realen Volkswirtschaften abzubilden. Während die Erweiterung des Modells um monetäre Aspekte und Marktunvollkommenheiten Gegenstand der nachfolgenden Kap. 7 und 8 sein wird, soll hier in einfacher Form gezeigt werden, wie staatliche Aktivität in das Modell integriert werden kann.

Grundsätzlich kann die Integration eines staatlichen Sektors in das RBC-Modell auf ähnliche Weise erfolgen, wie bereits in Abschn. 4.1 der Staat in das deterministische Ramsey-Modell integriert wurde. Auf die Diskussion verschiedener Formen der Besteuerung kann daher an dieser Stelle verzichtet werden. Im Folgenden sollen zudem vornehmlich die Konsequenzen von exogenen Staatsnachfrageschocks betrachtet werden. Von daher wird der Staat in das oben durch die Gl. (6.12a)–(6.12c) spezifizierte Modell auf die einfachste mögliche Weise integriert: Es wird angenommen, dass der Staat in jeder Periode – unproduktive und nicht nutzenrelevante – Staatsausgaben g_t tätigt, die so über Pauschalsteuern finanziert werden, dass das staatliche Budget jederzeit ausgeglichen ist. Die Staatsausgaben folgen dabei dem folgenden stochastischen Prozess:

$$g_{t+1} = (1 - \varrho_g)g^* + \varrho_g g_t + \varepsilon_{g,t+1},$$

wobei $E[\varepsilon_{g,t}] = 0$ für alle t gilt.[18]

---

[18]Der unbedingte Erwartungswert der Staatsausgaben ergibt sich bei dieser Spezifikation als $E[g] = \frac{(1-\varrho_g)g^*}{1-\varrho_g} = g^*$.

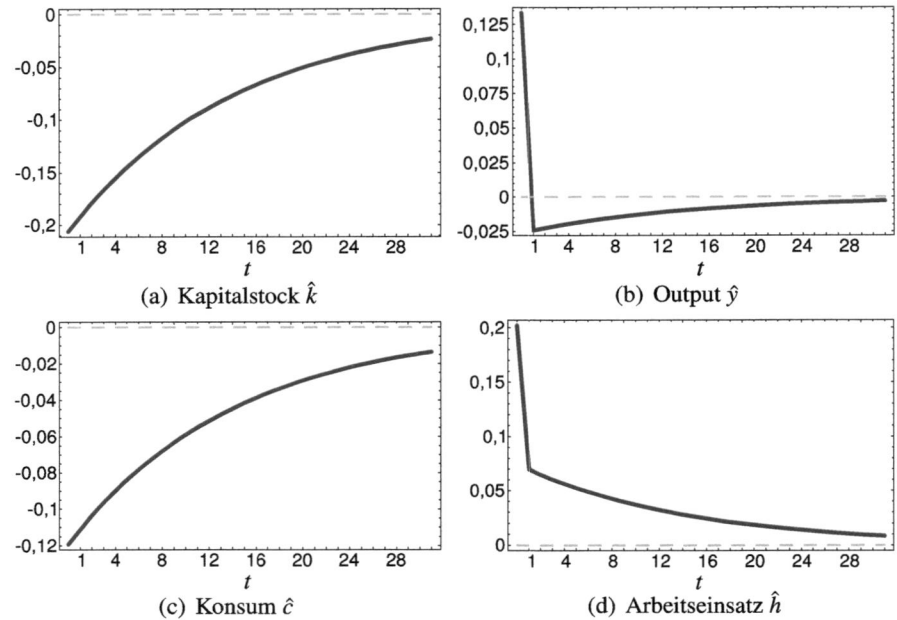

(a) Kapitalstock $\hat{k}$ (b) Output $\hat{y}$

(c) Konsum $\hat{c}$ (d) Arbeitseinsatz $\hat{h}$

Abb. 6.7 Reaktionen der Modellvariablen auf einen seriell unkorrelierten Staatsnachfrageschock

Aufgrund der über Pauschalsteuern finanzierten Staatsausgaben muss (6.12c) nunmehr durch die folgende Gleichung ersetzt werden:

$$\exp(\theta_t) f(k_t, h_t) = c_t + k_{t+1} - (1 - \delta)k_t + g_t$$

Werden wieder die Nutzenfunktion (6.22a) und die Produktionsfunktion (6.22b) unterstellt und werden die Parameter des Modells wie in Tab. 6.3 spezifiziert, ergeben sich für dieses Modell die in Abb. 6.7 dargestellten Impulsantworten als Reaktion auf einen seriell unkorrelierten Staatsnachfrageschock ($g_0 = 1$).

Dieser Staatsnachfrageschock führt zwar zu einer Erhöhung des Outputs, diese beruht aber allein auf dem durch diesen Staatsnachfrageschock ausgelösten negativen Einkommenseffekt. Die Erhöhung der Pauschalsteuer führt bei den Haushalten zu einem negativen Einkommenseffekt, der – da Freizeit hier ein normales Gut ist – zu einer Erhöhung des Arbeitsangebotes führt. Gleichzeitig führt dieser negative Einkommenseffekt zu einem Sinken des Konsums und – dies ist wieder Folge der Konsumglättung – der Investitionen und damit des Kapitalstocks. Für alle auf den Schock folgenden Perioden wird die Modelldynamik allein durch negative Einkommenseffekte, die Folge der Konsumglättung sind, getrieben. Was sich als Konsequenz eines Staatsausgabenschocks zeigt, ist nichts anderes als ein Crowding-Out Effekt – die Staatsausgabenerhöhung verdrängt die private Konsum- und Investitionsnachfrage. Die Tatsache, dass der Output nicht sinkt bzw. sogar steigt, ist allein auf Angebotseffekte – die Ausdehnung des Arbeitsangebots – zurückzuführen. So gesehen lässt sich hier zwar ein Staatsausgabenmultiplikator beobachten, dieser hat jedoch wenig mit dem aus dem keynesianischen Gütermarktmodell bekannten Multiplikator zu tun.

6.6   Literaturhinweise

Kydland und Prescott (1982) und Long und Plosser (1983) sind die klassischen Arbeiten zur RBC-Theorie. Der der RBC-Theorie zugrundeliegende theoretische Rahmen wird Lucas (1987) beschrieben. Modelle und Methoden werden in King et al. (1988a,b,c) ausführlich dargestellt, wobei insbesondere der Anhang zu diesen Papieren (King et al. 2002) ausgesprochen hilfreich ist. Gute Überblicke über dieses Forschungsgebiet finden sich bei King und Rebelo (1999) McCallum (1989) und Plosser (1989).

Übungsaufgaben

6.1 Zeigen Sie, dass die Lösung der Gl. (6.4a) und (6.4b) durch Gl. (6.5) gegeben ist.

6.2 Unterstellen Sie, ein RBC-Modell mit $u(c_t) = \ln(c_t)$, $f(k_t) = k_t^\alpha$, $\delta = 1$ und $\theta_{t+1} = \varrho_\theta \theta_t + \varepsilon_t$ mit $\varepsilon_t \sim \mathcal{N}(\mu_\varepsilon, \sigma_\varepsilon^2)$.

(a) Welche Annahme muss bezüglich μ_ε getroffen werden, damit $\mathrm{E}[\theta] = 1$ gilt?
(b) Ermitteln Sie die stationäre Verteilung des Kapitalstocks für den Fall seriell korrelierter Technologieschocks und vergleichen Sie den Erwartungswert $\mathrm{E}[k]$ mit dem Kapitalstock im deterministischen Fall k_{determ}^*.

6.3 Die empirisch ermittelte Zeitreihe der totalen Faktorproduktivität kann durch einen stochastischen Prozess, der eine deterministische Trendkomponente enthält, abgebildet werden. Erweitern Sie das in Abschn. 6.4 dargestellte RBC-Modell um eine mit der Rate γ wachsende Faktorproduktivität der Form $A_t = (1 + \gamma)^t \exp(\theta_t)$. Welche Transformationen der Modellvariablen und Parameter müssen vorgenommen werden, um ein stationäres Optimierungsproblem wie in 6.2 zu erhalten?

6.4 Zeigen Sie, dass die Lösung eines RBC-Modells mit $u(c_t, \ell_t) = \ln(c_t) + B \ln(\ell_t)$, $f(k_t) = k_t^\alpha h_t^{1-\alpha}$ in geschlossener Form dargestellt werden kann.

6.5 Ermitteln Sie die linearisierten Formen der Gl. (6.12a)–(6.12c), wobei relative Abweichungen der Variablen von ihren jeweiligen Werten im deterministischen Steady-State $\hat{x}_t = \frac{x_t - x^*}{x^*}$ betrachtet werden. Bestimmen Sie daraus das den Gl. (6.14a) und (6.14b) entsprechende Gleichungssystem.

6.6 Bestimmen Sie die linearisierten Gleichungen für die Bruttoinvestitionen $\hat{i}_t$, den Arbeitseinsatz $\hat{h}_t$, den Reallohn $\hat{w}_t$ und die Arbeitsproduktivität $\widehat{ap}_t$ in Abhängigkeit von $\hat{k}_t$ und $\hat{\theta}_t$. Welche Implikationen hat das Resultat für die vom RBC-Modell prognostizierten stochastischen Eigenschaften des Reallohns und der Arbeitsproduktivität?

6.7 Bestimmen Sie den deterministischen Steady-State (k^*, c^*, h^*) für das in den Gl. (6.22a)–(6.22c) spezifizierte RBC-Modell.

6.8 Welche Konsequenzen für den ex-post Nutzen des repräsentativen Haushalts ergeben sich im RBC-Modell mit unteilbarer Arbeitszeit?

Literatur

Adjemian, S., H. Bastani, M. Juillard, F. Karame, F. Mihoubi, G. Perendia, J. Pfeifer, M. Ratto, und S. Villemot. 2011. Dynare: Reference manual, version 4. Dynare working papers. 1, CEPREMAP.

Blanchard, O. J., und C. M. Kahn. 1980. The solution of linear difference models under rational expectations. *Econometrica* 48: 1305–1311.

Hansen, G. D. 1985. Indivisible labor and the business cycle. *Journal of Monetary Economics* 16: 309–327.

Hansen, G. D., und T. J. Sargent. 1988. Straight time and overtime in equilibrium. *Journal of Monetary Economics* 21: 282–308.

Heinemann, M. 1995. *Die Erklärung der konjunkturellen Bewegungen am Arbeitsmarkt durch die Theorie realer Konjunkturzyklen*. Regensburg: Transfer–Verlag.

Hodrick, R., und E. C. Prescott. 1980. Post-war U.S. business cycles: An empirical investigation. Working Paper. Pittsburgh: Carnegie-Mellon University.

King, R. G., C. I. Plosser, und S. T. Rebelo. 1988a. Production, growth, and business cycles – I. The basic neoclassical model. *Journal of Monetary Economics* 21: 195–232.

King, R. G., C. I. Plosser, und S. T. Rebelo. 1988b. Production, growth, and business cycles – II. New directions. *Journal of Monetary Economics* 21: 309–341.

King, R. G., C. I. Plosser, und S. T. Rebelo. 1988c. Real business cycles: Introduction. *Journal of Monetary Economics* 21: 191–193.

King, R. G., C. I. Plosser, und S. T. Rebelo. 2002. Production, growth, and business cycles: technical appendix. *Computational Economics* 20(1–2): 87–116.

King, R. G., und S. T. Rebelo. 1999. Resuscitating real business cycles. In *Handbook of macroeconomics*, Hrsg. J. B. Taylor und M. M. Woodford, 927–1007. Amsterdam: Elsevier, Kap. 14.

Klein, P. 2000. Using the generalized Schur form to solve a multivariate linear rational expectations model. *Journal of Economic Dynamics & Control* 24: 1405–1423.

Kydland, F. E., und E. C. Prescott. 1982. Time to build and aggregate fluctuations. *Econometrica* 50: 1345–1371.

Kydland, F. E., und E. C. Prescott. 1991. The econometrics of the equilibrium approach to business cycles. *Scandinavian Journal of Economics* 93: 161–178.

Long, J. B., und C. I. Plosser. 1983. Real business cycles. *Journal of Political Economy* 91: 39–69.

Lucas, R. E. 1987. *Models of business cycles*. New York: Basil Blackwell.

Mankiw, N. G. 1989. Real business cycles: A new Keynesian perspective. *The Journal of Economic Perspectives* 3: 79–90.

McCallum, B. T. 1989. Real business cycle models. In *Modern business cycle theory*, Hrsg. R. J. Barro, 16–50. Oxford: Basil Blackwell.

Plosser, C. I. 1989. Understanding real business cycles. *The Journal of Economic Perspectives* 3: 51–77.

Rogerson, R. 1988. Indivisible labor and equilibrium. *Journal of Monetary Economics* 21: 3–16.

Sims, C. 2002. Solving linear rational expectations models. *Computational Economics* 20: 1–20.

Summers, L. H. 1986. Some skeptical observations on real business cycle theory. *Federal Reserve Bank of Minneapolis Quarterly Review (Fall)*, 23–27.

Uhlig, H. 1995. A toolkit for analyzing nonlinear dynamic stochastic models easily. Discussion paper 1995-97, Tilburg University, Center for Economic Research.

Geld und Inflation im Ramsey-Modell

7

7.1 Einleitung

Im bisher betrachteten Ramsey-Modell ist Geld nicht enthalten – zumindest spielt es dort keine offensichtliche Rolle. Alle bisher betrachteten Tauschhandlungen kommen völlig ohne Geld aus, das heißt, es handelt sich um Realtauschvorgänge. In realen Ökonomien finden Tauschhandlungen dagegen in der Regel geldvermittelt statt. Die sogenannte Tauschmittelfunktion des Geldes besteht ja gerade darin, dass sämtliche Güter gegen Geld getauscht werden können und Geld von jedem Wirtschaftssubjekt zum Tausch akzeptiert wird. Der Vorteil gegenüber dem Realtausch besteht dann darin, dass die Tauschwünsche potentieller Tauschpartner nicht notwendigerweise exakt übereinstimmen müssen. Im Vergleich zum Realtausch sind somit die Transaktionskosten bei geldvermittelten Tauschvorgängen geringer.

Die Berücksichtigung des monetären Sektors im Ramsey-Modell ermöglicht es, einige Fragen genauer zu untersuchen, die gerade in wirtschaftspolitischer Hinsicht von besonderem Interesse sind. Unter anderem kann der Frage nachgegangen werden, inwieweit monetäre Phänomene überhaupt in der Lage sind, den realwirtschaftlichen Bereich einer Volkswirtschaft zu beeinflussen. Zudem kann beispielsweise auch untersucht werden, welches die Determinanten von Inflation sind und welche Wohlfahrtswirkungen von ihr ausgehen.

Im Hinblick auf die zweite Frage zeigt Abb. 7.1 überaus deutlich, dass Geldmengenwachstum und Inflation offenkundig zwei eng miteinander verbundene Phänomene sind. Dieser empirische Befund ist mit der weithin akzeptierten Vorstellung vereinbar, dass sich Änderungen der Geldmenge langfristig ausschließlich in Änderungen des Preisniveaus niederschlagen. Das in diesem Kapitel betrachtete monetäre dynamische Modell und dessen Varianten werden diese langfristige Neutralität des Geldes ebenfalls abbilden und somit eine Erklärung für diesen Befund liefern. Während die langfristige Neutralität des Geldes unter Ökonomen eher unstrittig ist, existieren durchaus unterschiedliche Ansichten hinsichtlich der kurzfristigen Wirkungen von Geldmengenänderungen auf andere makroökonomische Variablen. Dies hat zum einen damit zu tun, dass die empirischen Befunde zu den kurzfristigen Wirkungen von Geldmengenänderungen weitaus weniger eindeutig

© Springer-Verlag Berlin Heidelberg 2015
M. Heinemann, *Dynamische Makroökonomik*,
DOI 10.1007/978-3-662-44156-5_7

Abb. 7.1
Geldmengenwachstum und
Inflation im Länderquerschnitt
(aus McCandless und Weber
1995)

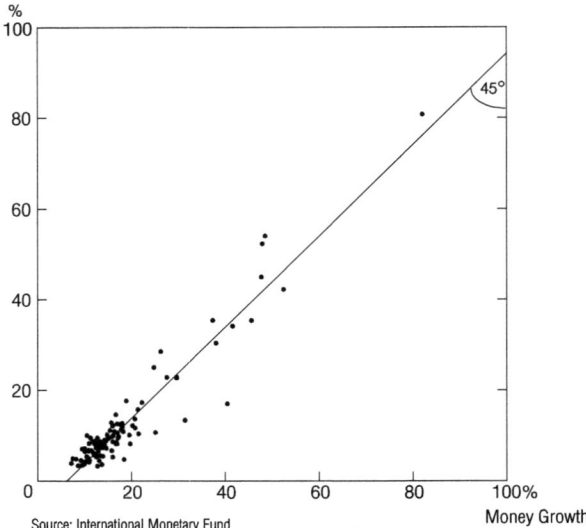

sind, zum anderen mit der Vielzahl von Erklärungsansätzen zu monetären Transmissions-
prozessen.

Im weiteren Verlauf wird nun mit der Integration eines monetären Sektors in das bisher betrachtete Ramsey-Modell ein spezifischer Ansatz vorgestellt, mit dem die angesprochenen Wirkungen von Geldmengenänderungen modelliert werden können. Im Rahmen
dieses Modells werden allerdings nicht mehr die Konsequenzen einmaliger Änderungen
der Geldmenge, sondern diejenigen von Änderungen der Wachstumsrate der Geldmenge
analysiert. Wie sich zeigen wird, eignet sich das betrachtete Modell zwar dazu, die langfristigen Wirkungen von Geldmengenänderungen bzw. Inflation zu analysieren, weist aber
bei Erklärung der kurzfristigen Effekte durchaus Schwächen auf. Die ist aufgrund der relativ einfachen Modellstruktur letztlich nicht weiter überraschend und begründet, warum
die aktuell unter Ökonomen populären monetären Modelle eine komplexere Struktur besitzen. Diese neukeynesianischen Modelle werden im nächsten Kapitel gesondert betrachtet,
wogegen hier zunächst in einem einfacheren Modellrahmen einige grundlegende Zusammenhänge und Probleme diskutiert werden sollen.

7.2   Geld in der Nutzenfunktion – Das Sidrauski-Modell

7.2.1 Das Modell

Im monetären Modell dieses Kapitels wird ein einfacher Ansatz dargestellt, mit dem
sich Geld in ein dynamisches Makromodell integrieren lässt. Dieser Ansatz, der auf

Sidrauski (1967) zurückgeht, verzichtet vollständig darauf, die oben erwähnten geldvermittelten Tauschvorgänge explizit zu modellieren und berücksichtigt lediglich die transaktionskostensenkende Wirkung des Geldes beim Gütertausch.[1] Eine elaborierte Mikrofundierung des Geldes findet hierbei nicht statt. Es wird schlicht unterstellt, dass geldvermittelter Tausch Transaktionskosten senkt. Im Modell wird dies dadurch berücksichtigt wird, dass Geld eine nutzenstiftende Wirkung zukommt. Letztendlich taucht somit die Geldmenge als nutzenstiftendes Argument der Nutzenfunktion des repräsentativen Haushalts auf. Bevor dies genauer spezifiziert wird, sind allerdings noch einige Vorbemerkungen erforderlich.

Im Folgenden bezeichnet m_t die nominale Pro-Kopf-Geldmenge zu Beginn von Periode t – bzw. zum Ende von Periode $t-1$, wobei unterstellt wird, dass diese Geldmenge von Periode zu Periode mit der konstanten Rate φ wächst. Es gilt also:

$$m_{t+1} = m_t(1 + \varphi)$$

Des Weiteren bezeichnet p_t das Preisniveau in Periode t, das heißt den in Geldeinheiten gemessenen Preis des einzigen Gutes in der betrachteten Ökonomie. Im Folgenden wird es nützlich sein, anstelle der nominalen Geldmenge m_t eine reale Geldmenge und deren zeitliche Entwicklung zu betrachten. Da später angenommen wird, dass die am Ende der Periode vom repräsentativen Haushalt gehaltene reale Geldmenge nutzenstiftend ist, liegt es nahe die reale Pro-Kopf-Geldmenge am Ende von Periode t als $x_t = m_{t+1}/p_t$ zu definieren. Es handelt sich hierbei also um das am Ende der Periode t vorhandene reale Geldangebot. Aufgrund des Wachstums der nominalen Geldmenge ergibt sich dann, dass:

$$x_t = \frac{m_{t+1}}{p_t} = \frac{m_t(1 + \varphi)}{p_t} = (1 + \varphi)\frac{m_t}{p_{t-1}}\frac{p_{t-1}}{p_t}$$
$$= (1 + \varphi)x_{t-1}\frac{p_{t-1}}{p_t}$$

Nun ist $p_t/p_{t-1} - 1$ nichts anderes als die Inflationsrate in Periode t, die im Weiteren mit π_t bezeichnet wird.[2]

Damit wird die oben ermittelte Gleichung zu:

$$(1 + \pi_t)x_t = (1 + \varphi)x_{t-1}$$

Während damit zunächst die Entwicklung des Geldangebots beschrieben ist, wird nun dargestellt, wie sich die Geldnachfrage aus dem intertemporalen Planungskalkül des repräsentativen Haushalts ergibt, wobei zunächst dessen in den einzelnen Perioden zu beachtenden Budgetbeschränkungen betrachtet werden. Um Geldangebot und Geldnachfrage

---

[1] Alternative Ansätze werden beispielsweise bei Holtemöller (2008) und Walsh (1998) ausführlich diskutiert.

[2] Die Inflationsrate π_t ist folglich definiert als die Preisänderung $p_t - p_{t-1}$ zwischen den Perioden $t-1$ und t bezogen auf das Preisniveau p_{t-1} in Periode t. In Periode t werden daher p_t wie π_t bestimmt.

voneinander unterscheiden zu können, soll dabei m_t^d den Geldbestand bezeichen, mit dem ein Haushalt in die Periode t eintritt. Entsprechend ist m_{t+1}^d der Geldbestand, den der Haushalt am Ende von Periode t zu halten plant. Demnach ist $m_{t+1}^d - m_t^d$ die nominale Geldnachfrage des Haushalts in Periode t bzw. $\frac{m_{t+1}^d - m_t^d}{p_t}$ seine reale Geldnachfrage. Diese geplante reale Geldnachfrage gibt nichts anderes als die Gütermenge wieder, auf die der Haushalt verzichtet, um seinen Geldbestand auf das gewünschte Niveau zu bringen. Von daher ergibt sich die Budgetrestriktion des repräsentativen Haushalts für eine beliebige Periode t zunächst als:

$$f(k_t) + (1 - \delta)k_t + \frac{m_t^d}{p_t} = c_t + k_{t+1} + \frac{m_{t+1}^d}{p_t}$$

Hierbei sind zur Vereinfachung bereits die im Gleichgewicht resultierenden Faktorpreise in die Budgetrestriktion eingesetzt worden, denn es gilt im Gleichgewicht weiterhin, dass $w_t + z_t k_t = f(k_t)$.

Zu beachten ist, dass dem Staat bzw. der Zentralbank die Güter zufließen, die die Haushalte zur Änderung ihres Geldbestands aufwenden. Im Geldmarktgleichgewicht muss offensichtlich $m_t^d = m_t$ für alle t gelten, so dass

$$\varphi \frac{m_t}{p_t} = \frac{m_{t+1} - m_t}{p_t}$$

der dem Staat zufließende Geldschöpfungsgewinn (Seigniorage) ist. Die Frage ist nun, wofür dieser Geldschöpfungsgewinn verwendet wird. Zur Vereinfachung wird im Weiteren grundsätzlich unterstellt, dass der Geldschöpfungsgewinn als Transfer an die Haushalte zurückfließt. Es gelingt so, die Rolle des Geldes im Ramsey-Modell zu analysieren, ohne dass zusätzlich die Effekte staatlicher Ausgaben zu berücksichtigen sind.

Die Pro-Kopf-Transferzahlungen τ_t sind daher im Gleichgewicht für alle t durch $\tau_t = \varphi \frac{m_t}{p_t}$ gegeben. Diese Transfers werden von den Haushalten bei deren intertemporalen Planungen als exogene Größe betrachtet, so dass sich letztlich die folgende Budgetrestriktion der Haushalte ergibt:

$$f(k_t) + (1 - \delta)k_t + \tau_t + \frac{m_t^d}{p_t} = c_t + k_{t+1} + \frac{m_{t+1}^d}{p_t}$$

Wie oben bereits erwähnt wurde, wird im Sidrauski-Modell unterstellt, dass die Geldhaltung Nutzen stiftet. Konkret wird angenommen, dass die vom Haushalt am Ende einer Periode t gehaltene Realkasse m_{t+1}^d/p_t in seine Periodennutzenfunktion eingeht, die somit durch $\mathscr{U}(c_t, m_{t+1}^d/p_t)$ gegeben ist. Diese Nutzenfunktion genügt den üblichen Eigenschaften, das heißt $\mathscr{U}$ ist quasi-konkav. Die Annahme $\partial \mathscr{U}(c_t, m_{t+1}^d/p_t)/\partial m_{t+1} > 0$ soll hierbei den Transaktionsnutzen des Geldes wiedergeben. Vorstellbar ist zum Beispiel, dass die Verwendung von Geld als Tauschmittel den Zeitbedarf senkt, der zum Finden geeigneter Tauschpartner erforderlich ist. Insofern führt die Verwendung von Geld beim Gütertausch im Vergleich zum Naturaltausch zu einem Freizeitgewinn, der den Nutzen des Haushalts erhöht.

Vom bisher betrachteten Ramsey-Modell unterscheidet sich das Sidrauski-Modell dadurch, dass nunmehr zwei Bestandsgüter existieren, in die der Haushalt investieren kann: Zum einen der physische Kapitalstock, zum anderen die Realkasse $x_t^d = m_{t+1}^d / p_t$. Das intertemporale Optimierungsproblem, dessen Lösung die gleichgewichtigen Zeitpfade der Modellvariablen sind, ist von daher gegeben durch:

$$\max_{\{c_t\}_{t=0}^{\infty}, \{k_{t+1}\}_{t=0}^{\infty}, \{x_t^d\}_{t=0}^{\infty}} \sum_{t=0}^{\infty} \beta^t \mathscr{U}\left(c_t, x_t^d\right) \tag{7.1}$$

$$\text{u. Nb.} \quad f(k_t) + (1-\delta)k_t + \tau_t + \frac{x_{t-1}^d}{1+\pi_t} = c_t + k_{t+1} + x_t^d,$$

$$k_0 > 0, \qquad m_0^d > 0$$

7.2.2   Geldnachfrage und Gleichgewichtsbedingungen

Die notwendigen Bedingungen für das Optimierungsproblem (7.1) können wie üblich mit der Lagrangemethode ermittelt werden, wobei λ_t im Folgenden den Lagrangemultiplikator der Nebenbedingung für die Periode t bezeichnet. Aus den notwendigen Bedingungen für den Konsum c_t und den Kapitalstock k_{t+1} in den Perioden $t = 0, 1, \ldots$ ergibt sich zunächst:

$$\mathscr{U}_c\left(c_t, x_t^d\right) = \beta \mathscr{U}_c\left(c_{t+1}, x_{t+1}^d\right)\left(f'(k_{t+1}) + (1-\delta)\right) \tag{7.2}$$

Abgesehen davon, dass der Grenznutzen des Konsums nunmehr auch durch die Realkassenhaltung beeinflusst wird, unterscheidet sich diese Bedingung nicht von der bisher betrachteten Euler-Gleichung. Die Ableitungen der Lagrangefunktion nach λ_t ergeben für alle $t = 0, 1, \ldots$:

$$f(k_t) + (1-\delta)k_t + \tau_t + \frac{x_{t-1}^d}{1+\pi_t} = c_t + k_{t+1} + x_t^d \tag{7.3}$$

Wird berücksichtigt, dass im Geldmarktgleichgewicht $x_t^d = x_t$ und daher $\tau_t = x_t^d - \frac{x_{t-1}^d}{1+\pi_t}$ gilt, folgt daraus:

$$c_t + k_{t+1} = f(k_t) + (1-\delta)k_t \tag{7.4}$$

Die notwendige Bedingung für die optimale Realkassenhaltung lautet schließlich für alle $t = 0, 1, \ldots$:

$$\beta^t \mathscr{U}_x\left(c_t, x_t^d\right) - \lambda_t + \lambda_{t+1}\frac{1}{1+\pi_{t+1}} = 0$$

Aus der notwendigen Bedingung für den Konsum ergibt sich, dass $\lambda_t = \beta^t \mathscr{U}_c(c_t, x_t^d)$ für alle t gelten muss. Einsetzen liefert:

$$\beta^t \mathscr{U}_x\left(c_t, x_t^d\right) = \beta^t \mathscr{U}_c\left(c_t, x_t^d\right) - \beta^{t+1} \mathscr{U}_c\left(c_{t+1}, x_{t+1}^d\right)\frac{1}{1+\pi_{t+1}}$$

Zusammen mit der Keynes-Ramsey-Regel resultiert schließlich:

$$\mathscr{U}_x\left(c_t, x_t^d\right) = \mathscr{U}_c\left(c_t, x_t^d\right)\left(1 - \frac{1}{1 + \pi_{t+1}}\frac{1}{R_{t+1}}\right) \tag{7.5}$$

Gleichung (7.5) ist die Geldnachfragefunktion des repräsentativen Haushalts. Diese Geldnachfragefunktion kann folgendermaßen interpretiert werden: Zunächst ist festzustellen, dass der Ausdruck $(1 + \pi_{t+1})R_{t+1} = (1 + \pi_t)(1 + r_{t+1})$ aufgrund der Fisher-Gleichung nichts anderes als der Nominalzinsfaktor ist. Mit i_t als Nominalzins zwischen Periode t und $t + 1$ ergibt sich also $1 + i_t = (1 + \pi_{t+1})(1 + r_{t+1})$ – der Nominalzinsfaktor ist demnach das Produkt aus Inflations- und (Real-)Zinsfaktor.

Die in Gl. (7.5) abgeleitete Geldnachfragefunktion verlangt demnach, dass zwischen der Grenzrate der Substitution $\mathscr{U}_x(c_t, x_t^d)/\mathscr{U}_c(c_t, x_t^d)$ zwischen Realkasse und Konsum und dem Nominalzins die folgende Beziehung gilt:

$$\frac{\mathscr{U}_x(c_t, x_t^d)}{\mathscr{U}_c(c_t, x_t^d)} = \frac{i_t}{1 + i_t} \tag{7.6}$$

Die rechte Seite dieser Gleichung gibt die in Gütereinheiten gemessenen Opportunitätskosten wieder, die aus dem Halten einer zusätzlichen Einheit Realkasse in Periode t entstehen: In Periode t erbringt eine Einheit des Konsumgutes p_t Geldeinheiten, was einer Einheit Realkasse entspricht. Diese Einheit Realkasse verliert infolge von Inflation an Wert. In Periode $t + 1$ ist der reale Wert gleich $p_t/p_{t+1} = \frac{1}{1+\pi_{t+1}}$. Der entsprechende Gegenwartswert ist daher gleich

$$\frac{p_t}{p_{t+1}}\frac{1}{1 + r_{t+1}} = \frac{1}{(1 + \pi_{t+1})(1 + r_{t+1})} = \frac{1}{1 + i_t}$$

Insgesamt ergeben sich daher die Kosten des Haltens einer zusätzlichen Einheit Realkasse als $1 - \frac{1}{1+i_t} = \frac{i_t}{1+i_t}$. Die Realkassenhaltung in Periode t ist demnach dann optimal, wenn sich durch Umschichtungen zwischen Realkassenhaltung und Konsum in keiner Periode Nutzengewinne realisieren lassen. Genau dies ist die Aussage der Geldnachfragefunktion (7.6).

Wird als Nutzenfunktion des Haushalts beispielsweise die Funktion $\mathscr{U}(c_t, x_t) = \ln c_t + B\frac{1}{1-\gamma}x_t^{1-\gamma}$ unterstellt, so ergibt sich aus (7.6):

$$x_t^d = \frac{m_{t+1}^d}{p_t} = (c_t B)^{\frac{1}{\gamma}}\left(\frac{i_t}{1 + i_t}\right)^{-\frac{1}{\gamma}} \tag{7.7}$$

Die Geldnachfragefunktion (7.7) ist der Geldnachfragefunktion, die der LM-Kurve im keynesianischen Makromodell unterliegt, sehr ähnlich: Wie dort beeinflusst der Nominalzins die Geldnachfrage und ebenso wie dort sinkt die Geldnachfrage, wenn der Nominalzins steigt. Im Gegensatz zur keynesianischen Geldnachfragefunktion aus dem IS-LM-

Modell geht hier allerdings der Konsum und nicht das Realeinkommen in die Geldnachfragefunktion ein.[3]

Der Parameter γ bestimmt die Semi-Elastizität der Geldnachfrage bezüglich des Nominalzinssatzes. Es gilt $\frac{dx_t^d/x_t^d}{di_t} = -\frac{1}{\gamma i_t(1+i_t)}$. Schätzungen von Geldnachfragefunktionen der Form $\log(M_t/P_t) = a_0 + a_1 \log(Y_t) - a_2 i_t$ liefern üblicherweise die theoretisch zu erwartenden Vorzeichen der Koeffizienten a_1 und a_2 (vgl. z. B. Hoffman et al. (1995), Holtemöller (2004)). Hinsichtlich der Semi-Elastizität der Geldnachfrage variieren die Ergebnisse empirischer Untersuchungen je nachdem, welche Länder untersucht und welche zeitlichen Abgrenzungen vorgenommen werden. Üblicherweise liegen die geschätzten Koeffizienten $\hat{a}_2$ im Bereich von ca. $0{,}3$–$1{,}2$.

Wie bereits oben erwähnt, erfordert ein Geldmarktgleichgewicht in Periode t, dass $m_t^d = m_t$ gilt. Herrscht in allen Perioden $t = 0, 1, \ldots$ ein Geldmarktgleichgewicht, gilt demnach für die Geldnachfragefunktion (7.6), dass $x_t^d = x_t$ für alle t. Zusammen mit der Euler-Gleichung für den Konsum, der aggregierten Ressourcenbeschränkung und dem unterstellten Zeitpfad für die Geldmenge wird ein Gleichgewicht im hier betrachteten Ramsey-Modell mit Geld in der Nutzenfunktion daher insgesamt durch die folgenden vier Gleichungen charakterisiert:

$$\mathscr{U}_c(c_t, x_t) = \beta \mathscr{U}_c(c_{t+1}, x_{t+1})\big(f'(k_{t+1}) + (1-\delta)\big) \tag{7.8a}$$

$$c_t + k_{t+1} = f(k_t) + (1-\delta)k_t \tag{7.8b}$$

$$\mathscr{U}_x(c_t, x_t) = \mathscr{U}_c(c_t, x_t)\left(1 - \frac{1}{1+\pi_{t+1}}\frac{1}{f'(k_{t+1}) + (1-\delta)}\right) \tag{7.8c}$$

$$(1 + \pi_{t+1})x_{t+1} = (1 + \varphi)x_t \tag{7.8d}$$

Da k_0 und m_0 gegeben sind, aber unter anderem p_0 zu bestimmen ist, sind neben c_t sowohl x_t als auch π_{t+1} nicht-prädeterminierte Variablen. Zudem bestehen zwischen den nicht-prädeterminierten Variablen weitere Abhängigkeiten, da π_{t+1} eindeutig bestimmt ist, wenn k_t, c_t und x_t bekannt sind: Wird (7.8d) nach $1 + \pi_{t+1}$ aufgelöst und der resultierende Ausdruck in (7.8c) eingesetzt, resultiert ein Gleichungssystem, das lediglich die Variablen Kapital, Konsum und Realkasse enthält. Bevor jedoch die Modelldynamik eingehender diskutiert wird, soll zunächst auf die Rolle des Geldes in diesem Modell und dessen langfristige Eigenschaften eingegangen werden.

7.2.3   Superneutralität des Geldes

Eine im Zusammenhang mit Geldmengenwachstum und Inflation bedeutsame Frage ist, ob und inwieweit die Geldmenge und deren Wachstum die realen Größen einer Volkswirtschaft beeinflussen. Sofern die klassische Dichotomie gilt, der reale Sektor der Volks-

---

[3]Letzteres wäre hier beispielsweise dann der Fall, wenn für den Konsum eine keynesianische, der absoluten Einkommenshypothese folgende, Konsumfunktion $c_t = a_0 + a_1 y_t$ unterstellt würde.

wirtschaft also völlig unabhängig vom monetären Sektor ist, hat die Geldmenge keinerlei Einfluss auf die sich in der Volkswirtschaft einstellende Allokation. Geld spielt dann im wahrsten Sinne des Wortes keine Rolle und die Geldmenge ist nur relevant, um nominale Größen wie zum Beispiel das Preisniveau zu bestimmen. Von der Neutralität des Geldes ist dagegen dann die Rede, wenn eine Änderung der Geldmenge die realen Größen unverändert lässt.[4] Für die Neutralität des Geldes ist es nicht notwendigerweise erforderlich, dass die klassische Dichotomie gilt, das heißt es ist durchaus möglich, dass auch reale Größen auf den monetären Sektor zurückwirken.

Im dynamischen Kontext wird dieser Neutralitätsbegriff erweitert, indem nicht mehr lediglich einmalige Änderungen der Geldmenge, sondern Änderungen der Wachstumsrate der Geldmenge betrachtet werden. Entsprechend ist Geld dann superneutral, wenn eine Änderung der Wachstumsrate der Geldmenge die realen Größen unberührt lässt.[5] Oftmals ist es zweckmäßig den Begriff der Superneutralität des Geldes noch weiter zu differenzieren: Geld ist zumindest langfristig superneutral, wenn die Wachstumsrate der Geldmenge die Steady-State-Werte der realen Variablen nicht beeinflusst, auch wenn dies kurzfristig durchaus der Fall sein mag.

Im Hinblick auf die Wirkungen geldpolitischer Maßnahmen ist es außerordentlich bedeutsam, ob Geld kurz- oder langfristig superneutral ist. Ist ersteres der Fall, beeinflussen geldpolitische Maßnahmen ausschließlich das Preisniveau bzw. die Inflationsrate und die Realkassenhaltung. Eine auf den realen Sektor der Volkswirtschaft – also auf den Output, den Konsum oder die Beschäftigung – gerichtete Geldpolitik ist dagegen unmöglich, sofern Preise flexibel sind und sich proportional zur Änderung der Geldmenge bewegen. Ist Geld dagegen lediglich langfristig superneutral, so ist die Geldpolitik zumindest kurz- bis mittelfristig in der Lage, den realen Sektor der Volkswirtschaft zu beeinflussen.

Im Sidrauski-Modell ist Geld superneutral, da über die Euler-Gleichung für den Konsum der Realzinsfaktor und damit der Steady-State-Kapitalstock eindeutig bestimmt sind. Aus (7.8a) folgt mit $c_t = c_{t+1} = c^*$ und $x_t = x_{t+1} = x^*$:

$$f'\left(k^*\right) = \frac{1}{\beta} - (1 - \delta)$$

Aus (7.8b) ergibt sich daraus dann auch ein von der Wachstumsrate der Geldmenge unabhängiges Steady-State-Konsumniveau als $c^* = f(k^*) - \delta k^*$. Kapital, Konsum und Output sind völlig unabhängig von der Geldmenge und deren Wachstumsrate – Geld ist demzufolge im hier betrachteten Modell superneutral. Die Geldmenge und deren Wachs-

---

[4]Häufig wird die Neutralität des Geldes noch genauer definiert. Demnach ist Geld neutral, wenn eine proportionale Änderung der Geldmenge und der Geldpreise die realen Größen unverändert lässt.

[5]Dabei soll der reale Sektor bzw. die realen ökonomischen Größen alle realen Größen mit Ausnahme der Realkasse x_t umfassen. Letztere ist zwar zweifelsohne eine reale Größe, jedoch wird diese im Modell kurz- wie langfristig von der Wachstumsrate der Geldmenge beeinflusst. Zu beachten ist, dass x_t Argument der Nutzenfunktion ist. Daher ergeben sich durchaus Wohlfahrtseffekte, wenn sich die Wachstumrate der Geldmenge ändert.

tumsrate sind lediglich relevant für die Bestimmung der nominalen Größen, also dem Preisniveau bzw. der Inflationsrate und der Realkassenhaltung.

Wird überdies unterstellt, dass die Nutzenfunktion des repräsentativen Haushalts additiv-separabel in Konsum und Realkassenhaltung ist, so ist Geld auch kurzfristig superneutral. Mit $\mathscr{U}(c_t, x_t) = u(c_t) + v(x_t)$ ist die Euler-Gleichung für den Konsum unabhängig von der Realkasse. Die Zeitpfade für Kapital, Konsum und andere reale Modellvariablen werden dann wie im Ramsey-Modell aus Kap. 3 bestimmt und sind auch kurzfristig unabhängig von der Wachstumrate der Geldmenge. Die nominalen Größen des Modells inklusive der Realkasse werden dagegen durchaus von der Dynamik der realen Größen beeinflusst. Auf diese Aspekte wird später bei der Betrachtung der Modelldynamik noch eingegangen werden.

7.2.4 Eindeutigkeit des Steady-State

Aufgrund der Tatsache, dass Geld im Sidrauski-Modell superneutral ist, kann die Frage nach der Eindeutigkeit einer Steady-State-Lösung allein durch Betrachtung der monetären Sektors des Modells beantwortet werden. Für die Analyse verbleiben somit die Gl. (7.8c) und (7.8d), die im Geldmarktgleichgewicht erfüllt sein müssen (r^* ist der entsprechende Steady-State-Realzins):

$$x_{t+1}(1 + \pi_{t+1}) = (1 + \varphi)x_t \tag{7.9a}$$

$$\mathscr{U}_x\big(c^*, x_t\big) = \mathscr{U}_c\big(c^*, x_t\big)\left(1 - \frac{1}{1 + \pi_{t+1}} \frac{1}{1 + r^*}\right) \tag{7.9b}$$

Betrachten wir zunächst eine Steady-State-Lösung, für die $x_t = x^* \neq 0$ für alle t gilt. Dieser Steady-State wird auch – aus guten Gründen, wie in Kürze verdeutlicht werden wird – als monetäres Gleichgewicht bezeichnet. Dieses monetäre Gleichgewicht erfordert wegen (7.9a), dass $\varphi = \pi^* = \pi_t$ für alle t gilt – die Inflationsrate muss also der Wachstumrate der Geldmenge entsprechen. Ist letzteres der Fall, gilt im Steady-State dann:

$$\mathscr{U}_x\big(c^*, x^*\big) = \mathscr{U}_c\big(c^*, x^*\big)\left(1 - \frac{1}{1 + \varphi} \frac{1}{1 + r^*}\right) \tag{7.10}$$

Diese Gleichung bestimmt letztlich die mit einem solchen Steady-State zu vereinbarende Realkasse. Der entsprechende Wert für x^* ermöglicht es, für jedes Niveau der nominalen Geldmenge das zugehörige gleichgewichtige Preisniveau (z. B. $p_0 = m_1/x^*$) zu ermitteln. Da $x^* > 0$ ist, resultiert für alle t ein endliches Preisniveau, was impliziert, dass Geld einen positiven Wert besitzt – daher ist dies das monetäre Gleichgewicht.

Nehmen wir dagegen an, dass $x^* = 0$ gilt, ist nach (7.9a) jede Inflationsrate mit einem solchen Steady-State vereinbar. Allerdings impliziert $x_t = x^* = 0$ für alle t bei einer mit konstanter Rate wachsenden Geldmenge, dass das Preisniveau unendlich ist. Geld besitzt in diesem Fall keinen Wert – die entsprechende Steady-State-Lösung wird daher als nichtmonetäres Gleichgewicht bezeichnet.

Eine solche Lösung mutet zunächst eigentümlich an, kann aber durchaus eine Steady-State-Lösung des Modells sein. Um dies zu verdeutlichen, soll nunmehr unterstellt werden, dass die Nutzenfunktion additiv-separabel ist und die Form $\mathcal{U}(c_t, x_t) = u(c_t) + v(x_t)$ hat.[6] Wird (7.9a) nach $1 + \pi_t$ aufgelöst und in (7.9b) eingesetzt, ergibt sich im Fall einer additiv-separablen Nutzenfunktion:

$$v'(x_t) = u'(c^*)\left(1 - \frac{x_{t+1}}{x_t}\frac{1}{(1+\varphi)(1+r^*)}\right)$$

Aus dieser Gleichung lässt sich durch Umformung die folgende Differenzengleichung für die Realkasse ermitteln:

$$x_{t+1} = \frac{1+\varphi}{\beta}x_t\left(1 - \frac{v'(x_t)}{u'(c^*)}\right) \qquad (7.11)$$

Eine Steady-State-Lösung von (7.11) mit $x^* = 0$ existiert, wenn $\lim_{x \to 0} xv'(x) = 0$ gilt. Dies ist beispielsweise dann der Fall, wenn $v(x) = \frac{x^{1-\gamma}}{1-\gamma}$ mit $\gamma < 1$ gilt. In einem solchen Fall existiert dann neben dem oben beschriebenen monetären Steady-State auch ein sogenannter nicht-monetärer Steady-State, in dem die Realkasse den Wert Null annimmt und Geld keinen Wert besitzt.

Die Tatsache, dass in diesem Modell multiple Steady-States existieren können, ermöglicht es die Bedingungen für das Entstehung von Hyperinflationen zu analysieren. Bevor dies in Abschn. 7.4 getan wird, sollen allerdings zunächst einige der für den monetären Steady-State gültigen langfristigen Modellimplikationen abgeleitet und diskutiert werden.

7.3   Optimale Inflation und Geldschöpfungsgewinn

7.3.1   Die optimale Inflationsrate – Die Friedman-Regel

Das oben abgeleitete Ergebnis, wonach Geld im Sidrauski-Modell superneutral ist, besagt zwar, dass die Wachstumsrate der Geldmenge keine Konsequenzen für die Allokation hat, bedeutet jedoch nicht, dass die Wachstumsrate der Geldmenge – und damit die Inflationsrate – keinerlei Konsequenzen für die Wohlfahrt hat.

Im Weiteren wird eine additiv-separable Nutzenfunktion $\mathcal{U}(c_t, x_t) = u(c_t) + v(x_t)$ unterstellt, so dass die oben abgeleitete Gl. (7.10) für die optimale Realkassenhaltung im Steady-State folgendermaßen gegeben ist:

$$v'(x^*) = u'(c^*)\left(1 - \frac{1}{1+\varphi}\frac{1}{R^*}\right)$$

---

[6]Der Fall der allgemeinen Nutzenfunktion $\mathcal{U}(c_t, x_t)$ wird von Brock (1974, 1975) analysiert.

Die Superneutralität des Geldes impliziert nun, dass sowohl c^* als auch R^* unabhängig von der Wachstumsrate φ der Geldmenge sind. Bei einer Variation von φ ergibt sich demnach für die Realkassenhaltung x^*, dass:

$$\frac{dx^*}{d\varphi} = \frac{1}{v''(x^*)} u'(c^*) \left(\frac{1}{R^*} \frac{1}{(1+\varphi)^2} \right) < 0$$

Eine der oben getroffenen Annahmen ist, dass $v''(x) < 0$ gilt, mithin der Grenznutzen der Realkassenhaltung mit steigender Realkassenhaltung sinkt. Dies impliziert dann, dass die Realkassenhaltung sinkt, wenn die Wachstumsrate der Geldmenge steigt – bei jeweils unveränderten Werten für die übrigen in der Gleichung auftauchenden Modellvariablen.

Nun ist der Periodennutzen eines Haushalts wegen $v'(x) > 0$ um so größer, je größer seine Realkassenhaltung ist, so dass eine geringere Wachstumsrate der Geldmenge ceteris paribus mit einem größeren Periodennutzen einhergeht. Der Periodennutzen ist maximal, wenn die entsprechende Realkassenhaltung unendlich groß wird, was wegen $v''(x) < 0$ bedeutet, dass der Grenznutzen der Realkassenhaltung gegen Null geht.[7] Aus der oben für den Steady-State formulierten Gleichung ergibt sich nun, dass $v'(x^*) = 0$ wegen $u'(c^*) > 0$ nur dann resultieren kann, wenn $(1+\varphi)R^* = 1$ gilt, was impliziert, dass der Nominalzins im Steady-State i^* gleich Null ist.

Für den Steady-State ist daher die optimale Wachstumsrate der Geldmenge – und damit eine optimale Inflationsrate – wegen $R^* = 1/\beta$ gegeben durch:

$$1 + \varphi_{opt} = 1 + \pi^*_{opt} = \frac{1}{R^*} = \beta < 1$$

Die optimale Wachstumsrate der Geldmenge ist wegen $\beta < 1$ demzufolge gleichbedeutend mit einer Deflationspolitik, wobei für die optimale Deflationsrate gilt, dass $\pi^*_{opt} = 1/R^* - 1 = \beta - 1 < 0$.

Sofern im realen Sektor eventuelle Anpassungsdynamik vorliegt, ist die optimale Wachstumsrate der Geldmenge nicht konstant. Sie bewegt sich vielmehr im Verlauf des Anpassungsprozesses zum Steady-State in Abhängigkeit vom Realzins so, dass für alle t ein Nominalzins von Null resultiert. Mit einer derartigen Wachstumsrate der Geldmenge ergibt sich dann, dass die Ertragsrate des Geldes – der Kaufkraftgewinn aufgrund von Deflation – identisch mit der Ertragsrate des Kapitals ist, denn es gilt $1 + \pi_{t+1} = \frac{p_{t+1}}{p_t} = 1/R_{t+1}$.

Diese optimale Wachstumsrate der Geldmenge entspricht der von Friedman (1969) formulierten Geldmengenregel, wonach die Geldversorgung der Wirtschaft dann optimal ist, wenn die Geldhaltung die gleiche Ertragsrate aufweist, wie andere Vermögenswerte. In einem solchen Fall gehen mit der Geldhaltung keine Opportunitätskosten einher.

Es mag verwundern, dass die hier abgeleitete optimale Inflationsrate tatsächlich eine optimale Deflationsrate ist, wo doch Deflation in aller Regel als Gefahr gesehen wird und keine Zentralbank, die sich zu ihren Inflationszielen äußert, eine Zielinflationsrate von

---

[7] Unterstellte man eine Nutzenfunktion $v(x)$, die für einen endlichen Wert der Realkasse $\bar{x}$ Sättigung, also $v'(\bar{x}) = 0$ impliziert, wäre dies der entsprechende nutzenmaximierende Wert für die Realkasse.

Null oder gar eine negative Zielinflationsrate verkündet. Zu beachten ist allerdings, dass das hier betrachtete Modelle sehr einfach gehalten ist und daher andere Wohlfahrtseffekte der Inflation ignoriert. Beispielsweise kann der Geldschöpfungsgewinn – der gleich noch genauer analysiert wird – ebenso wie möglicherweise verzerrende Steuern zur Finanzierung des staatlichen Budgets herangezogen werden, so dass es unter Wohlfahrtsaspekten angeraten sein kann, einen gewissen Anteil des staatlichen Budget über den Geldschöpfungsgewinn zu finanzieren. Auch die Nichtnegativitätsbedingung für Nominalzinsen – die sogenannte Nullzinsgrenze („*zero lower bound*") – kann im stochastischen Modellrahmen herangezogen werden, um zu begründen, warum die optimale Inflationsrate tatsächlich höher als die hier ermittelte ist: Sofern der Nominalzins gemäß der Friedman-Regel gleich Null ist, hat die Zentralbank keine Möglichkeit mehr, auf adverse ökonomische Störungen mit Zinssenkungen zu reagieren.

Unabhängig davon geht ein Anstieg der Wachstumsrate der Geldmenge bzw. der Inflationsrate im Sidrauski-Modell allerdings immer mit einem Wohlfahrtsverlust einher. Wird das Modell konkret spezifiziert, ist es auch möglich, die Größenordnungen dieser Wohlfahrtseffekte zu quantifizieren.[8] Im Folgenden soll unterstellt werden, dass die Nutzenfunktion des repräsentativen Haushalts die folgende Form annimmt:[9]

$$\mathcal{U}(c_t, x_t) = \frac{1}{1-\rho}\left(c_t^{\eta} x_t^{1-\eta}\right)^{1-\rho} \tag{7.12}$$

Eine Konsequenz dieser Annahme ist, dass die Realkasse in jeder Periode proportional zum Konsum ist. Aus der Geldnachfragefunktion (7.5) bzw. (7.6) ergibt sich in diesem Fall:

$$x_t = c_t \frac{1-\eta}{\eta} \frac{1+i_t}{i_t} \tag{7.13}$$

Unterstellen wir nun, dass sich die betrachtete Volkswirtschaft bei einer gegebenen Wachstumsrate der Geldmenge φ_0 im Steady-Steady befindet, gilt $\pi^* = \varphi_0$, $R^* = 1/\beta$ und $i_0^* = (1 + \varphi_0)R^* - 1$. Es sei nun c^* der Konsum in diesem Gleichgewicht und x_0^* die gemäß (7.13) in diesem Gleichgewicht gehaltene Realkasse. Aufgrund der Superneutralität des Geldes führt eine Änderung der Wachstumsrate der Geldmenge lediglich zu einer sofortigen Änderung der Realkassenhaltung, der Inflationsrate und des Nominalzinssatzes. Es resultiert folglich keinerlei Anpassungsdynamik: Diese Variablen nehmen sofort ihre

---

[8]Eine elaborierte Analyse der Wohlfahrtseffekte findet sich bei Lucas (2000). Lucas verwendet allerdings anstelle der Nutzenfunktion (7.12) die Funktion $\mathcal{U}(c_t, x_t) = \frac{1}{1-\rho}([c_t^{-\kappa} + K x_t^{-\kappa}]^{-\frac{1}{\kappa}})^{1-\rho}$. κ ist hierbei ein Parameter, der die Substitutionselastizität σ_{cx} zwischen Konsum und Realkasse bestimmt, wobei $\sigma_{cx} = \frac{1}{1+\kappa}$ gilt. Für die im Text verwendeten Nutzenfunktion ergibt sich $\sigma_{cx} = 1$. Zur Anpassung an die Gegebenheiten in den USA setzt Lucas in seiner Analyse $K = 0{,}0025$ und $\kappa = 1$.

[9]Im Gegensatz zu einer additiv-separablen Nutzenfunktion ermöglicht es diese homothetische Nutzenfunktion später (vgl. Abschn. 7.5), die Verteilungseffekte von Inflation in einfacher Form zu analysieren.

Abb. 7.2 Wohlfahrtseffekte von Inflation ausgehend von $\pi_0^* = 0$ ($\beta = 0{,}98$, $\eta = 0{,}97$)

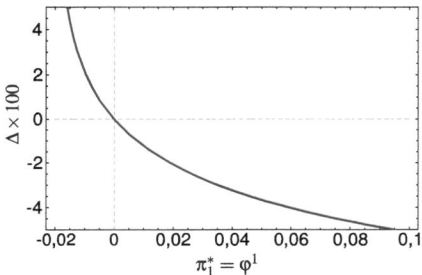

neuen langfristigen Gleichgewichtswerte an, wogegen Konsum und Kapitalstock unverändert bleiben.

Es kann daher allein mit Hilfe dieser im langfristigen Gleichgewicht resultierenden Werte die relative Konsumänderung Δ in der Ausgangssituation – mit $\pi^* = \varphi_0$ – ermittelt werden, die den repräsentativen Haushalt indifferent zwischen dieser und der Situation mit einer höheren Inflationsrate macht. Bezeichnet $\pi_1^* = \varphi_1$ diese höhere Inflationsrate, $i_1^* = (1 + \varphi_1)R^* - 1$ den entsprechend höheren Nominalzins und x_1^* die entsprechend geringere Realkasse, so gilt für Δ daher:

$$\mathcal{U}\big((1 + \Delta)c^*, x_0^*\big) = \mathcal{U}\big(c^*, x_1^*\big)$$

Zusammen mit der unterstellten Nutzenfunktion (7.12) ergibt sich Δ dann als:[10]

$$\Delta = \left(\frac{\frac{1+i_1^*}{i_1^*}}{\frac{1+i_0^*}{i_0^*}}\right)^{\frac{1-\eta}{\eta}} - 1 \tag{7.14}$$

Abbildung 7.2 zeigt entsprechend gemessene Wohlfahrtseffekte der Inflation für ein numerisch spezifiziertes Modell. In der Ausgangssituation gilt hier $\pi^* = 0$.[11] Es zeigt sich, dass diese Effekte nicht unbedeutend sind – ein Anstieg der Inflationsrate um 2 Prozentpunkte entspricht in etwa einem Rückgang des Steady-State-Konsums um 2 %. Der konvexe Verlauf der in der Abbildung dargestellten Funktion verdeutlicht aber auch, dass

---

[10] Hier wird unterstellt, dass der Geldschöpfungsgewinn als Pauschaltransfer an den repräsentativen Haushalt zurückfließt. Ist dies nicht der Fall, ändert sich der Steady-State-Konsum bei einer Änderung der Inflationsrate. Das entsprechend geänderte Wohlfahrtsmaß ist dann

$$\Delta = \left(\frac{c_1^*}{c_0^*}\right)\left(\frac{\frac{1+i_1^*}{i_1^*}}{\frac{1+i_0^*}{i_0^*}}\right)^{\frac{1-\eta}{\eta}} - 1$$

[11] Für die in Gl. (7.12) spezifizierte Nutzenfunktion bestimmt der Parameter η das Verhältnis von Realkasse zu Konsum. Der hier unterstellte Wert $\eta = 0{,}97$ impliziert dann, dass dieses Verhältnis mit $\beta = 0{,}98$ sowie einer Inflationsrate von 2 % – und damit einem Nominalzins von ca. 4,1 % – 0,8 beträgt, was bezogen auf die USA und das Geldmengenaggregat M1 empirisch nicht unplausibel ist.

Tab. 7.1 Wohlfahrtseffekte eines Anstiegs der Inflationsrate um einen Prozentpunkt ($\beta = 0,98$, $\eta = 0,97$)	Inflationsrate in Ausgangssituation π_0					
	0	0,02	0,04	0,06	0,08	0,1
$\Delta \times 100$	$-1,216$	$-0,658$	$-0,446$	$-0,335$	$-0,266$	$-0,219$

die marginalen Wohlfahrtsverluste mit höheren Inflationsraten geringer werden. Die Wohlfahrtskosten der Inflation hängen daher auch davon ab, wie hoch die Inflationsrate in der Ausgangssituation ist. Tabelle 7.1 illustriert dies. Dort sind die Wohlfahrtsverluste aufgeführt, die entstehen, wenn die Inflationsrate, ausgehend von verschiedenen Ausgangsniveaus um einen Prozentpunkt ansteigt. Wie zu erwarten sind die entsprechenden negativen Wohlfahrtseffekte um so größer, je geringer die Inflationsrate ist.

7.3.2 Inflationsrate und Geldschöpfungsgewinn

Wie oben beschrieben wurde, beschert ein positives Wachstum der Geldmenge dem Staat in jeder Periode den Geldschöpfungsgewinn $s_t = \varphi \frac{m_t}{p_t}$. Dieser Geldschöpfungsgewinn lässt sich alternativ formulieren als:

$$s_t = \varphi \, \frac{m_t}{m_{t+1}} \frac{m_{t+1}}{p_t} = \frac{\varphi}{1 + \varphi} x_t$$

Im Steady-State gilt somit:

$$s^* = \frac{\varphi}{1 + \varphi} x^* \tag{7.15}$$

Gleichung (7.15) zeigt zunächst, dass der Geldschöpfungsgewinn negativ ist, sollte die Wachstumsrate der Geldmenge der optimalen Wachstumsrate gemäß der Friedman-Regel entsprechen. Gleichung (7.15) verdeutlicht aber auch, dass eine Veränderung der Wachstumsrate der Geldmenge φ – und damit eine Veränderung der Steady-State-Inflationsrate – den Geldschöpfungsgewinn auf zwei Wegen beeinflusst: Zum einen steigt der Geldschöpfungsgewinn bei unveränderter Realkassenhaltung, weil ein höheres Geldmengenwachstum dem Staat mehr Güter zufließen lässt. Zum anderen werden aber die Haushalte bei einer höheren Inflationsrate ihre Realkassenhaltung ändern. Wie oben gezeigt wurde, gilt im Steady-State, dass $\frac{dx^*}{d\varphi} < 0$. Die Haushalte werden demnach ihre Realkassenhaltung senken, wenn die Inflationsrate steigt, was ceteris paribus mit einem Rückgang des Geldschöpfungsgewinns verbunden ist. Insgesamt ergibt sich bei einer Veränderung der Wachstumsrate der Geldmenge φ für den Steady-State-Geldschöpfungsgewinn s^*, dass:

$$\frac{ds^*}{d\varphi} = \frac{1}{(1 + \varphi)^2} x^* + \frac{\varphi}{1 + \varphi} \frac{dx^*}{d\varphi} \tag{7.16}$$

Wie gerade erläutert wurde, ist der erste Summand auf der rechten Seite von (7.16) positiv, wogegen der zweite Summand negativ ist – das Vorzeichen des gesamten Ausdrucks ist folglich unbestimmt. Mit $\varphi = 0$ ergibt sich allerdings immer $\frac{ds^*}{d\varphi} > 0$ – ausgehend von einer Inflationsrate von Null führt einer Erhöhung der Inflationsrate demnach immer zu einer Erhöhung des Geldschöpfungsgewinns. Sofern der Staat also auf den Geldschöpfungsgewinn angewiesen ist, um seine Ausgaben zu finanzieren, kann eine durch Wachstum der Geldmenge initiierte Inflation seitens des Staates, die über das gemäß der Friedman-Regel optimale Ausmaß hinausgeht, durchaus wünschenswert sein.

Bei Erhöhung der Inflationsrate wirken nun allerdings, wie bereits erläutert wurde, zwei gegenläufige Effekte auf den Geldschöpfungsgewinn, wobei der Effekt einer höheren Inflationsrate auf die Realkassenhaltung den Geldschöpfungsgewinn tendenziell sinken lässt. Dieser Effekt ist um so stärker, je größer die Zinselastizität der Geldnachfrage ist: Eine Erhöhung der Inflationsrate führt im Steady-State zu einer proportionalen Erhöhung des Nominalzinssatzes, wodurch die Geldnachfrage sinkt. Wenn dieser Effekt groß genug ist, kann es demzufolge sein, dass der Geldschöpfungsgewinn in Abhängigkeit von der Inflationsrate zunächst ansteigt, beim Überschreiten eines bestimmten Niveaus der Inflationsrate aber sinkt.

Ein konkretes Beispiel kann helfen, diesen Sachverhalt zu verdeutlichen: Für die bereits verwendete Nutzenfunktion $\mathscr{U}(c_t, x_t) = \ln c_t + \frac{B}{1-\gamma} x_t^{1-\gamma}$ ist die Geldnachfragefunktion durch Gl. (7.7) gegeben und es folgt wegen $R^* = 1/\beta$ und folglich $i^*/(1+i^*) = \frac{1+\varphi-\beta}{1+\varphi}$, dass:

$$\frac{dx^*}{d\varphi} = -\frac{1}{\gamma} x^* \frac{\beta}{(1+\varphi)(1+\varphi-\beta)}$$

Einsetzen in (7.16) liefert dann:

$$\frac{ds^*}{d\varphi} = \frac{1}{(1+\varphi)^2} x^* \left[1 - \frac{1}{\gamma} \frac{\beta\varphi}{1+\varphi-\beta} \right] \tag{7.17}$$

Gleichung (7.17) zeigt zunächst nochmals, dass $ds^*/d\varphi$ gegen unendlich geht, wenn die Wachstumsrate der Geldmenge gegen den oben bestimmten optimalen Wert $\varphi_{opt} = \beta - 1$ konvergiert. Ausgehend von einer gemäß der Friedman-Regel optimalen Inflationsrate führt demnach eine geringfügige Erhöhung der Inflationsrate zu einer außerordentlichen Erhöhung des Geldschöpfungsgewinns.

Wie sich der Geldschöpfungsgewinn im Steady-State in Abhängigkeit von der Inflationsrate ändert, hängt nun vom Parameter γ, der die Zinselastizität der Geldnachfrage bestimmt, ab. Sofern $\gamma \geq \beta$ gilt, ist $ds^*/d\varphi$ für alle $\varphi > \varphi_{opt}$ positiv und der Geldschöpfungsgewinn steigt monoton mit der Wachstumsrate der Geldmenge an. Allerdings gibt es dennoch eine Obergrenze für das Niveau an Staatsausgaben, das sich über den Geldschöpfungsgewinn finanzieren ließe. Für $\varphi \to \infty$ ergibt sich:

$$\varphi_{max} = \lim_{\varphi \to \infty} s(\varphi) = \left(c^* B \right)^{-\frac{1}{\gamma}} \tag{7.18}$$

Gilt dagegen, $\gamma < \beta$, dominiert der oben beschriebene Zinseffekt für hinreichend große Inflationsraten und es ergibt sich ein nichtmonotoner Verlauf des Geldschöpfungsgewinns in Abhängigkeit von φ. In diesem Fall existiert dann eine eindeutige positive Inflations-

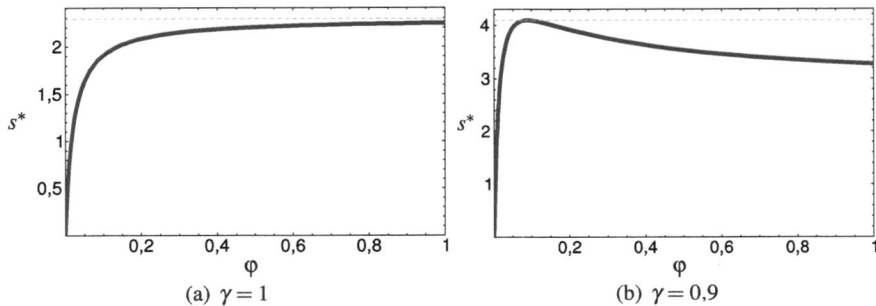

Abb. 7.3 Steady-State-Geldschöpfungsgewinn in Abhängigkeit von der Wachstumsrate der Geld-menge ($\beta = 0{,}98$, $B = 1$)

rate φ_{max}, die den Geldschöpfungsgewinn maximiert:

$$\varphi_{max} = \frac{\gamma(1 - \beta)}{\beta - \gamma} \tag{7.19}$$

Das mit dieser Wachstumsrate der Geldmenge bzw. Inflationsrate verbundene Niveau des Geldschöpfungsgewinns $s_{max} = s(\varphi_{max})$ gibt also das maximale Niveau an Staatsaus-gaben wieder, das sich über den Geldschöpfungsgewinn finanzieren ließe.

Abbildung 7.3 illustriert die geschilderten Zusammenhänge mit Hilfe eines spezifizier-ten Modells, für das neben der oben aufgeführten Nutzenfunktion die Produktionsfunktion $f(k_t) = k_t^\alpha$ unterstellt wurde. Für die Modellparameter gilt jeweils $\alpha = 0{,}34$, $\beta = 0{,}98$, $\delta = 0{,}025$ und $B = 1$. Mit $\gamma = 1$ ergibt sich der geschilderte monotone Zusammenhang zwischen φ und s^*. Die Obergrenze für s^* gemäß (7.18) ergibt sich in diesem Fall als $\varphi_{max} = 2{,}293$. Mit den hier vorgegebenen Parameterwerten ergibt sich $k^* = 21{,}124$ und damit ein Pro-Kopf-Einkommen $y^* = 2{,}821$. Diese – sicherlich nicht plausible – Para-metrisierung des Modells würde also bedeuten, dass sich der maximale Geldschöpfungs-gewinn auf ca. 81 % Pro-Kopf-Einkommens im Steady-State beläuft. Mit $\gamma = 0{,}9$ ergibt sich dagegen ein nicht-monotoner Zusammenhang zwischen φ und s^*. Die Obergrenze für s^* gemäß (7.19) ist in diesem Fall durch $\varphi_{max} = 4{,}096$ gegeben und wird bei einer Inflationsrate $\varphi_{max} = 0{,}089$ erreicht. Hier beliefe sich demzufolge der maximale Geld-schöpfungsgewinn auf ca. 145 % des Pro-Kopf-Einkommens im Steady-State.

Die auf das Pro-Kopf-Einkommen bezogenen Zahlen aus diesen Beispielen mögen wi-dersinnig erscheinen, sind aber der Tatsache geschuldet, dass bisher immer noch die An-nahme gilt, der Geldschöpfungsgewinn würde als Transfer an den repräsentativen Haus-halt zurückfließen. Eine im Rahmen der hier erfolgenden Diskussion plausiblere Annahme wäre dagegen, dass mit dem staatlichen Geldschöpfungsgewinn Ausgaben finanziert wer-den, die weder den Nutzen des repräsentativen Haushalts noch die Produktion beeinflus-sen. In diesem Fall müsste im bisher betrachteten Modell die Restriktion (7.8b) durch die folgende Gleichung ersetzt werden:

$$c_t + k_{t+1} = f(k_t) + (1 - \delta)k_t - \tau_t$$

Tab. 7.2
Geldschöpfungsgewinne und
Staatseinnahmen in % des BIP
in einigen EU-Ländern im
Durchschnitt der Jahre
1980–1995 bzw. im Jahr 1995
(aus Lange und Nolte (1997),
Eurostat)

	(1) Seigniorage (1980–1995)	(2) Staatseinnahmen (1995)	(3) (1)/(2) × 100
Belgien	0,12	47,6	0,26
Dänemark	0,50	56,4	0,89
Deutschland	0,43	45,4	0,95
Finnland	0,78	55,4	1,72
Frankreich	0,25	48,9	0,51
Griechenland	2,92	41,1	7,11
Großbritannien	0,20	37,2	0,54
Irland	0,61	38,7	1,58
Italien	1,22	44,8	2,72
Luxemburg	0,12	42,1	0,29
Niederlande	0,44	47,2	0,93
Österreich	0,42	50,4	0,83
Portugal	3,15	36,5	8,63
Schweden	0,65	57,6	1,13
Spanien	1,63	37,3	4,37

wobei τ_t die über den Geldschöpfungsgewinn finanzierten Staatsausgaben repräsentiert, für die folglich $\tau_t = s_t$ gilt. Im Steady-State ergibt sich dann aber mit $s^* = \tau^*$:

$$c^* = f\left(k^*\right) - \delta k^* - \tau^*$$

Die Restriktion $c^* > 0$ erfordet dann, dass $s^* < f(k^*) - \delta k^*$. Es gibt demnach noch eine weitere Restriktion, die die maximalen Staatsausgaben auf den Nettooutput beschränkt und damit das Niveau des Geldschöpfungsgewinns ebenfalls beschränkt. Im vorangegangenen Beispiel ergibt sich $s^* = 2{,}293$.

Tabelle 7.2 zeigt das Ausmaß der Geldschöpfungsgewinne in einigen EU-Ländern in den Jahren vor der Einführung des Euro. Bezogen auf das Bruttoinlandsprodukt fiel der Geldschöpfungsgewinn zwar größtenteils recht gering aus, bezogen auf die Staatseinnahmen zeigt sich jedoch, dass der Geldschöpfungsgewinn in einigen Ländern doch erheblich zur Finanzierung des Staatshaushaltes beigetragen hat.

7.4   Die Dynamik im monetären Sektor

7.4.1   Das monetäre Gleichgewicht

Wie oben gezeigt wurde, wird die Analyse der Dynamik im monetären Sektor des Sidrauski-Modells im Allgemeinen durch die Anpassungsdynamik im realen Sektor kompliziert. Zwar ist der reale Sektor vom monetären Sektor unabhängig, jedoch gibt es im Verlauf der Anpassungsdynamik Rückwirkungen vom realen Sektor auf die Geldnachfrage der Haushalte.

Dieses Problem lässt sich umgehen, wenn im Sidrauski-Modell von der Produktion von Gütern und der damit einhergehenden Kapitalakkumulation abstrahiert wird.[12] Infolgedessen wird im Weiteren unterstellt, dass die Haushalte in jeder Periode t über ein Realvermögen a_t verfügen, das sich nach Maßgabe eines exogenen und konstanten Zinssatzes $r_t = r$ verzinst. Für diesen Realzins soll gelten, dass $\beta(1 + r) = 1$. Bei ansonsten unveränderter Modellstruktur lautet das intertemporale Optimierungsproblem der Haushalte nunmehr:

$$\max_{\{c_t\}_{t=0}^{\infty}, \{x_t\}_{t=0}^{\infty}} \sum_{t=0}^{\infty} \beta^t \left(u(c_t) + v\left(x_t^d\right) \right)$$

$$\text{u. Nb.} \quad (1 + r)a_t + \tau_t + \frac{x_{t-1}^d}{1 + \pi_t} = a_{t+1} + c_t + x_t^d,$$

$$v_0 > 0, \qquad m_0 > 0$$

Aufgrund der über den Zinssatz getroffenen Annahmen ergibt sich aus der Keynes-Ramsey-Regel, dass $u'(c_t) = u'(c_{t+1})$ und folglich $c_t = c_{t+1} = c^*$ für alle t gilt. Die Geldnachfragefunktion (7.6) wird damit zu:

$$v'\left(x_t^d\right) = u'(c^*)\left(1 - \frac{1}{1 + \pi_{t+1}} \frac{1}{1 + r}\right) = u'(c^*)\left(1 - \frac{\beta}{1 + \pi_{t+1}}\right)$$

und im Geldmarktgleichgewicht mit $x_t^d = x_t$ für alle t muss folglich gelten, dass:

$$m_{t+1} = (1 + \varphi)m_t \tag{7.20a}$$

$$v'(m_{t+1}/p_t) = u'(c^*)\left(1 - \beta \frac{p_t}{p_{t+1}}\right) \tag{7.20b}$$

$$m_0 > 0$$

Aus diesen beiden Gleichungen lässt sich zunächst wieder das monetäre Gleichgewicht ableiten: Im monetären Gleichgewicht ist die Realkasse in allen Perioden konstant. Es gilt somit $x_t = x^*$ für alle t, was wiederum impliziert, dass $\varphi = \pi_t$ für alle t gilt. Die Inflationsrate entspricht demnach der Wachstumsrate der Geldmenge. Ist letzteres der Fall, ergibt sich aus der Geldnachfragefunktion, dass:

$$v'(x^*) = u'(c^*)\left(1 - \beta \frac{1}{1 + \varphi}\right)$$

---

[12]Alternativ könnte das oben abgeleitete Neutralitätsresultat genutzt werden. Da die Dynamik des realen Sektors unabhängig vom monetären Sektor ist, kann angenommen werden, dass $c_t = c^*$ und $k_t = k^*$ gilt mithin die Anpassung im realen Sektor abgeschlossen ist. Die weitere Analyse erfolgt dann analog der hier dargestellten.

Diese Gleichung erlaubt es zunächst, den Gleichgewichtswert x^* für die Realkasse zu ermitteln. Daraufhin lässt sich auch das anfängliche Preisniveau p_0 bestimmen, das zusammen mit der Geldmenge $m_1 = (1 + \varphi)m_0$ den Geldmarkt in Periode $t = 0$ räumt. Es ergibt sich $p_0 = (1 + \varphi)m_0/x^*$. Da die rechte Seite der obigen Gleichung im Zeitablauf konstant ist, und die reale Geldmenge ebenfalls konstant ist, ist dann der Geldmarkt auch in allen weiteren Perioden geräumt. Im monetären Gleichgewicht passt sich demzufolge das Preisniveau in der Ausgangsperiode so an, dass von dieser Periode an die Wachstumsrate der Geldmenge der Inflationsrate entspricht und die reale Kassenhaltung im Zeitablauf unverändert bleibt.

Damit können beispielsweise die Konsequenzen von Änderungen der Wachstumsrate der Geldmenge beschrieben werden: Eine dauerhafte (permanente) Erhöhung von φ in einer Periode t' impliziert wegen $v''(x) < 0$ beispielsweise, dass der Steady-State-Wert für x für alle $t \geq t'$ sinkt. Dies ist gleichbedeutend mit einem diskreten Anstieg des Preisniveaus in t'. Die Inflationsrate steigt für alle $t \geq t'$, so dass der Nominalzins ebenfalls steigt, da der Realzins aufgrund der Superneutralität des Geldes unverändert bleibt. Eine dauerhaft höhere Wachstumsrate der Geldmenge führt demnach zu einem dauerhaften Anstieg der Nominalzinsen. Ein ähnliches Resultat lässt sich bei einer lediglich transitorischen Änderung von φ (φ steigt in Periode t' und sinkt dann wieder auf das Ausgangsniveau ab) ableiten: Hier erfolgt eine einmalige Anpassung des Preisniveaus, wogegen zukünftige Inflationsraten und Nominalzinsen unverändert bleiben. Die beschriebene Dynamik von Inflationsrate und Nominalzins wird weiter unten noch im Rahmen der Analyse einer stochastischen Version des Sidrauski-Modells dargestellt werden. Das wichtige und bereits hier festzuhaltende Resultat ist allerdings, dass eine Expansion der Geldmenge bzw. eine Erhöhung der Wachstumsrate der Geldmenge in diesem Modell nicht mit einem (zumindest kurzfristigen) Sinken von Nominalzinsen verbunden ist. Letzteres ist jedoch die von der Geldpolitik im Allgemeinen intendierte Wirkung expansiver Geldpolitik und auch empirisch nicht unplausibel. Die Tatsache, dass das hier betrachtete monetäre Modell dies nicht abbilden kann, ist eine wesentliche Schwäche dieses Modells. Diese Schwäche ist unter anderem darauf zurückzuführen, dass das vorliegende Modell von vollkommener Preisflexibilität ausgeht, so dass eine sofortige Anpassung des Preisniveaus bzw. der Inflationsrate an eine veränderte Wachstumsrate der Geldmenge möglich ist. Dies erklärt dann auch, warum sich in der monetären Makroökonomik Modelle mit Preisrigiditäten – diese werden in Kap. 8 noch thematisiert – einer großen Beliebtheit erfreuen.[13]

7.4.2 Multiple Gleichgewichte, Bubbles und Hyperinflation

Dieses soeben beschriebene monetäre Gleichgewicht und der damit verbundene Zeitpfad $\{p_t\}_{t=0}^{\infty}$ für die Preise ist allerdings unter Umständen nicht die einzige Lösung des Modells,

---

[13] Alternativ zur Annahme rigider Preise kann dieser sogenannte Liquiditätseffekt einer Geldmengenvariation auch durch geeignete Modifikation von dynamischen Modellen mit flexiblen Preisen modelliert werden. Vgl. hierzu Walsh (1998, Chap. 5.3).

die mit rationalen Erwartungen bzw. vollkommener Voraussicht vereinbar ist. Im Fall der Existenz eines nicht-monetären Steady-State existieren unendlich viele solcher Zeitpfade für die Preise $\{p_t\}_{t=0}^{\infty}$. Dies lässt sich zeigen, indem die Geldnachfragefunktion (7.20b) im Gleichgewicht durch Einsetzen von (7.8d) folgendermaßen umformuliert wird:

$$x_{t+1} = \frac{1+\varphi}{\beta} x_t \left(1 - \frac{v'(x_t)}{u'(c^*)} \right)$$

$$\equiv h(x_t) \tag{7.21}$$

Es resultiert wieder die bereits oben in Abschn. 7.2 in Gl. (7.11) dargestellte Differenzengleichung. Für jeden beliebigen Anfangswert $x_0 > 0$ resultiert aus dieser Differenzengleichung ein Zeitpfad für die Realkasse, der ein Geldmarktgleichgewicht impliziert. Der zugehörige Preispfad lässt sich dann aus diesem Zeitpfad für die Realkasse ermitteln, da m_0 gegeben ist und bekannt ist, dass die Geldmenge mit der Rate φ wächst. Eine mögliche Lösung ist das gerade beschriebene monetäre Gleichgewicht $x_{t+1} = x_t = x^*$.

Es existieren allerdings noch weitere – um genau zu sein: unendlich viele – Zeitpfade für x_t, die Lösungen der Differenzengleichung (7.21) sind. Es sind zwar nicht alle dieser Lösungspfade mit einer Lösung des Modells unter rationalen Erwartungen bzw. vollkommener Voraussicht vereinbar, es kann aber sein, dass die Lösungsmenge nicht nur das monetäre Gleichgewicht umfasst.

Lösungspfade von (7.21), die mit rationalen Erwartungen vereinbar sind, müssen zusätzlich die Transversalitätsbedingung

$$\lim_{T \to \infty} \left(\frac{1}{1+r} \right)^T (a_{T+1} + x_T) = 0 \tag{7.22}$$

erfüllen. Diese Transversalitätsbedingung verlangt wie üblich, dass das anfängliche Vermögen zuzüglich dem erwarteten Gegenwartswert zukünftigen Einkommens dem Gegenwartswert der Konsumausgaben und der Realkasse entspricht.

Die Eigenschaften der Differenzengleichung (7.21) hängen – wie bereits oben bei der Analyse der Eindeutigkeit des monetären Gleichgewichts gezeigt wurde – entscheidend von den Annahmen ab, die über die Nutzenfunktion $v(x_t)$ der Haushalte getroffen werden. Es soll hier zunächst der Fall betrachtet werden, in dem für diese Nutzenfunktion Folgendes gilt:

$$\lim_{x \to 0} x v'(x) > 0 \tag{7.23}$$

Diese Bedingung ist beispielsweise dann erfüllt, wenn $v(x) = \frac{1}{1-\gamma} x^{1-\gamma}$ mit $\gamma > 1$ bzw. $v(x) = \ln x$ gilt.[14] Sofern $v(x) = \ln x$ gilt, nimmt die Differenzengleichung zudem die einfache lineare Form $x_{t+1} = \frac{1+\varphi}{\beta} x_t - \frac{1+\varphi}{\beta} \frac{1}{u'(c^*)}$ an.

---

[14]Im erstgenannten Fall ergibt sich $x v'(x) = x^{1-\gamma}$ und folglich wegen $\gamma > 1$, dass $\lim_{x \to 0} x v'(x) = \infty$. Im Fall $v(x) = \ln x$ dagegen resultiert $x v'(x) = 1$ für alle $x > 0$.

Abb. 7.4 Eindeutiges
monetäres Gleichgewicht

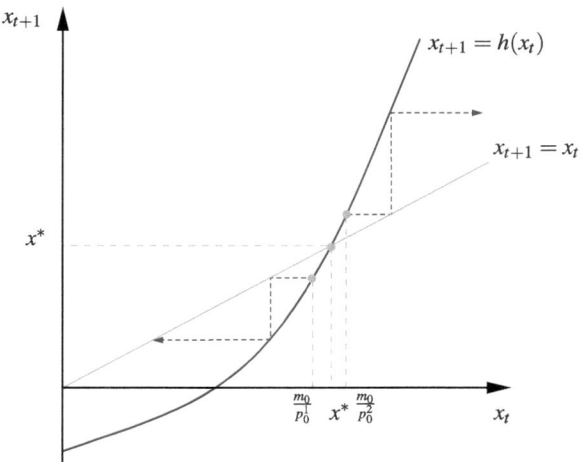

In diesem Fall ergibt sich aus der Differenzengleichung (7.21) das in Abb. 7.4 darge-stellte Phasendiagramm. Die einzige Steady-State-Lösung ist in diesem Fall das monetäre Gleichgewicht. Dieses Gleichgewicht ist darüber hinaus instabil: Weicht der Anfangswert für die Realkasse vom monetären Steady-State x^* ab, ergeben sich divergierende Zeitpfade für die Realkasse. Zwei solche divergierenden Zeitpfade sind in Abb. 7.4 dargestellt. Sie ergeben sich immer dann, wenn das anfängliche Preisniveau p_0 vom entsprechenden An-fangswert $(1 + \varphi)m_0/x^*$ im monetären Gleichgewicht abweicht.

Die Frage ist nun, ob diese divergierenden Zeitpfade ebenfalls als ökonomisch plau-sible Lösungen des Modells angesehen werden können. Dazu wird zunächst der Fall $x_0 > x^*$ betrachtet. Ein solcher Anfangswert bedeutet, dass das anfängliche Preisniveau p_0 geringer als im monetären Gleichgewicht ist (vgl. p_0^2 in Abb. 7.4) und impliziert, dass die Realkasse mit immer größerer Rate wächst. Die Konsequenz ist eine Hyperdeflation: Ein solcher Pfad erfordert nicht nur, dass die Preise schneller sinken als die Geldmenge wächst, sondern auch, dass die Inflationsrate fortlaufend sinkt. Es lässt sich zeigen, dass solche Zeitpfade für die Realkasse bzw. für die Preise die oben angegebene Transversa-litätsbedingung verletzen.[15] Gilt dagegen $x_0 < x^*$, ist also das anfängliche Preisniveau höher als im monetären Gleichgewicht (vgl. p_0^1 in Abb. 7.4) , so wird x_{t+1} in endlicher Zeit negativ, was als ökonomisch unsinnig ausgeschlossen werden kann. Es ergibt sich demnach, dass lediglich das instabile, monetäre Gleichgewicht x^* als Lösung des Mo-

---

[15] Auf den recht mühsamen Beweis wird hier verzichtet. Er findet sich beispielsweise bei Obst-feld und Rogoff (1996, Chap. 8.3). Im Fall $v(x) = \ln x$ ergibt sich als asymptotische Wachs-tumsrate für die Realkasse, dass $\lim_{t\to\infty} \frac{x_{t+1}}{x_t} - 1 = \frac{1+\varphi-\beta}{\beta}$. Wegen $\beta(1 + r) = 1$ gilt zudem $\lim_{t\to\infty}(\frac{1}{1+r})^t x_t = \lim_{t\to\infty} \beta^t x_t$. Wächst nun x_t asymptotisch mit der Rate $\frac{1+\varphi-\beta}{\beta}$ gilt $\beta^t x_t \approx \beta^t(\frac{1+\varphi}{\beta})^t$ und die Transversalitätsbedingung ist nicht erfüllt, sofern $\varphi > 0$ gilt.

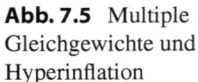
Abb. 7.5 Multiple
Gleichgewichte und
Hyperinflation

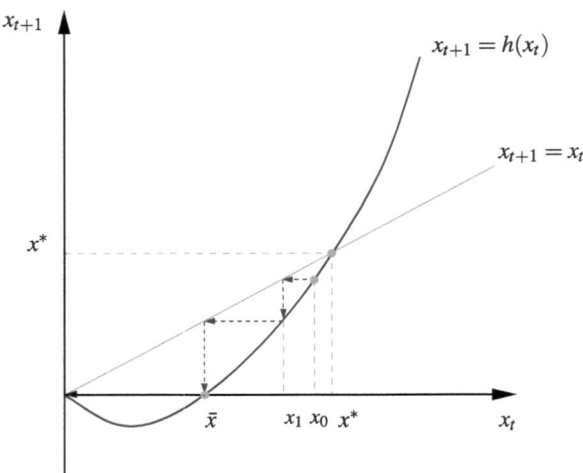

dells in Frage kommt. Nur ein einziger Preispfad – derjenige, der mit $p_0 = (1 + \varphi)m_0/x^*$ beginnt und die konstante Inflationsrate φ aufweist – erfüllt somit für alle t die Gleichgewichtsbedingungen des Modells einschließlich der Transversalitätsbedingung. Es existiert demnach unter rationalen Erwartungen bzw. vollkommener Voraussicht eine eindeutige Lösung des Modells. Im Zusammenhang mit rationalen Erwartungsgleichgewichten bzw. Gleichgewichten bei vollkommener Voraussicht wird diese Lösung – das sogenannte monetäre Gleichgewicht – auch als determiniertes Gleichgewicht bezeichnet, da alle in der Umgebung dieses Gleichgewichts beginnenden Zeitpfade für die Realkasse divergieren.

Es soll nun der Fall betrachtet werden, in dem gilt, dass:

$$\lim_{x \to 0} x v'(x) = 0 \qquad (7.24)$$

Diese Bedingung ist beispielsweise dann erfüllt, wenn die Nutzenfunktion $v(x)$ durch $v(x) = \frac{1}{1-\gamma} x^{1-\gamma}$ mit $\gamma < 1$ gegeben ist.

In diesem Fall ergibt sich aus der Differenzengleichung (7.21) das in Abb. 7.5 dargestellte Phasendiagramm.[16] Nach wie vor ist das monetäre Gleichgewicht x^* instabil – also ein determiniertes Gleichgewicht – und ebenso wie oben können auch in diesem Fall hyperdeflationäre Zeitpfade für das Preisniveau mittels der Transversalitätsbedingung ausgeschlossen werden. Im Gegensatz zum oben betrachteten Fall existiert nunmehr jedoch ein weiteres Gleichgewicht im Ursprung, denn es gilt $h(0) = 0$. Dies bedeutet, dass ein unendlich hohes Preisniveau und eine dementsprechende Realkasse von Null ein Gleichgewicht des Modells darstellen. In einem solchen nichtmonetären Gleichgewicht ist Geld

---

[16]Es gilt $h(0) = 0$ und $\lim_{x \to \infty} h(x) = \infty$. Darüber hinaus existiert ein eindeutiges $\bar{x}$ für das $v'(\bar{x}) = u'(c^*)$ und mithin $h(\bar{x}) = 0$ gilt. Daher existiert ein Bereich positiver Realkassen $0 < x < \bar{x}$, in dem $h(x)$ negativ wird.

letztendlich wertlos: Niemand ist bereit Geld zu halten, im Austausch für Geld können – bei unendlichem Preisniveau – keine Güter erworben werden und der Gütertausch findet letztlich als Realtausch statt.

Ausgehend von diesem stationären Gleichgewicht lassen sich durch die Umkehr der Dynamik der Differenzengleichung (7.21) Anfangswerte für die Realkasse finden, die gegen dieses nichtmonetäre Gleichgewicht konvergieren. In Abb. 7.5 sind mit x_0 und x_1 zwei solche Anfangswerte dargestellt und mit Hilfe des Anfangswertes m_0 für die Geldmenge ließe sich hieraus der jeweilige zugehörige Anfangswert p_0 für das Preisniveau ermitteln. Beim nichtmonetären Gleichgewicht handelt es sich demnach um ein indeterminiertes Gleichgewicht – es existieren Anfangswerte $x_0 \neq 0$ für die Realkasse, die gegen dieses nichtmonetäre Gleichgewicht konvergieren und ebenfalls mit rationaler Erwartungbildung bzw. vollkommener Voraussicht vereinbar sind.

Diese Anfangswerte haben zur Folge, dass das Preisniveau kontinuierlich steigt, bis in einer endlichen Periode $t' - 1$ schließlich der Fall eintritt, dass $v'(x_{t'-1})/u'(c^*) = 1$ gilt. Folglich ergibt sich in Periode t' ein unendliches Preisniveau $p'_t = \infty$ und der nichtmonetäre Steady-State ist erreicht. Geld ist von Periode t' an wertlos. Obwohl die Wirtschaftssubjekte dies voraussehen – schließlich handelt es sich um eine Lösung bei rationalen Erwartungen – sind sie doch bereit bis zur Periode $t' - 1$ Geld bzw. positive Realkasse zu halten, da es Transaktionsnutzen erbringt.

Insgesamt bedeutet dies, dass unter der oben genannten Bedingung (7.24) im Sidrauski-Modell neben dem monetären Gleichgewicht weitere Gleichgewichte existieren: Zum einen das nichtmonetäre Gleichgewicht, in dem Geld von Beginn an wertlos ist, zum anderen ebenfalls durch Hyperinflation gekennzeichnete Gleichgewichte, die gegen dieses nichtmonetäre Gleichgewicht konvergieren. In einem solchen Fall genügt die Hypothese rationaler Erwartungbildung demnach allein nicht, ein eindeutiges Gleichgewicht auszuwählen. Es liegen multiple rationale Erwartungsgleichgewichte vor, da mehrere Zeitpfade für das Preisniveau existieren, die für alle t mit den Gleichgewichtsbedingungen des Modells vereinbar sind.

Welcher Art die rationalen Erwartungsgleichgewichte im Sidrauski-Modell sind, hängt somit von den Eigenschaften der Nutzenfunktion der Haushalte ab. Wie Obstfeld und Rogoff (1996, Chap. 8) zeigen ist $\lim_{x \to 0} v(x) = -\infty$ eine notwendige (aber nicht hinreichende) Bedingung für $\lim_{x \to 0} x v'(x) > 0$ – also für die Existenz eines eindeutigen Gleichgewichts. Diese Bedingung generell als erfüllt zu erachten ist jedoch insofern problematisch, als sie impliziert, dass keine endliche Konsummenge den Haushalt dafür entschädigen kann, keine Realkasse zu halten. Die Existenz multipler Gleichgewichte ist also keineswegs unter völlig unplausiblen Annahmen gegeben.

Sofern stoffwertloses Geld ohne intrinsischen Wert betrachtet wird und die Präferenzen der Wirtschaftssubjekte dergestalt sind, dass diese auch durchaus ohne Geld leben können (letzteres ist die Aussage der oben genannten Bedingung), ist es ohne weiteres nicht möglich Hyperinflationen auszuschließen. Hierzu wäre es erforderlich, die Preiserwartungen der Wirtschaftssubjekte in irgendeiner Form zu koordinieren, was beispielsweise dadurch ermöglicht werden kann, dass eine Golddeckung der Währung eingeführt wird.

Zu beachten ist darüber hinaus, dass der nichtmonetäre Steady-State zwar eine Gleichgewichtslösung des Modells sein kann, diese jedoch nicht effizient ist: Da der Konsum im monetären wie im nichtmonetären Gleichgewicht identisch ist, ergibt sich bei abnehmendem Grenznutzen der Realkassenhaltung im monetären Steady-State ein höheres Nutzenniveau. Gleiches gilt selbstverständlich auch für die Gleichgewichtspfade, die gegen den nichtmonetären Steady-State konvergieren.

7.4.3 Zinsregeln und die Indeterminiertheit des monetären Gleichgewichts

Während für die Existenz multipler Gleichgewichte im Rahmen der gerade erfolgten Analyse die Nutzenfunktion von besonderer Bedeutung ist, können diese aber ebenso auch andere Ursachen haben. Welche Bedeutung die geldpolitischen Konzeption hierbei hat, soll im Folgenden anhand eines sehr einfachen Beispiels demonstriert werden.

Bisher wurde angenommen, dass sich die Geldpolitik im Modell durch die Festlegung einer Wachstumsrate für die Geldmenge äußert. Friedman folgend könnte dies die Politik einer Zentralbank beschreiben, die eine Geldmengensteuerung betreibt und einer strikten Geldmengenregel folgt. Im monetären Gleichgewicht wird der Nominalzins dann endogen und simultan mit der Inflationsrate (vgl. Gl. (7.8c)) bestimmt. Alternativ – und im Hinblick auf das beobachtbare Verhalten von Zentralbanken nicht ganz unplausibel – könnte jedoch auch angenommen werden, dass die Zentralbank über ihr geldpolitisches Instrumentarium den Nominalzins direkt steuert. Dies wird entsprechend als Zinssteuerung bezeichnet.

Es soll nun angenommen werden, dass die Zentralbank im hier betrachteten Modell eine Zinssteuerung betreibt, wobei zur Vereinfachung zudem angenommen werden soll, die verwendete Zinsregel bestehe in einer Fixierung des Nominalzinssatzes auf dem Niveau $\bar{i}$. Im Fall einer solchen Zinssteuerung ist der Nominalzins eine exogene Modellvariable, wogegen die Geldmenge zu einer endogenen Variablen wird: Die Geldmenge passt sich so an bzw. wird so angepasst, dass die Geldnachfrage des repräsentativen Haushalt beim gegebenen Nominalzins befriedigt wird.

Die (7.20a) und (7.20b) entsprechenden Bedingungen für ein Geldmarktgleichgewicht lauten dann:

$$i_t = \bar{i} \qquad\qquad\qquad (7.25a)$$

$$v'(m_{t+1}/p_t) = u'(c^*)\left(\frac{i_t}{1 + i_t}\right) \qquad\qquad (7.25b)$$

Wird angenommen, dass die verwendete Zinsregel den Zins exakt auf dem Niveau fixiert, der im oben beschriebenen monetären Gleichgewicht resultiert, gilt $\bar{i} = (1 + \varphi)/\beta - 1$. Wenn dies der Fall ist, folgt aus (7.25b) eine eindeutige Lösung für die Realkasse $x^* = x_t$ in allen Perioden $t = 0, 1, \ldots$ und diese Lösung entspricht dann annahmegemäß dem oben beschriebenen monetären Gleichgewicht im Fall der Geldmengenregel. Zudem ist aufgrund der Fisher-Gleichung die Inflationsrate eindeutig bestimmt – es gilt $\pi_t = \varphi$ für alle t.

Während damit für alle t das Verhältnis $m_{t+1}/p_t = x^*$ bestimmt ist, sind die Zeit-pfade für die nominale Geldmenge und das Preisniveau bei einer solchen Zinsregel nicht eindeutig bestimmt: Für jeden beliebigen Anfangswert p_0 kann mittels der Inflationsrate $\pi_t = \pi^*$ die resultierende Preisfolge $\{p_t\}_{t=0}^{\infty}$ ermittelt werden. Daraus ergibt sich dann ein entsprechender Zeitpfad für die Geldmenge $\{m_{t+1}\}_{t=0}^{\infty}$, da $m_{t+1} = x^* p_t$ gilt. Eine solche Zinsregel führt demnach im Gegensatz zur oben analysierten Geldmengenregel dazu, dass das Gleichgewicht im monetären Sektor indeterminiert ist.

Diese Indeterminiertheit betrifft hierbei nur monetäre Variablen – genau gesagt: lediglich das Preisniveau –, wogegen die Realkasse x_t nach wie vor eindeutig bestimmt ist. Man könnte daher der Meinung sein, dass das soeben beschriebene Problem nicht sonderlich bedeutsam ist: Sobald ein anfängliches Preisniveau bestimmt ist, löst sich diese Indeterminiertheit auf, die zudem für den resultierenden Nutzen des repräsentativen Haushalts ohne jede Relevanz ist.

Allerdings können in allgemeineren Modellzusammenhängen auch solche Indeterminiertheiten auftreten, die den realen Sektor betreffen und damit wohlfahrtsrelevant sind. Von besonderem Interesse aus Sicht der Geldpolitik sind dabei Indeterminiertheiten, deren Auftreten an mit bestimmte geldpolitische Regeln geknüpft ist. Solche Regeln sollten dann – um daraus resultierenden Koordinationsprobleme bezüglich der Erwartungen der Wirtschaftssubjekte und mögliche adverse Wohlfahrtseffekte zu vermeiden – nicht zur Anwendung kommen. Stattdessen sollten Regeln verwendet werden, bei denen davon ausgegangen werden kann, dass durch diese keine Indeterminiertheiten verursacht werden. Es ist – nur damit durch das hier verwendete Beispiel kein falscher Eindruck erzeugt wird – auch keineswegs so, dass die hier verwendete spezifische Zinsregel bzw. Zinsregeln im Allgemeinen zu solchen Problemen führen und Geldmengenregeln unproblematisch sind. Im nachfolgenden Kapitel wird dies noch ausführlicher dargestellt werden.

7.5   Verteilungseffekte

Vor dem Hintergrund der in Abschn. 4.2 erfolgten Analyse lassen sich auch die Verteilungseffekte, die durch eine Änderung der Wachstumsrate der Geldmenge hervorgerufen werden, analysieren. Die Aggregation individueller Entscheidungsregeln zu derjenigen eines repräsentativen Haushalts setzt abermals voraus, dass die individuellen Präferenzen gewissen Bedingungen genügen. Im vorliegenden Fall bedeutet dies, dass die Periodennutzenfunktionen aller Individuen bezüglich Konsum und Realkasse identisch und homothetisch sein müssen. Wird wieder ein Kontinuum von Individuen $[0, 1]$ betrachtet, muss somit für alle $j \in [0, 1]$ gelten, dass $\mathscr{U}(c(j)_t, x(j)_t) = U(g(c(j)_t, x(j)_t))$, wobei $g(c, x)$ linear homogen und U eine monoton wachsende Funktion ist. Hier soll wieder die bereits bei der Analyse der Wohlfahrtseffekte der Inflation analysierte Nutzenfunktion (7.12) unterstellt werden:

$$\mathscr{U}(c_t, x_t) = \frac{1}{1-\rho}\left(c_t^{\eta} x_t^{1-\eta}\right)^{1-\rho} \tag{7.26}$$

Wie bereits oben dargestellt, impliziert diese Nutzenfunktion, dass Realkasse und Konsum in jeder Periode proportional zueinander sind:

$$x(j)_t = c(j)_t \frac{1-\eta}{\eta} \frac{1+i_t}{i_t} = c(j)_t X(i_t) \tag{7.27}$$

Da dem Staat im Sidrauski-Modell durch das Geldmengenwachstum Einnahmen zufließen, ist es notwendig zu spezifizieren, wie sich die staatlichen Transfers des Geldschöpfungsgewinns auf individueller Ebene niederschlagen. Bisher wurde angenommen, dass der Geldschöpfungsgewinn als Pauschaltransfer an die Individuen zurückfließt. Hier soll dagegen angenommen werden, dass der Geldschöpfungsgewinn für Staatsausgaben verwendet wird, die weder den Nutzen der Wirtschaftssubjekte noch die Produktivität beeinflussen.[17] Damit werden eventuelle Effekte auf die individuelle Wohlfahrt, die durch die Verwendung bzw. Umverteilung des Geldschöpfungsgewinns hervorgerufen werden, aus der Analyse ausgeblendet.

Es gilt dann $\tau(j)_t = 0$ für alle t und alle i und die individuelle Budgetrestriktion lautet:

$$R_t k(j)_t + w_t + \frac{m(j)_t}{p_t} = c(j)_t + k(j)_{t+1} + \frac{m(j)_{t+1}}{p_t}$$

Wird aus dieser Gleichung durch wiederholtes Einsetzen die intertemporale Budgetrestriktion konstruiert, so ergibt sich mit $Q_t = \prod_{j=1}^{t} R_j$ Folgendes:

$$R_0 k(j)_0 + w_0 + \sum_{t=1}^{\infty} \frac{w_t}{Q_t} + \frac{m(j)_0}{p_0} = c(j)_0 + \sum_{t=1}^{\infty} \frac{c(j)_t}{Q_t} - \frac{m(j)_1}{p_0} \left(\frac{1}{(1+\pi_1)R_1} - 1 \right)$$

$$- \sum_{t=1}^{\infty} \frac{m(j)_{t+1}}{p_t} \left(\frac{1}{(1+\pi_{t+1})R_{t+1}} - 1 \right) \frac{1}{Q_t}$$

Wird nun die in (7.27) aufgeführte Beziehung zwischen $x(j)_t$ und $c(j)_t$ genutzt, wird diese Restriktion wegen $(1+\pi_t)R_{t+1} = 1 + i_t$ zu:

$$R_0 k(j)_0 + w_0 + \sum_{t=1}^{\infty} \frac{w_t}{Q_t} + \frac{m(j)_0}{p_0} = c(j)_0 \left(1 + X(i_0) \left(\frac{i_0}{1+i_0} \right) \right)$$

$$+ \sum_{t=1}^{\infty} \frac{c(j)_t}{Q_t} \left(1 + X(i_t) \left(\frac{i_t}{1+i_t} \right) \right)$$

---

[17]Es könnte auch angenommen werden, dass jedes Individuum seinen individuellen Beitrag zum Geldschöpfungsgewinn als Pauschaltransfer erhält, so dass $\tau(j)_t = \frac{m(j)_{t+1}-m(j)_t}{p_t}$ für alle t. In diesem Fall wäre die Analyse sehr einfach und nahezu identisch zu derjenigen aus Abschn. 4.2. Bezüglich der Verteilungseffekte von Inflation führen beide Fälle aber letztlich zum gleichen Ergebnis.

Mit $1 + X(i_t)(\frac{i_t}{1+i_t}) = Z(i_t)$ kann diese Restriktion dann etwas übersichtlicher wie folgt formuliert werden:

$$R_0 k(j)_0 + w_0 + \sum_{t=1}^{\infty} \frac{w_t}{Q_t} + \frac{m(j)_0}{p_0} = c(j)_0 Z(i_0) + \sum_{t=1}^{\infty} \frac{c(j)_t Z(i_t)}{Q_t} \tag{7.28}$$

Die Nutzenfunktion (7.26) und Gl. (7.27) implizieren nun, dass die Euler-Gleichung eines jeden Haushalts die folgende Form besitzt:

$$c(j)_t^{-\rho} X(i_t)^{(1-\eta)(1-\rho)} = \beta R_{t+1} c(j)_{t+1}^{-\rho} X(i_{t+1})^{(1-\eta)(1-\rho)} \tag{7.29}$$

Vor dem Hintergrund der Analyse in Abschn. 4.2 können aus (7.28) und (7.29) damit die folgenden Schlussfolgerungen gezogen werden: Ausgehend von einer beliebigen Ausgangsverteilung von Kapital und Geld über die Individuen bleibt die Konsumverteilung im Zeitablauf konstant, das heißt es gilt $c(j)_t/c(j)_t = c(j)_{t+1}/c(j)_{t+1}$ für alle t und alle i und j. Wegen (7.27) bedeutet dies aber auch, dass die Verteilung der Realkassenbestände über die Wirtschaftssubjekte hinweg im Zeitablauf unverändert bleibt. Diese Verteilung wird über die anfängliche Verteilung von Kapital und Geld über die Individuen determiniert und passt sich in der ersten Periode an diese stationäre Verteilung an. Wie im Modell aus Abschn. 4.2 ist die Verteilung des Kapitals über die Individuen hinweg im Zeitablauf dagegen nicht stationär.

Soll eine Steady-State-Lösung des Sidrauski-Modells zum Ausgangspunkt der Analyse gemacht werden, kann die Verteilung des Geldes nicht unabhängig von derjenigen des Kapitals sein. Dies lässt sich folgendermaßen zeigen: Gilt im Steady-State $k(j)^* = a(j)k^*$, so folgt aus (7.27) und der Budgetbeschränkung, dass

$$\left(R^* - 1\right)a(j)k^* + w^* + x(j)^* \frac{1}{1+\varphi} = c(j)^* + x(j)^*$$

$$\Leftrightarrow \quad c(j)^* \left(1 + X(i^*) \frac{\varphi}{1+\varphi}\right) = \left(R^* - 1\right)a(j)k^* + w^*$$

Wenn aber die Verteilung des Geldes über die Individuen hinweg stationär sein soll, muss $b(j) \equiv m(j)_t/m_t = x(j)_t/x_t = x(j)^*/x^* = c(j)^*/c^*$ gelten. Daher muss in einem stationären Gleichgewicht $b(j)$ der folgenden Gleichung genügen:

$$b(j) = b\big(a(j)\big) = \left(\frac{m(j)}{m}\right)^* = \frac{(R^* - 1)a(j)k^* + w^*}{(R^* - 1)k^* + w^*} \tag{7.30}$$

Auf der Grundlage von (7.30) lassen sich Aussagen über die Anteile, die Kapital und Realkasse am Gesamtvermögen eines Individuums ausmachen, ableiten. Wird der Portfolioanteil des Geldes mit $\xi(j)_t$ bezeichnet, so dass:

$$\xi(j)_t = \frac{\frac{m(j)_t}{p_t}}{k(j)_t + \frac{m(j)_t}{p_t}},$$

Abb. 7.6 Portfolioanteile im Steady-State ($\beta = 0{,}98$, $\eta = 0{,}97$, $\alpha = 0{,}3$, $\rho = 2$, $\delta = 0{,}1$)

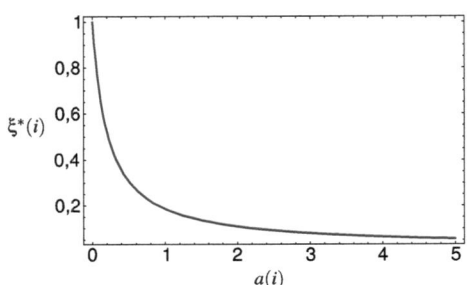

ergibt sich im Steady-State:[18]

$$\xi(j)^* = \frac{((R^* - 1)a(j)k^* + w^*)\frac{x^*}{1+\varphi}}{((R^* - 1)k^* + w^*)a(j)k^* + ((R^* - 1)a(j)k^* + w^*)\frac{x^*}{1+\varphi}}, \tag{7.31}$$

Dies bedeutet, dass $\xi(j)^*$ mit steigendem $a(j)$ sinkt – vermögendere Individuen halten also einen geringeren Anteil ihres Vermögens in Form von Geld. Für $a(j) = 0$ ergibt sich zwangsläufig, dass $x(j)^* = 1$ und für $a(j) \to \infty$ konvergiert $\xi(j)^*$ gegen $\frac{(R^*-1)\frac{x^*}{1+\varphi}}{(R^*-1)k^*+w^*+(R^*-1)\frac{x^*}{1+\varphi}}$.[19] Abbildung 7.6 zeigt den Verlauf von $\xi(j)^*$ in Abhängigkeit von $a(j)$ für ein spezifiziertes Modell.

Für den Lebensnutzen $U(j)_0 = \sum_{t=0}^{\infty} \beta^t \mathscr{U}(c(j)_t, x(j)_t)$ eines beliebigen Individuums gilt wieder wie in Abschn. 4.2, dass $U(j)_0 = \kappa(j)U_0$, wobei U_0 den entsprechenden Lebensnutzen des repräsentativen Haushalts bezeichnet. In Analogie zu Gl. (4.31) ist $\kappa(j)$ ist im vorliegenden Modell gegeben durch:

$$\kappa(j) = \frac{R_0 a(j)k_0 + w_0 + \mathscr{W}_0 + b(j)\frac{m_0}{p_0}}{R_0 k_0 + w_0 + \mathscr{W}_0 + \frac{m_0}{p_0}} \tag{7.32}$$

Hierbei repräsentiert $\mathscr{W}_0$ wieder den Gegenwartswert zukünftiger Lohneinkommen, das heißt $\mathscr{W}_0 = w_1/R_1 + w_2/(R_1 R_2) + \cdots$. Nehmen wir nun an, dass sich ausgehend von einem Steady-State mit einer gegebenem Verteilung des Kapitals über die Individuen – und einer entsprechenden stationären Verteilung des Geldes gemäß (7.30) – die Wachstumsrate der Geldmenge bzw. die Inflationsrate verändert. Es bezeichnen k^*, R^* und w^* die entsprechenden Steady-State-Werte für den Kapitalstock, den Realzinsfaktor und den Reallohn im Steady-State mit der ursprünglichen Inflationsrate φ. Aufgrund der Superneutralität des Geldes bleiben diese Werte unverändert, sollte sich die Inflationsrate ändern. Ist x^* die

---

[18] Im Steady-State gilt $\frac{m_L}{p_t} = \frac{x^*}{1+\varphi}$. Wegen $x(j)^* = b(j)x^*$ ergibt sich unter Verwendung von (7.30) aus $\xi(j)^* = \frac{x(j)^*}{k(j)^*+x(j)^*}$ Gl. (7.31).

[19] Für den repräsentativen Haushalt mit $a(j) = 1$ resultiert naheliegenderweise, dass $\xi(j)^* = \frac{\frac{x^*}{1+\varphi}}{k^*+\frac{x^*}{1+\varphi}}$.

Realkasse im Steady-State mit der Inflationsrate φ, gilt dann $m_t/p_t = x^*/(1+\varphi)$. Nehmen wir schließlich noch an, dass die Inflationsrate auf das Niveau φ^{**} ansteigt, wodurch die Realkasse auf den neuen Steady-State-Wert x^{**} absinkt. Wenn Δ der resultierende Wohlfahrtseffekt für den repräsentativen Haushalt ist, ergibt sich für ein beliebiges Individuum i hier wie bereits oben in Abschn. 4.2, dass:

$$\Delta(j) = \frac{\kappa'(j)}{\kappa(j)}(\Delta + 1) - 1,$$

wobei $\kappa(j)$ und $\kappa'(j)$ gemäß (7.32) nunmehr folgendermaßen gegeben sind:

$$\kappa(j) = \frac{R^*a(j)k^* + w^* + \mathscr{W}^* + b(a(j))\frac{x^*}{1+\varphi}}{R^*k^* + w^* + \mathscr{W}^* + \frac{x^*}{1+\varphi}} \tag{7.33a}$$

$$\kappa'(j) = \frac{R^*a(j)k^* + w^* + \mathscr{W}^* + b(a(j))\frac{x^{**}}{1+\varphi^{**}}}{R^*k^* + w^* + \mathscr{W}^* + \frac{x^{**}}{1+\varphi^{**}}} \tag{7.33b}$$

Der Wohlfahrtseffekt von Inflation für den repräsentativen Haushalt ist bereits oben ermittelt worden. Mit Hilfe von (7.30) sowie (7.33a) und (7.33b) können nun auch die Verteilungseffekte analysiert werden. Der wesentliche Punkt hierbei ist nun, dass (7.30) $\kappa(j) = \kappa'(j) = \frac{(R^*-1)a(j)k^*+w^*}{(R^*-1)k^*+w^*}$ impliziert.[20] Es gilt somit $\Delta(j) = \Delta$ für alle i. Die relativen – gemessen am individuellen Konsum im Steady-State – Wohlfahrtseffekte der Inflation sind somit unabhängig von der Vermögensverteilung für alle Individuen gleich. Der Grund dafür ist einfach zu sehen: Alle Individuen halten Realkasse in einem identischen Verhältnis zu ihrem Konsum. Sinkt nun die Realkasse durch Inflation für alle Individuen im gleichen Verhältnis resultiert daraus auch ein identischer relativer Konsumverlust. So gesehen wirkt die Inflation in diesem Modell ganz so wie eine Konsumsteuer mit zeitlich konstantem Steuersatz.[21]

Umgerechnet in absolute Größen bedeutet dieses Resultat aber, dass vermögende Individuen – solche mit relativ großem $a(j)$ –, die einen entsprechend hohen Konsum aufweisen in absoluten Größen auch die größeren Verluste durch Inflation erleiden. Abbildung 7.7 illustriert dies anhand eines spezifizierten Modells. Ein Anstieg der Inflationsrate von 2 % auf 4 % resultiert in diesem Modell in einem Wohlfahrtsverlust für den repräsentativen Haushalt, der ca. 1,7 % des Konsums im Steady-State entspricht.[22] Bezogen auf den eigenen Konsum ist dies auch der entsprechende Wohlfahrtsverlust für alle übrigen Individuen.

---

[20]Es gilt $\mathscr{W}^* = w^*/(R^* - 1)$. Wird die zusammen mit dem Ausdruck für $b(a(j))$ gemäß (7.30) in die entsprechenden Ausdrücke für $\kappa(j)$ bzw. $\kappa'(j)$ eingesetzt, folgt dieses Resultat nach einigen Umformungen.

[21]Soll also ein gegebenes Niveau staatlicher Ausgaben finanziert werden, ist es unter Wohlfahrtsaspekten – auch hinsichtlich deren Verteilung – vollkommen unerheblich, ob diese über den Geldschöpfungsgewinn oder eine Konsumsteuer finanziert werden.

[22]Dieser Effekt ist größer als derjenige, der in Abschn. 7.3 abgeleitet wurde, da dort ein Transfer des Geldschöpfungsgewinns an die Haushalte unterstellt wurde. Vgl. dazu auch Fußnote 10 auf S. 207.

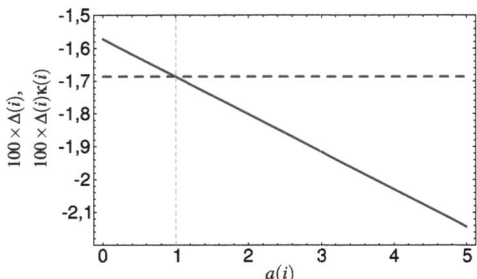

Abb. 7.7 Disaggregierte Wohlfahrtseffekte eines Anstiegs der Inflationsrate $\varphi = 0,02 \rightarrow \varphi^{**} = 0,04$ (Die Modellparameter sind $\beta = 0,98$, $\eta = 0,97$, $\alpha = 0,3$, $\rho = 2$ und $\delta = 0,1$. Die *gestrichelte Kurve* zeigt die Relation zum eigenen Konsum; die *durchgezogene Kurve* zeigt die Relation zum Durchschnittskonsum)

Bezogen auf den Durchschnittskonsum ergeben sich von daher dann überdurchschnittliche Wohlfahrtsverluste, wenn das Vermögen des Individuums über dem Durchschnitt liegt.[23]

Wird zusätzlich noch Heterogenität bezüglich der Arbeitsproduktivität $\chi(j)$ zugelassen, bleiben die auf den individuellen Konsum bezogenen Wohlfahrtseffekte ($\Delta(j)$) unverändert. Bezogen auf den Durchschnittskonsum ändern sich die hier dargestellten Verteilungseffekte dahingehend, dass Individuen mit geringerer Produktivität ceteris paribus geringere Wohlfahrtsverluste erleiden. Dies bedeutet, dass bezogen auf den Durchschnittskonsum insgesamt einkommensarme Individuen (geringes $a(j)$ und $\chi(j)$) durch Inflation geringere Wohlfahrtsverluste erleiden als einkommensreiche (hohes $a(j)$ und/oder hohes $\chi(j)$).

Was bei der hier erfolgten Verteilungsanalyse gänzlich vernachlässigt wurde, sind eventuelle Wohlfahrtseffekte, die durch die Verwendung des staatlichen Geldschöpfungsgewinns ausgelöst werden. Es ist aber vor dem Hintergrund von Abb. 7.7 relativ leicht, diese Effekte abzuschätzen: Wird der Geldschöpfungsgewinn beispielsweise verwendet, um Transfers an einkommensarme Individuen zu finanzieren – oder staatliche Leistungen, die für diese nutzenrelevant sind –, kann sich für die hierdurch begünstigten Individuen durchaus ein Wohlfahrtsgewinn durch Inflation ergeben. Dessen Ursache ist dann allerdings eher in der damit verbundenen Umverteilungspolitik als in der Inflation an sich zu sehen.

7.6 Dynamische Analyse

In diesem Abschnitt soll eine Analyse einer stochastischen Version des bisher betrachteten Ramsey-Modells mit Geld in der Nutzenfunktion bzw. des Sidrauski-Modells erfolgen.

---

[23]Wenn man sich vergegenwärtigt, dass bei einer Lognormalverteilung der Vermögen und einem Gini-Koeffizienten der Vermögensverteilung von $0,7$ der Wert $a(j) = 5$ dem 97 %-Punkt der Vermögensverteilung entspricht, streuen auch die auf den Durchschnitt bezogenen Konsumverluste nicht sehr stark – diese liegen nahezu alle zwischen 1,5 % und 2,2 % des Durchschnittskonsums.

Letztendlich ist dieses Modell dann eine um monetäre Aspekte und monetäre Schocks erweiterte Version des in Kap. 6 betrachteten RBC-Modells. Auf eine Endogenisierung des Arbeitseinsatzes wird in der hier verwendeten Modellvariante aus Gründen der Vereinfachung verzichtet. Es ist jedoch ohne Weiteres möglich ein endogenes Arbeitsangebot zu integrieren.

Die im Vergleich zum bisher betrachten Sidrauski-Modell wesentlichen Änderungen bestehen darin, dass wie im RBC-Modell Technologieschocks und nun zusätzlich auch exogene Schocks des Geldangebotsprozesses berücksichtigt werden. Der dynamischen Analyse wird das folgendermaßen spezifizierte Sidrauski-Modell zugrundegelegt:

$$u(c_t, x_t) = \frac{1}{1-\rho} c_t^{1-\rho} + B \frac{1}{1-\eta} x_t^{1-\eta} \tag{7.34a}$$

$$f(k_t) = \exp(\theta_t) k_t^\alpha \tag{7.34b}$$

$$m_{t+1} = \exp(u_t)(1+\varphi)m_t \tag{7.34c}$$

$$\theta_{t+1} = \varrho_\theta \theta_t + \varepsilon_{t+1} \tag{7.34d}$$

$$u_{t+1} = \varrho_\varphi u_t + v_{t+1} \tag{7.34e}$$

Aus der additiv-separablen Nutzenfunktion (7.34a) ergibt sich, dass Geld in diesem Modell kurz- wie langfristig superneutral ist. Gleichung (7.34c) spezifiziert den stochastischen Geldangebotsprozesses. Zufällige Störungen u_t haben zur Folge, dass die Wachstumsrate der Geldmenge vom deterministischen Wert φ abweichen kann. Wesentlich ist hier, dass der Geldangebotsschock u_t in Periode t beobachtbar ist, da die Geldnachfrage m_{t+1}^d schließlich in Periode t bestimmt wird. Gleichung (7.34e) besagt schließlich, dass die Geldangebotsschocks u_t einem AR(1)-Prozess folgen, wobei $\mathrm{E}[v_t] = 0$ für alle t gelten soll. Zu beachten ist, dass die beiden für θ_t und u_t in (7.34d) und (7.34e) unterstellten stochastischen Prozesse implizieren, dass Technologieschocks und Geldangebotsschocks unkorreliert sind.

Nach dem Hinzufügen von Gleichungen, die den Nominal- und Realzins bestimmen, resultieren die folgenden Gleichgewichtsbedingungen für das Modell:

$$c_t^{-\rho} = \beta \mathrm{E}_t\big[c_{t+1}^{-\rho} R_{t+1}\big]$$

$$B x_t^{-\eta} = c_t^{-\nu} \frac{i_t}{1+i_t}$$

$$c_t + k_{t+1} = \exp(\theta_t) k_t^\alpha + (1-\delta)k_t$$

$$1 + i_t = \mathrm{E}_t\big[(1+\pi_{t+1}) R_{t+1}\big]$$

$$R_t = \exp(\theta_t)\alpha k_t^{\alpha-1}$$

$$x_{t+1} = \exp(u_{t+1})(1+\varphi)\frac{x_t}{1+\pi_{t+1}}$$

$$\theta_{t+1} = \varrho_\theta \theta_t + \varepsilon_{t+1}$$

$$u_{t+1} = \varrho_\varphi u_t + v_{t+1}$$

Tab. 7.3 Parameterwerte

β	B	ρ	η	α	δ	φ
0,98	3,21832	2	10	0,34	0,025	0,02

Die dynamische Analyse erfolgt dann in der bereits in Kap. 6 beschriebenen Weise. Die Linearisierung des Modells um den deterministischen Steady-State führt auf ein Gleichungssystem der Form (6.14a) und (6.14b), das dann mit Hilfe der Methode der unbestimmten Koeffizienten gelöst wird. Bei der Linearisierung werden wie üblich relative Abweichungen der Modellvariablen vom Steady-State betrachtet (d. h. $\hat{z}_t = (z_t - z^*)/z^*$). Eine Ausnahme bilden Variablen, die wie die Inflationsrate und der Nominalzins bereits Relationen abbilden. Für diese werden absolute Abweichungen betrachtet, so dass $\hat{\pi}_t = \pi_t - \pi^*$ und $\hat{i}_t = i_t - i^*$.

Die Linearisierung und Lösung des Modells erfordert es dann zunächst, Werte für die Modellparameter zu spezifizieren. Die hier verwendete Spezifikation kann Tab. 7.3 entnommen werden. Die bereits im RBC-Modell aus Kap. 6 enthaltenen Parameter sind wie dort spezifiziert. Hinsichtlich der zusätzlichen Parameter η, φ und B ist der Wert $\eta = 10$ in etwa mit empirischer Evidenz bezüglich der Semi-elastizität der Geldnachfrage bezüglich des Nominalzinssatzes vereinbar. $\varphi = 0{,}02$ bedeutet, dass die Geldwachstumsrate und damit auch die Inflationsrate im deterministischen Steady-State 2 % beträgt. Zusammen mit dem durch β spezifizierten Realzins ergibt sich daraus ein Nominalzins im deterministischen Steady-State von $i^* = 0{,}0408$. Der unterstellte Wert für B impliziert schließlich, das das Verhältnis x^*/c^* von Realkasse zu Konsum im deterministischen Steady-State $0{,}8$ beträgt, was dem entsprechenden empirischen Wert für die USA entspricht.[24]

Die Abbildungen 7.8(a)–(c) zeigen nun die mit Hilfe dieses Modells ermittelten Impuls-Antwortfolgen der monetären Modellvariablen auf einen positiven Geldangebotsschock jeweils für den Fall korrelierter Schocks.[25]

Ausgehend vom Gleichgewicht erfolgt in Periode $t = 0$ ein Schock, so dass $u_1 = \varepsilon_0 = 1$ gilt. Da die Geldangebotsschocks seriell korreliert sind, geht dieser Schock daher mit auch für die Zukunft erwarteten Geldangebotsschocks einher. Die Erwartung künftiger Inflation führt dazu, dass die Realkasse sinkt. Der Nominalzins bewegt sich entsprechend der Inflationsrate, da der Realzins unverändert bleibt. Damit zeigen diese Abbildungen zunächst einmal das, was bereits weiter oben im Rahmen der allgemeinen Modellanalyse festgestellt wurde: Expansive Geldangebotsschocks führen in diesem Modell dazu, dass Inflationsrate und Nominalzins ansteigen. Das Modell kann ein auf eine Erhöhung der Wachstumsrate

---

[24]Aus der Geldnachfragefunktion folgt:

$$\frac{x^*}{c^*} = B^{1/\eta} (c^*)^{\rho/\eta - 1} \left(\frac{i^*}{1 + i^*} \right)^{-1/\eta}$$

Bei gegebenem c^* und i^* kann diese Gleichung verwendet werden, um B so zu bestimmen, dass der gewünschte Wert für x^*/c^* resultiert.

[25]Aufgrund der Superneutralität des Geldes bleiben die übrigen Modellvariablen wie Kapital, Konsum und Output hiervon unbeeinflusst und werden daher nicht dargestellt.

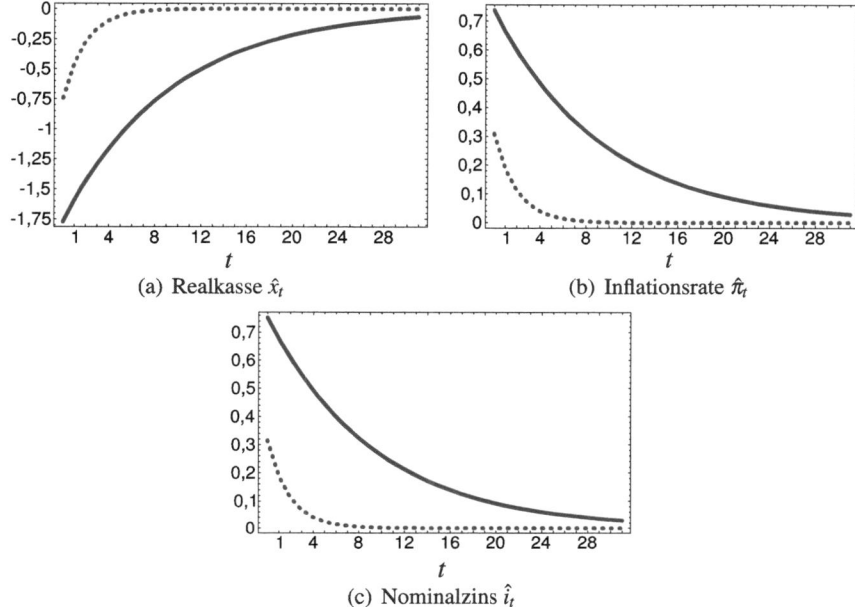

(a) Realkasse $\hat{x}_t$

(b) Inflationsrate $\hat{\pi}_t$

(c) Nominalzins $\hat{i}_t$

Abb. 7.8 Reaktionen auf monetäre Schocks (*Durchgezogene Kurven*: $\varrho_\varphi = 0{,}9$; *gepunktete Kurven*: $\varrho_\varphi = 0{,}6$.)

der Geldmenge folgendes, zumindest kurzfristiges Sinken des Nominalzinssatzes nicht abbilden.

Die Abbildungen 7.9(a)–(f) zeigen schließlich die Reaktionen der realen und monetären Modellvariablen auf einen seriell unkorrelierten positiven Technologieschock. Die Impulsantwortfolgen der realen Modellvariablen wie Kapital, Konsum und Output unterscheiden sich annahmegemäß nicht von denen, die in einfachen RBC-Modell ohne Geld resultieren und sind daher hier nicht weiter interessant. Von Interesse sind hier vielmehr die Konsequenzen realer Störungen für die Inflationsrate, die Realkasse und den Nominalzins. Ein positiver Technologieschock führt demnach zu einem Sinken des Nominalzinssatzes und einem Anstieg der Inflationsrate. Infolge des gesunkenen Zinssatzes, aber auch aufgrund des Konsumanstiegs, steigt auch die Realkasse und kehrt – wie die übrigen Variablen – langfristig wieder zu ihrem Ausgangsniveau zurück.

Auch wenn dieses Modell von der Struktur her recht einfach ist und auch von seiner Spezifikation her nicht unbedingt geeignet ist, weitreichende Schlussfolgerungen für die Geldpolitik zu ziehen, können die in Abb. 7.9 dargestellten Reaktionen der Modellvariablen auf exogene Technologieschocks doch zum Anlass genommen werden, einen wichtigen Aspekt hervorzuheben: Wird von Geldangebotsschocks abstrahiert, zeigt Abb. 7.9 die Reaktionen einer Ökonomie auf exogene Schocks, wenn die Geldpolitik einer strikten Geldmengenregel folgt. Eine Konsequenz dieser Geldmengenregel ist, dass die Realkasse zyklisch schwankt, da zum einen der Nominalzins zyklischen Schwankungen unterworfen

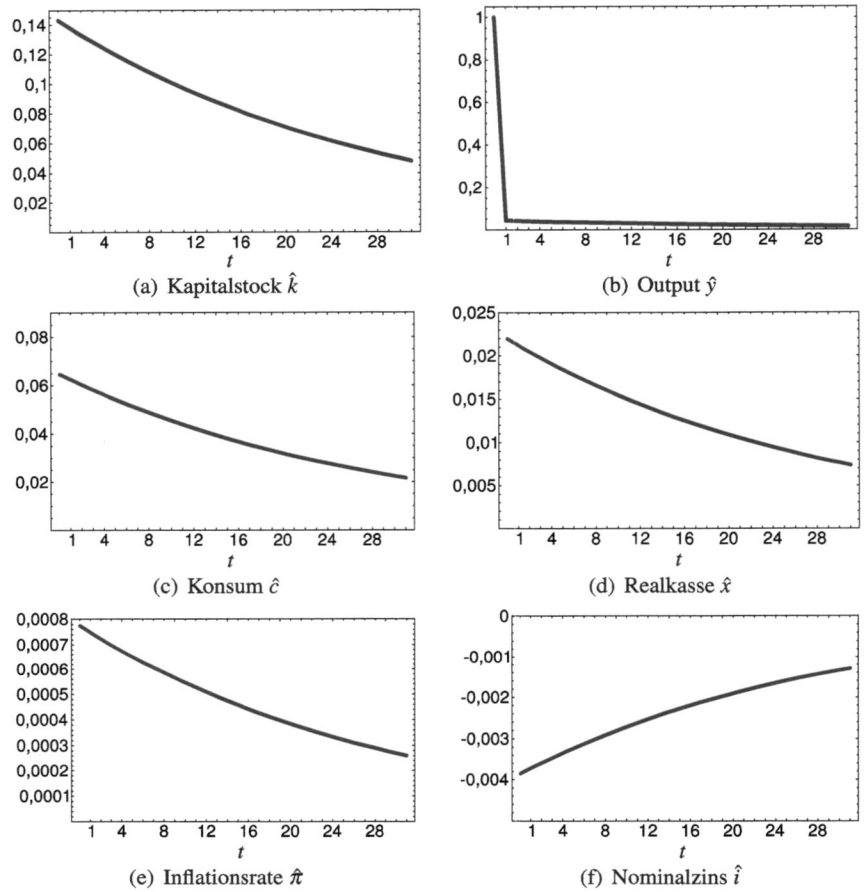

Abb. 7.9 Reaktionen auf Technologieschocks ($\varrho_\theta = 0$)

ist, zum anderen aber auch der Konsum schwankt. Zwar lassen sich die Konsumschwankungen nicht beeinflussen, die zyklischen Schwankungen des Nominalzinssatzes ließen
sich jedoch durch eine strikte Zinsregel, die den Nominalzins auf dem Steady-State-Niveau
fixiert, beseitigen.[26]

Abbildung 7.10 zeigt die – nicht weiter überraschenden – Konsequenzen, die dies für
die Impuls-Antwortfolgen von Realkasse und Inflation bei einem Technologieschock hat.
Im Vergleich zum ebenfalls dargestellten Fall der Geldmengenregel, reagiert die Inflationsrate nunmehr stärker, die Realkasse dagegen weniger stark. Allgemein bedeutet dies,
dass in einer Ökonomie, in der lediglich Technologieschocks erfolgen, die Varianz der In-

---

[26]Das damit verbundene Problem eines unbestimmten Preisniveaus soll nicht weiter berücksichtigt
werden.

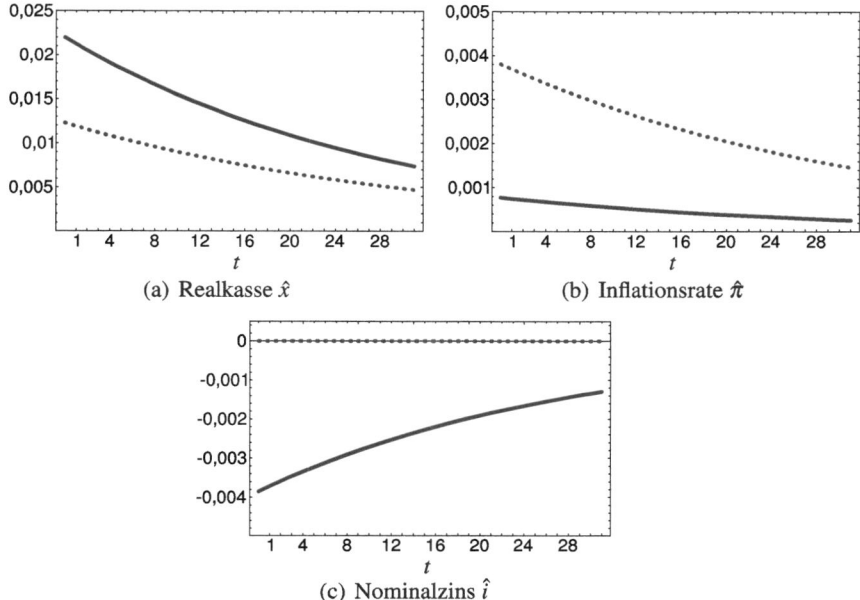

(a) Realkasse $\hat{x}$ (b) Inflationsrate $\hat{\pi}$

(c) Nominalzins $\hat{i}$

Abb. 7.10 Reaktionen auf Technologieschocks – Geldmengen vs. Zinsregel ($\varrho_\theta = 0$)

flationsrate höher, die der Realkasse dagegen geringer ausfällt, wenn anstelle einer strikten Geldmengenregel eine Zinsregel implementiert wird, die den Zins auf dem Steady-State-Niveau fixiert. Obgleich sich für die Variablen Kapital, Konsum und Output dabei keinerlei Änderungen ergeben, hat dies doch Konsequenzen für die Wohlfahrt: Ein Sinken der Varianz der Realkasse geht ceteris paribus mit einem Nutzengewinn für den repräsentativen Haushalt einher.[27]

Wenn man die Frage, wie Geldpolitik erfolgen sollte, trotz des oben genannten Vorbehalts vor dem Hintergrund dieses Modells diskutieren wollte, würde man daher unter Wohlfahrtsaspekten einer strikten Zinsregel den Vorzug geben, obwohl eine solche Regel zu einer größeren Varianz der Inflationsrate führt. Demgegenüber würde eine Zentralbank, deren Augenmerk unabhängig von eventuellen Wohlfahrtserwägungen eher auf Inflationsbekämpfung – was hier im Sinne einer Bekämpfung volatiler Inflationsraten zu verstehen ist – gerichtet ist, eine strikte Geldmengenregel bevorzugen.

---

[27]Im Fall einer additiv-separablen Nutzenfunktion kann der erwartete Lebensnutzen des repräsentativen Haushalts folgendermaßen approximiert werden:

$$\mathrm{E}\left\{\sum_{t=0}^{\infty}\beta^t\left(u(c_t)+v(x_t)\right)\right\} = \frac{1}{1-\beta}\left(u(c^*)+v(x^*)+\frac{1}{2}u_{cc}^*\sigma_c^2+\frac{1}{2}v_{xx}^*\sigma_x^2\right)$$

Bei einem unveränderten deterministischen Steady-State steigt der Nutzen wegen v_{xx}^* an, wenn σ_x^2 sinkt.

7.7   Literaturhinweise

Die klassische Arbeit zum Ramsey-Modell mit Geld in der Nutzenfunktion ist Sidrauski (1967), während Friedman (1969) die klassische Referenz zur Friedman-Regel ist. Monetäre dynamische makroökonomische Modelle – auch alternative theoretische Begründungen der Geldnachfrage – werden in den Lehrbüchern von Holtemöller (2008) und Walsh (1998) ausführlich behandelt, wobei insbesondere das letztgenannte Buch auch methodische Aspekte betont. Die Existenz und Eindeutigkeit des Steady-State wird von Brock (1974, 1975) untersucht. Die Eigenschaften des monetären Steady-State und die Bedingungen für die Determiniertheit des monetären Steady-State analysieren Obstfeld und Rogoff (1983) und Obstfeld und Rogoff (1986) eine Darstellung auf Lehrbuchniveau findet sich bei Obstfeld und Rogoff (1996, Chap. 8.3).

Übungsaufgaben

7.1 Erläutern Sie, was unter dem Geldschöpfungsgewinn (Seigniorage) des Staates bzw. der Zentralbank zu verstehen ist. Können Sie erklären, warum in diesem Zusammenhang auch der Begriff der Inflationssteuer gebraucht wird?

7.2 Erläutern Sie die Abhängigkeit der Realkassennachfrage des repräsentativen Haushalts vom Nominalzins im Sidrauski-Modell.

7.3 Was ist unter der klassischen Dichotomie zu verstehen und welcher Unterschied besteht zur Neutralität des Geldes?

7.4 Erläutern Sie den Begriff der Superneutralität des Geldes.

7.5 Zeigen Sie anhand der Keynes-Ramsey Regel für den optimalen Konsumpfad, dass Geld im Sidrauski-Modell dann superneutral ist, wenn die Nutzenfunktion des repräsentativen Haushalts additiv separabel in Konsum und Realkassenhaltung ist.

7.6 Leiten Sie die Transversalitätsbedingung (7.22) aus der Bedingung her, dass der Gegenwartswert des Einkommens des repräsentativen Haushalts dem Gegenwartswert seiner Ausgaben gleich sein muss.

7.7 Diskutieren Sie die Eigenschaften der Differenzengleichung (7.11) im Fall $v(x) = \ln x$.

7.8 Begründen Sie den in Abb. 7.4 dargestellten Verlauf der Funktion $x_{t+1} = h(x_t)$.

7.9 Leiten Sie aus der Optimalitätsbedingung für die Realkassennachfrage im Sidrauski-Modell die optimale Wachstumsrate der Geldmenge im Steady-State ab, und erläutern Sie die Aussage dieser Politikregel.

Literatur

Brock, W. 1974. Money and growth: The case of long-run perfect foresight. *International Economic Review* 15(3): 750–777.

Brock, W. 1975. A simple perfect foresight monetary model. *Journal of Monetary Economics* 1(2): 133–150.

Friedman, M. 1969. *The optimal quantity of money and other essays*. Chicago: Aldine.

Hoffman, D., R. Rasche, und M. Tieslau. 1995. The stability of long-run money demand in five industrial countries. *Journal of Monetary Economics* 35: 317–339.

Holtemöller, O. 2004. A monetary vector error correction model of the Euro area and implications for monetary policy. *Empirical Economics* 29: 553–574.

Holtemöller, O. 2008. *Geldtheorie und Geldpolitik*. Tübingen: Mohr Siebeck.

Lange, C., und F. Nolte. 1997. Geldschöpfungsgewinne in einer Europäischen Währungsunion. Diskussionspapier, Nr. 205, Universität Hannover.

Lucas, R. E. 2000. Inflation and welfare. *Econometrica* 68(2): 247–274.

McCandless, G., und W. Weber. 1995. Some monetary facts. *FED Minneapolis Quarterly Review* 19(3).

Obstfeld, M., und K. Rogoff. 1983. Speculative hyperinflations in maximizing models: Can we rule them out? *Journal of Political Economy* 91: 675–687.

Obstfeld, M., und K. Rogoff. 1986. Ruling out divergent speculative bubbles. *Journal of Monetary Economics* 17(3): 349–362.

Obstfeld, M., und K. Rogoff. 1996. *Foundations of international economics*. Cambridge: MIT Press.

Sidrauski, M. 1967. Rational choice patterns of growth in a monetary economy. *The American Economic Review* 57: 534–544.

Walsh, C. 1998. *Monetary theory and policy*. Cambridge: MIT Press.

Das Neukeynesianische Modell 8

8.1 Einleitung

Das im vorangegangenen Abschnitt betrachtete monetäre Modell basierte auf der Annahme, dass die Preise vollkommen flexibel sind. Schocks im Geldangebotsprozess, die nicht seriell korreliert sind, haben dann keinerlei Einfluss auf die realen Variablen des Modells, da sich das Preisniveau annahmegemäß sofort anpassen kann. Die vorherrschende Meinung unter vielen Ökonomen – die auch vor dem Hintergrund empirischer Befunde nicht ganz unplausibel erscheint – ist allerdings, dass solche monetären Störungen zumindest kurzfristig sehr wohl reale Konsequenzen haben.

Eine Möglichkeit, diese kurzfristigen Effekte monetärer Störungen zu erzeugen, besteht darin, Preisrigiditäten zu unterstellen. Dies war bereits ein wesentliches Element der bis in die 70er Jahre gebräuchlichen keynesianischen Modelle. In den 70er Jahren gerieten diese Modelle jedoch zunehmend in die Kritik, da sie keine solide Mikrofundierung aufwiesen und keine rationale Erwartungsbildung unterstellten. Es hat bis zum Beginn dieses Jahrhunderts gedauert, makroökonomische Modelle zu entwickeln, die diesen Ansprüchen genügen. In der Literatur hat sich für diese Modelle die Bezeichung NKM-Modelle („New Keynesian Macroeconomics") eingebürgert. Für die kurzfristige Analyse makroökonomischer Effekte stellen diese Modelle inzwischen ein wichtiges Instrumentarium zur Verfügung und werden auch zur wissenschaftlichen Untermauerung der Geldpolitik von vielen Zentralbanken eingesetzt. All das ist Grund genug, sich auch hier eingehender mit den NKM-Modellen und ihren wesentlichen Eigenschaften zu befassen.

8.2 Ein einfaches NKM-Modell

Das im Weiteren betrachtete einfache NKM-Modell unterstellt Preisrigiditäten auf Gütermärkten. Die grundlegende Annahme ist, dass Firmen ihre Preise nicht bei jeder geringfügigen Änderung von Rahmendaten (z. B. Beschaffungspreise, Nachfragesituation) ändern, sondern aufgrund der mit Preisänderungen verbundenen Kosten („menu costs") unverändert lassen. Dieses setzt aber voraus, dass die Firmen überhaupt einen Spielraum zur Setzung von Preisen besitzen – bei vollkommener Konkurrenz stellt sich diese Frage gar nicht, da der Preis für die einzelne Firma ein Datum ist. Konsequenterweise wird in NKM-Modellen davon ausgegangen, dass die Firmen auf den Gütermärkten unter den Bedingungen monopolistischer Konkurrenz operieren. Der wesentliche Unterschied zwischen dem im vorangegangenen Kapitel betrachteten Sidrauski-Modell und dem hier betrachteten NKM-Modell besteht dann auch in den bezüglich des Gütermarktes getroffenen Annahmen. Von Kapitalakkumulation wird in dieser einfachen Modellversion zunächst abgesehen, diese kann aber, ohne dass sich an den grundlegenden Modelleigenschaften etwas ändert, integriert werden.

8.2.1   Der repräsentative Haushalt

Der repräsentative Haushalt fragt wie üblich Güter für den Konsum nach und bietet Arbeit als Produktionsfaktor an. Zur Vereinfachung der weiteren Darstellungen wird angenommen, dass die Periodennutzenfunktion die folgende Gestalt hat:

$$U(c_t, h_t) = \frac{c_t^{1-\rho}}{1-\rho} - B \frac{h_t^{1+\gamma}}{1+\gamma}$$

Der in der Nutzenfunktion auftauchende Konsum c_t repräsentiert dabei einen Warenkorb differenzierter Konsumgüter $c(j)_t$, $j \in [0, 1]$, die der Haushalt nachfragt. Konkret wird unterstellt, dass sich dieser Warenkorb folgendermaßen zusammensetzt:

$$c_t = \left(\int_0^1 c(j)_t^{\frac{\eta-1}{\eta}} \, dj \right)^{\frac{\eta}{\eta-1}}, \quad \eta > 1 \tag{8.1}$$

Damit wird angenommen, dass die differenzierten Konsumgüter, die der Haushalt nachfragt, gegeneinander substituiert werden können, wobei η ein Maß für die entsprechende Substitutionselastizität ist. Je größer η ist, um so besser lassen sich die Konsumgüter aus Sicht des repräsentativen Haushalts gegeneinander substituieren. Konsequenterweise bedeutet dies, dass die Marktmacht eines jeden Produzenten eines differenzierten Konsumguts um so geringer ist, je größer η wird.

Bevor nun das intertemporale Optimierungsproblem des Haushalts näher beschrieben wird, soll zunächst erläutert werden, welche Konsequenzen sich aus diesen Annahmen für die Konsumnachfrage ergeben. Ausgangspunkt ist hierbei, dass der Haushalt unabhängig von dem Konsumniveau c_t, das sich im Rahmen der intertemporalen Konsumplanung als optimal erweist, immer einen kostenminimalen Warenkorb wählen wird. Dieses statische Optimierungsproblem soll daher zunächst betrachtet werden.

Bei gegebenen Preisen $p(j)$ für die differenzierten Konsumgüter lautet das statische Kostenminimierungsproblem für den repräsentativen Haushalt:

$$\min_{c(j)_t} p(j)_t c(j)_t \quad \text{u. Nb.} \quad c_t = \left(\int_0^1 c(j)_t^{\frac{\eta-1}{\eta}} \, dj \right)^{\frac{\eta}{\eta-1}}$$

Mit λ als Lagrangemultiplikator folgt als notwendige Bedingung für alle $c(j)_t$:

$$p(j)_t - \lambda \left(\int_0^1 c(j)_t^{\frac{\eta-1}{\eta}} \, dj \right)^{\frac{1}{\eta-1}} c(j)_t^{-\frac{1}{\eta}} = 0$$

$$\Leftrightarrow \quad c(j)_t = c_t \left(\frac{p(j)_t}{\lambda} \right)^{-\eta} \tag{8.2}$$

Daraus ergeben sich der Preisindex p_t des Warenkorbs – ein Preisindex mit der Eigenschaft, dass $\int_0^1 p(j)_t c(j)_t \, dj = p_t c_t$ – und die Nachfragefunktionen des Haushalts für die einzelnen Konsumgüter:[1]

$$p_t \equiv \lambda = \left(\int_0^1 p(j)_t^{1-\eta} \, dj \right)^{\frac{1}{1-\eta}} \tag{8.3a}$$

$$c(j)_t = \left(\frac{p(j)_t}{p_t} \right)^{-\eta} c_t \tag{8.3b}$$

Die Budgetrestriktion des Haushalts wird folgendermaßen spezifiziert:

$$c_t + \frac{b_{t+1}}{p_t} = \frac{w_t}{p_t} h_t + (1 + i_{t-1}) \frac{b_t}{p_t} + \Pi_t$$

Da von Kapitalakkumulation abgesehen wird, wird angenommen, dass der repräsentative Haushalt risikolose Wertpapiere nachfragen kann, deren nominale Verzinsung mit i_t bezeichnet wird.[2] Π_t repräsentiert das Gewinneinkommen des repräsentativen Haushalts – ihm fließen letztlich die Gewinne zu, die die güterproduzierenden Firmen erzielen.

Die optimale intertemporale Konsumplanung impliziert dann, dass die folgenden Bedingungen erfüllt sein müssen:

$$c_t^{-\rho} = \beta (1 + i_t) \mathrm{E}_t \left[c_{t+1}^{-\rho} \left(\frac{p_t}{p_{t+1}} \right) \right] \tag{8.4a}$$

$$B \frac{h_t^{\gamma}}{c_t^{\rho}} = \frac{w_t}{p_t} \tag{8.4b}$$

$$c_t + \frac{b_{t+1}}{p_t} = \frac{w_t}{p_t} h_t + (1 + i_{t-1}) \frac{b_t}{p_t} + \Pi_t \tag{8.4c}$$

Hierbei ist (8.4a) wieder die Euler-Gleichung, die den intertemporal optimalen Konsumpfad determiniert, (8.4b) ist die Bedingung für ein optimales Arbeitsangebot und (8.4c) die Budgetrestriktion. Auf diese intertemporalen Gleichgewichtsbedingungen

---

[1] Die notwendige Bedingung (8.2) verlangt, dass für den gesuchten Preisindex $p_t = \lambda$ gilt. Wird Gl. (8.2) in die Nebenbedingung des Optimierungsproblems eingesetzt und das Integral gelöst, resultiert der in (8.3a) dargestellt Ausdruck für λ.

[2] Selbstverständlich muss im Gleichgewicht die Nettonachfrage nach diesen Wertpapieren gleich Null sein, was dann letztlich den Zins bestimmt.

des Modells wird unten noch näher eingegangen werden. Eine wichtige Tatsache sollte aber bereits an dieser Stelle festgehalten werden: Da im Modell kein akkumulierbares Gut existiert, muss der aggregierte Konsum gemäß (8.1) im Gleichgewicht der aggregierten Produktion entsprechen.[3]

8.2.2 Firmen

Jedes differenzierte Konsumgut wird von einer einzelnen Firma produziert. Alle Firmen haben Preissetzungsmacht und produzieren ausschließlich mit Arbeit unter konstanten Skalenerträgen:

$$y(j) = \exp(\theta_t)h(j)_t,$$

Hierbei bezeichnet $y(j)_t$ den Output einer Firma, die die Produktqualität j produziert, $h(j)_t$ den Arbeitseinsatz und θ_t repräsentiert wieder einen aggregierten Technologieschock, für den $\theta_{t+1} = \varrho_\theta \theta_t + \varepsilon_{t+1}$ gelten soll.

Die realen Grenzkosten der Produktion – bezogen auf den Preisindex des Warenkorbs bzw. des aggregierten Outputs – sind durch $\phi_t = \frac{w_t/p_t}{\exp(\theta_t)}$ gegeben. Das statische Gewinnmaximierungsproblem einer Firma in einer beliebigen Periode t lautet dann:

$$\max_{p(j)_t} \Pi(j)_t = \left(\frac{p(j)_t}{p_t}\right)y(j)_t - \phi_t y(j)_t$$

$$= c_t\left(\left(\frac{p(j)_t}{p_t}\right)^{1-\eta} - \phi_t\left(\frac{p(j)_t}{p_t}\right)^{-\eta}\right)$$

Als Lösung ergibt sich, dass der optimale Preis $p(j)_t$ ein konstanter Aufschlag auf die (nominalen) Grenzkosten ist („mark-up pricing"):

$$p^*(j)_t = p_t\left(\frac{\eta}{\eta-1}\right)\phi_t = p_t\mu\phi_t = \mu\frac{w_t}{\exp(\theta_t)} \tag{8.5}$$

$\mu = \frac{\eta}{\eta-1}$ ist hierbei der Aufschlagsatz, der durch die Marktmacht der Güterproduzenten – genauer die Substitutionselastizität η – bestimmt wird.

8.2.3 Statisches Gleichgewicht mit flexiblen Preisen

Das hier formulierte Modell ist zwar als dynamisches Modell formuliert, es ist aber instruktiv, zunächst ein statisches Gleichgewicht in einer einzelnen Periode zu betrachten. Dies ermöglicht es auch, die Konsequenzen von Preisrigiditäten in einfacher Form darzustellen.

---

[3]Der aggregierte Output y_t ist folglich durch $y_t = (\int_0^1 y(j)_t^{\frac{\eta-1}{\eta}} \, dj)^{\frac{\eta}{\eta-1}}$ gegeben, wobei $y(j)_t$ die Produktionsmenge der einzelnen Konsumgüterqualitäten bezeichnet.

Ausgangspunkt ist, dass die Arbeitsnachfrage im Gleichgewicht dem Arbeitsangebot entsprechen muss. Wenn alle Firmen ihre Preise frei setzen können, werden diese aufgrund der Symmetrieannahme identische Preise $p(j)_t = p_t$ setzen und identische Mengen $y(j)_t = y_t$ produzieren. Aus der Produktionsfunktion ergibt sich dann die Arbeitsnachfrage als $h_t = \exp(\theta_t)^{-1}(\int_0^1 y(j)_t^{\frac{\eta-1}{\eta}} dj)^{\frac{\eta}{\eta-1}} = \exp(\theta_t)^{-1} y_t$. Da $y_t = c_t$ gilt, folgt somit zusammen mit (8.4b):

$$y_t = \left(\exp(\theta_t) B^{-\frac{1}{\gamma}} \left(\frac{w_t}{p_t}\right)^{\frac{1}{\gamma}}\right)^{\frac{\gamma}{\gamma+\theta}} \tag{8.6}$$

Wenn alle Firmen ihren gewinnmaximierenden Preis setzen gilt $p(j)_t = p_t$ und aus (8.5) folgt zudem, dass $\frac{w_t}{p_t} = \frac{\exp(\theta_t)}{\mu}$ gilt. Daher resultiert zusammen mit (8.6) der Output bei flexiblen Preisen y_t^{flex} schließlich als:

$$y_t^{flex} = \exp(\theta_t)^{\frac{1+\gamma}{\gamma+\rho}} (B\mu)^{-\frac{1}{\gamma+\rho}} \tag{8.7}$$

Zu beachten ist, dass y_t^{flex} aufgrund der monopolistischen Konkurrenz auf dem Gütermarkt ineffizient gering ist. Die Marktmacht ermöglicht es den Güterproduzenten Preise zu setzen, die größer als die Grenzkosten der Produktion sind, wodurch die Nachfrage nach Gütern – und damit letztlich die gesamte Produktion – geringer ausfällt als im Fall vollkommener Konkurrenz. Ohne diese Verzerrung durch unvollständige Konkurrenz wäre der Aufschlagsatz $\mu = 1$ und das entsprechende effiziente Outputniveau y_t^{opt} in Periode t wäre:

$$y_t^{opt} = \exp(\theta_t)^{\frac{1+\gamma}{\gamma+\rho}} (B)^{-\frac{1}{\gamma+\rho}} \tag{8.8}$$

Die soeben hergeleiteten Gl. (8.7) und (8.8) bzw. die durch diese Gleichungen determinierten Outputmengen bilden den Referenzpunkt für die weitere Analyse, da sie beschreiben, welche Outputniveaus bei flexiblen Preisen bzw. bei Abwesenheit von Marktmacht auf dem Gütermarkt resultieren.

8.2.4 Statisches Gleichgewicht mit rigiden Preisen

Nehmen wir nun an, dass – aus Gründen, die vorerst noch nicht diskutiert werden sollen – einige Firmen nicht die nach (8.5) optimalen Preise setzen, sondern einen beliebigen Preis $\bar{p}_t$. Des Weiteren soll angenommen werden, dass der Anteil ω aller Firmen diesen Preis $\bar{p}_t$ setzt, wogegen der Anteil $1 - \omega$ den gemäß (8.5) optimalen Preis p_t^* setzt. Das Preisniveau ist gemäß (8.3a) dann folgendermaßen gegeben:

$$p_t = \left(\int_0^1 p(j)_t^{1-\eta} dj\right)^{\frac{1}{1-\eta}} = ((1-\omega)p_t^{*\,1-\eta} + \omega\bar{p}_t^{1-\eta})^{\frac{1}{1-\eta}}$$

Zusammen mit der Preissetzungsregel (8.5) ergibt sich aus dem Verhalten der ihren Preis optimal setzenden Firmen für den Reallohn nunmehr, dass:

$$\frac{p_t^*}{p_t} = \mu \frac{w_t}{p_t} \frac{1}{\exp(\theta_t)} \quad \Rightarrow \quad \frac{w_t}{p_t} = \frac{p_t^*}{p_t} \frac{\exp(\theta_t)}{\mu}$$

Einsetzen in (8.6) ergibt dann:

$$y_t^{fix} = \exp(\theta_t)^{\frac{1+\gamma}{\gamma+\rho}} (B\mu)^{-\frac{1}{\gamma+\rho}} \left(\frac{p_t^*}{p_t}\right)^{\frac{1}{\gamma+\rho}} \tag{8.9}$$

Sofern $\bar{p}_t = p_t^*$ gilt, ergibt sich kein Unterschied zum Outputniveau y_t^{flex}. Sofern aber $\bar{p}_t \neq p_t^*$ gilt, gilt auch $p_t^* \neq p_t$ und der Output mit – für einige Firmen – fixierten Preisen weicht vom Output bei flexiblen Preisen ab.[4]

Der entscheidende Punkt hinsichtlich der Reaktion des Output auf monetäre Störungen ist nun der Unterschied zwischen den Gl. (8.6) und (8.9), die den Output bei flexiblen und rigiden Preisen determinieren: Gl. (8.6) zeigt, dass das Preisniveau bei der Bestimmung des Outputs keine Rolle spielt, wenn die Güterpreise flexibel sind. Dem ist aber nicht so, wenn die Güterpreise inflexibel sind. Wenn sich nun aufgrund einer monetären Störung die Preise p_t^* ändern, so ändert sich zwar auch das Preisniveau p_t, jedoch nicht im gleichen Ausmaß. Erhöhen sich beispielsweise aufgrund einer monetären Störung die Preise p_t^*, so steigt auch p_t^*/p_t und der Output steigt – Geld ist in diesem Fall also nicht neutral und eine monetäre Expansion führt zu einem Outputanstieg.

8.2.5 Mikrofundierung des AS-AD-Modells

Die soeben hergeleitete Gl. (8.9) ist nichts anderes als die aus den einführenden Veranstaltungen zur Makroökonomik bekannte AS-Kurve: Gl. (8.9) impliziert, dass das Preisniveau p_t und der Output y_t^{fix} positiv miteinander verknüpft sind, wobei $y_t^{fix} = y_t^{flex}$ gilt, sofern $p_t = p_t^*$.

Ganz entsprechend ist die oben dargestellte Euler-Gleichung (8.4a) nichts anderes als die AD-Kurve:[5] Mit $c_t = y_t$, gegebenen Punkterwartungen bezüglich künftiger Größen und einem gegebenen Zins i_t, impliziert (8.4a), dass y_t und p_t invers miteinander verknüpft sind.

---

[4]Je höher $\bar{p}_t$ im Vergleich zu p_t^* ist, um so geringer ist y_t^{fix} im Vergleich zu y_t^{flex}.

[5]Tatsächlich wird (8.4a) bei Darstellungen des NKM-Modells üblicherweise als neukeynesianische IS-Kurve bezeichnet. Der Grund ist, dass (8.4a) ebenfalls die aus der Gütermarktanalyse des keynesianischen Modells bekannte inverse Beziehung zwischen Nominalzins i_t und y_t abbildet. Da das IS-LM Modell aber bekanntlich von gänzlich fixen Preisen ausgeht, hier aber lediglich einige Preise unbeweglich sind, ist eigentlich die Bezeichnung AD-Kurve zutreffender.

Abb. 8.1 AS-AD-Modell

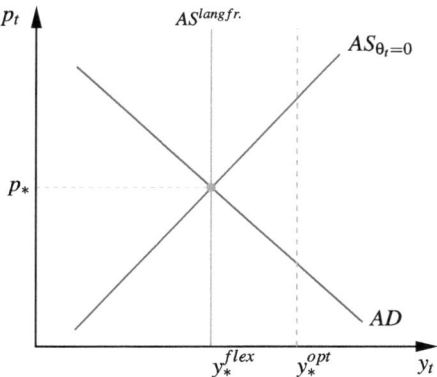

Zur Verdeutlichung soll ein langfristiges Gleichgewicht betrachtet werden, in dem keine Produktivitätsschocks erfolgen und mithin $y_*^{flex} = (B\mu)^{-\frac{1}{\gamma+\rho}}$ der gemäß (8.7) resultierende Output bei flexiblen Preisen und p_* das entsprechende Preisniveau ist. In einem stationären Gleichgewicht ohne jede exogene Störung können dann die Erwartungen bezüglich des künftigen Outputs und des künftigen Preisniveaus durch diese Größen ersetzt werden. In einem Umfeld stabiler Preise muss zudem der Nominalzins – der dann dem Realzins gleich ist – so groß sein, dass aus der Euler-Gleichung ein konstantes Konsumprofil resultiert. Es sei $1 + i^* = \frac{1}{\beta}$ dieser entsprechende langfristige Nominalzins. Werden diese Größen in die Euler-Gleichung (8.4a) eingesetzt, resultiert zusammen mit (8.9) das AS-AD-Modell:

$$y_t = y_*^{flex}\left(\frac{p_t}{p_*}\right)^{-\frac{1}{\rho}} \tag{AD}$$

$$y_t = y_*^{flex}\exp(\theta_t)^{\frac{1+\gamma}{\gamma+\rho}}\left(\frac{p^*}{p_t}\right) \tag{AS}$$

In schematischer – linearisierter – Form lässt sich dieses Modell wie in Abb. 8.1 gezeigt darstellen. Abweichungen der Modellvariablen – z. B. des Nominalzinssatzes i_t oder des Technologieschocks θ_t – von den unterstellten Steady-State-Werten führen dann zu den bekannten Verschiebungen dieser Kurven mit Konsequenzen, die ebenfalls bereits in den einführenden Veranstaltungen zur Makroökonomik diskutiert wurden.

Insgesamt mag dies jetzt ein wenig unbefriedigend erscheinen. Schließlich wurde ausgehend von den einfachen makroökonomischen Modellen, die in den einführenden Veranstaltungen zur Makroökonomik behandelt wurden, ein erheblicher formaler Aufwand betrieben, um makroökonomische Modelle in dynamischer und mikroökonomisch fundierter Form zu entwickeln. Hinsichtlich des keynesianischen Makromodells scheint sich nun das Resultat dieser Bemühungen nicht großartig vom Ausgangsmodell zu unterscheiden. Zu einem nicht unbedeutenden Teil trügt dieser Eindruck allerdings. Zudem stellt er dort, wo er zutrifft, ja auch nicht unbedingt eine schlechte Nachricht dar – wir können zumindest sicher sein, dass die einfachen schematischen Analysen des AS-AD Modells nicht weit weg von dem sind, was die Analyse eines elaborierten Modells ergibt.

Allerdings geht das AS-AD Modell in der hier dargestellten mikroökonomisch fundierten Form doch wesentlich über die einfache Variante des keynesianischen Modells hinaus. Das hier betrachtete Modell ist ein dynamisches Modell, in dem die für die Modelldynamik wichtigen Erwartungen künftiger Größen nicht ad-hoc unterstellt, sondern durch entsprechende rationale Erwartungen ersetzt werden können. Zudem sind, da nutzenmaximierende Entscheidungen unterstellt werden, auch Wohlfahrtsanalysen möglich.

Die Bedeutung rationaler Erwartungen tritt selbstverständlich erst in einer tatsächlich dynamischen Formulierung des Modells zu Tage. Dann aber kann die oben getroffene ad-hoc Annahme über Firmen, deren Preise exogen fixiert sind, nicht aufrecht erhalten werden. Mit der Frage, wie sich rigide Preise in einem dynamischen Modell handhabbar modellieren lassen, wird sich der nächste Abschnitt befassen.

8.2.6 Der Calvo-Mechanismus

Um das bisher beschriebene Modell in eine dynamische Form zu bringen, muss die oben getroffene ad-hoc Annahme bezüglich der Firmen, die keinen optimalen Preis setzen, aufgehoben werden. Zunächst müsste folglich über die Gründe nachgedacht werden, die die Firmen veranlassen, ihre Preise bei Änderungen ökonomischer Rahmendaten unverändert zu lassen. Das hier üblicherweise genannte Argument ist, dass Preisanpassungskosten („menu-costs") es aus Sicht einer Firma optimal erscheinen lassen können, auf geringfügige Änderungen von relevanten Rahmendaten nicht mit Preisänderungen zu reagieren und dies nur zu tun, sollten bestimmte Schwellenwerte überschritten werden. Ausführliche Modelle, die diesen Gedanken aufgreifen finden sich beispielsweise in den Arbeiten von Akerlof und Yellen (1985) und Caplin und Spulber (1987).[6]

Das NKM-Modell ist bezüglich dieser Mikrofundierung der Preisrigiditäten nicht sonderlich explizit. Vielmehr wird in den meisten Darstellungen eine auf Calvo (1983) zurückgehende Annahme getroffen („Calvo-pricing") die eine handhabbare Form von Preisrigiditäten begründet. Demnach ist in jeder Periode lediglich der Anteil $1 - \omega$ zufällig ausgewählter Firmen in der Lage, ihre Preise gemäß der optimalen Preissetzungsregel (8.5) zu setzen, wogegen der verbleibende Anteil ω der Firmen den Preis der Vorperiode beibehält. Diese Annahme ermöglicht somit die Endogenisierung der oben exogen fixierten Preise $\bar{p}_t$.

Die Tatsache, dass die Möglichkeit einer Firma, ihre Preise zu setzen ein Zufallsereignis ist, macht aus dem bisher statischen Preissetzungsproblem, wie es oben analysiert wurde, ein dynamisches Problem. Aufgrund der Zufallsauswahl der Firmen, die ihre Preise anpassen können, ist die Wahrscheinlichkeit, dass ein in t gesetzter Preis in $t + i$ noch Bestand hat, für die einzelne Firma gleich ω^i. Eine Firma wird daher bei der Preissetzung

---

[6]Alternative Ansätze begründe inflexible Preise mit der Laufzeit von Verträgen, die eine unmittelbare Preisanpassung verhindern. Vgl.dazu z. B. Taylor (1979).

berücksichtigen, dass ein heute gesetzter Preis möglicherweise längerfristig Bestand Modellen haben wird und muss daher die zukünftige Absatz- und Kostenentwicklung in die
Entscheidung einbeziehen. Wird zur Diskontierung künftiger Gewinne der Realzinsfaktor
R_t verwendet, lautet das entsprechende intertemporale Preissetzungsproblem der Firma,
die das Gut j produziert, daher:

$$\max_{p(j)_t} E_t \left\{ \sum_{i=0}^{\infty} \frac{\omega^i}{\prod_{l=1}^{i} R_{t+l}} c_{t+i} \left(\left(\frac{p(j)_t}{p_{t+i}} \right)^{1-\eta} - \phi_{t+i} \left(\frac{p(j)_t}{p_{t+i}} \right)^{-\eta} \right) \right\}$$

Der entsprechend optimale Preis p_t^* ist dann für alle Firmen, die ihren Preis anpassen
können identisch und Lösung der Bedingung erster Ordnung für dieses Optimierungsproblem:

$$E_t \sum_{i=0}^{\infty} \frac{\omega^i}{\prod_{l=1}^{i} R_{t+l}} \left((1-\eta) \left(\frac{p_t^*}{p_{t+i}} \right) + \eta \phi_{t+i} \right) \left(\frac{1}{p_t^*} \right) \left(\frac{p_t^*}{p_{t+i}} \right)^{-\eta} c_{t+i} = 0$$

Daraus ergibt sich mit $c_{t+i} = y_{t+i}$ für alle i:

$$\frac{p_t^*}{p_t} = \mu \frac{E_t \sum_{i=0}^{\infty} \frac{\omega^i}{\prod_{l=1}^{i} R_{t+l}} (\frac{p_{t+i}}{p_t})^{\eta} y_{t+i} \phi_{t+i}}{E_t \sum_{i=0}^{\infty} \frac{\omega^i}{\prod_{l=1}^{i} R_{t+l}} (\frac{p_{t+i}}{p_t})^{\eta-1} y_{t+i}} \qquad (8.10)$$

Gleichung (8.10) sieht komplex aus, ist aber einfach zu interpretieren: Bei der heuti-
gen Preissetzung muss die zukünftige Entwicklung der Nachfrage – repräsentiert durch
y_{t+i} – und der Produktionskosten – repräsentiert durch ϕ_{t+i} – berücksichtigt werden, da
diese Größen für einen heute gesetzten Preis die zukünftigen Gewinne determinieren. Im
Fall $y_{t+i} = y_t$ und $\phi_{t+i} = \phi_t$ für alle i ergibt sich aus (8.10) die bereits bekannte Preissetzungsregel (8.5).

Für das Preisniveau folgt aus (8.3a), da $\int_0^1 p(j)_t^{1-\eta} dj = p_t^{1-\eta}$ gilt:

$$p_t^{1-\eta} = (1-\omega) p_t^{*1-\eta} + \omega p_{t-1}^{1-\eta}$$

Wird angenommen, dass p_t^* im Zeitablauf konstant ist ($p_t^* = p^*$), passt sich das Preisniveau daher aufgrund der Beschränkung der Preissetzungsmöglichkeiten im Fall $\omega > 0$
ausgehend von $p_{t-1} \neq p^*$ nur langsam an das Zielniveau p^* an.

8.2.7   Das vollständige Modell

Die soeben beschriebenen Gleichungen, die die Preissetzung und die Entwicklung des
Preisniveaus beschreiben, führen gemeinsam mit der Euler-Gleichung (8.4a), der Ange-
botsfunktion (8.9), der Fisher-Gleichung, einer Gleichung, die die realen Grenzkosten

der Produktion determiniert und einer Gleichung, die die Entwicklung der Technologieschocks beschreibt, zu den folgenden Gleichgewichtsbedingungen für das NKM-Modell:

$$y_t^{-\rho} = \beta(1 + i_t)\mathrm{E}_t\left[y_{t+1}^{-\rho}\frac{p_t}{p_{t+1}}\right] \tag{8.11a}$$

$$y_t = \exp(\theta_t)^{\frac{1+\gamma}{\gamma+\rho}}(B\mu)^{-\frac{1}{\gamma+\rho}}\left(\frac{p_t^*}{p_t}\right)^{\frac{1}{\gamma+\rho}} \tag{8.11b}$$

$$1 + i_t = \mathrm{E}_t\left[R_{t+1}\frac{p_t}{p_{t+1}}\right] \tag{8.11c}$$

$$\frac{p_t^*}{p_t} = \left(\frac{\eta}{\eta-1}\right)\frac{\mathrm{E}_t\sum_{i=0}^{\infty}\frac{\omega^i}{\prod_{l=1}^i R_{t+l}}(\frac{p_{t+i}}{p_t})^\eta y_{t+i}\phi_{t+i}}{\mathrm{E}_t\sum_{i=0}^{\infty}\frac{\omega^i}{\prod_{l=1}^i R_{t+l}}(\frac{P_{t+i}}{p_t})^{\eta-1}y_{t+i}} \tag{8.11d}$$

$$p_t^{1-\eta} = (1-\omega)p_t^{*\,1-\eta} + \omega p_{t-1}^{1-\eta} \tag{8.11e}$$

$$\phi_t = By_t^{\gamma+\rho}\exp(\theta_t)^{-(1+\gamma)} \tag{8.11f}$$

$$\theta_{t+1} = \varrho_\theta\theta_t + \varepsilon_{t+1} \tag{8.11g}$$

Dieses nichtlineare dynamische Modell genauer analysieren zu wollen, wäre eine recht
komplexe Angelegenheit. Glücklicherweise ist es aber so, dass eine geeignete Linearisierung dieses Modells auf eine Struktur führt, die aus lediglich zwei Gleichungen besteht
und viel einfacher zu analysieren ist. Es ist zumeist diese linearisierte Form gemeint, wenn
vom NKM-Modell die Rede ist.

Die Linearisierung dieses Modells – das wird bereits beim Blick auf die Gleichgewichtsbedingungen (8.11a)–(8.11e) deutlich –, ist in diesem Fall eine recht mühselige Angelegenheit. Auf eine Darstellung wird daher an dieser Stelle verzichtet.[7]

Ausgangspunkt der Linearisierung ist ein deterministisches Gleichgewicht mit flexiblen
Preisen (y_*^{flex}) und im Zeitablauf konstanten Preisen, das heißt einer Inflationsrate von null
($\pi_* = 0$). $\hat{y}_t$ bezeichnet im Weiteren die relative Abweichung des Outputs vom deterministischen Steady-State im Modell mit rigiden Preisen und $\hat{y}_t^{flex}$ die entsprechende relative Abweichung bei Preisflexibilität. Mit $\hat{\pi}_t$ als der Abweichung der Inflationsrate vom
Steady-State und $\hat{\imath}_t$ als der Abweichung des Nominalzinssatzes vom Steady-State resultiert die Linearisierung dann in den folgenden beiden Gleichungen:

$$\left(\hat{y}_t - \hat{y}_t^{flex}\right) = \mathrm{E}_t\left(\hat{y}_{t+1} - \hat{y}_{t+1}^{flex}\right) - \frac{1}{\rho}(\hat{\imath}_t - \mathrm{E}_t\hat{\pi}_{t+1}) + (\rho-1)\frac{1+\gamma}{\gamma+\rho}\hat{\theta}_t$$

$$\hat{\pi}_t = \beta\mathrm{E}_t\hat{\pi}_{t+1} + \kappa\left(\hat{y}_t - \hat{y}_t^{flex}\right)$$

Für κ gilt hierbei, dass $\kappa = \frac{(\gamma+\rho)(1-\omega)(1-\omega\beta)}{\omega}$. Dieser Parameter ist also insbesondere
von dem die Preisrigiditäten bestimmenden Parameter ω abhängig.

---

[7]Details dazu finden sich bei Woodford (2003) oder Walsh (1998).

Wird nun eine Variable $\hat{x}_t = \hat{y}_t - \hat{y}_t^{flex}$ eingeführt, die demnach die Lücke zwischen dem aktuellen Output und dem Output bei flexiblen Preisen beschreibt, und die Variable $\hat{u}_t = (\varrho_\theta - 1)\frac{1+\gamma}{\gamma+\rho}\hat{\theta}_t$ eingeführt, um den Einflusses der Technologieschocks zu beschreiben, resultiert eine kompaktere Form der oben dargestellten Gleichungen:

$$\hat{x}_t = \mathrm{E}_t(\hat{x}_{t+1}) - \frac{1}{\rho}(\hat{i}_t - \mathrm{E}_t\hat{\pi}_{t+1}) + \hat{u}_t \tag{8.12a}$$

$$\hat{\pi}_t = \beta\mathrm{E}_t\hat{\pi}_{t+1} + \kappa\hat{x}_t \tag{8.12b}$$

Gleichung (8.12a) wird als die neukeynesianische IS-Kurve bezeichnet und ist die linearisierte Form der Euler-Gleichung (8.4a). Wie bereits oben ausgeführt wurde, kann man über diese Bezeichung streiten – man könnte diese Gleichung auch als neukeynesianische AD-Kurve bezeichnen. Die interessantere Gleichung ist allerdings (8.12b), die als neukeynesianische Phillipskurve bezeichnet wird. Tatsächlich begründet diese Gleichung eine Beziehung zwischen der Outputlücke und der Inflationsrate, wie sie auch aus der Diskussion um die Phillipskurve bekannt ist. Allerdings zeigt diese linearisierte Form einer mikroökonomisch fundierten Phillipskurve, dass dieser Zusammenhang auch durch die Erwartungen künftiger Inflationsraten beeinflusst wird. Der Grund hierfür ist das vorausschauende Preissetzungsverhalten der Firmen – die Phillipskurve (8.12b) basiert auf der Linearisierung der Preissetzungsgleichung (8.11d). Gleichung (8.12b) verdeutlicht auch die Bedeutung der Preisrigiditäten für die Existenz eines solchen Zusammenhangs zwischen Inflationsrate und Outputlücke. Gilt $\omega = 0$, so dass in jeder Periode alle Firmen in der Lage sind, ihre Preise anzupassen, ergibt sich $\frac{1}{\kappa} = 0$ – das Resultat ist dann die „neuklassische" Phillipskurve, derzufolge kein Zusammenhang zwischen Inflation und Outputlücke besteht.

8.3 Analyse der Geldpolitik im NKM-Modell

8.3.1 Beschreibung der Geldpolitik und ihrer Zielfunktion

Das durch die Gl. (8.12a) und (8.12b) beschriebene neukeynesianische Modell wird, da es eine kurzfristige Nichtneutralität des Geldes begründet, insbesondere zur Analyse geldpolitischer Fragestellungen verwendet. Die Geldpolitik ist für das Modell insofern von Bedeutung, als es bisher mit der Outputlücke $\hat{x}_t$ der Inflationsrate $\hat{\pi}_t$ und dem Nominalzins $\hat{i}_t$ drei endogene Variablen, jedoch nur zwei Gleichungen umfasst. Zur Lösung des Modells muss daher eine Variable prädeterminiert werden. Wenn nun der Nominalzins im NKM-Modell durch die Geldpolitik gesetzt wird, ist das Modell in dieser Hinsicht geschlossen.

Dieses Vorgehen setzt voraus, dass die Zentralbank mit ihrem geldpolitischen Instrumentarium in der Lage ist, den im Modell enthaltenen kurzfristigen Marktzins zu beeinflussen. Grundsätzlich gibt es zwei alternative Möglichkeiten, die Geldpolitik in das Modell zu integrieren. Die erste Möglichkeit besteht darin, wie in Kap. 7 die Nutzenfunktion des repräsentativen Haushalts um das Argument Realkasse zu erweitern und damit eine Geldnachfrage abzuleiten. Da damit Geld bzw. die Geldmenge wieder im Modell enthalten ist, kann daraufhin durch die Annahme eines spezifischen Geldangebotsprozesses der Nominalzins bestimmt werden. Die im NKM-Modell üblicherweise gewählte Möglichkeit besteht jedoch einfach darin, den Zinssatz $\hat{\imath}_t$ entweder als durch die Zentralbank bestimmt und damit als exogene Variable zu betrachten oder aber zu unterstellen, dass die Zentralbank $\hat{\imath}_t$ gemäß einer – noch zu spezifizierenden – Regel in Abhängigkeit relevanter makroökonomischer Größen setzt. Diese zweite Möglichkeit ist formal einfacher und ist darüber hinaus auch keineswegs einschränkend, da aus jeder Geldangebotsregel bei gegebener Geldnachfrage die entsprechende Zinsregel rekonstruiert werden kann.

Eine bei der Analyse der Geldpolitik wichtige Frage ist selbstverständlich, welches die Zielfunktion der Zentralbank ist. Zwar kann hier ad-hoc – wie dies in den ersten neukeynesianischen Modellen der Fall gewesen ist – eine mehr oder weniger plausible Annahme getroffen werden, die mikroökonomische Fundierung des Modells erlaubt es aber auch, Aussagen über die Wohlfahrtswirkungen der Geldpolitik abzuleiten.

Mittels einer Approximation der Nutzenfunktion des repräsentativen Haushalts kann gezeigt werden, dass sich sein erwarteter Nutzen in folgender Form darstellen lässt:

$$\mathrm{E}_t \sum_{i=0}^{\infty} \beta^i U(c_{t+i}, h_{t+i}) = -K \mathrm{E}_t \sum_{i=0}^{\infty} \beta^i \left[\hat{\pi}_{t+i}^2 + \lambda \left(\hat{x}_{t+i} - \hat{x}^* \right)^2 \right] + \cdots \tag{8.13}$$

$\hat{x}^*$ repräsentiert hierbei die relative Abweichung des Outputs bei flexiblen Preisen im Steady-State von seinem effizienten Niveau. Es ist also $\hat{x}^* = \frac{y_*^{flex} - y_*^{opt}}{y_*^{opt}}$. Aus den Gl. (8.7) und (8.8) ergibt sich damit, dass $\hat{x}^* = \frac{1-\mu}{\mu} \frac{1}{\gamma+\rho}$.[8] λ ist ein Parameter, der ebenfalls auf die Strukturparameter des Modells zurückgeführt werden kann:

$$\lambda = \frac{\kappa}{\eta(1 + \gamma\eta)} \tag{8.14}$$

K ist eine Konstante, die für die folgenden Betrachtungen unerheblich ist und die weiteren in (8.13) nicht aufgeführten Terme sind sämtlichst unabhängig von der Geldpolitik.

Unter Wohlfahrtsaspekten sind gemäß (8.13) daher sowohl Abweichungen der Inflationsrate als auch Abweichungen der Outputlücke von ihren jeweiligen Steady-State-Werten – diese sind jeweils durch $\hat{\pi} = 0$ und $\hat{x} = 0$ gegeben – relevant und vermindern die Wohlfahrt. Die Frage ist nun, welche Möglichkeiten die Geldpolitik hat, eine unter Wohlfahrtsaspekten optimale Situation herbeizuführen. Eine in diesem Zusammenhang bedeutsame Frage ist dann, ob eine Zentralbank bei der Ausgestaltung ihrer Politik ausschließlich die Inflation oder auch die Outputlücke – wie ja (8.13) zunächst suggeriert – in Betracht ziehen sollte.

---

[8] Es gilt $\hat{x}^* = \frac{y_*^{flex} - y_*^{opt}}{y_*^{opt}} \approx \ln(y_*^{flex}/y_*^{opt})$. Aus (8.7) und (8.8) folgt $\ln(y_*^{flex}/y_*^{opt}) = -\frac{1}{\gamma+\rho} \ln(\mu)$. Mit $\ln(\mu) \approx \frac{\mu-1}{\mu}$ ergibt sich der Ausdruck im Text.

Bei der Diskussion der letztgenannten Frage wird üblicherweise von einem Zielkonflikt zwischen den in der Wohlfahrtsfunktion (8.13) auftauchenden relevanten Zielgrößen Inflation und Outputlücke ausgegangen – es ist demnach mittels der Geldpolitik nicht möglich, sowohl die Inflationsrate als auch die Outputlücke zu stabilisieren. Im bisher betrachteten NKM-Modell existiert ein solcher Zielkonflikt allerdings nicht. Wird die neukeynesianische Phillipskurve wiederholt ineinander eingesetzt, resultiert:

$$\hat{\pi}_t = \beta^T \mathrm{E}_t \hat{\pi}_{t+T} + \kappa \sum_{i=0}^{T} \beta^i \hat{x}_{t+i}$$

Wegen $\beta < 1$ ergibt sich daraus für $T \to \infty$, dass $\hat{\pi}_t = \kappa \sum_{i=0}^{\infty} \beta^i \hat{x}_{t+i}$. Die heutige Inflationsrate entspricht demnach der mit κ gewichteten, diskontierten Summe aller für die Zukunft erwarteten Outputlücken. Von daher existiert kein Zielkonflikt zwischen einer Geldpolitik, die die Inflationsrate stabilisiert und einer, die die Outputlücke stabilisiert.[9]

Dies ist nicht der Fall, wenn neben der neukeynesianischen IS-Kurve auch die Phillipskurve durch exogene Schocks beeinflusst wird. Im bisher betrachteten Modell ist das nicht der Fall und es ist daher zunächst zu fragen, wie derartiges begründet werden kann. Eine von Benigno und Woodford (2005) vorgeschlagene Möglichkeit besteht in der Annahme, die relative Abweichung des Outputs bei flexiblen Preisen im Steady-State von seinem effizienten Niveau $\hat{x}^*$ sei selbst stochastisch. Begründen lässt sich dies dann über stochastisch schwankende Verzerrungen beispielsweise durch verzerrende Steuern. Wird die neukeynesianische Phillipskurve solchermaßen um exogene Schocks $\hat{v}_t$ ergänzt, gilt:

$$\hat{\pi}_t = \beta \mathrm{E}_t \hat{\pi}_{t+1} + \kappa \hat{x}_t + \hat{v}_t \tag{8.15}$$

Es folgt daher $\hat{\pi}_t = \kappa \sum_{i=0}^{\infty} \beta^i \hat{x}_{t+i} + \sum_{i=0}^{\infty} \beta^i v_{t+i}$, wie sich durch wiederholtes Einsetzen zeigen lässt. In diesem Fall besteht daher ein Zielkonflikt, da die Inflationsrate selbst bei einer vollständigen Stabilisierung der Outputlücke schwankt.[10]

8.3.2 Optimale Geldpolitik

Bei gegebener Zielfunktion der Zentralbank kann auf der Grundlage des NKM-Modells in recht naheliegender Weise die optimale Geldpolitik ermittelt werden. Die optimale Geldpolitik ist diejenige, welche unter den Nebenbedingungen des NKM-Modells die gesellschaftliche Wohlfahrt gemäß (8.13) maximiert – oder alternativ eine andere ad-hoc spe-

---

[9]Blanchard und Galí (2007) sprechen in diesem Zusammenhang von einer „divine coincidence" zwischen diesen beiden Zielen.

[10]Im Ausgangsfall mit nur einer exogenen Störung, die die IS-Kurve betrifft, kann die Geldpolitik die Konsequenzen dieses Schocks vollständig kompensieren. Sofern aber unabhängige Störungen existieren, die beide Gleichungen treffen, ist dies mit nur einem Instrument – der Geldpolitik – nicht möglich.

zifizierte Zielfunktion. Ein grundlegendes Problem hierbei ist das Problem der Zeitinkonsistenz (Kydland und Prescott 1977): Es kann aus Sicht der Zentralbank optimal sein, von einer vorgegebenen geldpolitischen Regel abzuweichen, sobald die Wirtschaftssubjekte ihre Erwartungen an dieser Regel ausgerichtet haben. Das aber bedeutet, dass diese geldpolitische Regel nicht implementierbar ist, sofern sich die Zentralbank nicht glaubhaft daran binden kann.

Ohne glaubhafte Regelbindung ist eine intertemporal optimale Geldpolitik nicht implementierbar und die Zentralbank agiert folglich diskretionär, indem sie von Periode zu Periode ihre Zielfunktion maximiert. Dieses Optimierungsproblem hat eine wesentlich einfachere Struktur, weshalb nur die optimale diskretionäre Politik im Weiteren diskutiert werden wird.

Das Optimierungsproblem der Zentralbank kann in diesem Fall für alle t folgendermaßen formuliert werden:

$$\max_{\hat{\pi}_t, \hat{x}_t} -\mathrm{E}_t \sum_{i=0}^{\infty} \beta^i \left[\hat{\pi}_{t+i}^2 + \lambda \left(\hat{x}_{t+i} - \hat{x}^* \right)^2 \right] \tag{8.16}$$

$$\text{u. Nb.} \quad \hat{\pi}_t = \beta \mathrm{E}_t \hat{\pi}_{t+1} + \kappa \hat{x}_t + \hat{v}_t$$

Die neukeynesianische IS-Kurve spielt hierbei keine Rolle, da sie in Periode t keine Beziehung zwischen $\hat{x}_t$ und $\hat{\pi}_t$ begründet.

Die Lösung des Optimierungsproblems (8.16) führt nun auf die folgende Bedingung erster Ordnung:

$$\kappa \hat{\pi}_t + \lambda \left(\hat{x}_t - \hat{x}^* \right) = 0 \tag{8.17}$$

Die optimale diskretionäre Geldpolitik besteht also darin, Outputlücke und Inflationsrate stets in einem vorgegebenen Verhältnis zu halten, so dass $\hat{\pi}_t = -\frac{\lambda}{\kappa}(\hat{x}_t - \hat{x}^*)$ gilt.[11]

Mit (8.17) wurde abgeleitet, welches das Resultat optimaler diskretionärer Geldpolitik ist. Darüber, wie diese implementiert werden kann, wurde ebenso noch keine Aussage getroffen, wie darüber, welche Dynamik von Inflation und Outputlücke abgesehen von dem in (8.17) dargestellten Zusammenhang daraus resultiert.

Wird (8.17) nach $\hat{x}_t$ aufgelöst und das Resultat in die – um exogene Störungen $\hat{v}_t$ erweiterte – Phillipskurve eingesetzt, resultiert:

$$\hat{\pi}_t = \beta \frac{\lambda}{\lambda + \kappa^2} \mathrm{E}_t \hat{\pi}_{t+1} + \frac{\lambda \kappa}{\lambda + \kappa^2} \hat{x}^* + \frac{\lambda}{\lambda + \kappa^2} \hat{v}_t \tag{8.18}$$

Die Lösung dieser erwartungsabhängigen Differenzengleichung erfolgt mittels der Methode der unbestimmten Koeffizienten: Die Lösungsvermutung für (8.18) lautet $\hat{\pi}_t = \delta_0 + \delta_1 \hat{v}_t$. Daraus folgt $\hat{\pi}_{t+1} = \delta_0 + \delta_1 v_{t+1}$ und $\mathrm{E}_t \hat{\pi}_{t+1} = \delta_0$, wenn zur Vereinfachung zunächst

---

[11]Wird hierbei berücksichtigt, dass wie oben dargestellt wurde (vgl. (8.14)) $\lambda = \frac{\kappa}{\eta(1+\gamma\eta)}$ gilt, folgt $\frac{\lambda}{\kappa} = \frac{1}{\eta(1+\gamma\eta)}$. Das optimale Verhältnis zwischen Outputlücke und Inflationsrate wird also nur von den Parametern, die die Präferenzen des repräsentativen Haushalts bestimmen, determiniert.

Abb. 8.2 Optimale
diskretionäre Politik

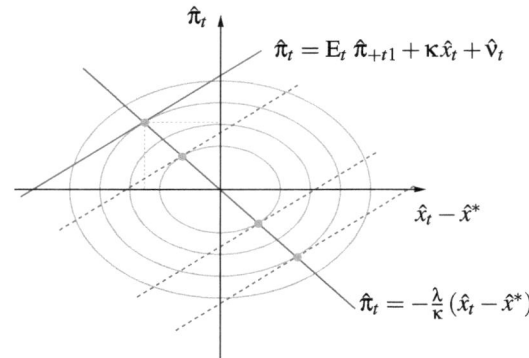

von unkorrelierten Schocks ausgegangen wird. Das impliziert aber, dass $\delta_0 = \frac{\lambda\kappa}{\lambda(1-\beta)+\kappa^2}\hat{x}^*$
und $\delta_1 = \frac{\lambda}{\lambda+\kappa^2}$ gilt. Die Lösung von (8.18) unter rationalen Erwartungen lautet daher:

$$\hat{\pi}_t = \frac{\lambda\kappa}{\lambda(1-\beta)+\kappa^2}\hat{x}^* + \frac{\lambda}{\lambda+\kappa^2}\hat{v}_t \tag{8.19}$$

Für $\hat{x}_t$ folgt daraus bei einer optimalen diskretionären Politik:

$$\hat{x}_t = \frac{\lambda(1-\beta)}{\lambda(1-\beta)+\kappa^2}\hat{x}^* - \frac{\kappa}{\lambda+\kappa^2}\hat{v}_t \tag{8.20}$$

Die optimale diskretionäre Politik wird von zwei Aspekten beeinflusst (vgl. dazu auch
Abb. 8.2). Zunächst einmal besteht auch bei flexiblen Preisen eine Abweichung zwischen
dem effizienten und dem tatsächlichen Output. Diese zu beseitigen erfordert eine positive
Outputlücke, was aufgrund des Phillipskurvenzusammenhangs nur bei einer entsprechend
positiven Abweichung der Inflationsrate erreichbar ist. Dies erklärt die jeweils positiven
ersten Terme in den Lösungen (8.19) und (8.20).[12] Darüber hinaus lässt die optimale diskretionäre Politik weitere Abweichungen der Inflationsrate und der Outputlücke von ihren
Steady-State-Werten zu. Jedoch nur solche, die auf exogene Schocks der Phillipskurve zurückzuführen sind. Demgegenüber bleiben Inflationsrate und der Outputlücke von eventuellen exogenen Schocks der IS-Kurve vollkommen unberührt. Eine optimale diskretionäre
Geldpolitik eliminiert deren Einfluss auf die Zielvariablen also vollständig.

Damit bleibt die Frage zu klären, wie die abgeleitete Geldpolitik implementiert werden
kann. Dazu kann betrachtet werden, welche Konsequenzen die optimale diskretionäre Politik für den Nominalzins hat. Einsetzen der soeben abgeleiteten Lösung unter rationalen

---

[12]Damit wird unterstellt, dass es Ziel und Aufgabe der Zentralbank ist, bei ihrer Politik auch die
Ineffizienzen aufgrund unvollständiger Konkurrenz auf dem Gütermarkt zu korrigieren. Dies könnte
aber auch als Aufgabe der staatlichen Ordnungspolitik angesehen werden, so dass für die Zentralbank dann nur noch die Aufgabe verbliebe, die Outputlücke und die Inflationsrate wohlfahrtsma-
ximierend zu stabilisieren. Formal wäre das gleichbedeutend damit, dass in den vorangegangenen
Gleichungen $\hat{x}^* = 0$ gesetzt wird.

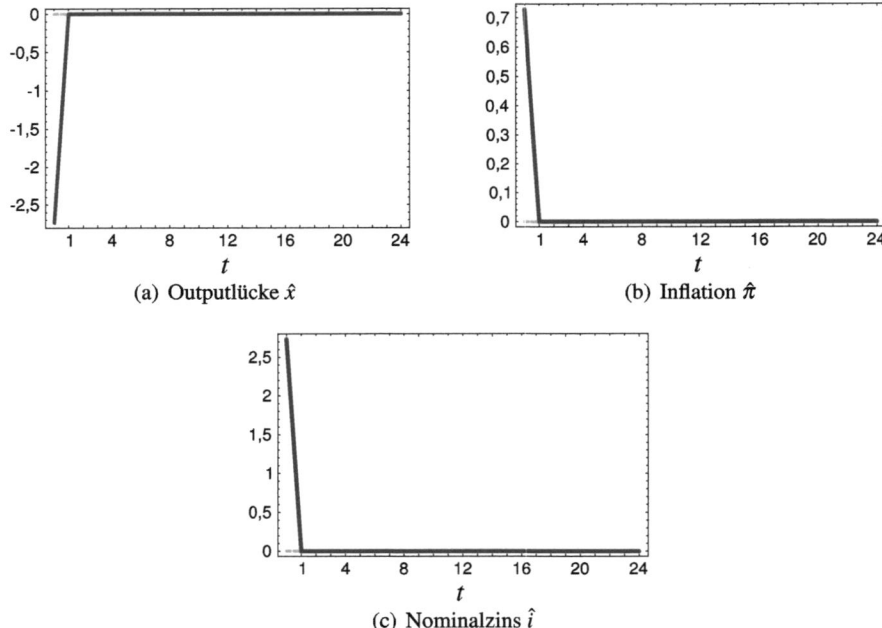

(a) Outputlücke $\hat{x}$ (b) Inflation $\hat{\pi}$

(c) Nominalzins $\hat{i}$

Abb. 8.3 Reaktionen auf einen exogenen Schock der Phillipskurve (Die zugrundeliegenden Parameterwerte sind $\beta = 0,99$, $\rho = \gamma = 1$, $\eta = 1,5$ und $\omega = 0,8$.)

Erwartungen in die neukeynesianische IS-Kurve ergibt:

$$i_t = E_t \hat{\pi}_{t+1} + \frac{1}{\rho}(E_t \hat{x}_{t+1} - \hat{x}_t + \hat{u}_t)$$

$$= \frac{\lambda \kappa}{\lambda(1 - \beta) + \kappa^2}\hat{x}^* + \rho \frac{\kappa}{\lambda + \kappa^2}\hat{v}_t + \rho \hat{u}_t \qquad (8.21)$$

Gleichung (8.21) zeigt zunächst nochmals, dass der Einfluss eventueller Schocks $\hat{u}_t$ der neukeynesianischen IS-Kurve durch eine entsprechende Reaktion des Zinssatzes unter der optimalen diskretionäre Politik vollständig eliminiert wird. Diese Gleichung mutet zwar wie eine Zinsregel an, die Anwendbarkeit einer solchen Zinsregel würde aber voraussetzen, dass die Zentralbank die zugrundeliegenden Schocks $\hat{u}_t$ und $\hat{v}_t$ auch tatsächlich beobachten kann. Ist dies nicht – oder auch nur mit Verzögerung – der Fall, beschreibt (8.21) lediglich, welchem Prozess der Gleichgewichtszins bei einer optimalen diskretionären Politik folgen würde. Die tatsächliche Geldpolitik muss sich dann anderer Mittel bedienen, um dieser optimalen Lösung möglichst nahe zu kommen.

Abbildung 8.3 veranschaulicht die Konsequenzen der optimalen diskretionären Politik anhand der Impulsantworten der Modellvariablen auf einen exogenen Schock der Phillipskurve ($\hat{v}_0 = 1$) im Fall seriell unkorrelierter Schocks. Da die Schocks seriell unkorreliert sind, verbleiben die Erwartungen künftiger Outputlücken und Inflationsraten auf ihrem

Steady-State-Niveau, so dass der exogene Schock nur in der Periode seines Auftretens zu Abweichungen von Outputlücke und Inflationsrate von ihren jeweiligen stationären Werten führt. Die Zinspolitik reagiert auf diesen Schock mit einem entsprechenden Zinsanstieg und hält so Outputlücke und Inflationsrate im optimalen Verhältnis (vgl. Abb. 8.2).

8.4 Zinsregeln im NKM-Modell

Im vorangegangenen Abschnitt wurde argumentiert, dass die optimale diskretionäre Politik möglicherweise nicht implementierbar ist, weil die Größen, an denen diese Politik auszurichten wäre, nicht oder möglicherweise erst zu spät beobachtet werden. In allgemeineren Fragestellungen kommt als erschwerendes Problem unter Umständen noch hinzu, dass die relevanten Größen möglicherweise zwar durch die Zentralbank, nicht jedoch durch das Publikum beobachtbar sind. Richtet die Zentralbank ihr Verhalten nun an solchen vom Publikum nicht beobachtbaren Größen aus, kann sich ein Glaubwürdigkeitsproblem ergeben.

Dies ist ein Grund, warum bei praktischen geldpolitischen Fragestellungen häufig einfache Instrumentregeln betrachtet werden. Besondere Aufmerksamkeit haben in diesem Zusammenhang Zinsregeln erfahren. Eine auf den Zinssatz bezogene Instrumentregel besagt in diesem Kontext, dass die Zentralbank den von ihr gesetzten Zins von anderen relevanten makroökonomischen Größen – in unserem Modellrahmen naheliegenderweise Inflation und Outputlücke – abhängig macht. Ein weiterer Grund dafür, sich mit Zinsregeln zu befassen, ist allerdings, dass diese aktuelles Zentralbankverhalten recht gut abbilden können.

8.4.1 Die Taylor-Regel als empirischer Befund

In einer einflussreichen Arbeit (Taylor 1993) hat John Taylor die Zinspolitik der US-Notenbank untersucht, um die makroökonomischen Variablen zu bestimmen, die diese Zinspolitik maßgeblich beeinflussen. Die von ihm durchgeführte Analyse basiert auf der folgenden Schätzgleichung für den Marktzins i_t

$$i_t = \alpha_0 + \alpha_1 y_t + \alpha_2 \pi_t + \varepsilon_t, \tag{8.22}$$

wobei y_t die Outputlücke und π_t die Inflationsrate repräsentiert.

Im Folgenden soll dieser Zusammenhang anhand von Quartalsdaten für die USA betrachtet werden. Dabei wird der Zinssatz i_t durch den Quartalsdurchschnitt der Federal Funds Rate – also einen kurzfristigen Geldmarktsatz – abgebildet. Als Inflationsrate π_t wird der Quartalsdurchschnitt der Inflationsrate des Konsumentenpreisindex verwendet und die Outputlücke y_t wird als relative Abweichung des realen BIP vom Trendwachstum gemäß HP-Filter identifiziert. Abbildung 8.4 zeigt zunächst, wie sich diese drei Zeitreihen im Zeitraum von 1980–2005 entwickelt haben.

Die Ergebnisse einer OLS-Schätzung von (8.22) auf der Basis dieser Daten sind in der ersten Zeile von Tab. 8.1 dargestellt. Die Schätzung von (8.22) liefert zwar bezüglich π_t und y_t signifikante Koeffizienten, ein Blick auf die Durbin-Watson Statistik zeigt aber,

Abb. 8.4 Federal Funds Rate, Inflation und Outputlücke in den USA (1980:Q1–2005:Q4)

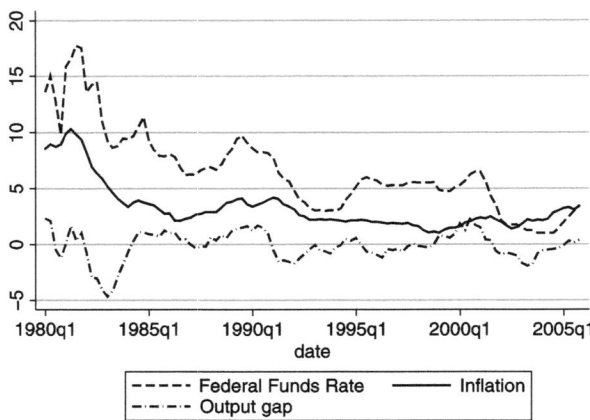

Tab. 8.1 Ergebnisse einer OLS-Schätzung von (8.22) für den Zeitraum 1980:Q1–2005:Q4

	Abhängige Variable i_t				
	const.	i_{t-1}	y_t	π_t	
(1)	1,678*	–	0,453*	1,501*	$n = 104$, $R^2 = 0{,}723$, $DW = 0{,}18$
(2)	0,176	0,800*	0,316*	0,338*	$n = 103$, $R^2 = 0{,}944$, $DW = 1{,}885$

*Signifikanz auf dem 1 %-Niveau

dass das empirische Modell erhebliche Spezifikationsprobleme aufweist. Eine Schätzung, in die zusätzlich noch der um ein Quartal verzögerte Zins als erklärende Variable aufgenommen wird, liefert dagegen, wie die zweite Zeile von Tab. 8.1 zeigt, zufriedenstellende Ergebnisse.

Wird unterstellt, dass sich die Entwicklung des hier untersuchten Zinssatzes maßgeblich auf die Geldpolitik zurückführen lässt, zeigen diese Ergebnisse in jedem Fall, dass sich die, die Zinspolitik der amerikanischen Notenbank beeinflussenden Größen relativ einfach zusammenfassen lassen: Die aktuelle Inflationsrate, die aktuelle Outputlücke und der um eine Periode verzögerte Zins erklären den wesentliche Anteil der Zinsbewegungen. Abbildung 8.5 illustriert dies anhand von ex-post Prognosen der Federal Funds Rate auf der Grundlage der beiden geschätzten Modelle.

Von Interesse sind nun die konkreten Eigenschaften der Zinspolitik, die sich in den geschätzten Koeffizienten der in Tab. 8.1 aufgeführten Modelle niederschlägt: Den Schätzergebnissen folgend reagiert die Notenbank mit Zinserhöhungen – also einer restriktiven Geldpolitik –, wenn die Outputlücke positiv ist, und ebenso dann, wenn die Inflationsrate ansteigt. Die Spezifikation (1) zeigt nun, dass die Notenbank den Nominalzins bei einem Anstieg der Inflationsrate um beispielsweise einen Prozentpunkt um ca. 1,5 Prozentpunkte erhöht. Ebensolches ergibt sich aus der Spezifikation (2). Hier steigt der Nominalzins langfristig um ca. 1,7 Prozentpunkte, sollte die Inflationsrate um einen Prozentpunkt anstei-

Abb. 8.5 Federal Funds Rate
und Modellprognosen

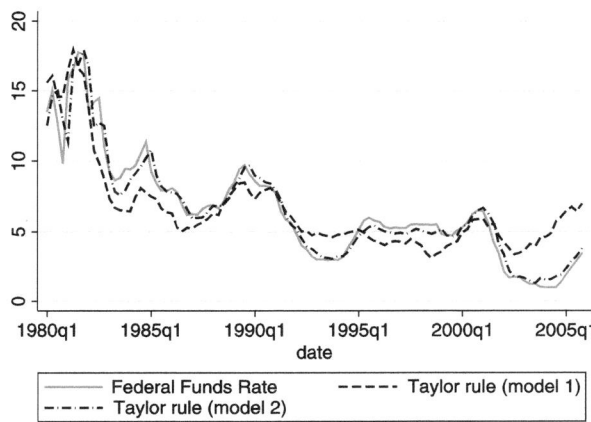

gen.[13] Eine Zinspolitik mit dieser Eigenschaft genügt dem Taylor-Prinzip: Die Zentralbank reagiert auf einen Anstieg der Inflationsrate mit einer überproportionalen Erhöhung des Zinssatzes, so dass – über den durch die Fisher-Gleichung beschriebenen Zusammenhang – der Realzins sinkt. Das Senken des Realzinssatzes ist letztlich der Weg, auf dem es der Zentralbank im NKM-Modell gelingt, die reale Güternachfrage zu beeinflussen und die Inflationsrate abzusenken.

Das Taylor-Prinzip bzw. die Taylor-Regel besagt demnach, dass die Zentralbank auf inflationäre Entwicklungen aktiv bzw. aggressiv reagiert, um diese inflationären Entwicklungen zu bremsen. Ist der Koeffizient vor π_t in der Zinsregel (8.22) dagegen kleiner als Eins, ist dies nicht der Fall. Taylor (1993) konnte nun zeigen, dass sich dieser Koeffizient im Zeitablauf verändert hat – die US-Notenbank ist von einer eher passiven Politik in den 70er und 80er Jahren Ende der 80er Jahre zu einer aktiven Politik übergegangen.

Der Koeffizient vor π_t in einer Zinsregel ist allerdings auch aus einem anderen Grund bedeutsam: Er bestimmt maßgeblich, ob ein NKM-Modell, in das ein Instrumentregel für den Nominalzins integriert wird ein eindeutiges rationales Erwartungsgleichgewicht besitzt oder ob multiple Gleichgewichte existieren können.

8.4.2 Zinsregeln und Determiniertheit

Nicht nur die empirischen Befunde zur tatsächlichen Zinspolitik von Zentralbanken, auch die oben beschriebenen Probleme der Implementation optimaler Geldpolitik haben in den vergangenen Jahren eine Fülle von Studien motiviert, die sich mit Instrumentregeln beschäftigen. Im Folgenden sollen Instrumentregeln betrachtet werden, die beschreiben, wie die Zentralbank den Zins geldpolitisch in Abhängigkeit relevanter makroökonomischer Variablen beeinflusst. Solche Instrumentregeln werden daher auch als Zinsregeln bezeichnet.

---

[13]Diese langfristige Reaktion des Zinssatzes ergibt sich aus $\frac{0{,}338}{1-0{,}8}$.

Grundsätzlich bestehen vielfältige Möglichkeiten solche Zinsregeln zu spezifizieren. Hier soll vor dem Hintergrund des vorangegangenen Abschnitts eine einfache Zinsregel der Form

$$\hat{i}_t = \alpha_\pi \hat{\pi}_t + \alpha_x \hat{x}_t \tag{8.23}$$

betrachtet werden. Zur Vereinfachung der Darstellungen wird die relative Abweichung $\hat{x}^*$ des Outputs bei flexiblen Preisen von seinem effizienten Niveau im Weiteren ignoriert. Es gilt also $\hat{x}^* = 0$.

Wird nun die Zinsregel (8.23) in das um exogene Störungen der Phillipskurve erweiterte NKM-Modell (8.12a) und (8.12b) eingesetzt, resultiert:

$$\hat{x}_t = \mathrm{E}_t(\hat{x}_{t+1}) - \frac{1}{\rho}[\alpha_\pi \hat{\pi}_t + \alpha_x \hat{x}_t - \mathrm{E}_t \hat{\pi}_{t+1}] + \hat{u}_t \tag{8.24a}$$

$$\hat{\pi}_t = \beta \mathrm{E}_t \hat{\pi}_{t+1} + \kappa \hat{x}_t + \hat{v}_t \tag{8.24b}$$

Bezüglich der Schocks $\hat{u}_t$ und $\hat{v}_t$ wird angenommen, dass diese jeweils AR(1)-Prozessen folgen:

$$\begin{pmatrix} \hat{u}_{t+1} \\ \hat{v}_{t+1} \end{pmatrix} = \begin{pmatrix} \varrho_u & 0 \\ 0 & \varrho_v \end{pmatrix} \begin{pmatrix} \hat{u}_t \\ \hat{v}_t \end{pmatrix} + \begin{pmatrix} \varepsilon_{u,t+1} \\ \varepsilon_{v,t+1} \end{pmatrix}$$

$$\Leftrightarrow \quad e_{t+1} = \Omega e_t + \varepsilon_{t+1}, \tag{8.25}$$

wobei $e_t = (\hat{u}_t, \hat{v}_t)$ und $\varepsilon_t = (\varepsilon_{u,t}, \varepsilon_{v,t})$. Mit $z_t = (\hat{x}_t, \hat{\pi}_t)$ kann das Gleichungssystem (8.12a) und (8.12b) ebenfalls in matrizieller Form notiert werden:

$$\begin{pmatrix} 1 + \frac{\alpha_x}{\rho} & \frac{\alpha_\pi}{\rho} \\ -\kappa & 1 \end{pmatrix} \begin{pmatrix} \hat{x}_t \\ \hat{\pi}_t \end{pmatrix} = \begin{pmatrix} 1 & \frac{1}{\rho} \\ 0 & \beta \end{pmatrix} \begin{pmatrix} \hat{x}_{t+1} \\ \hat{\pi}_{t+1} \end{pmatrix} + \begin{pmatrix} 1 & 0 \\ 0 & 1 \end{pmatrix} \begin{pmatrix} \hat{u}_t \\ \hat{v}_t \end{pmatrix}$$

$$\Leftrightarrow \quad A z_t = B \mathrm{E}_t z_{t+1} + I_2 e_t \tag{8.26}$$

Der hier zunächst interessierende Aspekt ist, ob das durch (8.26) und (8.25) gegebene stochastische, erwartungsabhängige Differenzengleichungssystem ein eindeutiges rationales Erwartungsgleichgewicht besitzt. Dies ist nur dann der Fall, wenn der stationäre Punkt $z_t = z^* = 0$ des entsprechenden deterministischen Systems instabil ist (vgl. hierzu den Anhang zu diesem Kapitel). Ein determiniertes rationales Erwartungsgleichgewicht existiert also nur dann, wenn die Eigenwerte der Matrix $M = B^{-1}A$ vom Betrag her größer als Eins sind.

Nehmen wir zur Vereinfachung zunächst an, dass $\alpha_x = 0$ gilt, dann resultiert $M = B^{-1}A$ als:

$$M = B^{-1}A = \begin{pmatrix} 1 & -\frac{1}{\rho\beta} \\ 0 & \frac{1}{\beta} \end{pmatrix} \begin{pmatrix} 1 & \frac{\alpha_\pi}{\rho} \\ -\kappa & 1 \end{pmatrix} = \begin{pmatrix} 1 + \frac{\kappa}{\rho\beta} & \frac{\alpha_\pi}{\rho} - \frac{1}{\rho\beta} \\ -\frac{\kappa}{\beta} & \frac{1}{\beta} \end{pmatrix} \tag{8.27}$$

Das rationale Erwartungsgleichgewicht ist determiniert, wenn alle Wurzeln der charakteristischen Gleichung dieser Matrix Betrag her größer als Eins sind. Aus (8.27) ergibt sich dieses charakteristische Polynom nun als:

$$\mu^2 - \left(1 + \frac{1}{\beta} + \frac{\kappa}{\rho\beta}\right)\mu + \frac{1}{\beta} = -\frac{\alpha_\pi \kappa}{\beta\rho} \qquad (8.28)$$

Die quadratische Gleichung auf der linken Seite von (8.28) besitzt Nullstellen an der Stelle $\mu = 0$ und $\mu = (1 + \frac{1}{\beta} + \frac{\kappa}{\rho\beta})$. Für $\mu = 1$ nimmt die linke Seite von (8.28) den Wert $-\frac{1}{\beta} - \frac{\kappa}{\rho\beta}$ an. Folglich sind die Lösungen von (8.28) dann und nur dann vom Betrag her größer als Eins, wenn $\alpha_\pi > 1$ gilt.

Dieses Resultat entspricht der oben erläuterten Taylor-Regel, die also nicht nur im Hinblick auf die Unterscheidung zwischen aktiver und passiver Geldpolitik bedeutsam ist, sondern die Lösungseigenschaften des NKM-Modells im Fall einer Zinsregel bestimmt: Folgt die Zentralbank einer Zinsregel der Form $\hat{i}_t = \alpha_\pi \hat{\pi}_t$, ist das rationale Erwartungsgleichgewicht im NKM-Modell nur dann determiniert, wenn die Zinsregel dem Taylor-Prinzip genügt. Ist dies nicht der Fall, existieren multiple Lösungen unter rationalen Erwartungen. Es kann also zu stochastischen Schwankungen der Inflationsrate und der Outputlücke kommen, die nicht auf Änderungen der Fundamentaldaten, sondern auf Sunspots zurückzuführen sind. Will eine Zentralbank vermeiden, dass solche Sunspotgleichgewichte auftreten können, sollte sie also eine Regel verwenden, die keine Indeterminiertheiten erzeugt, was im hier vorliegenden Fall das Einhalten des Taylor-Prinzips bedeutet.

Vor diesem Hintergrund ist der oben erwähnte empirische Befund von Taylor (1993) natürlich besonders interessant, da er darauf hindeutet, dass die Zentralbankpolitik in den USA in den 70er und 80er Jahren gegen dieses Prinzip verstoßen hat. Die in diesem Zeitraum zu beobachtenden hohen Inflationsraten könnten somit auch auf Sunspotgleichgewichte zurückzuführen sein.

Eine dem Taylor-Prinzip folgende Bedingung für eine Zinsregel, wie sie in Gl. (8.23) formuliert wurde, lässt sich ganz entsprechend zu der vorangegangenen Analyse herleiten. In diesem Fall lautet die Bedingung für ein determiniertes rationales Erwartungsgleichgewicht:

$$\alpha_\pi + \frac{1-\beta}{\kappa}\alpha_x > 1 \qquad (8.29)$$

Diese Bedingung verlangt abermals, dass die Zentralbank mit dem Zins überproportional auf einen Anstieg der langfristigen Inflationsrate reagiert: Aus der Phillipskurve (8.24b) folgt, dass im deterministischen Steady-State $d\hat{x}^* = \frac{1-\beta}{\kappa}d\hat{\pi}^*$ gilt. Nun ist $\frac{d\hat{i}^*}{d\hat{\pi}^*} = \alpha_\pi + \alpha_x \frac{d\hat{x}^*}{d\hat{\pi}^*} = \alpha_\pi + \alpha_x \frac{1-\beta}{\kappa}$. Folglich erfolgt nur dann eine langfristig überproportionale Reaktion des Zinssatzes auf eine Änderung der Inflationsrate, wenn die Bedingung (8.29) und damit das Taylor-Prinzip erfüllt ist.

Im Fall eines determinierten rationalen Erwartungsgleichgewichts kann die eindeutige Lösung dann wieder mit Hilfe der Methode der unbestimmten Koeffizienten ermittelt werden. Die Lösungsvermutung $z_t = Pe_t$ impliziert $z_{t+1} = Pe_{t+1}$ und $E_t z_{t+1} = P\Omega e_t$. Ein-

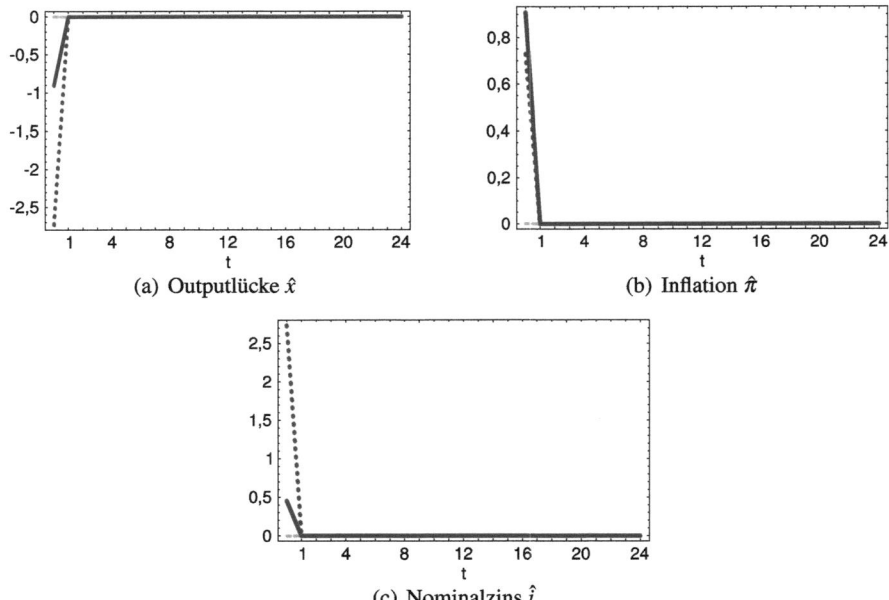

(a) Outputlücke $\hat{x}$ (b) Inflation $\hat{\pi}$

(c) Nominalzins $\hat{i}$

Abb. 8.6 Reaktionen auf einen exogenen Schock der Phillipskurve im Fall einer Zinsregel $\hat{i}_t = 0{,}5\hat{x}_t + 1{,}5\hat{\pi}_t$ (Die zugrundeliegenden Parameterwerte sind $\beta = 0{,}99$, $\rho = \gamma = 1$, $\eta = 1{,}5$ und $\omega = 0{,}8$.)

setzen in (8.26) ergibt dann

$$Az_t = BP\Omega e_t + I_2 e_t$$

$$\Leftrightarrow \quad z_t = A^{-1}(BP\Omega + I_2)e_t$$

Die gesuchte Matrix P ist daher Lösung der Gleichung:

$$P = A^{-1}(BP\Omega + I_2)$$

Im Fall seriell unkorrelierter Schocks gilt $\Omega = 0$ und die Lösung hat die einfache Form $P = A^{-1}$. In ausführlicher Form lautet diese dann:

$$\begin{pmatrix} \hat{x}_t \\ \hat{\pi}_t \end{pmatrix} = \begin{pmatrix} \dfrac{\rho}{\alpha_x + \alpha_\pi \kappa + \rho} & -\dfrac{\alpha_\pi}{\alpha_x + \alpha_\pi \kappa + \rho} \\ \dfrac{\kappa \rho}{\alpha_x + \alpha_\pi \kappa + \rho} & \dfrac{\alpha_x + \rho}{\alpha_x + \alpha_\pi \kappa + \rho} \end{pmatrix} \begin{pmatrix} \hat{u}_t \\ \hat{v}_t \end{pmatrix} \tag{8.30}$$

Auf ähnliche Weise können selbstverständlich vielfältige ad-hoc formulierte Zinsregeln daraufhin untersucht werden, ob sie das Auftreten von Sunspotlösungen begünstigen können. Neben Zinsregeln, die beispielsweise verzögerte oder künftige Werte der Variablen $\hat{\pi}_t$ und $\hat{x}_t$ beinhalten, können in komplexeren NKM-Modellen darüber hinaus auch noch andere dort enthaltene Variablen in eine Zinsregel eingehen.

Abbildung 8.6 zeigt die Impulsantworten der Modellvariablen auf einen exogenen Schock der Phillipskurve, wenn die Zinspolitik einer Zinsregel der Form $\hat{i}_t = 0{,}5\hat{x}_t +$

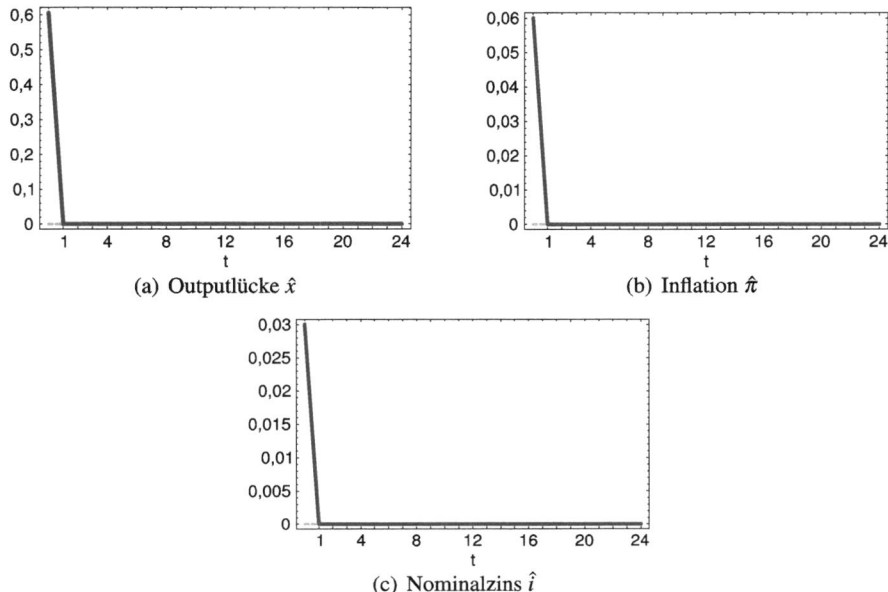

Abb. 8.7 Reaktionen auf einen exogenen Schock der IS-Kurve im Fall einer Zinsregel $\hat{i}_t = 0{,}5\hat{x}_t + 1{,}5\hat{\pi}_t$ (Die zugrundeliegenden Parameterwerte sind $\beta = 0{,}99$, $\rho = \gamma = 1$, $\eta = 1{,}5$ und $\omega = 0{,}8$. Die *gepunkteten Kurven* zeigen zum Vergleich die optimale diskretionäre Politik.)

$1{,}5\hat{\pi}_t$ folgt im Vergleich zu denen, die bei der optimalen diskretionären Politik – die bereits in Abb. 8.3 dargestellt wurden – resultieren. Im Vergleich zur optimalen diskretionären Politik ist der Zinsanstieg gemäß dieser Zinssetzungsregel zu gering, so dass die Reaktion der Outputlücke größer und die der Inflationsrate entsprechend geringer ausfällt als im Fall der optimalen diskretionären Politik. Zusätzlich wird die Dynamik von Outputlücke und Inflationsrate nun auch durch Schocks der neukeynesianischen IS-Kurve beeinflusst. Abbildung 8.7 zeigt die in einem solchen Fall resultierenden Impulsantworten der Modellvariablen.

8.4.3 Optimale Instrumentregeln

Bisher wurden Zinsregeln nur dahingehend diskutiert, ob diese zu eindeutigen rationalen Erwartungsgleichgewichten führen oder möglicherweise Sunspotlösungen begünstigen. Wenn man aber unterstellt, dass sich eine Zentralbank bei ihrer Geldpolitik tatsächlich einer Zinsregel bedient, stellt sich natürlich auch die Frage nach den damit verbundenen Wohlfahrtseffekten. Die oben in Gl. (8.30) dargestellte Lösung des NKM-Modells für den Fall einer Zinsregel (8.23) zeigt beispielsweise, dass Inflation und Outputlücke auch auf Schocks $\hat{u}_t$ der neukeynesianischen IS-Kurve reagieren. Damit ist klar, dass diese Lösung nicht der Lösung entspricht, die im Fall der optimalen diskretionären Politik resultiert.

Selbst wenn man sich bei der Betrachtung von Zinsregeln auf solche beschränkt, die zu einem determinierten rationalen Erwartungsgleichgewicht führen, stellt sich immer noch die Frage nach der konkreten Spezifikation einer Regel. Aus der theoretischen Perspektive heraus sind hier dann natürlich die jeweiligen Wohlfahrtseffekte das relevante Kriterium.

Zur Veranschaulichung soll nochmals das in (8.30) dargestellte Gleichgewicht bei rationalen Erwartungen im Fall einer Zinsregel (8.23) betrachtet werden. Da hier seriell unkorrelierte Schocks ($\Omega = 0$) unterstellt wurden, folgt aus dieser Lösung, dass

$$\sigma_x^2 = \left(\frac{1}{\alpha_x + \alpha_\pi \kappa + \rho} \right)^2 \left(\rho^2 \sigma_u^2 + \alpha_\pi^2 \sigma_v^2 \right) \tag{8.31a}$$

$$\sigma_\pi^2 = \left(\frac{1}{\alpha_x + \alpha_\pi \kappa + \rho} \right)^2 \left((\kappa \rho)^2 \sigma_u^2 + (\alpha_x + \rho)^2 \sigma_v^2 \right) \tag{8.31b}$$

Hierbei bezeichnen σ_x^2 und σ_π^2 die Varianzen der Outputlücke und der Inflationsrate. σ_u^2 und σ_v^2 bezeichnen ganz entsprechend die Varianzen der exogenen Störungen.

Da die Varianzen von Outputlücke und Inflationsrate konstant sind, kann die mit dieser Regel resultierende Wohlfahrt gemäß der Wohlfahrtsfunktion (8.13) einfach folgendermaßen ausgedrückt werden:

$$\mathscr{W}_t = -K \sum_{i=0}^{\infty} \beta^i \left(\hat{\pi}_{t+i}^2 + \lambda (\hat{x}_{t+i} - \hat{x}^*)^2 \right) = -K \frac{1}{1-\beta} \left(\sigma_\pi^2 + \lambda \sigma_x^2 \right)$$

Zur weiteren Vereinfachung wird zunächst angenommen, dass $\sigma_u^2 = 0$ gilt, die neukeynesianische IS-Kurve somit keinen exogenen Störungen ausgesetzt ist. In diesem Fall ergibt sich $\mathscr{W}_t$ als:

$$-\frac{1-\beta}{K} \mathscr{W}_t = \sigma_\pi^2 + \lambda \sigma_x^2 = \sigma_v^2 \frac{(\alpha_x + \rho)^2 + \lambda \alpha_\pi^2}{(\alpha_x + \alpha_\pi \kappa + \rho)^2} \tag{8.32}$$

Wird dieser Ausdruck nach α_π differenziert, ergibt sich als wohlfahrtsmaximierender Wert für α_π, dass $\alpha_\pi = (\frac{\kappa}{\alpha})(\alpha_x - \rho)$. Einsetzen dieses Ausdrucks in (8.32) ergibt dann:

$$\sigma_\pi^2 + \lambda \sigma_x^2 = \frac{\lambda}{\lambda + \kappa^2} \sigma_v^2$$

In diesem Fall resultiert demnach unabhängig von α_x das Wohlfahrtsniveau, das auch im Fall der optimalen diskretionären Politik resultiert (vgl. (8.19) und (8.20)). Jede Zinsregel, die der Restriktion $\alpha_\pi = \frac{\kappa}{\alpha}(\alpha_x - \rho)$ und dem Taylor-Prinzip genügt, wäre in diesem Fall daher in der Lage, die optimale diskretionäre Politik zu implementieren.

Nehmen wir nun an, dass $\sigma_v^2 = 0$ gilt, aber die neukeynesianische IS-Kurve exogenen Störungen ausgesetzt ist, so dass $\sigma_u^2 > 0$. In diesem Fall ergibt sich $\mathcal{W}_t$ als:

$$-\frac{1-\beta}{K}\mathcal{W}_t = \sigma_\pi^2 + \lambda\sigma_x^2 = \sigma_u^2 \frac{\rho^2(\kappa^2 + \lambda)}{(\alpha_x + \alpha_\pi\kappa + \rho)^2} \tag{8.33}$$

Ebenso wie die optimale diskretionäre Politik würde die unter Wohlfahrtsaspekten optimale Zinsregel in diesem Fall den Einfluss der Störungen der neukeynesianischen IS-Kurve vollständig zu eliminieren versuchen. Letzteres ist dann der Fall, wenn $\alpha_\pi \to \infty$ oder $\alpha_x \to \infty$. Damit wird jede Abweichung der Outputlücke oder der Inflationsrate von ihren jeweiligen Steady-State-Werte unmöglich gemacht. Es resultiert dann exakt das Wohlfahrtniveau, das sich auch im Fall der optimalen diskretionären Politik ergibt.

Die formale Analyse ist nicht ganz so einfach, wenn sowohl exogene Störungen der neukeynesianischen IS-Kurve als auch solche der neukeynesianischen Phillipskurve vorliegen, also $\sigma_u^2 > 0$ und $\sigma_v^2 > 0$ gilt. Es kann aber gezeigt werden, dass für die wohlfahrtsmaximierende Zinsregel der Form (8.23) in diesem Fall $\alpha_\pi \to \infty$ und $\alpha_x \to \infty$ gilt. Für $\mathcal{W}_t$ resultiert bei einer solchen Zinsregel dann:[14]

$$-\frac{1-\beta}{K}\mathcal{W}_t = \sigma_\pi^2 + \lambda\sigma_x^2 = \sigma_v^2 > \frac{\lambda}{\lambda + \kappa^2}\sigma_v^2 \tag{8.34}$$

In diesem Fall resultiert demnach eine unter Wohlfahrtsaspekten schlechtere Lösung als im Fall der optimalen diskretionären Politik.

So instruktiv es auch sein mag, eine einfache Zinsregel wie (8.23) unter Wohlfahrtsaspekten zu analysieren, sollte dabei nicht der Rahmen vergessen werden, in dem diese Analyse stattfindet. Insofern sind nur bedingt Rückschlüsse von den hier erzielten Ergebnissen auf die optimale Ausgestaltung der Geldpolitik möglich. So basiert die hier vorgenommene Analyse auf der Prämisse, dass das einfache NKM-Modell die tatsächliche Beziehung zwischen Outputlücke und Inflation korrekt beschreibt. Zudem wird davon ausgegangen, dass die Parameter des Modells – hier also insbesondere λ und κ – bekannt sind. Wenn es darum geht aus derartigen Analysen, Hinweise für die praktische Geldpolitik abzuleiten, ist aber auch zu berücksichtigen, dass die Variablen, die in eine Instrumentregel eingehen – in unserem Fall die heutige Inflationsrate und die heutige Outputlücke tatsächlich heute beobachtbar sein müssen, um die aktuelle Zinspolitik daran zu knüpfen. Damit stellt sich dann aber die Frage, über welche Informationen eine Zentralbank verfügt, wenn sie aktuelle Politikentscheidungen trifft. Diese Informationen können sich zudem von denen unterscheiden, die den privaten Wirtschaftssubjekten im zugrundeliegenden Modell zur Verfügung stehen. Insgesamt bedeutet dies, dass die Frage nach der optimalen Geldpolitik – selbst wenn man sich hier auf den Fall von einfacher Instrumentregeln beschränkt – in der Praxis nicht so einfach zu beantworten ist. Zumindest nicht so einfach, wie es die vorangegangene Analyse suggeriert.

---

[14]Für $\alpha_\pi \to \infty$ und $\alpha_x \to \infty$ folgt aus (8.31a) und (8.31b), dass $\sigma_x^2 \to 0$ und $\sigma_\pi^2 \to \sigma_v^2$. Das Einsetzen dieser Terme in den Ausdruck für die Wohlfahrt ergibt dann (8.34).

8.5   Literaturhinweise

Das NKM-Modell wird von Galí (2008) ausführlich beschrieben. Darstellungen dieses Modells finden sich auch in den bereits in Kap. 7 erwähnten Lehrbüchern von Holtemöller (2008) und Walsh (1998). Einen Überblick über die geldpolitischen Implikationen dieses Modells liefern Clarida et al. (1999). Eine umfassende Darstellung – wenn auch nicht auf einfachem Niveau – über die Geldpolitik im NKM-Modell findet sich bei Woodford (2003).

Anhang: Lineare Modelle mit rationalen Erwartungen

A.1 Struktur des linearen Modells

Im vorangegangenen Abschnitt wurden lineare Modelle der Form:

$$z_t = M \mathrm{E}_t z_{t+1} + N e_t, \tag{8.35}$$

betrachtet, wobei z_t ein n-dimensionaler Vektor endogener Variablen und e_t m-dimensionaler Vektor exogener Störungen ist. Diese Störungen folgen dem AR(1)-Prozess

$$e_{t+1} = \Omega e_t + \varepsilon_{t+1}$$

Zu beachten ist, dass im Unterschied zu den bisher in den Kap. 6 und 7 betrachteten Modellen hier keine der im Modell enthaltenen endogenen Variablen prädeterminiert ist.

Die Lösung dieses Modells unter rationalen Erwartungen – das rationale Erwartungsgleichgewicht – besteht aus einem – ggf. stochastischen – Zeitpfad $z_0, z_1, \ldots$ der endogenen Variablen, der Lösung des Modells und beschränkt ist. Die Restriktion, dass nur beschränkte Zeitpfade mit einem Gleichgewicht vereinbar sind, kann damit begründet werden, dass ansonsten Nichtnegativitätsbedingungen oder Transversalitätsbedingungen verletzt werden (vgl. z. B. die entsprechende Argumentation im Zusammenhang mit dem monetären Steady-State in Abschn. 7.4).

A.2 Univariater Fall

Betrachten wir zur Illustration zunächst den einfachen Fall eines univariaten Modells:

$$\mathrm{E}_t x_{t+1} = \alpha x_t + u_t, \qquad \mathrm{E}_t[u_{t+1}] = 0, \quad t = 0, 1, \ldots \tag{8.36}$$

Im deterministischen Fall ($u_t = 0$ für alle t) ergibt sich als Lösung der Differenzengleichung (8.36):

$$x_{t+1} = \alpha x_t$$

Gemäß der oben erfolgten Definition ist jede Folge $x_0, x_1, \ldots$, die Gl. (8.36) löst und beschränkt ist, ein Gleichgewicht unter rationalen Erwartungen. Damit können nun drei Fälle unterschieden werden:

(i) $|\alpha| < 1$ $\Rightarrow$ jeder Startwert x_0 führt zu einer konvergenten Folge $\{x_t\}_{t=0}^{\infty}$

(ii) $|\alpha| > 1$ $\Rightarrow$ jeder Startwert $x_0 \neq 0$ führt zu einer divergenten Folge $\{x_t\}_{t=0}^{\infty}$

(iii) $|\alpha| = 1$ $\Rightarrow$ jeder Startwert x_0 führt zu einer konstanten Folge $\{x_t\}_{t=0}^{\infty}$

Im Fall $|\alpha| > 1$ existiert mit $x_0 = 0$ (und folglich $x_t = 0$ für alle $t = 1, 2, \ldots$) eine eindeutige Lösung. Demgegenüber existieren mit $|\alpha| \leq 1$ unendlich viele Lösungen.

Dieses Resultat kann folgendermaßen auf stochastischen Fall – das univariate Modell (8.36) – übertragen werden: Ausgehend von der Lösungsvermutung $x_t = \delta u_t$ ergibt sich $E_t x_{t+1} = 0$. Die Lösungsvermutung ist mit der Gleichgewichtsbedingung vereinbar, wenn $\delta = -\frac{1}{\alpha}$ gilt. Als Lösung ergibt sich dann:

$$x_t = -\frac{1}{\alpha} u_t$$

Diese Lösung ist – unabhängig von α – immer stationär und daher immer mit den Anforderungen an ein rationales Erwartungsgleichgewicht vereinbar. Dies ist die McCallum (1983) folgend als „Minimal-State-Variable" Lösung („MSV-Lösung") bezeichnete Lösung eines linearen Modells mit rationalen Erwartungen.

Die Frage ist nun, ob über die MSV-Lösung hinaus weitere rationale Erwartungsgleichgewichte existieren. Dazu wird eine alternative Lösungsvermutung der Form $x_t = \delta_0 x_{t-1} + \delta_1 u_{t-1}$ betrachtet. Diese Lösungsvermutung impliziert, dass $E_t x_{t+1} = \delta_0 x_t + \delta_1 u_t$ gilt. Einsetzen in (8.36) zeigt, dass diese Lösungsvermutung mit der Gleichgewichtsbedingung vereinbar ist, wenn gilt:

$$\delta_0 = \alpha, \qquad \delta_1 = 1$$

In diesem Fall ergibt sich als Lösung daher:

$$x_t = \alpha x_{t-1} + u_{t-1} \tag{8.37}$$

Diese Lösung ist allerdings nur dann stationär, wenn $|\alpha| < 1$ gilt. Somit kann festgehalten werden, dass die Lösung (8.37) – und auch alle übrigen Lösungen über die MSV-Lösung hinausgehenden Lösungen von (8.36) – im Fall $|\alpha| \geq 1$ instationär ist.

Das einzige rationale Erwartungsgleichgewicht im Fall $|\alpha| \geq 1$ ist damit die MSV-Lösung – bei dieser handelt es sich also um ein determiniertes rationales Erwartungsgleichgewicht. Dagegen existieren im existieren im Fall $|\alpha| < 1$ neben der MSV-Lösung weitere Lösungen unter rationalen Erwartungen – die MSV-Lösung ist indeterminiert.

Allgemein besitzt ein ökonomisches Modell ein determiniertes rationales Erwartungsgleichgewicht, wenn lediglich eine Lösung unter rationalen Erwartungen existiert, die zudem beschränkt ist. Existieren mehrere solcher Lösungen, ist das rationale Erwartungsgleichgewicht indeterminiert.

A.3 Determinierte und indeterminierte REG und Sunspots

Indeterminierte rationale Erwartungsgleichgewichte sind zunächst einmal problematisch, weil sie eine Nichteindeutigkeit der Lösung implizieren. Dies bedeutet letztlich, dass die zugrundeliegende ökonomische Theorie – die bei der Theoriebildung getroffenen Annahmen – nicht ausreicht, um eine eindeutige Aussage über das sich einstellende Gleichgewicht zu treffen.

Ein weiteres mit indeterminierten rationalen Erwartungsgleichgewichten verbundenes Problem ist jedoch, dass in einem solchen Fall auch extrinsische Zufallsgrößen – solche ohne Einfluss auf ökonomische Fundamentalfaktoren – die ökonomische Dynamik beeinflussen können. Diese extrinsischen Zufallsgrößen werden als Sunspots bezeichnet – die von diesen beeinflussten Gleichgewichte als Sunspotgleichgewichte. Von diesen extrinsischen Zufallsgrößen bzw. Sunspots werden dann über die fundamentalen Einflüsse hinausgehende Fluktuationen begründet. Diese beeinträchtigen – risikoaverse Individuen unterstellend – die Wohlfahrt eindeutig negativ. Sofern wirtschaftspolitische Maßnahmen die Existenz von Sunspotgleichgewichten verhindern können, haben diese daher positive Wohlfahrtswirkungen.

Zur Illustration solcher Sunspotgleichgewichte soll wieder das einfache univariate Modell (8.36) betrachtet werden. Es sei s_t mit $E_t[s_{t+1}] = 0$ eine seriell unkorrelierte Zufallsvariable, die keinerlei Einfluss auf ökonomische Fundamentalfaktoren hat – ein Sunspot.

Die um diesen Sunspot ergänzte Lösungsvermutung für (8.36) lautet $x_t = \delta_0 x_{t-1} + \delta_1 u_{t-1} + \delta_2 s_t$. Da die Wirtschaftssubjekte glauben, dass s_{t+1} Einfluss auf x_{t+1} hat, impliziert diese Vermutung wegen $x_{t+1} = \delta_0 x_t + \delta_1 u_t + \delta_2 s_{t+1}$ und $E_t[s_{t+1}] = 0$, dass $E_t x_{t+1} = \delta_0 x_t + \delta_1 u_t$. Einsetzen in (8.36) zeigt, dass die Lösungsvermutung mit der Gleichgewichtsbedingung vereinbar ist, wenn gilt:

$$\delta_0 = \alpha, \qquad \delta_1 = 1, \qquad \delta_2 = \text{beliebig}$$

Als Lösung ergibt sich folglich:

$$x_t = \alpha x_{t-1} + u_{t-1} + \delta_2 s_t$$

Diese Lösung ist nur dann, wenn $|\alpha| < 1$ gilt – die MSV-Lösung also indeterminiert ist – stationär. Folglich implizieren indeterminierte Gleichgewichte die Existenz von stationären Sunspotgleichgewichten.

Das was hier anhand eines einfachen univariaten Modells illustriert wurde, kann ohne Weiteres auf den multivariaten Fall des Modell (8.35) übertragen werden: Die MSV-Lösung von (8.35) hat die Form $z_t = P e_t$.[15] Dieses rationale Erwartungsgleichgewicht ist determiniert, wenn alle n Eigenwerte der Matrix M vom Betrag her kleiner als Eins sind – in diesem Fall ist der stationäre Punkt $z^* = 0$ des deterministischen Teils von (8.35) instabil.

---

[15]Die Lösungsvermutung $z_t = P e_t$ ergibt $E_t z_{t+1} = P\Omega$, so dass für P gilt $P = MP\Omega + N$.

Übungsaufgaben

8.1 Zeigen Sie, dass p_t gemäß Gl. (8.3a) tatsächlich die Eigenschaften eines Preisindex hat, d. h. die Gleichung $\int_0^1 p(j)_t c(j)_t \, dj = p_t c_t$ erfüllt.

8.2 Ermitteln Sie das Gewinn- und Lohneinkommen eines Haushalts im Gleichgewicht und zeigen Sie, dass die Budgetrestriktion (8.4c) im Gleichgewicht immer erfüllt ist.

8.3 Warum muss bezüglich der Präferenzen des repräsentativen Haushalts über den Warenkorb differenzierter Güter angenommen werden, dass $\eta > 1$ gilt?

8.4 Welche Politikmaßnahmen können geeignet sein, die Differenz zwischen dem effizienten Output y_t^{opt} und dem tatsächlichen Output bei flexiblen Preisen y_t^{flex} zu verringern?

8.5 Stellen Sie ausgehend von dem in Abb. 8.1 dargestellten Gleichgewicht dar, welche Konsequenzen sich aus einem Anstieg des Nominalzinssatzes und einem exogenen Technologieschock ergeben.

8.6 Welches ist die optimale diskretionäre Politik im Fall seriell korrelierte Störungen der Phillipskurve ($v_{t+1} = \varrho_v v_t + \varepsilon_{v,t+1}$ mit $0 < \varrho_v < 1$)? Berechnen Sie das rationale Erwartungsgleichgewicht des NKM-Modells und die Implikationen für den Gleichgewichtszins.

8.7 Leiten Sie die unter der Annahme der Zinsregel (8.23) in (8.30) dargestellte Lösung des NKM-Modells her.

8.8 Welche Lösung für das NKM-Modell ergibt sich im Fall der Zinsregel (8.23), wenn die exogenen Störungen seriell korreliert sind, das heißt, wenn $\Omega \neq 0$ gilt?

Literatur

Akerlof, G. A., und J. L. Yellen. 1985. A near-rational model of the business cycle, with wage and price inertia. *The Quarterly Journal of Economics* 100: 823–838.

Benigno, P., und M. Woodford. 2005. Inflation stabilization and welfare: The case of a distorted steady state. *Journal of the European Economic Association* 3(4): 1185–1236.

Blanchard, O., und J. Galí. 2007. Real wage rigidity and the new Keynesian model. *Journal of Money, Credit, and Banking* 39(1): 35–66.

Calvo, G. A. 1983. Staggered prices in a utility maximizing framework. *Journal of Monetary Economics* 12: 983–998.

Caplin, A., und D. Spulber. 1987. Menu costs and the neutrality of money. *The Quarterly Journal of Economics* 102(4): 703–726.

Clarida, R., J. Galí, und M. Gertler. 1999. The science of monetary policy: A new Keynesian perspective. *Journal of Economic Literature* 37: 1661–1707.

Galí, J. 2008. *Monetary policy, inflation, and the business cycle*. Princeton: Princeton University Press.

Holtemöller, O. 2008. *Geldtheorie und Geldpolitik*. Tübingen: Mohr Siebeck.

Kydland, F. E., und E. C. Prescott. 1977. Rules rather than discretion: The inconsistency of optimal plans. *Journal of Political Economy* 85: 473–491.

McCallum, B. T. 1983. On non-uniqueness in linear rational expectations models: An attempt at perspective. *Journal of Monetary Economics* 11: 139–168.

Taylor, J. B. 1979. Staggered wage setting in an macro model. *The American Economic Review* 69: 108–113.

Taylor, J. B. 1993. Discretion versus policy rules in practice. *Carnegie-Rochester Conference Series on Public Policy* 39: 195–214.

Walsh, C. 1998. *Monetary theory and policy*. Cambridge: MIT Press.

Woodford, M. 2003. *Interest and prices: Foundations of a theory of monetary policy*. New York: Princeton University Press.

Literatur

Acemoglu, D. 2009. *Introduction to modern economic growth*. Princeton: Princeton University Press.

Adjemian, S., H. Bastani, M. Juillard, F. Karame, F. Mihoubi, G. Perendia, J. Pfeifer, M. Ratto, und S. Villemot. 2011. Dynare: Reference manual, version 4. Dynare working papers. 1, CEPREMAP.

Aghion, P., und P. Howitt. 1998. *Endogenous growth theory*. Cambridge: MIT Press.

Aghion, P., und P. Howitt. 2009. *The economics of growth*. Cambridge: MIT Press.

Akerlof, G. A., und J. L. Yellen. 1985. A near-rational model of the business cycle, with wage and price inertia. *The Quarterly Journal of Economics* 100: 823–838.

Arrow, K. J. 1962. The economic implications of learning by doing. *Review of Economic Studies* 29: 155–173.

Barrell, R., und D. W. te Velde. 2000. Catching-up of East German labour productivity in the 1990s. *German Economic Review* 1: 271–297.

Barro, R. J. 1974. Are government bonds net wealth? *Journal of Political Economy* 82(6): 1095–1117.

Barro, R. J. 1989. The neoclassical approach to fiscal policy. In *Modern business cycle theory*, Hrsg. R. J. Barro, 178–235. Oxford: Basil Blackwell.

Barro, R. J., und X. Sala-i Martin. 1995. *Economic growth*. New York: McGraw-Hill.

Barro, R. J., und X. Sala-i Martin. 2003. *Economic growth*, 2. Aufl. Cambridge: MIT Press.

Benigno, P., und M. Woodford. 2005. Inflation stabilization and welfare: The case of a distorted steady state. *Journal of the European Economic Association* 3(4): 1185–1236.

Blanchard, O. J., und S. Fischer. 1989. *Lectures on macroeconomics*. Cambridge: MIT Press.

Blanchard, O., und J. Galí. 2007. Real wage rigidity and the new Keynesian model. *Journal of Money, Credit, and Banking* 39(1): 35–66.

Blanchard, O. J., und C. M. Kahn. 1980. The solution of linear difference models under rational expectations. *Econometrica* 48: 1305–1311.

Bliss, C. 2004. Koopmans recursive preferences and income convergence. *Journal of Economic Theory* 124–139.

Bray, M. M. 1983. Convergence to rational expectations equilibrium. In *Individual forecasting and aggregate outcomes*, Hrsg. R. Frydman und E. S. Phelps, 123–132. Cambridge: Cambridge University Press.

Brock, W. 1974. Money and growth: The case of long-run perfect foresight. *International Economic Review* 15(3): 750–777.

© Springer-Verlag Berlin Heidelberg 2015

M. Heinemann, *Dynamische Makroökonomik*,

DOI 10.1007/978-3-662-44156-5

Brock, W. 1975. A simple perfect foresight monetary model. *Journal of Monetary Economics* 1(2): 133–150.

Bundesregierung. 2014. Lebenslagen in Deutschland – Der 4. Armuts- und Reichtumsbericht der Bundesregierung.

Calvo, G. A. 1983. Staggered prices in a utility maximizing framework. *Journal of Monetary Economics* 12: 983–998.

Caplin, A., und D. Spulber. 1987. Menu costs and the neutrality of money. *The Quarterly Journal of Economics* 102(4): 703–726.

Caselli, F., und J. Ventura. 2000. A representative consumer theory of distribution. *The American Economic Review* 90(4): 909–926.

Cass, D. 1965. Optimum growth in an aggregative model of capital accumulation. *Review of Economic Studies* 32: 233–240.

Chatterjee, S. 1994. Transitional dynamics and the distribution of wealth in a neoclassical growth model. *Journal of Public Economics* 54: 97–119.

Chiang, A. C. 1987. *Fundamental methods of mathematical economics*. New York: McGraw-Hill.

Clarida, R., J. Galí, und M. Gertler. 1999. The science of monetary policy: A new Keynesian perspective. *Journal of Economic Literature* 37: 1661–1707.

Correia, I. H. 1999. On the efficiency and equity trade-off. *Journal of Monetary Economics*, 581–603.

Deaton, A. 1993. *Understanding consumption*. Oxford: Oxford University Press.

Deaton, A., und J. Muellbauer. 1980. *Economics and consumer behavior*. New York: Cambridge University Press.

Domeij, D., und J. Heathcote. 2004. On the distributional effects of reducing capital taxes. *International Economic Review* 45: 523–554.

Evans, G. W., und S. Honkapohja. 2001. *Learning and expectations in macroeconomics*. Princeton: Princeton University Press.

Farmer, R. E. A. 1993. *Macroeconomics of self-fulfilling prophecies*. Cambridge: MIT Press.

Feenstra, Robert C., Robert Inklaar, und Marcel P. Timmer. 2013. The next generation of the Penn World Table. www.ggdc.net/pwt.

Friedman, M. 1957. *A theory of the consumption function*. Princeton: Princeton University Press.

Friedman, M. 1969. *The optimal quantity of money and other essays*. Chicago: Aldine.

Funke, M., und H. Strulik. 2000. Growth and convergence in a two-region model of Unified Germany. *German Economic Review* 1: 363–384.

Galí, J. 2008. *Monetary policy, inflation, and the business cycle*. Princeton: Princeton University Press.

Gandolfo, G. 1997. *Economic dynamics*. Berlin: Springer.

Gourinchas, P.-O., und O. Jeanne. 2006. The elusive gains from international financial integration. *Review of Economic Studies* 73(3): 715–741.

Greenwood, J., Z. Hercowitz, und G. W. Huffman. 1988. Investment, capacity utilization, and the real business cycle. *The American Economic Review* 78: 402–417.

Hansen, G. D. 1985. Indivisible labor and the business cycle. *Journal of Monetary Economics* 16: 309–327.

Hansen, G. D., und T. J. Sargent. 1988. Straight time and overtime in equilibrium. *Journal of Monetary Economics* 21: 282–308.

Heer, B., und A. Maussner. 2005. *Dynamic general equilibrium modelling: Computational methods and applications*. Berlin: Springer.

Heinemann, M. 1995. *Die Erklärung der konjunkturellen Bewegungen am Arbeitsmarkt durch die Theorie realer Konjunkturzyklen*. Regensburg: Transfer–Verlag.

Hodrick, R., und E. C. Prescott. 1980. Post-war U.S. business cycles: An empirical investigation. Working Paper. Pittsburgh: Carnegie-Mellon University.

Hoffman, D., R. Rasche, und M. Tieslau. 1995. The stability of long-run money demand in five industrial countries. *Journal of Monetary Economics* 35: 317–339.

Holtemöller, O. 2004. A monetary vector error correction model of the Euro area and implications for monetary policy. *Empirical Economics* 29: 553–574.

Holtemöller, O. 2008. *Geldtheorie und Geldpolitik*. Tübingen: Mohr Siebeck.

Jorgenson, Dale W., und Eric Yip. 2001. Whatever happened to productivity growth? In *New developments in productivity analysis*, Hrsg. Charles R. Hulten, Edwin R. Dean, und Michael J. Harper, 509–540. Chicago: University of Chicago Press.

Judd, K. 1998. *Numerical methods in economics*. Cambridge: MIT Press.

King, R. G., und S. T. Rebelo. 1999. Resuscitating real business cycles. In *Handbook of macroeconomics*, Hrsg. J. B. Taylor und M. M. Woodford, 927–1007. Amsterdam: Elsevier, Kap. 14.

King, R. G., C. I. Plosser, und S. T. Rebelo. 1988a. Production, growth, and business cycles – I. The basic neoclassical model. *Journal of Monetary Economics* 21: 195–232.

King, R. G., C. I. Plosser, und S. T. Rebelo. 1988b. Production, growth, and business cycles – II. New directions. *Journal of Monetary Economics* 21: 309–341.

King, R. G., C. I. Plosser, und S. T. Rebelo. 1988c. Real business cycles: Introduction. *Journal of Monetary Economics* 21: 191–193.

King, R. G., C. I. Plosser, und S. T. Rebelo. 2002. Production, growth, and business cycles: technical appendix. *Computational Economics* 20(1–2): 87–116.

Kirman, A. P. 1992. Whom or what does the representative individual represent? *The Journal of Economic Perspectives* 6: 117–136.

Klein, P. 2000. Using the generalized Schur form to solve a multivariate linear rational expectations model. *Journal of Economic Dynamics & Control* 24: 1405–1423.

Koopmans, T. C. 1965. *On the concept of optimal economic growth. The econometric approach to development planning*. Chicago.

Kydland, F. E., und E. C. Prescott. 1977. Rules rather than discretion: The inconsistency of optimal plans. *Journal of Political Economy* 85: 473–491.

Kydland, F. E., und E. C. Prescott. 1982. Time to build and aggregate fluctuations. *Econometrica* 50: 1345–1371.

Kydland, F. E., und E. C. Prescott. 1991. The econometrics of the equilibrium approach to business cycles. *Scandinavian Journal of Economics* 93: 161–178.

Lange, C., und F. Nolte. 1997. Geldschöpfungsgewinne in einer Europäischen Währungsunion. Diskussionspapier, Nr. 205, Universität Hannover.

Ljungqvist, L., und T. Sargent. 2004. *Recursive macroeconomic theory*, 2. Aufl. Cambridge: MIT Press.

Long, J. B., und C. I. Plosser. 1983. Real business cycles. *Journal of Political Economy* 91: 39–69.

Lucas, R. E. 1987. *Models of business cycles*. New York: Basil Blackwell.

Lucas, R. E. 1990. Supply-side economics: An analytical review. *Oxford Economic Papers* 42: 293–316.

Lucas, R. E. 2000. Inflation and welfare. *Econometrica* 68(2): 247–274.

Maddison, Angus. 2010. Statistics on World Population, GDP and Per Capita GDP, 1-2008 AD. http://www.ggdc.net/MADDISON/oriindex.htm.

Mankiw, N. G. 1989. Real business cycles: A new Keynesian perspective. *The Journal of Economic Perspectives* 3: 79–90.

Mas-Colell, A., M. Whinston, und J. Green. 1995. *Microeconomic theory*. Oxford: Oxford University Press.

McCallum, B. T. 1983. On non-uniqueness in linear rational expectations models: An attempt at perspective. *Journal of Monetary Economics* 11: 139–168.

McCallum, B. T. 1989. Real business cycle models. In *Modern business cycle theory*, Hrsg. R. J. Barro, 16–50. Oxford: Basil Blackwell.

McCandless, G., und W. Weber. 1995. Some monetary facts. *FED Minneapolis Quarterly Review* 19(3).

Modigliani, F., und R. Brumberg. 1954. Utility analysis and the consumption function: An interpretation of cross-section data. In *Post-Keynesian economics*, Hrsg. K. Kurihara, 388–436. New Brunswick: Rutgers University Press.

Muth, J. F. 1961. Rational expectations and the theory of price movements. *Econometrica* 29: 315–335.

Obstfeld, M., und K. Rogoff. 1983. Speculative hyperinflations in maximizing models: Can we rule them out? *Journal of Political Economy* 91: 675–687.

Obstfeld, M., und K. Rogoff. 1986. Ruling out divergent speculative bubbles. *Journal of Monetary Economics* 17(3): 349–362.

Obstfeld, M., und K. Rogoff. 1996. *Foundations of international economics*. Cambridge: MIT Press.

Plosser, C. I. 1989. Understanding real business cycles. *The Journal of Economic Perspectives* 3: 51–77.

Pollak, R. 1971. Additive utility functions and linear Engel curves. *Review of Economic Studies* 38: 401–413.

Radner, R. 1982. Equilibrium under uncertainty. In *Handbook of mathematical economics, Bd. II*, Hrsg. K. J. Arrow und M. D. Intrilligator. 923–1006. Amsterdam: North-Holland.

Ramsey, F. 1928. A mathematical theory of saving. *The Economic Journal* 38: 543–559.

Rogerson, R. 1988. Indivisible labor and equilibrium. *Journal of Monetary Economics* 21: 3–16.

Romer, P. M. 1986. Increasing returns and long-run growth. *Journal of Political Economy* 94: 1002–1037.

Romer, P. M. 1989. Capital accumulation and long-run growth. In *Modern business cycle theory*, Hrsg. R. J. Barro, 51–127. Oxford: Basil Blackwell.

Sala-i-Martin, X. 1990. Lecture notes on economic growth II: Five prototype models of endogenous growth. NBER working paper, No. 3564.

Sargent, T. J. 1987. *Dynamic macroeconomic theory*. Cambridge: Harvard University Press.

Sargent, T. J. 1993. Bounded rationality. In *Macroeconomics*, Oxford: Oxford University Press.

Sidrauski, M. 1967. Rational choice patterns of growth in a monetary economy. *The American Economic Review* 57: 534–544.

Sims, C. 2002. Solving linear rational expectations models. *Computational Economics* 20: 1–20.

Stiglitz, J. 1987. Pareto efficient and optimal taxation and the new welfare economics. In *Handbook of public economics, Bd. 2*, Hrsg. A. Auerbach und M. Feldstein, 991–1042. Amsterdam: Elsevier. Kap. 15.

Stokey, N. L., und R. E. Lucas. 1989. *Recursive methods in economic dynamics*. Cambridge: Harvard University Press.

Summers, L. H. 1986. Some skeptical observations on real business cycle theory. *Federal Reserve Bank of Minneapolis Quarterly Review (Fall)*, 23–27.

Sydsaeter, K., P. Hammond, A. Seierstad, und A. Strøm. 2005. *Further mathematics for economic analysis*. New York: Prentice Hall.

Taylor, J. B. 1979. Staggered wage setting in an macro model. *The American Economic Review* 69: 108–113.

Taylor, J. B. 1993. Discretion versus policy rules in practice. *Carnegie-Rochester Conference Series on Public Policy* 39: 195–214.

Uhlig, H. 1995. A toolkit for analyzing nonlinear dynamic stochastic models easily. Discussion paper 1995-97, Tilburg University, Center for Economic Research.

Varian, H. 2009. *Intermediate microeconomics*, 8. Aufl. New York: Norton.

Walsh, C. 1998. *Monetary theory and policy*. Cambridge: MIT Press.

Woodford, M. 2003. *Interest and prices: Foundations of a theory of monetary policy*. New York: Princeton University Press.

Sachverzeichnis

© Springer-Verlag Berlin Heidelberg 2015
M. Heinemann, *Dynamische Makroökonomik*,
DOI 10.1007/978-3-662-44156-5

MIX
Papier aus verantwortungsvollen Quellen
Paper from responsible sources
FSC® C105338

If you have any concerns about our products,
you can contact us on
ProductSafety@springernature.com

In case Publisher is established outside the EU,
the EU authorized representative is:
Springer Nature Customer Service Center GmbH
Europaplatz 3, 69115 Heidelberg, Germany

Printed by Libri Plureos GmbH
in Hamburg, Germany